RADICAL MARKETS

ラディカル・マーケット UPROOTING CAPITALISM AND DEMOCRACY FOR A JUST SOCIETY

脱・私有財産の世紀

エリック・A・ポズナー / E・グレン・ワイル
ERIC A. POSNER / E. GLEN WEYL
安田洋祐〔監訳〕 遠藤真美〔訳〕

東洋経済新報社

ラディカル・マーケット　脱・私有財産の世紀　目次

序文 オークションが自由をもたらす……19
西側でいちばん格差の大きな国／行き詰まった改革の処方箋
ラディカル・マーケットとしてのオークション 23
右派と左派の欠陥／オークションが世界を救う
リオを売りに出す――思考実験 25
オークションがもたらす四つの変化
ラディカル・ヒーロー 28
ウィリアム・S・ヴィックリーの記念碑的な論文／ヴィックリーのビジョンを具体化する

序章 自由主義の秩序の危機……33
「歴史の終わり」と置き去りにされた急進派／無視された格差の問題／リバタリアン的な願望と平等主義的な目標を結びつける
格差 37
格差の拡大と失われた賃金／国家間の格差
停滞 43

鈍化する生産性／生かされない労働力と資本／
成長率の減速と格差の拡大が同時に進行している
対立 47
ポピュリズムとナショナリズムの台頭／
多数者集団と少数者集団の対立
市場と市場批判 52
「モラル・エコノミー」という小さな共同体／
モラル・エコノミーの利点と限界
真の市場のルール 57
市場経済を成立させる三つの原則／原則1　自由／原則2　競争／
原則3　開放性／三つの原則を損なうもの／
自由主義の内部分裂
完全競争という幻想 64
不完全な市場システム／市場が存在しない領域
ラディカル・マーケットをイメージする 68
本書で主張されるアイデア

第1章 財産は独占である――所有権を部分共有して、競争的な使用の市場を創造する……71

エスピノーサのケース／通行権という障壁

資本主義と自由か、資本主義と独占か 76

財産の私有化が資本主義をもたらした／産業革命における格差と非生産性／投資されることなく、使われることのない土地／私的所有が効率的な資源の配分を妨げる

中央計画、企業計画 83

独占問題に対する二つのアプローチ

所有権のない市場 85

競争的共同所有／ヘンリー・ジョージの「土地税」と「モノポリー」ゲーム／ジョージ主義の欠陥

「社会主義」の魂をめぐる闘争 91

中国とロシアの革命／中央計画制の欠点／私的な交渉と独占問題

設計によって競争を促進する 95

ヴィックリーが提示したオークションという制度／

オークションの問題点とその解決策／
会社の所有権を決める入札システム／
資産に投資するインセンティブ

価格も税金も、自分で決める 103
財産の自己申告制度／住宅の価値を評価する／
税率を調整して投資を促す／
「共同所有自己申告税（COST）」によって所有権を社会と保有者で共有する

COST運用の七つのポイント 113
COSTはどのように機能するのか

一税二鳥 117
「シグナリング」と「保有効果」が消滅する／
借り入れという問題も解決される／取引の障害が減少する

公的リースを最適化する 121
公的市場へのCOSTの導入／
COSTはさまざまな公的資産の管理に役立つ

真の市場経済 125
COSTの劇的な経済の改善効果／
COSTはどのように平等化をもたらすか

仏教の最善の教えに従い、公正なコモンウェルスをつくる 129
個人的に思い入れがあるものが売られないようにする／モノより経験／富の分配が社会的信頼を育む

第2章
ラディカル・デモクラシー——歩み寄りの精神を育む……135
ケンタロウのケース／二次の投票（QV）が政治を変える

民主主義の起源 139
多数決の危険性／混合政体

民主主義の台頭と限界 142
少数者の権利を守ろうとしたアメリカ合衆国憲法／グリッドロック（膠着状態）／形を変えたエリート支配／フランス革命と民主主義の利点とパラドックス／選好の強さを反映できない投票／多数決がヒトラーによる独裁を招いた／イギリスの功利主義者たち

民主主義を根本から改革する 156
公共財に関する集合的決定／投票が他者に課すコストを支払う／環境汚染の限界費用／少数者が支払うべき費用の計算／

費用は二次関数的に増加する

二次の投票 166

票数の2乗のボイスクレジットで票を買う／ただ乗り問題と多数者の専制問題／QVがうまく働かないケース／強い関心を持つ少数者が多数者の支配から守られる

QVの実践例 174

世論調査とマーケットリサーチ／weDesignソフトウェア／QV調査は選好の強さを明らかにする／評価システムと社会集団システム／QVの応用範囲を広げる

民主主義を民主的手段で実現する 185

複数候補・単一当選者選挙制／代表制民主主義／QVの通貨としての性質と取引の範囲

合理的な譲歩へと導くラディカル・マーケット 190

QVがもたらす経済的利益／QVは社会をどのように変えうるか／QVが共有と協力をもたらす

第3章
移民労働力の市場を創造する——国際秩序の重心を労働に移す……195
デルフィーンとファビアンのケース／進まない一般的な技能を持つ労働者の移住
自由貿易の起源 200
交易と移住の歴史
移住が重要になる前の世界 202
自由移住よりも自由貿易／国家間と国内の格差の推移／19世紀と20世紀における移住に対する姿勢の変化
グローバリゼーション 208
新たな国際秩序／お金は自由に移動するが人は自由に移動できない
移住を阻む壁 211
移住の自由化がもたらす利益
いまのまま移住を拡大していいのか 213
国境の開放がもたらすもの／アメリカの場合／ヨーロッパの場合／移民に対する反発の広がり
ビザをオークションにかける？ 219
オークションをベースとした移住システム／移民が平等をもたらす

ビザを民主化する 223
「個人間ビザ制度（ＶＩＰ）」／身元引き受け人のシナリオ／ＶＩＰ制度に必要とされる法律の整備／Ｈ１Ｂプログラムとの比較／オペア制度という先例／政府でなく個人と共同体が受け入れを判断する／制度面での支援
ＶＩＰは機能できるのか 235
移住の利益を共有する
市民レベルの国際協調 237
移民が利益をもたらす／ＶＩＰは労働者の対立をなくす公正な制度／ＶＩＰ制度が格差を助長しない四つの理由／移民に対する反感を共感に変える

第4章
機関投資家による支配を解く
――企業支配のラディカル・マーケット 246
オブロモフのケース／世界を支配する機関投資家
千の顔を持つ独占者 252
巨大企業による独占／反トラスト法／「赤の女王」現象
頭のないタコ 258

誰が株式会社を所有し、支配するのか／反トラスト対策と企業統治という対立する規制

楽な資本主義 261

投資先を分散させることによるリスク回避／機関投資家とは誰か／トラストのように振る舞う機関投資家

インデックス運用のどこが悪いのか 268

市場集中の度合いは何によって決まるのか／機関投資家が価格競争を阻止する／航空業界と銀行業界の競争のケース／機関投資家の支配が賃金を下げる

競争を回復する 275

機関投資家による株式の所有を制限する／コーポレートガバナンスを改善する／分散投資に及ぼす影響が小さい三つの理由

法的な根拠 282

機関投資家にクレイトン法第7条を適用する／機関投資家に対して訴訟を起こすことの問題点

独占を克服する 287

労働者に関する買い手独占の問題／労働市場における「再販価格維持」／反トラスト法が執行されない領域／機関投資家による独占を阻止する

第5章 労働としてのデータ
――デジタル経済への個人の貢献を評価する …… 293
ジェイラのケース／データの生産者としてのユーザー／タダで収集したデータが莫大な利益をもたらしている
「データ労働」の源流 300
対価なき労働／インターネットの収益モデル／グーグルが広告ビジネスに参入した三つの理由
「思考する」機械をつくるための工場 305
機械学習（ML）とは何か／人間の脳の構造を模倣する「ニューラルネットワーク」／ニューラルネットを動作させる三つの要素／「過学習」という問題／必要となる膨大なデータ量と計算量
セイレーンサーバー 314
コンテンツに報酬を支払わないプラットフォーム／AIが仕事を奪い、労働分配率を下げる／「労働としてのデータ」
ダイヤの原石 319
自然に手に入る資源としてのデータ／標準的な統計／機械学習におけるデータの価値／

データが増えてもデータの価値は減らない
テクノロジー封建主義 327
プラットフォームによるデータの市場価値の独占／データにラベル付けをする仕事
セイレーンサーバーがユーザーにデータの価値を支払わない理由 331
労働は余暇になり、仕事は娯楽になる／データ労働市場における買い手独占力の問題／オンラインの娯楽という魔法／デジタルサービスに対する不信感／高度な技術システムの必要性／独占状態を打破し、生産的なモデルへとシフトする
労働者の闘争 340
カール・マルクスの主張／労働組合が果たした役割／データ労働者の組合
データの価格 345
データ経済への個人の貢献の価値を評価する／デジタル労働市場のための規制インフラ
データ労働のラディカル・マーケット 348
データ労働から得られる所得／社会に貢献しているという意識

結論　問題を根底まで突き詰める……353

トゥエンのケース／浮かび上がる共通のビジョン

経済 358

制度が経済の進路を左右する／本書で提案された制度／
格差の是正と成長率の改善／COSTを人的資本に適用する／
COSTを人的資本に適用することの二つの問題／
才能のある人と才能のない人の自由の格差が改善される

政治 368

平等と効率がもたらされ政治と経済が調和する／
独占がもたらす問題を払拭する／
QVに金銭を使うことでもたらされる利益

国際問題 372

VIPがもたらす利点と課題／QVが国際協調を促す／
QVが移民と自国民の対立を解消する／
COSTによって移民がもたらす利益が広く共有される

社会 379

市場が他人への信頼感や結束、寛容さをもたらす／
QVは差別や偏見をなくす

よりよい世界をつくるために 383
拡大する個人の主体性と責任／操作や共謀を防ぐ法律と社会規範が必要となる
公正な政策 387
新しいアイデアを試し、繁栄と進歩をめざす

エピローグ　市場はなくなるのか……388

市場という奇跡 389
中央計画制が失敗した理由／鉛筆を一からつくるために必要な知識と計画／経済を数学の問題とみなすという誤り
並列処理装置としての市場 395
市場はどのようにプログラムされているのか／価格という必要最低限の情報／市場は資源を最適に分配する強力なコンピューターである
市場は時代遅れのコンピューターなのか 401
市場はシリコンで複製できる
コンピューターはあなたを計画できるのか 403

中央計画者は人々の異なる欲求を推測できない／アルゴリズムが人間の欲求を学習する／機械が診断を下す／データから個人の好みを推測する／コンピューターが市場に取って代わる日まで

謝辞 411
日本語版解説――過激で根本的な改革の書 416
原注
索引

本書をウィリアム・S・ヴィックリーの思い出に捧げる

ラディカル・マーケット　脱・私有財産の世紀

序文

オークションが自由をもたらす

19世紀の自由主義者は、物事を根底まで突き詰めるという語源の意味でも、社会制度を大きく変革することをめざすという政治的な意味でも、ラディカルだった。その後継者である現代の自由主義者も、そうあるべきだ。

——ミルトン・フリードマン『資本主義と自由』（１９６１年）

西側でいちばん格差の大きな国

本書の種が蒔かれたのは、ある夏のことである。そのとき、筆者の１人はリオデジャネイロに滞在していた。リオは世界でいちばん美しい自然に恵まれた都市だ。緑豊かな熱帯の丘が広がり、数々の島が浮かぶ青く輝く湾へと続く景色は本当にすばらしい。しかし、その丘は「ファヴェーラ」で覆われている。ファヴェーラとは、粗末なバラック小屋が並び、基本的な衛生施設も輸送機関もないスラム街である。

　ラテンアメリカで最も裕福な地域であろうレブロンは、こうした丘のふもとにある。そこではステータスシンボルの代表である高級な腕時計や車を買うことができる（激しいインフレで高騰した価格ではあるが）。ところが、レブロンの住人たちは、通りで腕時計を身につけようとはしないし、夜に赤信号で車を止めることもない。丘の上にあるファヴェーラではびこる暴力に巻き込まれることを恐れているのだ。リオは世界でも有数の危険な都市である。

「カリオカ」（リオの住人は自分たちのことをこう呼ぶ）は、のんびりしていて、親切で、創造力が豊かで、おおらかだ。カリオカは人種の違いについてアメリカ人ほど意識していない。アメリカでは、白人と黒人の間に明確な線引きがある。ブラジルにもアメリカにも奴隷制度の長い歴史があるが、ブラジルは誰もが混血の子孫である。にもかかわらず、肌の色で階級が決まり、階級意識がブラジル社会に深く根差している。

　経済に目を向けると、ブラジルは西側で格差がいちばん大きい国だ。ブラジルには豊富な天然資源があるが、国の富の大部分を一握りの一族が支配しており、ブラジル人の10％近くが国際貧困ライン以下の暮らしを送っている。本書を執筆している時点では、前大統領は権力を濫用したとして罷免され、その前任者は汚職の罪で刑務所に入っている。現職大統領は汚職疑惑で追及を受けており、支持率は一桁台だ。本書が出版される頃には収監されているだろう〔訳注　２０１８年に任期満了をもって退任〕。ブラジルの生活水準は長く停滞している。起業家精神は希薄だ。

行き詰まった改革の処方箋

なぜ、この楽園は失われてしまったのだろう。どうすれば潜在能力を発揮できるようになるのだろう。この問題をめぐる論争はありきたりのものだ。

左派　政府は金持ちに課税して、貧しい人たちに家や医療や仕事を供給するべきだ。

右派　それではベネズエラやジンバブエになってしまう。政府に求められているのは、国有産業を民営化し、財産権を徹底し、税率を引き下げ、規制を減らすことだ。経済が回り始めれば、格差はおのずと解消する。

テクノクラート的中道派　いま必要なのは、国際経験豊富なエキスパートたちが経済を慎重に調節すること、ランダム化比較試験で効果が確認されている介入を対象を絞り込んで実行すること、そして、政治改革を断行して人権を保護することである。

格差が拡大している豊かな国の人々は、自分たちの国にブラジルを見いだすことになるだろう。豊かな国でも、経済が停滞し、政治対立や腐敗が広まっている。ブラジルのような「途上国」はやがてアメリカのような「先進国」になると長く信じられてきたが、その通説には厳しい視線が注がれており、逆の方向に進んでいるのではないかという疑問が芽生え始めている。それなのに、改革の標準的な処方箋は半世紀の間変わっていない。増税して再分配する。市場を強化して民営化する。あるいは、ガバナンスを向上させ専門知識を強化する——。

リオでは、こうした処方箋は明らかに行き詰まっている。貧困は解消されず、土地は中央集権的なやり方で厳格に管理され、政治は対立している。この三つは密接に結びついているように見える。富の再分配がうまく行われていないせいで、格差はほとんど是正されていない。財産権が十分に改善されていないので、経済発展にはなかなかつながっていない。公共の公園や自然保護区、現代的な住宅地をつくれていたかもしれない土地がスラムになってしまっている。ファヴェーラの住人たちが市内の中心部で暮らせていたら、まともな生活を送れて、公共サービスを受けられたかもしれないが、そこは富裕層が独占していて、その富裕層は犯罪を恐れてそこでの生活を楽しめないでいる。格差を生んでいる富の一極集中は、格差を生んでいるだけでなく、政治を腐敗させ、企業活動を抑え込んでもいるようだ。世界銀行によると、ブラジルでの起業のしやすさは世界の下位10％にとどまる。

リオの問題を解決するには、次のような疑問に答えを出す必要がある。もっとよい方法はないのか。リオは格差、停滞、社会の対立を逃れることはできるのか。ニューヨーク、ロンドン、東京もまた、サンバとビーチのないリオになってしまうのか。

ラディカル・マーケットとしてのオークション

問題の根源は思想にある。というより、思想の欠如にあるというべきだろう。右派と左派が生まれた19世紀、20世紀初めには、両者の主張には伝えるべきものがあったが、その潜在能力はもはや尽きている。大胆な改革が推し進められることはなく、漂うのは閉塞感だ。社会の可能性を開くには、社会をラディカルに再設計することに私たちが心を開かなければいけない。問題を根本から解決しようとするなら、経済と政治の制度がどう機能しているのかを理解し、その知識をもとに対応策を組み立てなければならない。本書ではそれを試みていく。

市場は社会をうまく調整する最善の方法であり、中期的にそうであり続けるというのが、本書の前提である。しかし、私たちの社会は競争市場によって成り立っているとされているものの、きわめて重要な市場は独占されているか、そもそも存在していない。真に競争的で、開かれた、自由な市場を創造すれば、劇的に格差を減らすことができて、繁栄を高められるし、社会を分断しているイデオロギーと社会の対立も解消できる。

右派と左派の欠陥

右派の人々と同じように、われわれ2人も、市場を強化し、拡張し、浄化しなければいけないと考えている。だが、われわれの見るところでは、右派には致命的な欠陥がある。市場が繁栄するために必要な社会変革のビジョンが弱く、想像力に欠ける。右派の多くの人は、市場原理主義を支持している。経済理論と過去の経験から正しいことが証明されているといわれるイデオロギーだ。しかし実際には、19世紀のアングロ・サクソン世界に存在したような理想化された市場へのノスタルジーにすぎない（本書では、「資本主義」という言葉を、こうした過去に存在した理想化された市場を指すものとして使っていく。この市場では、政府は私有財産を保護し、契約を履行させることに重点を置いている）。そこで、市場を根本から理解し、再構築し、改良するというわれわれの立場を市場急進主義とし、市場原理主義に対比するものとして位置づける。

また、既存の社会の取り決めが不当な格差を生んでおり、集合行為を妨げているという点では、われわれは左派と同じ意見である。しかし左派の欠陥は、政府の官僚的エリートが社会の病理を治すとして、裁量的な力に依存していることだ。左派が思い描くエリートたちは、善良で、イデオロギーが中立で、公共の利益をいちばんに考えているが、現実にはときに恣意的だったり、腐敗していたり、無能だったり、悪いイメージが先行してしまって国民から信頼されていなかったりする。市場にはもともと急進主義が備わっているとわれわれは考えている。その力を生かすためには、権力を分散するとともに、集合行為を促進しなければいけない。

オークションが世界を救う

われわれが思い描くラディカル・マーケットとは、市場を通した資源の配分（競争による規律が働き、すべての人に開かれた自由交換）という基本原理が十分に働くようになる制度的な取り決めである。オークションはまさしくラディカル・マーケットだ。オークションでは参加者は互いに入札し合うルールになっているので、競売にかかるものは、それをいちばん必要としている人の手に渡ることになる。ただし、入札価格の違いは、それをほしいと思う気持ちの差によるものだけでなく、富の格差によって生まれている場合もあることに注意しなければいけない。

オークションは不動産の売却、美術品、ファンドレイザーのためのものだと考えている人がほとんどだ。インターネット上では日常的に行われているとはいえ、それが広く一般に公開されることはない。しかし、以下に述べるように、オークションが私たちの社会に浸透したら、リオを、そして世界を救うことができるかもしれない。

リオを売りに出す――思考実験

いま、リオという都市全体でいつもオークションが行われているとしよう。あらゆるビル、企業、工場、ヒルサイドの土地に時価がついていて、時価を上回る価格を入札した人がそれを占用すると想像してみてほしい。自動車のような個人の財産がオークションの対象になることもあるし、工場が排出できる大気汚染物質の量のように、通常であれば政治的プロセスを通じて決まるものまでがオークションにかかることもある。本書の大半は、そうしたシステムがどうすれば機能するかを考察することに費やされている。

これは思考実験なので、オークションがスマートフォンのアプリ上で行われると仮定してみよう。このアプリは既定の設定に基づいて自動的に入札するため、入札価格をいくらにするか、ずっと計算していなければいけなくなるようなことはほとんどない。帰宅したら自分のアパートがもう自分のものではなくなっているなど、予想される大きな混乱が起きないように、法律が整備されている。資産を手入れして開発するインセンティブが与えられ、プライバシーなどの価値観も守られるようにする。このオークションで生まれた収益はすべて、「社会的配当」として市民に均等に還元されるか、アラスカやノルウェーの原油販売収益のように、公共事業の財源に使われる。

オークションがもたらす四つの変化

このオークションが生活に組み込まれると、リオの社会と政策は大きく変わる。第一に、財産に対する考え方が変わる。住宅を所有することとビーチの一角を占有することには明確な線引きがあったが、それがあいまいになる。私有財産の大部分は公開され、いってみれば、自分のまわりにある物を部分所有するようになる。

第二に、オークションはいつも行われているので、土地などの資源がひどく間違った使い方をされることもなくなる。絶景が楽しめるヒルサイドに最高額を入札する人が、いまにも崩れそうなボロボロの小さな家がいくつも並ぶスラムをつくる計画をしていることはまずない。都市の中心地に最高額を提示するのは、小規模の高級マンションのデベロッパーではなく、ミドルクラスの高層マンションのデベロッパーとなるだろう。そして新しく生まれた大量の中流階級が、それに入札するのである。

第三に、経済格差を生む最大の原因がなくなる。一見すると、オークションが行われたら、お金持ちが価値のあるものをすべて買い占めることになるのではないかと思えるかもしれない。だが、ここで少し考えてみてほしい。「お金持ち」とは、どういう人のことをいうのだろう。お金持ちとは、事業や土地などをたくさん所有している人のことだ。しかし、あらゆるものがいつもオークションにかけられているのであれば、そうした資産を所有する人はいなくなる。資産がもたらす利益はすべての人に等しく行き渡る。どうしてそうなるのかについては、第1章で説明する。

第四に、リオ型のオークション・システムでは、数多くの重要な政治決定が政治家から引き離されて、市民の手に渡るので、腐敗を抑えられる。公的生活が改善すると、犯罪が減り、街の人々の暮らしが落ち着き、私的なコミュニティに閉じこもらないようになる。市場の一般的なイメージは、公的な領域を代替して弱体化させるというものだが、ラディカル・マーケットは逆に公的な生活への信頼を大きく高める。オークションがどのように政策を形づくっていくかについては、第2章で説明する。

ラディカル・ヒーロー

われわれの議論は、アダム・スミスに遡る知的伝統に拠っている。スミスはこのところ、市場原理主義者をはじめとする保守派の思想家に頻繁に引き合いに出されている。しかしスミスは、エピグラフで明確に示されている二つの意味で、ラディカルだった。まず、経済組織の問題を根本まで深く掘り下げて、いまも影響力を持つ理論を提示した。さらに、当時の支配的な思想や制度を攻撃し、大胆な主張と改革を打ち出した。スミスのアイデアがいまでは「保守的」とされているのは、当時の政策や考え方を大きく変えたからにほかならない。

市場原理主義者の系譜は、20世紀半ばの保守派の偶像にして、ノーベル賞経済学者であるフリードリヒ・ハイエク、ミルトン・フリードマン、ジョージ・スティグラーらへと続いている。こうした面々は、私有財産に基づく理想化された市場観をスミスから承継し、そこにリバタリアン的な経済学と政治学を援用した。市場原理主義者は、ヘンリー・ジョージのようにスミスのラディカルな精神をひく経済学者を無視している。ジョージの思想は進歩主義時代の到来を後押しし、古今を通じて最も広く読まれている経済学者だろうが、ジョージのビジョンは冷戦期の左派

図P.1　ウィリアム・S・ヴィックリー（1914-1996）。ノーベル経済学賞受賞者、メカニズムデザインの創始者にして、本書のドラマにおける影のヒーローである。写真はジョン・レヴィによるもので、AFP＝時事の許可を得て掲載。

と右派の闘争の中に埋もれていった。ジョージはスミスの保守的な信奉者たちよりも格差を問題視し、私有財産は真に自由な市場を実現する障害になるおそれがあると見ていた。この問題を克服するために、土地の共有制へとつながる税体系を提案している。

ウィリアム・S・ヴィックリーの記念碑的な論文

「ジョージ主義」経済学者の中で最も重要な人物は、20世紀半ばの大学教授、ウィリアム・スペンサー・ヴィックリーである（図P・1を参照）。本書はヴィックリーの思い出に捧げるものだ。ヴィックリーは経済学者のマスター・ヨーダだった。分別がなく、脳天気で、引きこもりで、いつもぼうっとしていて、えてして不可解な振る舞いをするが、世界を変えてしまうような洞察の持ち主だった。列車の駅からローラースケートで講義に向かい、ランチの後は食べこぼしでシャツがシミだらけ。研究ワークショップの最中にうたた寝しているかと思えば、ぱっと目を覚まして「この論文には……ヘンリー・ジョージの地価税論が有効だろう」とコメントしたり。ヴィックリーがジョージの構想に何度も言及するものだから、ある同僚はその熱意に感嘆して、「いまでは神にもそう説いているのではないか」と冗談を言っていた[1]。また、浮世離れしていて、不遜で、人目につくことを嫌がってもいたため、優れたアイデアを学術論文にして出版することはほとんどなかった。

ヴィックリーの研究につながった着想は、われわれのものとてもよく似ていた。ヴィックリーは研究生活の大部分を、都市組織論や、大半の都市形態において資源が膨大に浪費されているという問題に投じた。とりわけラテンアメリカの都市に魅了され、都市計画や租税について政府に助言している。目立つことを何よりも嫌ったヴィックリーも、1本の論文によってとうとう日の当たる場所に出ることになるのだが、その論文を書いていたのも、ベネズエラの財政システムを設計しているときのことだった。

論文は1961年に発表された。タイトルは「投機への対抗措置、オークション、競争的封入入札」というもので、すぐに忘れられるだろうと思われた。しかし、10年後に再発見される。ヴィックリーの論文は、社会の問題を解決するオークションの力を示した最初の研究であり、

「メカニズムデザイン」と呼ばれる経済学の領域を切り拓くことにつながって、1996年にノーベル賞を受賞した。

ヴィックリーのアイデアは経済理論を大きく変え、政策に影響を与えた。世界中の政府がヴィックリーのアイデアに基づくオークションを使って、電波の周波数帯を利用する権利を販売している。フェイスブック、グーグル、ビングも、ヴィックリーのオークションから派生したシステムをもとに、ウェブページ上の広告スペースを割り当てている。都市計画や混雑課金に関するヴィックリーの知見は、都市の風貌をゆっくりと変化させており、ウーバーやリフトなどの配車アプリの料金設定で重要な役割を果たしている。[2]

ヴィックリーのビジョンを具体化する

しかし、こうした用途の中に、ヴィックリーを研究へと駆り立てた野心を反映したものは一つもない。ヴィックリーがノーベル賞を受賞したとき、これを「権威ある演壇（ブリー・パルピット）」として使って、世の中を大きく変えるようなジョージの思想、メカニズムデザインが持つラディカルな潜在能力を大衆に説き広めようとしていたとされる。[3]だが、受賞を知った3日後、ヴィックリーは心臓発作でこの世を去った。たとえヴィックリーが生きていたとしても、大衆の心をつかむのは難しかっただろう。1996年には、世界中が好景気にわいており、国際協調という新しい時代が幕を開けるかのように見えた。成功しているものに手を加えることを誰も望んでいなかったし、ヴィックリーのアプローチを実際に導入するには、厚い壁が立ちはだかっていた。

しかしいま、経済と政治の先行きは当時のように明るくはない。そして、経済学とテクノロジーが発展したおかげで、ヴィックリーのアプローチを導入するのを阻む制限を克服できるようになっている。そこで本書は、ヴィックリーが失った「演壇」となることを試み、ヴィックリーが存命であったら世界中に広まっていたかもしれないビジョンを具体的な形にしていきたい。

序章

自由主義の秩序の危機

経済学者と政治哲学者の思想は、それが正しい場合にも間違っている場合にも、一般に考えられているよりはるかに強力である。実際のところ、市場を支配しているものはそれ以外ほとんどない。どのような知的影響もいっさい受けていないと信じている実務家たちも、たいていは誰かしら過去の経済学者の奴隷である。

——ジョン・メイナード・ケインズ『雇用、利子および貨幣の一般理論』（１９３６年）

「歴史の終わり」と置き去りにされた急進派

ベルリンの壁が崩壊したとき、筆者の１人はちょうど保育園に入ったところ、もう１人は経済学者になったところだった。その瞬間は、われわれの政治的アイデンティティを決定づけることになった。自由市場、国民主権、国際統合という「アメリカの流儀」が、ソビエトの「悪の帝国」を打ち破っていた。こうした価値観を「自由主義の秩序」と呼ぶことにしよう。それ以降、自由主義の秩序は知的な議論を支配してきた。有力な思想家たちは「歴史の終わり」を告げた。長く政治劇の中心にあった大きな社会問題は決着をみることになったのである。[1]

世界的な知的コンセンサスが形成されて、それに信頼が置かれ、自己満足に浸る――。われわれは2人とも、そんな過去に例のない時代を学者として歩んできた。やがて1人は法律政策を、もう1人は経済政策を専門とするようになったが、政策の世界ほど、こうした空気が鮮明だったところはない。経済システムをめぐる論争が消えた世界で、経済学が他のどの学問よりも大きな権力を握ったというのは、なんとも皮肉である。経済学者はかつては政治的スペクトルの両極端を形成する力となっていたが（カール・マルクスを覚えているだろうか）、それが、自分たちは理性の代表者であり、政策決定を大衆から委託されていると考えるようになっていた。[2]

大学や学会では、経済学者は中道的政策分析に重点を置いていた。その内容は高度に数学的、定量的なもので、イデオロギーとしては中立であるように見えた。そうした流れの中で、急進左派（マルクス主義者）と急進右派（いわゆるオーストリア学派）は置き去りにされた。[3] 経済学、法律、政策の分野で行われた学術研究の大半は、既存の市場制度を正当化することや、結局のところ現状を維持するものになる穏やかな改革を提言することに費やされた。

無視された格差の問題

この時代の主流派の経済学者は、わずかな例外を除いて、現行の市場制度のデザインは最大限に機能しているという前提に立っていた。たとえ市場が「失敗」しても、費用便益分析に基づいて穏やかな規制がつくられて、隙間を埋めるものとされた。格差をめぐる疑問はほとんど無視されていた。市場はこれほど多くの富を生み出したのだから、格差は容認できると、経済学者たちは考えていた。社会にはセーフティネットがあるので、最貧困層が飢えることはないというわけである。その後、筆者の1人はマイクロソフトに入社して、標準的なアプローチを現代のテクノロジー・プラットフォームに拡張するという関心を追求し、もう1人は法制度改革の研究に取り組んだ。そのとき、水面下では地殻変動が起きていた。

2008年の金融危機とその後のリセッションが第一波だった。不況は大恐慌以来最悪のものだったのだが、しばらくはいつものリセッションと何も変わらないように見えた。人々は家や仕事を失い、借り入れができなくなったものの、こうしたことはそれまでに何回も起きていたし、経済はその都度回復していた。劇的な変化が起きていたことが明らかになったのは、2016年になってからだった。

今回のリセッションが起きる前に経済はめざましく進歩していたが、それが幻想であることがあらわになった。恩恵を受けていたのは、もっぱら超富裕層だったのだ。格差は急拡大し、生活水準は停滞、経済は不安定になり、政策分析の古いやり方はもう通用しなくなった。アメリカでウォール街占拠運動やティーパーティー運動が台頭するなど、リセッションに対する抗議行動が始まり、経済が回復しても、その流れは止まらなかった。金融規制の緩和を支持していたのも、反感を招いた金融機関の救済を認めていたのもエリート層であり、そんなエリートたちがする主流の政策分析を、国民は信頼しなくなった。これまでのやり方に疑問が投げかけられ、新しい方向性も見えない中で、世論は二極化した。そして、文化の問題、特に移住をめぐって長く鬱積していた不満が爆発し、エリート層に対する怒りは、醜い移民排斥主義へと転じる。１９３０年代以降見られなかったような強い排外主義とポピュリズムが、世界中で噴出した。

残念ながら、思想は危機に追いついていない。格差が拡大し、成長が鈍ったのは資本主義のせいだとされているが、それに代わる選択肢は現れていない。政治が腐敗し、麻痺したのは自由民主主義のせいだとされているが、権威主義がそのかわりになるわけがない。グローバリゼーションと国際統治機関がやり玉にあがっているが、国際関係を運営していく持続可能な道筋は他に示されていない。とてもうまく運営されている先進国の政府でさえ、欠点がたくさんあるにもかかわらず、これまでの主流であるテクノクラート的なアプローチをとっている。

リバタリアン的な願望と平等主義的な目標を結びつける

そのため、われわれはこの行き詰まりを打破する方法を見つけようとして、気がついたら現代の社会組織の創始者たちの著作に立ち戻っていた。アダム・スミス、コンドルセ侯爵、ジェレミー・ベンサム、ジョン・スチュアート・ミル、ヘンリー・ジョージ、レオン・ワルラス、ビアトリス・ウェッブら、18世紀後半から19世紀の「政治経済学者」「哲学的急進主義者」を自称するグループである。

思想についてはこの後の章で考察するが、こうした思想家たちが生きていた世界は私たちの世界とは違っていたものの、同じような課題に直面していた。18世紀から受け継いでいた経済・政治システムは、当時のテクノロジーや人口動態、グローバリゼーション、およびより大きな文化的環境に対応できないでいた。平等や成長を実現しよう、政治改革を推し進めようとしても、既得権が立ちはだかった。哲学的急進主義者は、当時の知的資源では社会を前進させるには力不足だと考え、新しい思想をつくり上げた。その思想は、市場を基礎とする現代の経済システムと自由民主主義が発展するうえで、非常に大きな役割を果たしている。哲学的急進主義者が描くビジョンと改革の下で、今日の右派が唱えるリバタリアン的な願望と、今日の左派が掲げる平等主義的な目標が結びつくことになり、それがいまでは標準的な政治スペクトルの両端が共有する遺産になっている。われわれが復活させようとしているのが、この共通の精神である。

格差

格差の拡大と失われた賃金

いま最も重要な問題は、豊かな国の中で格差が広がっていることである。図I・1は、1913年から2015年にかけて、アメリカの所得分布の上位1%の世帯の所得全体に占める

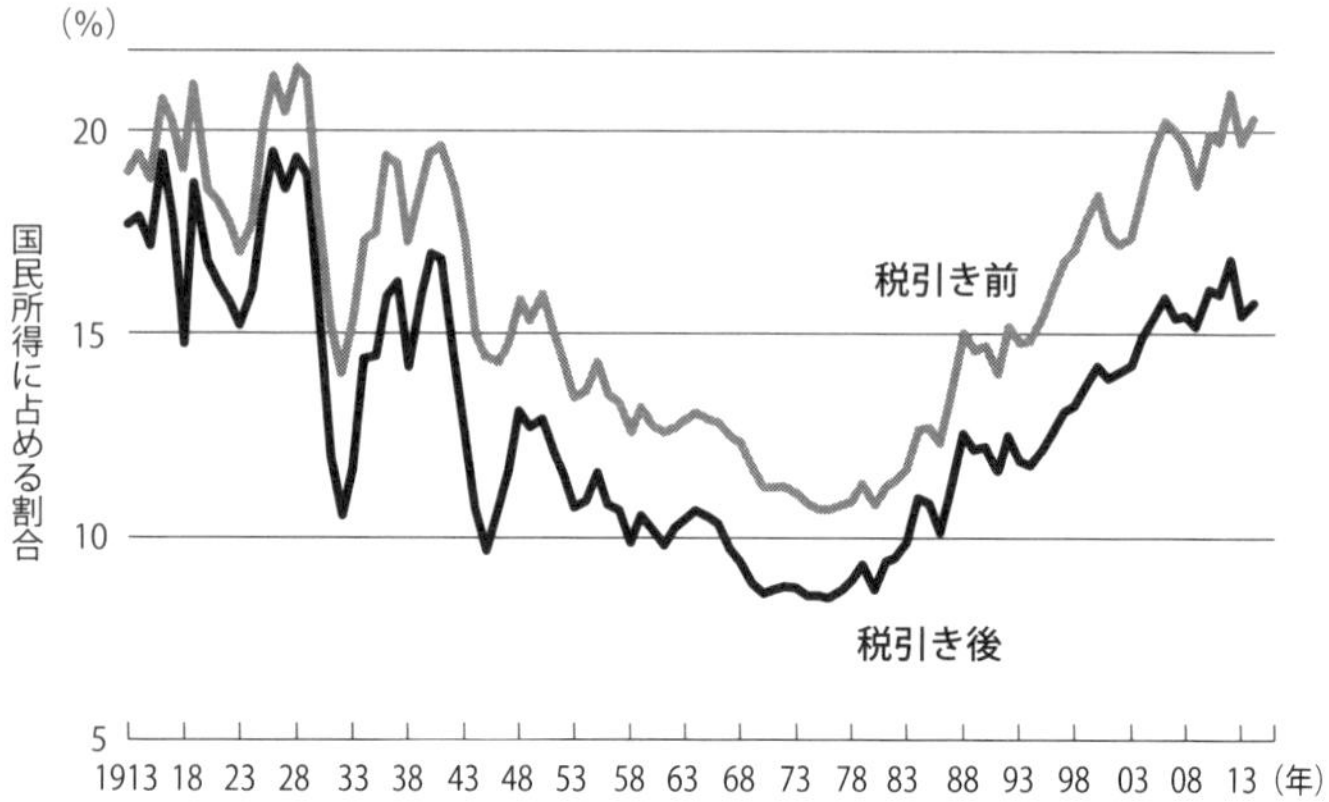

図I.1　アメリカの所得に占める上位1%の世帯の割合、キャピタルゲイン込み、税引き前と税引き後
出所：Thomas Piketty, Emmanuel Saez, & Gabriel Zucman, Distributional National Accounts: Methods and Estimates for the United States, *Quarterly Journal of Economics* (Forthcoming).

割合がどう推移したかを示している。[4] 図には、税引き前と税引き後の両方の数字を載せている。最終消費といちばん関連がある税引き後の数字を見ると、上位1%の人が獲得する所得の割合は、1970年代半ばの8%を底に、直近のピークでは16%まで拡大し、ほぼ2倍になっている。これほど劇的ではないが、他の多くのアングロ・サクソン諸国も、この時期に同じパターンをたどっている。それよりも政府による再分配が大きい一部のヨーロッパ大陸諸国や東南アジア諸国では、所得のパターンにこれほど目立った変化はなかった。[5]

数多ある「新自由主義」的な経済議論が指摘するように、この格差の拡大は、活力あふれる経済の代償にすぎないのだ

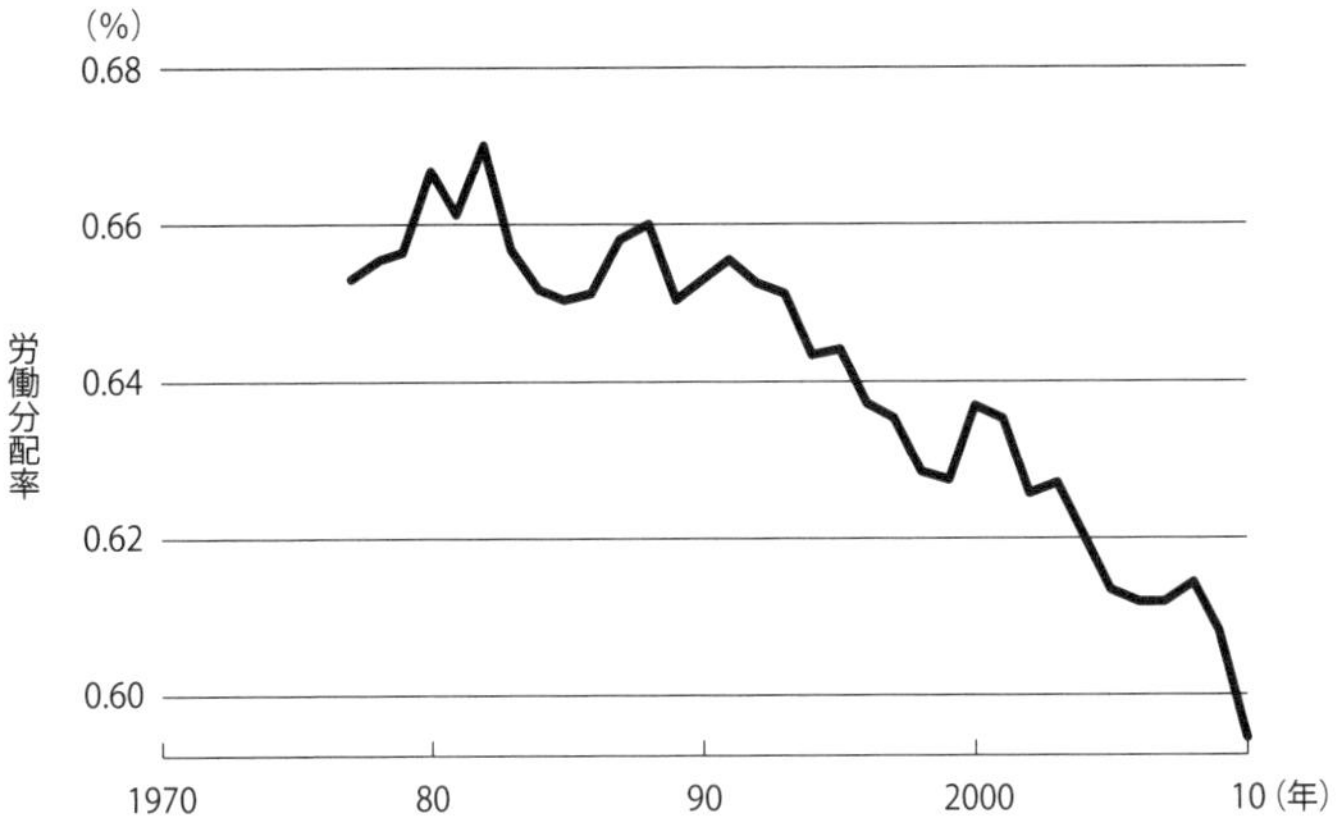

図I.2　アメリカの労働分配率の推移
出所: David Autor, David Dorn, Lawrence F. Katz, Christina Patterson, & John Van Reenen, The Fall of the Labor Share and the Rise of Superstar Firms (MIT Working Paper, 2017), https://economics.mit.edu/files/12979.

ろうか。格差が広がっているのは、優秀な人材とその他の人材とのスキルや機会の格差が広がっているからだとする経済学者もいる。スキルが高い分だけ所得が増加して報われなければ、高いスキルを身につけても無駄になってしまう。だが、格差の高まりは、賃金の格差が広がっていることだけを反映したものではない。国民所得に占める賃金そのものの割合が下がっているのだ。図I・2は、国民所得のうち、工場労働者から最高経営責任者（CEO）まで、全労働者がどれだけ受け取ったかを示す割合、経済学でいう「労働分配率」を示している。同じ時期に、アメリカの国民所得のうち、労働に報いる所得が占める割合は10％近く下がっており、これまでずっと豊かな国の労働分配率を大きく下回っている発展途上国の状況に近づいている。

労働者に支払うために使われていたお金はどこにいってしまったのだろう。貯蓄に報いていたのなら、それほど心配することはないかもしれない。どの市民も貯蓄することを選択できるし、貯蓄に報いれば成長を刺激することにもなるのだから。ところが、貯蓄に対する報酬そのものが減っており（金利が低下していることからも明らかだ）、所得のうち市場支配力によって吸収されている部分が増えていることを示唆する証拠が積み上がっている。これはわれわれが後に「独占問題」と呼ぶ状況である。[6] 図I・3にそのトレンドを示している。

図I・3の上のパネルは、アメリカの国民所得のうち、完全競争下で期待されるものを上回る「経済的利益」、つまり、独占力から得られる利益の割合を示している。そうした超過利潤は、まさに1980年代初めからおよそ4倍に増えており、それと歩調を合わせて、格差が拡大し、労働分配率が下がっている。[7] このような利益を奪っているのは、超富裕層が圧倒的に多い。後で述べるように、格差の拡大と労働分配率の低下は、富める者が富む力学によって拍車がかかると同時に、この力学に拍車をかけてもいる。上位1％の人の所得の6割は（賃金ではなく）そうした利益や資本収益であり、その割合は下位90％の人の4倍も大きい。下のパネルの数字は、市場支配力を表すもう一つの指標（価格のうち企業がコストに上乗せした部分である「マークアップ」）と、企業の株式の時価総額との共進化を示している。[8] 二つのデータの系列はほぼ一致しており、与えられた年の企業の時価総額とマークアップには高い相関が認められる。これは、労働分配率

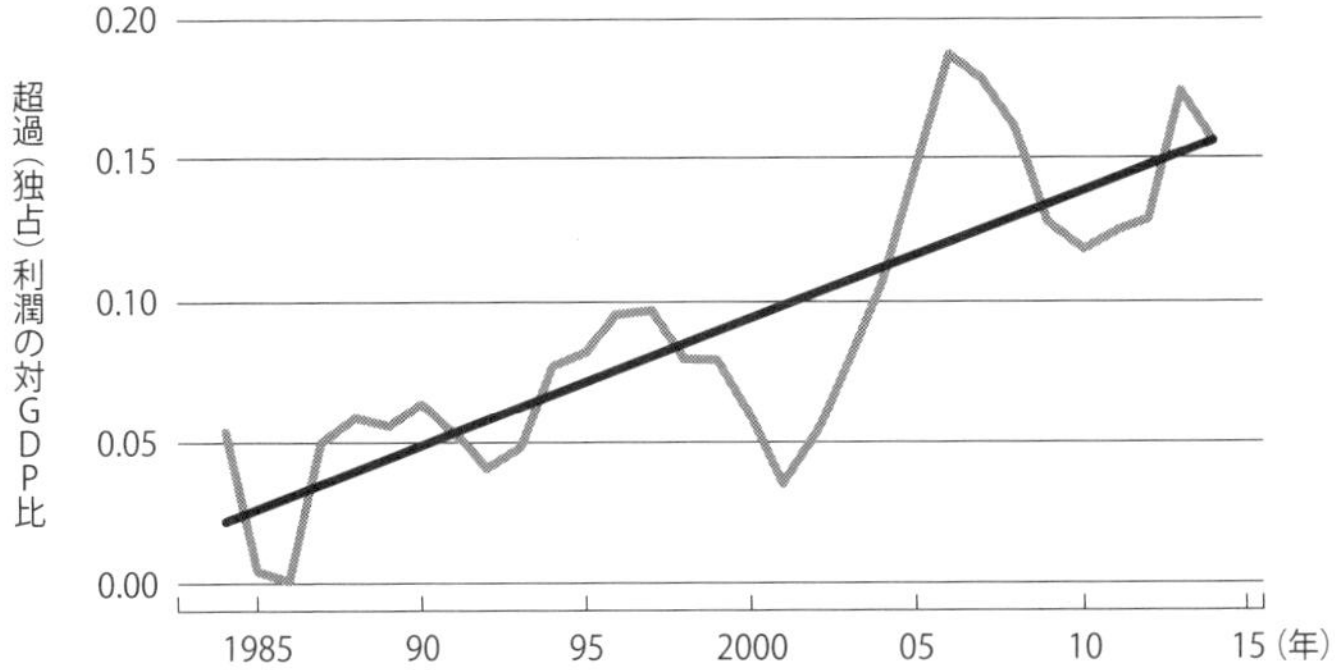

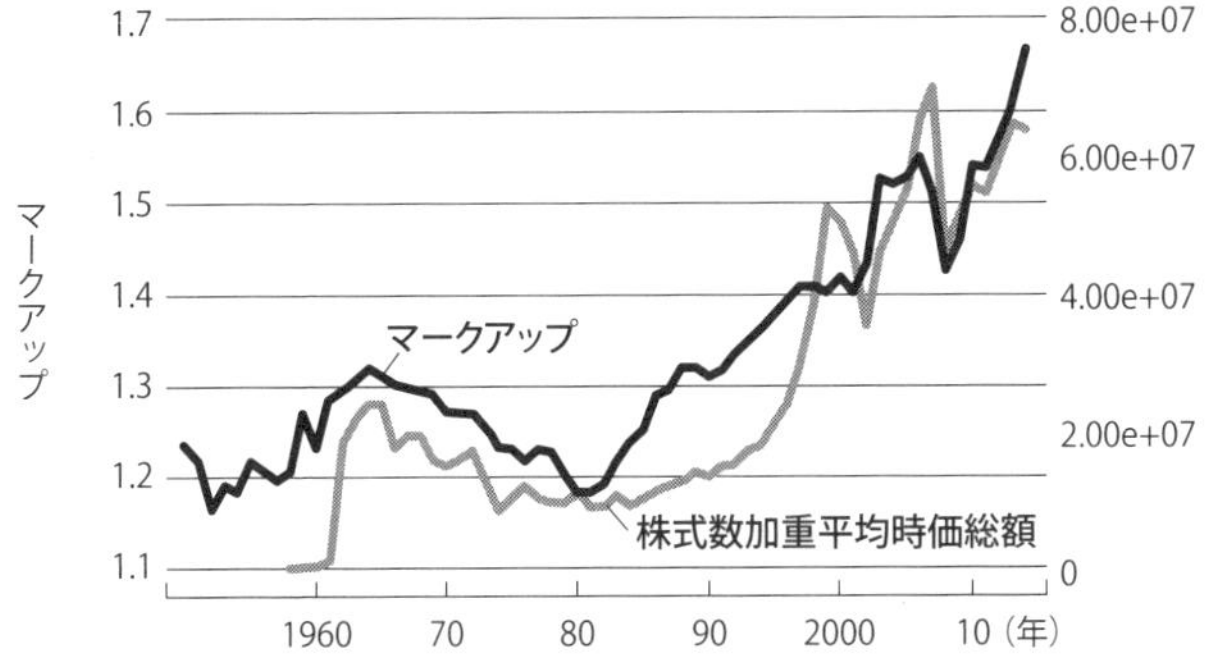

図I.3 （上）アメリカの国民所得に占める競争的利益の割合の推移、（下）マークアップ（黒）と株式数加重平均時価総額（グレー）
出所：Simcha Barkai, Declining Labor and Capital Shares (2017), http://home.uchicago.edu/~barkai/doc/BarkaiDecliningLaborCapital.pdf, および Jan de Loecker & Jan Eeckhout, The Rise of Market Power and Macroeconomic Implications (2017), http://www.janeeckhout.com/wp-content/uploads/RMP.pdf.

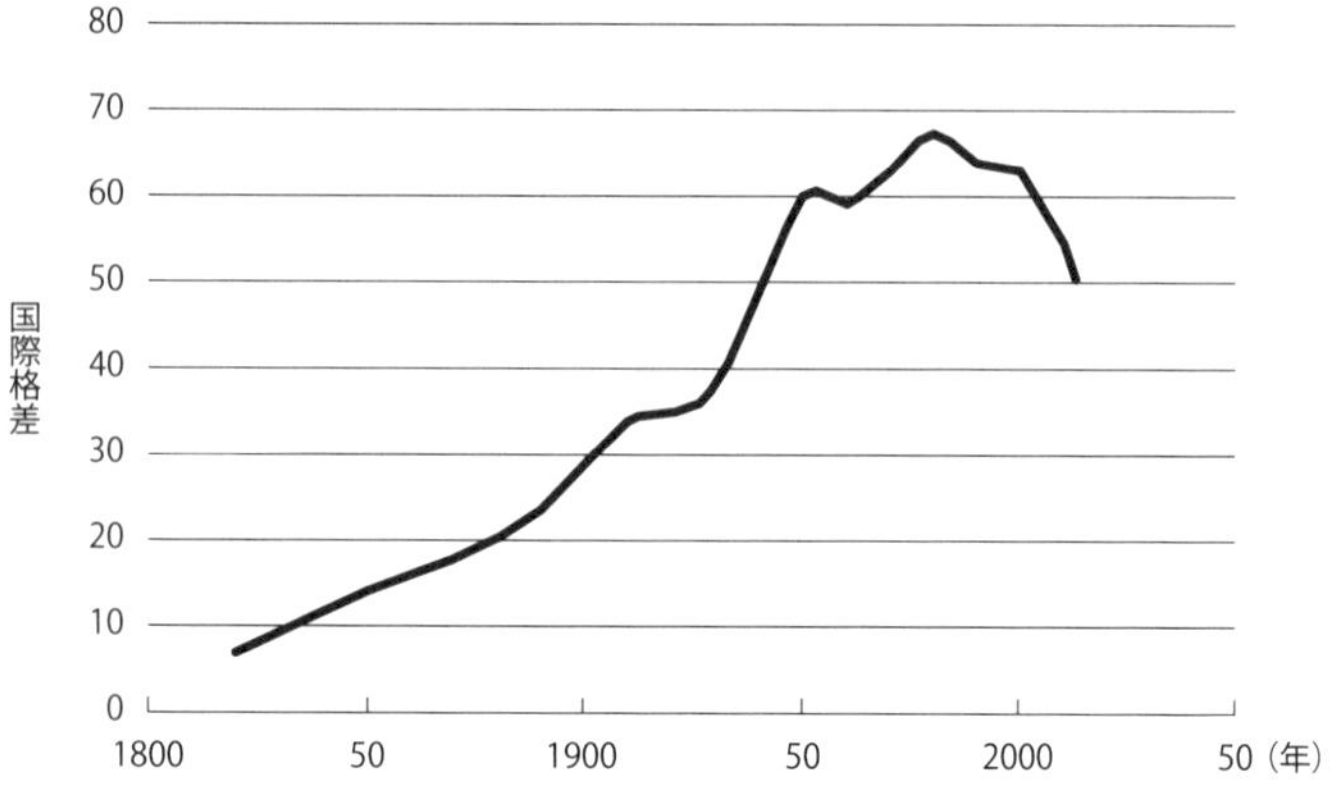

図I.4　1820〜2011年の国際格差、国内ではなく国家間の格差を平均対数偏差を用いて測定（第3章を参照）。
この系列は、François Bourguignon and Christian Morrisson, Inequality Among World Citizens: 1820–1992, 92 *American Economic Review* 4（2002），およびBranko Milanovic, Global Inequality of Opportunity: How Much of Our Income Is Determined by Where We Live?, 97 *Review of Econonomics & Statistics* 2（2015）（われわれの依頼をブランコ・ミラノヴィッチが引き受けたもの）の結合データに基づく。

の低下と格差の拡大は、成長が加速した必然的な結果などではないことを強く示唆するものだ。むしろ、市場支配力の増大と緊密に関連し合っている要因（症状か、原因か、あるいはその両方）なのである。

国家間の格差

国家間の格差がたどった軌跡となると、話は違ってくる。図I・4は、1820〜2011年の国同士（国内ではない）に広まっていた国際格差を、格差を表す指標の一つである「平均対数偏差」を用いて示したものである（詳しくは第3章で論じる）。1820〜

1970年に、国家間の格差は10倍近く拡大した。これに対し、国内の格差は約5分の1減少した。このパターンは1970年を境に逆転している。国際格差は約5分の1減り、豊かな国の国内格差は広がっている。

これについても、この国際格差が活力ある国際市場がもたらす副産物であるのなら、それは払う価値のある代償かもしれない。だが、グローバリゼーションが加速し始め、脱植民地化が終わったまさにそのときに国際格差が縮小し始めており、国際格差が生まれた原因は、自由市場ではなく、植民地主義と閉じた国際市場にあると考えられる。

停滞

鈍化する生産性

前回、経済哲学に大きなシフトが起きたのは、1970年代のことだ。当時、完全雇用を達成するためにインフレは払う価値のある代償であるというケインズ主義者の主張が受け入れられていたが、「スタグフレーション」(高インフレと失業が同時に進行する状況)に陥ったことで、その主張が揺らいだ。これに呼応して新自由主義、「サプライサイド」という考え方が台頭し、資本主義の役割を拡大させて、減税、規制緩和、民営化を進めれば、経済は成長すると約束した。資本主義の下で格差が生まれるかもしれないが、富はやがて一般の労働者のところにしたたり落

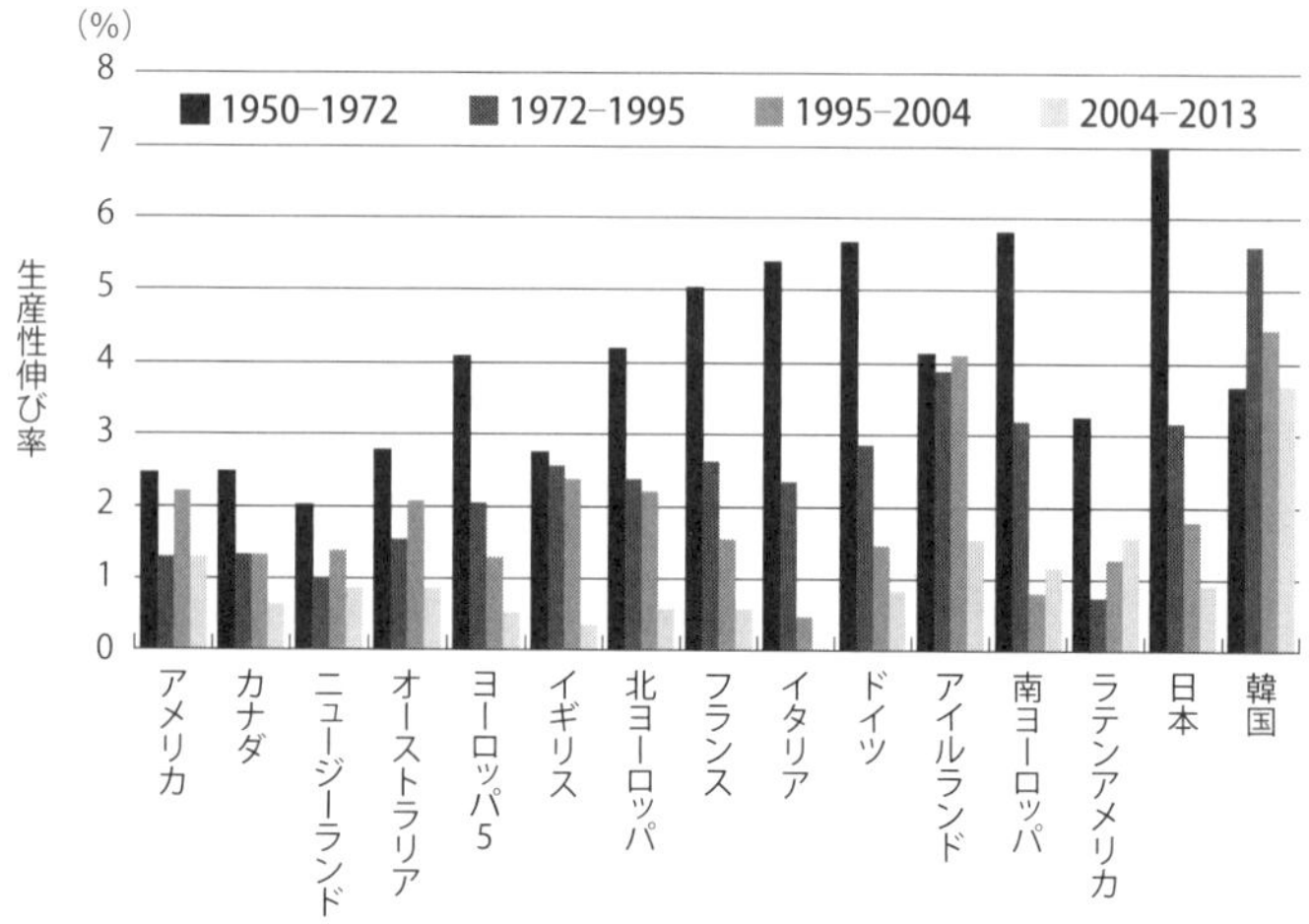

図I.5　期間別、国・地域別の生産性の実質年平均伸び率
出所：OECD

ちる（「トリクルダウン」）とされた。ところが、トリクルダウンは起きていないばかりか、富そのものが生み出されていない。現に、生産性の伸び率はこの時期に劇的に下がっている。アメリカを例にすると、第二次大戦の終結から２００４年までの労働生産性の伸び率は、年２・25％前後だった。それが２００５年以降は１％ポイントも下がり、１・25％前後に減速している。[9]

他の豊かな国に比べれば、アメリカの現象はそれほど劇的とはいえない。図Ｉ・５は、１９５０年以降の世界各国の生産性の伸び率を示している。[10] 全体として、20世紀半ば以降、生産性の伸び率は劇的に下がっている。ただし、一部の豊かな国については１９９５〜２００４年の期間は例外であり、発展途上国についても、これと異なるトレンドが観察される。フランス、日本など、数多くの豊かな国では、生産性は10分の1に下がっており、１９５０～１９７２年には５～７％だったが、２００４～２０１３年は１％にも満たない。最近のデータは、それ以上に残念な結果になっている。[11]

生かされない労働力と資本

これに関連するものとして、主要な経済資源である労働力と資本の問題がある。特に大きいのは、失業（労働力の場合）や配分の失敗（資本の場合）が広がっていることだ。これも経済成長の停滞にかかわる側面だが、失業と低賃金は社会や政治の対立を生むので、一つの独立した問題として重要になる。失業と雇用ミスマッチの状況は国によって違う。これは長期失業者の扱いがそれぞれ異なるからだ。ヨーロッパでは失業率が上昇しているが、アメリカでは、プライムエイジ〔訳注　25～54歳〕の男性の労働参加率が低下している。たとえば、プライムエイジのアメリカ人男性の労働参加率は、１９７０年の96％から２０１５年には88％に下がった。ヨーロッパの大半の国では、失業率は20世紀半ばには４～６％だったが、いまでは10％を超える水準で高止まりしている。[12]今日の経済で十分に活用されていないのは労働力だけではない。最近の調査によると、それを最も有効に活用できる企業やセクター、都市に資本が投下されていないという意味で、資本資産が適切に配分されていないようなのだ。[13]そうだとすれば、生産性の低い主体から生産性のより高い主体に資本と雇用を再配分すれば、総生産量が劇的に増える可能性がある。[14]

成長率の減速と格差の拡大が同時に進行している

こうしたことを考え合わせると、格差が拡大し、成長が停滞している現状では、豊かな国の典型的な市民は、親世代よりもはるかによい生活を送っているわけではないといえる。経済学者のラジ・チェティらは、1940年に生まれたアメリカ人の子どもの90％は、生活水準が親世代を上回っているが、1980年に生まれた子どもの場合は、それが50％しかいないことを突き止めた。[15] 他の豊かな国についてはまだデータがないが、きっと同じようなパターンになるだろう。

このような流れは、かつてスタグフレーションがケインズ主義者のコンセンサスに提起したものと同じ問題を、新自由主義経済学のコンセンサスに投げかけている。新自由主義経済学は、格差と引き換えに経済の活力が高まると約束した。結果として、格差は広がったが、活力はかえって低下している。これを「スタグネクオリティ」（stagnequality）と呼ぶことにする。成長率の減速と（インフレではなく）格差の拡大が同時に進行する状況である。そうだとしたら、大衆が経済学の従来の知見を拒絶しているのも不思議ではない。

対立

ポピュリズムとナショナリズムの台頭

左派はずっと「トリクルダウン経済学」を批判していることから、左派のポピュリストはスタグネクオリティに反対し、所得の再分配を求めるものと思われる。この予測は、最近の出来事によってある程度裏付けられている。主な例を表Ⅰ・1にまとめている。バーニー・サンダースは、若い頃には社会主義者を名乗り、社会民主主義者として大統領民主党予備選挙に立候補したにもかかわらず、民主党の予備選挙で指名獲得にあと一歩というところまで迫った。イギリスでは、労働党党首のジェレミー・コービンが第二次大戦以降で最も左派のリーダーとして政権をとる可能性が出てきているし、フランスとイタリアでは、左翼運動が異例ともいえる政治的成功を収めている。

ところが、歴史が物語るように、ファシズム運動や超国家主義運動が政権につくのは、社会の構造に綻びが生まれているときである。金持ちからではなく、外部の敵や内なる「他者」（弱い立場に置かれている少数者グループ）から大衆の手に富を奪い返すとする反動的な運動が起きると、しばしば怒りの矛先は外に向かい、世界の安定が脅かされる。ホロコーストや第二次世界大戦によっていったん影をひそめたが、それが復活する不穏な兆しがある。

国	左派運動	最近の選挙結果	右派運動	最近の選挙結果	前例
アメリカ	バーニー・サンダース	民主党予備選挙で指名獲得にあと一歩のところまで迫る	ドナルド・トランプ	大統領選挙で勝利	少なくとも南北戦争以降、例がない
日本	なし		与党内の国家主義、軍国主義	首相が極右勢力と緊密な関係にある	第二次世界大戦以降、例がない
ドイツ	なし		ドイツのための選択肢（AfD）	第3党	第二次世界大戦以降、例がない
イギリス	ジェレミー・コービン率いる労働党	2017年総選挙で勝利一歩手前まで迫る、世論調査ではリード	ブレグジット、イギリス独立党、テリーザ・メイ	国民投票で勝利、保守党の方針を自党寄りに傾けさせた	第二次世界大戦以降、例がない
フランス	不服従のフランス	大統領選第1回投票で4位	国民戦線（FN）	大統領選第2位	第二次世界大戦以降、例がない
イタリア	五つ星運動	最近の世論調査で支持率トップ	五つ星運動、同盟（旧北部同盟）	最近の世論調査で支持率トップ、3位	第二次世界大戦以降、例がない
カナダ	なし		なし		
韓国	なし		なし		
ロシア	なし		ウラジーミル・プーチン	1990年代後半から国を統治	1980年代初めのレオニード・ブレジネフ
オーストラリア	なし		ポーリン・ハンソンのワン・ネイション	第4党	前例なし

表I.1　生活水準が平均以上の先進10カ国における反体制運動、リベラル運動、ポピュリズム運動、2016年国際通貨基金名目国内総生産に基づく規模の降順に表示。記載されている情報は原稿執筆時点のもの。

表I・1に示すとおり、右派の運動は選挙や政治的な成果で、左派の運動より優勢となっている。[16] アメリカ、イギリス、ロシアでは、右派が政権を握るか、政府に大きな影響を与えているか、政治において具体的な成果をあげている。フランスとイタリアでは、両者が拮抗するようになっている。こうした国で右派運動が力を得た前例を見つけるには、歴史を大きく遡らなければいけない。日本、フランス、ドイツ、イタリア、オーストラリアでは、右派運動がこれほど大きな成功を収めているのは、第二次世界大戦以来のことだ。アメリカにはポピュリズムの豊かな伝統があるが、ドナルド・トランプはアメリカ初の正真正銘のポピュリスト大統領であり、政治経験も軍隊経験もない。選挙遊説中も就任後も、扇動的な言葉を使って、政治の根幹にある制度を攻撃した。こんなことをする大統領は、おそらくアンドリュー・ジャクソンを除けば、他にいない。[17]

右派ポピュリスト運動が引きつけているのは、歴史的に多数派で、経済的に取り残されて不満を抱えている人口集団である。学歴が低い人、地方に住んでいる人、国際貿易のあおりで仕事を失った人たちだ。[18] 貿易障壁を築け、移民を制限しろと訴える右派ポピュリスト運動のリーダーたちの主張は聞こえがいい。しかし、右派ポピュリスト運動のリーダーたちは、階級アイデンティティや分配的正義に直接訴えるのではなく、「血と土」という、民族主義的国家主義の教義に訴える。こうした集団は、いまよりもはるかに経済的に安定していて、地位も高かった日々への郷愁にかられている。

右派ポピュリスト運動の攻撃にさらされて、システムの根底にある問題があぶり出されている。

と同時に、政治の深刻な二極化に拍車がかかり、民主主義国家の政治の安定が脅かされている。[19] こうした運動に、メンバーはもちろん、一般大衆の利益になる現実的な政策提案はほとんどない。建設的な勢力として行動するのではなく、既存の政治システムの失敗に抗議しているのだ。[20] だとすれば、こうした運動の台頭は、公共の利益を高められず、社会集団間の対立を解消できない民主主義制度の失敗を映すものである。

いまの右派運動は、狭く定義されたアイデンティティを共有しない人たちと対立している。豊かな国では、労働者階級の白人男性の所得が停滞している一方、女性、民族的・人種的少数者、発展途上国の人々の所得は相対的に伸びている。[21] 右派のリーダーは、労働者階級の白人男性が抑圧されているのは、少数者が経済的に成功しているからだと訴え、貧しい国で増加した富を「取り戻す」ことで問題は解決すると約束する。

豊かな国では、女性やさまざまな少数者の権利を主張する運動が起きている。発展途上国では、別の種類の国家主義運動が力を増している。数多くの新興国（中国、インド、トルコ、メキシコ）では、権威主義やナショナリズム感情が高まっている。多くの場合、西側が支配する国際機関が自分たちの国を抑えつけているとリーダーは批判しており、それがこうした傾向に拍車をかける。途上国は経済の発展を求める一方、豊かな国の政治はナショナリズムへと向かっており、いつ衝突が起きてもおかしくない。

多数者集団と少数者集団の対立

多数者集団の利益のために少数者集団の利益が犠牲になるという根本的な問題を民主的に解決するのは難しい。国内政治、国際政治の対立の多くは、こうした状況と関係がある。この問題には重要な経済学的基礎付けがあるのだが、右派のリーダーを特定の集団を代表するものとして特徴づける社会的・文化的用語によって定式化されることが多い。

アメリカを例にすると、銃を持つ権利、宗教の自由、富裕層が政治運動に寄付する権利といえば右派が色めきたち、少数者集団のアイデンティティ政治、市民的自由というと左派が立ち上がる。こうした問題を解決しようとする試みは、たいてい司法制度に委ねられることになる。しかし、裁判官はエリート層であり、一般市民がどんな暮らしを送っているかなどわかっていないことが多い。そんな裁判官が下す決定は、文化的論争を解決するどころか、火に油を注ぐ結果になりがちだ。

国際問題では、世界貿易機関（ＷＴＯ）、欧州連合（ＥＵ）といった機関が、国家主権と国際秩序との緊張を解消することをめざしてつくられた。それがいまでは、正統性がなく、変化に対応できていないうえ、豊かな国と貧しい国の利害を均衡させられていないとの見方が広まっている。一言でいえば、世界中の統治機関が正統性を失う危機に直面しているのである。

市場と市場批判

本書のヒーローである哲学的急進主義者が台頭したのは、私たちがいま目にしている苦境と密接に関連している難題に直面したときである。哲学的急進主義者たちは、貴族の特権によって市場が制限されていることを問題視していた。彼らがめざしたのは、大量の土地を抱え込んで、生産性を阻害し、富の集中を引き起こしている封建的独占者の支配から市場を解放すること、大衆の感情に対応し、国内の対立を解消できる政治システムをつくること、そして、各国の一般国民の利益となり、伝統的なエリート層の力を弱める国際協調システムを築くことだった。それこそ、現在の危機の下で求められている運動にほかならない。

市場という組織形態の本質を表すものとして最も知られているのが、18世紀後半のアダム・スミスの著作にある一節である。スミスは市場というものを次のようにとらえていた。「私たちが食事ができるのは、肉屋や酒屋やパン屋が博愛の心を持っているからではなく、彼らが自分の利益を追求するからである」[22]。いまでは言い古されていることだが、自分の利益を追求することが公共の利益につながるという考え方は、日常の経験とあまりにかけ離れており、当時は衝撃を与えた。

「モラル・エコノミー」という小さな共同体

かつて、ほとんどの人は、小さくて結びつきの強い共同体で暮らしていた。そこには道徳的な衝動、社会的な恥、噂話、共感といったものがあり、個人が共通善に貢献するように振る舞う最大のインセンティブになっていた。経済学者や社会学者は、こうした共同体を「モラル・エコノミー」と呼ぶときがある。[23] もちろん、人間は利己的に振る舞うものだし、それは避けられないことだったが、繁栄の源とはみなされず、堕落した人間の本性がもたらす残念な結果だとされた。そうした逸脱をことあるごとに抑える役割を果たしたのが、宗教だった。農民、職人、兵士、勇敢なる騎士は善良な者たちであり、自分の良心に従い、あるいは神を喜ばせるために、昔ながらの生活様式を守っていた。商人や金融家など、「商取引」から富を蓄えた者には、19世紀になってからも、不信の目が向けられた。

今日でも、モラル・エコノミーは都市以外のところで近似的な形で繁栄し、親しい友人や家族との関係に影響を与えている。そうした社会の理想化された姿が、1946年のフランク・キャプラの古典的な映画『素晴らしき哉、人生！』に描かれている。ジェームズ・ステュアート演じるジョージ・ベイリーは、自分の利益を後回しにして生まれ故郷の小さな町のために尽くす銀行家である。ベイリーは町の人たちのことをよく知っているので、低い金利で住宅融資ができる。大恐慌が起きて、資金難に陥ると、かつてベイリーに助けられた貧しい人たちが、今度はベイリーとベイリーの銀行を窮状から救う。これに対し、貧しい人から高い家賃をしぼり取って食い物にする、強欲で道徳心のない敵役の銀行家、ポッターが体現するスミス型資本主義は、共同体に対する脅威として描かれる。モラル・エコノミーの経済効率が高いのは、ベイリーの銀行と町の間に見られる助け合いの精神があるからだ。それはモラル・エコノミーに固有の価値観でもある。

モラル・エコノミーの利点と限界

モラル・エコノミーには市場にまさる大きな利点があり、スミスに対する批判はその点を強調している。[24] 個人の行動はさまざまな形で他人に影響を及ぼすが、市場価格はそれを検知することも、考慮することも、報いることも、罰することもできない。市場経済では、住宅の持ち主が自分の家を美しくすると、近所の不動産の価値が上がるが、持ち主が受け取る報酬は、自分自身の家が値上がりしたことによって得られるものだけで、近所に利益をもたらしたことに対する報酬は得られない。モラル・エコノミーだと、その住宅の持ち主は町での地位が上がり、近所の人たちは持ち主に感謝して、将来に何らかの形で返礼をする。市場経済では、企業が欠陥商品を売れば、最後には評判を落とすという代償を払うことになるだろうが、たいていは何年も利益をあげ続ける。モラル・エコノミーだと、その企業の所有者は町から追い出される。政府は村の噂話に介入しようとするが、規制をつくったり判決を下したりする官僚や裁判官が、共同体のメンバーのように地域の状況に敏感に反応することはない。

こうした利点があっても、取引の範囲が広がり、規模が大きくなると、モラル・エコノミーは崩れてしまう。私たちは大量生産とグローバルなサプライチェーンの恩恵にあずかっている。それは、生産にかかわる固定費が何百万という人に広く分散されると同時に、世界中のさまざまなスキルや投入財を利用できるので、とてもよい商品をとても安い価格でつくれるからである。しかし、ある商品を世界中の何百万もの人が消費するとなると、ボイコット運動を組織するのは難しい。ただし、その商品が危険であるとか質が悪いとかいった例外的なケースは別である。さらに、大量に生産するときは、商人は遠く離れた場所にいる見知らぬ相手と取引をしなければならず、そうなると、取引相手の個人的な評判で契約が守られるかどうかを判断することができなくなる。現代の市場経済では、政府が取引を支援し（契約・財産法）、権利の濫用から保護する（不法行為法と規制）ので、モラル・エコノミーの能力をはるかに上回る価値が生み出される。モラル・エコノミーにはこうした限界があるため、大規模な市場社会に直面すると、制約が多く、時代遅れに感じられがちである。また、遠く離れた場所にいる人たちのニーズをとらえることができないので、集団内の価値観がむしばまれることを恐れて、部外者を敵視したり、集団内の多様性に不寛容になったりすることもある。

アメリカ文学には、『緋文字《ひもんじ》』から『シスター・キャリー』まで、モラル・エコノミーのディストピア的な世界観を表現した作品が数多くある。２０１７年にドラマ化されたマーガレット・アトウッドの小説『侍女の物語』では、出生率が著しく低下したかつてのアメリカで、厳格なモラル・エコノミーが復活した世界が描かれる。生殖能力が残っている数少ない女性は、子どもを産むためだけの奴隷にされ、支配階級の男性に「儀式」という名の下に性行為を強要される。男たちはそうすることを義務づけられ、権力を濫用しないように自由が制限されているせいで、倒錯し、堕落している。奴隷にされている女性と女性たちが仕える男性は常に互いを監視しなければならない仕組みで、意見や生き方の多様性は徹底して抑圧される。

こうした作品が警鐘を鳴らしているにもかかわらず、極右はもちろん、一部の懐古主義の左派にとってさえ、モラル・エコノミーという理想は揺らいでいない。しかし、大量生産の時代が19世紀に始まると、アーミッシュのように、宗教的理念に基づいて独自の様式で暮らす一握りの共同体だけがモラル・エコノミーを維持するようになっており、大半は市場の外で営まれている。

これと対立する概念であり、極左の政治の背後にある力となるのが、中央計画制である（これについては次の章で論じる）。マルクス主義者は、資本を国有化し、産業を統制することが、「賃金奴隷制」から抜け出す唯一の道だと信じていたが、[25] 中央計画制は失敗に終わる。ソビエト連邦は武器を製造し、工場を建てることはできたものの、殺風景なアパートや魅力のない車しか生まれず、生活必需品ですら不足するありさまだった。ソ連の中央計画者は、消費者の多様性や好みをわかっていなかった。結論をいってしまえば、大規模な経済を組織するアプローチとして、市場に対抗する選択肢はない。

真の市場のルール

市場経済を成立させる三つの原則

市場経済にライバルが残されていないとしても、市場をどう組織するべきかという疑問は残る。右派の標準的な立場とは、政府に求められるのは民間の「邪魔をしない」ことだけだ、というものだ。この主張は一面の真理ではある。１９８９年から１９９０年代初めに共産主義国が崩壊したとき、当初は、中央計画制という足かせを取り除きさえすれば、市場は繁栄すると思われた。だが、洗練された大規模な経済は、どれもルールがきちんと設計され、それがきちんと施行されている。そうしたルールがなければ、盗みが横行し、契約は守られず、弱肉強食の論理がまかりとおるようになる。市場のルールを突き詰めると、「自由」「競争」「開放性」という三つの原則に行き着く。

原則１　自由

自由市場では、個人がほしいと思う商品があるとき、その商品を売り手が手放す代償として十分な金額を支払う限り、それを購入することができる。また、個人が仕事をしたり、商品を売り出したりするときには、こうしたサービスが他の市民に生み出す価値どおりの対価を受け取らなければいけない。そのような市場では、他者の自由を侵害しない限りにおいて、あらゆる個人に最大限の自由が与えられる。代表的な哲学的急進主義者であるジョン・スチュアート・ミルは、次のように述べている。「文明化した社会では、相手の意に反して権力を行使するのが正当だといえるのは、他の人に危害が及ぶのを防ぐことを目的とする場合だけである」[26]。非自由市場の場合は、取引を通じて利益を得る機会を奪われる。取引の自由が制限された生々しい実例が、第二次世界大戦期に数多くの国でしかれた配給制度だ。戦時下ではそうする必要があり、社会を一つにまとめる接着剤の役割を果たしたといえるかもしれないが、味気ない画一化が進むことになる一方、闇やグレーな物々交換経済が出現して、自分が吸わないタバコを子どものために必要なベビーフードと交換するといったことができるようになった。1950年代になって配給制度が完全に廃止されると、それを祝ってトラファルガー広場で配給手帳が燃やされたことからも、自由市場を通じた交換がもたらす柔軟性と多様性がどれだけ高く評価されているかがわかる。

原則2　競争

競争市場では、個人は自分が支払う価格や受け取る価格を与えられたものとして受け入れなければいけない。経済学者のいう「市場支配力」を行使して価格を操作することはできない。非競争市場だと、個人や集団が取引を妨害し、生産を減らして、自分たちに有利なように価格をシフトできるようになるため、自己の利益を追求することが、生産を牽引するエンジンから破壊をもたらす害悪へと転じる。独占との闘いは、少なくとも東インド会社による茶貿易の独占にアメリカの植民地が抵抗した時代から続いている。19世紀後半、当時の巨大カルテルに反発した反独占運動が一般大衆の中から起こった。そのうねりは政治を大きく揺るがし、アメリカのブルムース党、イギリスの「新自由」党、フランスの急進党、デンマークの急進自由党といった政党が次々に生まれた。独占者は質の悪い商品を高い価格で売る。たとえば、アメリカのほとんどのところでは、利用できるケーブルサービスが一つしかないが、ケーブルにつなげる電子デバイスの種類はたくさんある。このように、質の悪いインターネットサービスに高い価格を支払う一方で、コンピューターから電話まで、質が高く割安なデバイスは豊富にあり、その中から選択することができる。

原則3　開放性

開かれた市場では、すべての人が、国籍、ジェンダー・アイデンティティ、肌の色、信条に関係なく、市場交換のプロセスに加わることができて、お互いが利益を得る機会を最大化できる。市場が閉じていると、交換の機会が減り、交換の利益を不当に奪われる人がでてくる。市場が開放されて国際取引が行われるようになったことで、パスタがイタリアにもたらされた。労働市場が新しい参加者に開放されたことで、女性が取締役会に貢献するようになった。アプリ市場が開放されたことで、スマートフォンを多彩に活用できるようになっている。開かれた市場は、可能な限り幅広く協働することで、すべての人がお互いに利益を得られるという考え方を体現するものだ。

三つの原則を損なうもの

スミスは、自分のまわりで栄えている市場を生産力としてとらえるだけでなく、平等を実現する大きな力であるとも見ていた。うまく機能している市場について次のように述べたことは有名である。「富める者は……見えざる手に導かれて、大地がそこに住むすべての人の間で平等に分けられていたら行われていたであろう分配とほとんど同じように生活に必要なものを分配し、したがって、それを意図することもそれを知ることもなく、社会の利益を促進する[27]」。この引用文のうち、われわれが傍点をつけた部分は、スミスをめぐる議論ではたいてい見過ごされている。これはたぶん、引用元の本がスミスのいちばん有名な本である『国富論』よりも前に書かれたものだからだろう。だが、格差が生まれる主な原因は、上流階級を優遇する、市場経済と両立できない法的、社会的な制限にあると、スミスは固く信じていた。

自由で、競争的で、開かれた市場とは、自動的に機能したり、不可避のものであったりするとは、スミスは考えていなかった。「同業者が顔を合わせると、楽しみや気晴らしのために集まったときでさえ、会話の最後にはきまって一般大衆を欺く陰謀、つまり価格をつり上げる策略の話になってしまうものである」とし、「法律は……そうした談合をしやすくしてはならないし、まして談合を必要にしてはならない」と断じている。[28]

哲学的急進主義者の主眼は、貴族が支配する社会との闘争にあった。貴族が政府をコントロールしているため、政府は市場を制限し、国境を閉じて貿易を禁止して、貴族による独占を保護するようになっていると、急進主義者は訴えた。経済の特権と政治の特権はコインの裏表であることを理解していたので、選挙権を拡大して競争的で民主的な選挙を実現するための闘いにも、国境を開いて国際貿易を促進するための闘いにも、同じように力を注いだ。

こうした先駆者たちは数々の勝利を手にしたが、最初の提案は十分なものではなかったことにすぐに気づく。土地と労働の市場が発展したのと同時に、産業資本主義は工場、鉄道、天然資源を支配する新しい形の独占力を形成していくようになった。選挙権が拡大されて土地を所有する貴族の力は弱まったが、新しく力を得た多数者があらゆる種類の少数者を専制し、資本家は所有する資源を使って政治家を買収し、新聞界をコントロールした。国境を越える自由貿易の拡大は、国際関係におけるパワーポリティクスと密接に関連していた。自由貿易の旗手であるイギリスは植民地を搾取して、奴隷労働力と天然資源を手に入れた。

19世紀後半、20世紀初めには、自由主義改革者の次世代が現れ、ヘンリー・ジョージ、レオン・ワルラス、ビアトリス・ウェッブらがこうした問題に取り組んだ。彼らの研究は哲学的急進主義者が残したレガシーを土台としており、その効果はいまも続いている。反トラスト政策がとられ、労働組合に法的支援が提供されたことで、独占力は制限された。社会保険、累進課税、無償の義務教育が導入されて、機会が開かれるようになり、競争が促進された。チェック・アンド・バランスのシステムを築き、基本的権利を保護し、少数者の権利を守る司法権を拡大させて、多数者の専制に陥らないようにした。国際機関がつくられ、自由貿易が促進され、人権条約が採択されたことで、自由主義の秩序の下で国際協調を拡大する道が開かれた。

自由主義の内部分裂

第二次世界大戦以降、一連の改革が追い風となり、未曾有の経済成長期に突入した。その結果、格差は減少し、豊かな国で政治のコンセンサスが形成された。自由主義は大きな成功を収めて、現実の政治と学問としての経済学は、同じ方向に大きく変化した。政治のリーダーも、経済学のリーダーも、完全市場がある程度達成されていると判断したのである。さらなるブレイクスルーを実現して、貿易を拡大したり、独占力をなくしたりしようとするアイデアはほとんどが放棄された。経済学者は、その人の生まれ持った才能が格差の最大の原因なのだと考えるようになる。そうして、分配が公平に行われるようにするには累進課税と福祉制度が必要だが、経済全体のパイが小さくならないように制限しなければいけないとされるようになった。

このトレードオフが自由主義連合を分断することになる。改革の第二世代を率いていた者たちは、現代の政治的左派としてまとまり、アメリカではリベラル、ヨーロッパでは社会民主主義者と呼ばれるようになった。彼らが重視したのは、国内での平等化と、それまで市場交換から排除されていた国内の少数者と女性への市場の開放である。1960年代、70年代にかけて、アメリカの公民権運動、先進国で広がったフェミニズム運動で彼らは勝利を収めた。

平等よりも自由市場と効率性を優先させた自由主義者は、現代の政治的「右派」を形成し、アメリカではリバタリアン、ヨーロッパでは新自由主義者と呼ばれるようになった。右派は政府の介入と闘うだけでなく、財や資本の市場の国際開放を推し進めるうえでも重要な役割を果たした。右派の大きな勝利は1980年代、90年代に訪れる。各国は国有産業を売却し、経済の規制を緩和し、外国との貿易を開放した。だが、国同士の格差、そして支配的なアイデンティティ集団（白人男性）とそれ以外の集団（女性、アフリカ系アメリカ人）との格差は減少する一方で、豊かな国の国内の格差は広がった。成長率は下がり、20世紀半ばの水準に戻ることはなかった。経済が停滞し、国内での格差が広がる「スタグネクオリティ」に政治が毒され、分裂してしまっている。

スタグネクオリティに陥ったのは、経済と人口動態の変化という、人間の力の及ばない要因によるものだとする識者もいるが、われわれは思想の失敗によるものだと考えている。経済に関する左派と右派の知見は、資本主義と民主主義の基本構造がはらむ緊張の核心には切り込んでいない。私有財産はそもそもが市場支配力を与えるものである。この問題は格差が拡大するとともに増大しただけでなく、問題の形が変わり続けたため、それを解決しようとする政府の取り組みが追いつかなかった。1人1票制度が採用されて、多数者に少数者を専制する力が与えられた。

チェック・アンド・バランスが図られ、司法が介入することで多数者の専制は抑えられたが、エリートや特別利益集団に権力を手渡すことでそうした。国際問題では、協調を強化し、国境を越える経済活動を促進する取り組みが進むと、国際資本家のエリートが力をつけた。エリートたちは国際協調から不釣り合いなほど大きな利益を手にし、労働者階級のナショナリズム的な反発を呼び起こした。

自由主義は、第二次世界大戦と冷戦ではイデオロギー面と軍事面で勝利を収め、20世紀後半には経済面、政治面で成果をあげた。それが傲慢さを生み出し、やがて自己満足に溺れて、内部分裂することになる。19世紀、20世紀初めのラディカルな改革者は、いがみ合うテクノクラートへと姿を変えていった。

完全競争という幻想

不完全な市場システム

当時、市場は「完全に競争的」であるとの前提に立つ経済学者が増えており、それが分析の基礎になっていた。[29] 市場が完全に競争的であるということは、少数の同質な商品があって、どの商品も大量に保有したり購入したりする個人は存在しない、ということである。自分の商品を売り、必要なものを他人から買うために、全員が激しく競争しなければいけない。穀物が完全競争市場の古典的な例である。どの穀物生産者も市場で大きなシェアを持っていないので、1人の生産者が価格に大きな影響を与えることはできない。くわえて、非常に多くの製粉業者、牧場主、パン屋が穀物を買うので、1人の買い手が買い控えをして価格を押し下げることもできない。市場が提示する価格がどのようなものであっても、全員がそれを受け入れなければいけない。

しかし、ジョーン・ロビンソンら、先駆的な経済理論家が指摘したように、現実の世界ではこのように動く市場はほとんどない。[30] ここで、家を買うプロセスを考えてみよう。住宅市場のうち、完全競争状態にいちばん近いのは、大都市の住宅市場である。大都市の住宅市場は、家が絶えず供給され、たくさんの人が家を買おうとしている。だが、そうしたところで家を買うか売るかしたことがある人なら誰でも知っているように、システムは完全とはほど遠い。立地も、設備も、眺望も、日当たりも、家によってそれぞれ違う。同質とはおよそかけ離れており、穀物とは別物である（穀物が同質なのは、入念なマーケットデザインの結果にほかならない[31]）。取引がまとまらなければ、住宅の購入は何カ月も先送りされることになり、その間に買い手は条件に合いそうな他の家を探す。

そうだとすると、買い手にも売り手にも強い交渉力があることになる。どちらも相手がいくらなら支払ってもいいと考えているか、いくらなら受け入れてもいいと考えているかを見きわめて、最も有利な価格を勝ち取ろうと躍起になる。そんな戦略的行動のせいで取引が失敗してしまうこともある。たとえうまくいったとしても、その過程で膨大な時間と労力が浪費されている。複雑なビジネス取引だと、問題が拡大する。たとえば、土地開発計画では、工場やモールを建てるために隣接する数多くの土地を買い上げなければいけない。デベロッパーのリスクがとても高いので、既存の住宅の所有者は交渉で優位に立つ。多数の住宅所有者が高額の支払いを求めて合意を渋れば、計画が遅れたり、場合によってはストップしたりする。

個人や企業が参加する市場のほとんどは、穀物市場よりも住宅市場に近い。工場も、知的財産も、企業も、絵画も、どれも非常に特異的で、二つとして同じものが存在しない資産である。このようなケースは他にもたくさんあり、完全競争の前提はほとんど意味をなさない。労働市場もそうである。すべての労働者は才能も性格も違えば、住んでいるところも違う。インターネットサービスや航空会社のフライトなど、相対的に同質な商品の市場は数多くあるが、そこでさえ少数の企業が市場を支配している。しかも、そうした企業がたくさんあるように見えるときでも、所有者が同じであったり、共謀していたりすることが多い。このように、市場支配力（企業や個人が自分たちに有利になるように価格に影響を与えることができる力）は、経済の隅々まで行き渡っている。市場支配力は、現在の資本主義の組織構造に偏在する固有のものであり、スタグネクオリティと政治対立を生んでいる二つの大きな原因の一つだと、われわれは考えている。

市場が存在しない領域

もう一つの大きな問題は、市場支配力がはびこる市場がある一方で、人間の生活のさまざまな領域では、人々の幸福を大きく高めうる市場が存在しないことだろう。この問題が特に深刻なのが、ふつうは政府が提供する財やサービスである。警察、公共公園、道路、社会保険、国防がその例だ。いま必要とされているのは、政治的影響力の市場なのである。

　政治的影響力の市場など、荒唐無稽に聞こえる。お金で政治的影響力を買うことが許されるなら、政治は一握りの金権主義者にコントロールされてしまうのではないか。19世紀後半のアメリカで蔓延した政治腐敗の歴史がそれを物語っている。その当時、地方の政治家は宗教組織や鉄道関係者、石油王らに広く買収されていた。

　だが、これに代わるモデル、つまり、すべての市民に平等な発言権が与えられて、すべての問題が多数決の原理で決まるというモデルには深刻な欠点がある。多数者が支配するようになると、少数者はどうなってしまうのだろう。トランスジェンダーの人たちがトイレを使う権利や中絶の防止など、少数者が強い関心を持っている問題があっても、その問題の重要性に見合った影響力を行使する方法がない。1人1票制がとられているために異なる集団同士が歩み寄ることができず、イデオロギーのブロックの間で権力が激しく振れている。

　現代の生活の中で市場がほとんど存在しない領域は、政治だけではない。移民が厳しく制限されて、国境をまたぐ労働の貿易が止まり、労働市場に穴が空いている。デジタル経済で非常に価値のある商品の一つであるデータは、グーグル、フェイスブックといった企業が収集して収益化しているが、そうしたデータを生み出すユーザーが直接報酬を受け取ることはない。データの市場が強く必要とされているが、そうした市場はまったくない。市場経済は完全に競争的であるとされており、そうであるように見えるかもしれないが、実際には市場の独占と欠落が生じてしまっている。

このような状況を見ると、標準的な経済学のレトリックが拠って立つバラ色の前提に疑問がわいてくるが、同時に、見過ごされている機会も浮き彫りになる。市場支配力が市場をむしばんでいるばかりか、市場が存在すらしていないことも多いという現実と向き合えば、左派と右派の二極化を避けることも、偏見と特権に立ち向かう急進主義者の闘いを再開させることもできるだろう。

ラディカル・マーケットをイメージする

本書で主張されるアイデア

現在の危機に対してわれわれが提示する解決策は、市場をラディカルに拡大することである。第1章、第2章で本書の核となるアイデアを示し、経済と政治の中でそれを実行する方法について説明する。第1章では、ある単純な税金を導入すると、私有財産の市場が一種の「使用」の市場に変わることで、市場支配力を濫用し、競争を制限するインセンティブを大幅に減らせることを示す。第2章では、大勢の人が共有し、通常は政府が創造する「公共財」の効率的市場について述べる。他の章は議論の焦点を絞り込んでいる。第3章では、より効率的で、政治的に持続可能性が高い移民労働力の市場を創造する政策を提案する。第4章では、機関投資家による企業経済の支配を解くために、持ち株比率に上限を設けることを提言する。そして第5章では、市場の力をデジタル経済に拡張できることを明らかにする。第3章から第5章で示すアイデアには、現代の危機を解決する力がある。平等を促進し、経済を成長させながら、公の秩序を高め、歩み寄りの精神を育むことができる。

どんな計画でも、これほど大きな変革を起こそうとすれば、かならず厚い壁にぶつかる。われわれの提案を完全に実現するには、何年もかけてテストし、改善を加え、段階的に拡大していくことが必要になる。

一連のアイデアがどれだけラディカルなものであるかを理解しやすくするために、各章の冒頭でビネット（架空のストーリー）を提示し、未来の社会でこれらのアイデアがどう機能するかを具体的に説明している。その後、われわれが提案する制度の背景にある歴史を検証し、現在の危機へとつながった歴史的偶然、パラドックス、失敗を明らかにする。次に、われわれの提案を簡潔に説明し、よく聞かれる反論に答える。そして最後に、われわれのアイデアをテストし、改善する方法を示す。

各章はそれぞれ独立に読み進めることができるが、結論ではアイデアを一つにまとめ、一連の提案をすべて実行すると、どれだけ多くのことをなしとげられるかについて論じていく。エピローグでは、ラディカル・マーケットの恩恵が尽きるとどうなるのかを考える。

たとえわれわれのアイデアのすべてが受け入れられなかったとしても、本書をきっかけに、読者のみなさんが既成概念を取り払い、経済と政治の新しい形を見据えるようになることを願っている。長く保たれてきた前提が崩れつつあるこの試練のときこそ、考え方をラディカルに変えなければいけない。

第1章

財産は独占である

――所有権を部分共有して、競争的な使用の市場を創造する

エスピノーサのケース

アレハンドロ・エスピノーサは小さな頃、イーロン・マスクのハイパーループに夢中で、世界初の超音速列車の運転席に座っている自分の絵をよく描いていた。エスピノーサの隣には車掌がいたのだが、まさかハイパーループには車掌がいないなんて、思ってもいなかった。だがそれはまだいい。問題は、エスピノーサが見つめているホログラフだ。そこに映し出さ

れた地形図と経済地図が、エスピノーサの無邪気な夢と正面衝突していた。

大人になったエスピノーサは、子どもの頃からの夢を叶えるべく、オープントラックというベンチャー企業を立ち上げた。オープントラックはロサンゼルスとサンフランシスコを結ぶ超音速列車を運行する計画を立てていたが、チューブをつくり、磁石を並べて、真空状態にする前に、セントラルバレーを抜けるルートを選定しなければいけなかった。全ルートのうち、サンフランシスコ湾東部とサンフェルナンドバレーを通る区間は選択肢が非常に限られていたものの、セントラルバレーを抜ける道はたくさんあった。

エスピノーサは早く動きたかった。セントラルバレーの土地所有者が計画を聞きつければ、自分の土地の価格を高くしようとする者がでてくるかもしれなかった。しかし、それは土地所有者にとってリスクの高い賭けになる。土地の価格を上げると、所有者の税負担が重くなるだけでなく、ルートに含まれる確率も下がる。

大量の選択肢の中から候補を絞り込むのは、土地の公示価値を表示するカダップスター・アプリを使っても、大変な作業だった。カダップスターにはあらゆる区画の価値が投稿されていて、誰でも見ることができる。自己申告税制度が導入される前は、このようなプロジェクトをいったいどうやって計画していたのだろうと考えると、頭がくらくらしてきた。沿線の地主がいくらなら土地を売ってくれるかまったくわからない状態でルートを選定しなければならないし、選定できても、すべての土地を取得するまでに何年も交渉と法廷闘争を続けなければいけなくなるかもしれない。透明で、流動性が高く、公正な価格が形成される不動産市場がついにできて、自分はラッキーだ。エスピノーサは心からそう思った。先祖代々の土地から高齢の女性を追い出して罪悪感にさいなまれることも、世間から厳しい批判を受けることももうない。いまは住民が高い価格を投稿すれば買収を阻止できるし、土地を売って補償金をたっぷりもらうことも選べる。

建設可能なルートを見つけるために、オープントラックのコンピューター科学者たちはさまざまな概算を使った。岩の多さ、丘や山の高さや谷の深さなど、エンジニアがぶつかることになる地形上の障害の数に焦点を合わせ、単純な経験則を使って、選択肢を絞っていった。エスピノーサは候補ルートを五つ選ぶように指示した。

五つの候補ルートはどれも土地の価格はだいたい同じで、エンジニアリングコストとスピードのトレードオフも妥当なものだった。列車がもっとゆっくり走っていた時代だったら、沿線の景色も決定に影響していたかもしれないが、いまは、たとえチューブが透明だったとしても、速すぎて何もわからないだろう。トップエンジニア数人とマーケティングのエキスパート1人と話し合った後、土地の価格がいちばん低いルートがいいということで意見がまとまり、この選択がベストだとエスピノーサは確信を持った。

財務担当者はすぐにカダップスターを開き、沿線の不動産一つひとつについて、投稿されている価格でオープントラックが購入するという意思を表示し、手続きを確定した。これによってオープントラックの所有権が自動的に確保された。ちょうど新規のベンチャー資金を調達したところで、手元に現金がたくさんあったため、その場で全額を支払った。住民は3カ月以内に立ち退くことになっており、年末には工事を始められる。新しい地主となったエスピノーサは、沿線の土地を一つの区画にまとめて、購入総額の数倍の価値をアプリに投稿し、土地を奪われないようにした。

通行権という障壁

デベロッパーはいま、大きな課題に直面している。ハイパーループ・ワン社の高速輸送システム構想を阻む最大の障害は何かと質問されて、共同創業者のジョシュ・ジーゲルはこう答えた。「何よりも必要なのが通行権なんです」。その言葉にインタビュアーは次のように応じた。「民間の土地所有者など、一部の関係者が……頑として通行権を渡そうとしないケースもありますしね」[1]。このような一大プロジェクトが計画されていると、土地の所有者には高額の補償を要求する明らかなインセンティブがある。

沿線の2000人の土地所有者は10万ドルを受け取って通行権を譲渡してもいいと考えているとしよう（通行権を取得する費用の総額は2億ドル）。ハイパーループはその他のコストの差し引き後で5億ドルの営業利益を生み出せると、ジーゲルは見込んでいる。次に、1999件の土地の通行権を取得した後で、2000件目の土地の所有者が計画を聞き及んだとする。すると、その所有者は通行権を10万ドルで売らずに、はるかに高い金額を要求してくるおそれがある。ジーゲルはそれに応じるしかない。もしも買わなかったら、1999件の土地に投資してきた1億9990万ドルを失うことになってしまう。理屈としては、その土地所有者は5億ドル近くを要求することができる。所有者が補償を4億ドルに設定したとしても、デベロッパー側は要求を拒否するより受け入れるほうがいい。たとえ利益が1億ドルになってしまっても、何もないよりはましだからだ。しかし、デベロッパー側が高額を要求されることをわかっていたら、そもそも開発に乗り出さないだろう。しかも、デベロッパー側は2000人の土地保有者すべてから合意をとりつけなければいけないことを思い出してほしい。そのうちの誰かが高額の補償を要求してくるかもしれない。何人かがそうしたら、プロジェクトは一巻の終わりとなる。

現時点では、デベロッパーが土地を買収するときには、ペーパーカンパニーを通じて水面下で行動するなど、コストのかかる予防策をとって、高額要求リスクをできるだけ小さくする。それでも個々の売り手と長い時間と高いコストをかけて交渉しなければいけないことに変わりはなく、計画に遅れが生じて、リスクが許容できない水準にまで高まりかねない。新しい商業地区や住宅地区の開発を政府が主導して、強制収用権を行使するのはそのためだ。しかし、強制収用は不当であることも多く、かならず政治論争になる。

大規模な土地開発をめぐる論争には世間の関心が集まるが、デベロッパーが直面するこのような交渉問題は、一般市民や小さな企業に日々影響を与えており、私たちの知らないところで毎年何兆ドルもの損失を生んでいる。この状況を（売り手が文字どおり1人とは限らないが）「独占問題」と呼ぶことにしよう。独占問題は私有財産とは切り離せないものであることがわかっている。現代経済が誕生して以降、経済学者と哲学者はこの問題をずっと追い続けている。

資本主義と自由か、資本主義と独占か

財産の私有化が資本主義をもたらした

現代資本主義は、封建的な土地所有制度から発展した。封建的な土地所有制度では、土地と労働を売る自由が大幅に制限されていた。アダム・スミスが説いたように、資本主義を特徴づけるものは、取引する権利があることだ。資本主義は科学とテクノロジーのイノベーションと歩調を合わせて進歩した。さまざまなイノベーションが生まれたことで、取引が経済の中で価値を持ち、重要な部分を占めるようになった。13世紀のヨーロッパの谷間にある封建領主国などは、行商人と取引することもあったかもしれない。しかし、食料や織物を含むほとんどの財は、共同体の中で共同体のメンバーのためにつくられた。その後、航海術が発達して、長距離交易のコストが下がると、一つの商品、たとえば小麦や織物の生産に特化して、必要なものは他の共同体から買うほうが効率がよくなった。18世紀後半から19世紀には、蒸気動力と電気動力が発達して、交易を大きく拡大できるようになった。[2]

このシステムをもっと効率よくするには、共同体がもっと幅広く市場に適応できるようにすることも必要だった。地域の中だけでなく、共同体の中でも広い範囲にわたって取引できるようにするのである。一例として、領主が自分の所有する禁猟区を実業家に売ることができれば、実業家はその土地を使って、より現代的な集約型農業を手がけたり、工場を建てたりするようになる。職人が1人だけでピンをつくっても、労働者に別々の作業が割り当てられている工場の1人当たりの生産量よりもうんと少ない数しかつくれない。ところが、実業家が工場をつくろうとしたら、複数の封土から土地を取得し、それぞれ別の封建領主に農奴として隷属させられている労働者を大量に雇わなければいけないだろう。このように、産業を発展させられるかどうかは、土地を一族が代々受け継ぐ世襲制度を終わらせられるかどうか、農民を隷属関係のしばりから解放できるかどうかにかかっていた。その一方で、大量の土地が共同で所有されていて、農民たちは共有の牧草地で自分の家畜を放牧したりしていた。農民は放牧権を売買することも、共有地の一部を取得することもできなかった。

スミスをはじめとするイギリスの急進的な改革者たち（ジェレミー・ベンサム、ジェームズ・ミルなど）は、こうした特権と慣習が、財産の最も効率的な利用、後にいう「配分効率性」を達成する障害だと見ていた。そこで、資源が最も効率よく配分されるようにするために、所有権をより明確にして開放すると同時に、牧草地や森を含む共有地の囲い込みを推し進めて、共有地を私有財産に変えていった。こうした変化は、資本主義の台頭と密接に関連している。アメリカ西部では、開放された牧草地が家族農場に転換され、これが工業化の第一歩となった。

だが、私有財産を正当化する議論は、資本主義のはるか昔からあり、少なくともアリストテレスに遡る。人は自分が持っているものをいちばん大事にすると、アリストテレスは説いた。あなたがある土地を所有していて、あなたの許しがなければ誰もそれを取り上げることができないとしたら、あなたが土地に投資すると、その土地を享受するか、将来買い手が現れたときに高い価格を要求できるかのいずれかの形で報いられる。これに対し、共有の牧草地では過剰放牧が起こるし、共同のキッチンなんて誰も掃除しないし、グループ研究は後回しにされるものと相場が決まっている。本書では、こうした私有財産の利点を「投資効率性」と呼ぶことにする。

産業革命における格差と非生産性

ところが、急進主義者が掲げる資本主義のビジョンを実践しようとしても、思い描いていたようにはすんなりとはいかなかった。最初は、急進主義者が示す明るい展望のとおりに物事が進んでいるかのように見えた。19世紀には経済は未曾有の発展をとげた。それまでは経済成長率は人口の増加率と概ね連動していたが、その人口の増加率が鈍り始めた。社会的進歩を表す重要な指標である1人当たりの所得は、人類の歴史のほぼ全期間にわたって停滞していた。それが19世紀になると、国の生産能力が着実に増えるようになった。これは歴史上初めてのことだ。発明と発展は豊かな果実をもたらした。おびただしい数の工場ができた。蒸気の力は大陸を越えて人々を運んだ。世界中でつくられた商品がさまざまな国で手に入るようになった。
それでも、こうした恩恵は「ブルジョア階級」だけが受けていた。ブルジョア階級とは、少数の豊かな都市住民たちである。労働者階級になった元農民は、チャールズ・ディケンズが描いたような悲惨な暮らしを送っていた。産業革命が始まっていたにもかかわらず、イギリスの労働者の賃金は１７５０年から１８５０年まで変わらなかった。[3]
新しい資本主義の秩序も、思っていたほど生産的ではないようにさえ感じられた。一部の貴族は、広大な所有地を遊ばせたままにするか、生産性の低い使い方をしていた。１８７０年代にアメリカで「大不況」が発生し、独学の政治経済学者、ヘンリー・ジョージは、それに触発されて、１８７９年に名著『進歩と貧困』を書いた。その中で19世紀の資本主義が抱えていたパラドックスが次のように要約されている。

19世紀には、富を創造する能力が著しく高まった。蒸気と電気が導入され、機械化、特化が進み、新しいビジネスの手法が生まれて、労働の力は大きく高まった……。明らかに、こうした新しい力は社会を底上げして、最貧困層が生きていくために必要なものをどうやって手に入れるか心配しなくてもすむようになるだろう……。しかし、私たちはいま、間違えようのない事実と向き合わなければいけない。世界中で、労働者が非自発的な遊休状態に追いやられている、資本が浪費されているという……不満を耳にする……。最も深刻な貧困が生まれ、最も激しい生存闘争が行われていて、最も多くの人が強制的に遊休状態に置かれているのは、物質的な進歩が最も進んでいるところだ……。こうした貧困と進歩の関係は、現代における最大の謎である。[4]

ジョージが投げかけた懸念は、社会主義の批評家に波及していった。社会主義の批評家がめざすところは、経済の効率性を高めるというスミスの目標と同じだったが、私有財産制がはたしてそれを達成するのか、疑問を持っていた。[5]

投資されることなく、使われることのない土地

この問題を考えるときには、19世紀のイギリスでは多くの人が土地を相続していたことを念頭に置いておくといいだろう。所有者は土地に投資することも、土地を売ることもなく、小作農から安閑と地代をとっていた。初期の改革者たちが財産に課されていたさまざまな制限を取り払うことに成功した後でさえ、その土地をより生産的に使いたいという人がいても、とんでもなく高い価格でなければ売ろうとしないことが多く、そのせいで工業化が遅れることになった。[6] 貴族は自分の財産にはほとんど関心がなく、社交や政治のほうに時間をかけた。この時代を描写したものは、貴族の社会生活に焦点を当てていることが多い。財産を管理する労苦にはほとんど触れられておらず、貴族はそれをなおざりにしている。ジェーン・オースティンの小説に描かれるよう

に、土地を売った貴族でさえ、放蕩にふけって手に入れたお金を浪費するばかりで、新しい事業に投資することはなかった。

土地の手入れをする役目は、零細な自作農、奴隷、小作農に任された。だが、その中でいちばん恵まれた立場にあった小作農ですら、土地に投資する理由はほとんどなかった。甲斐性のない地主に土地を取り上げられるおそれがあったからだ。そのため、農民は土地を荒れるに任せ、収穫量は少なかった。人口が増えて、生産性が上がると、貴族は小作料をさらに引き上げたので、進歩は阻まれ、小作農の取り分はますます減ることになった。土地は使われないまま放っておかれ、都市の成長は止まった。

富める者は何もせずに報酬を手にした。土地を必要としていた貧しい者は、非常に高い地代を支払わなければならず、そうしなかったら飢え死にするしかなかった。批評家はこうした状況は歪んでいると攻撃し、フィクションでもノンフィクションでも、金持ちは寄生虫として描かれた（ブラム・ストーカーの『ドラキュラ』のように文字どおりの意味で寄生している例もあった）。

批評家が指摘した問題をわれわれは独占問題と呼んでいるが（批評家の多くもそうしていた）、当時の一般的な使い方よりも幅広い意味でその言葉を使っている。理由については後で述べる。独占者というと、通常は、ある財をすべて所有しており、供給を絞ることによって一般的な市場価格よりも高い価格を設定できる個人や企業が思い浮かぶ。しかし、土地はたいてい特徴も立地も特異であるため、地主も独占者とみなすことができる。

私的所有が効率的な資源の配分を妨げる

地主も独占者と同じように、土地を売るときに、最初に公正な価格を提示した人に売らずに、高額な価格が提示されるまで合意を渋ることで（市場への供給を絞るのと同じことになる）、売却益を増やすことができる。その間、土地は使われないか、有効に活用されない。このため、私的所有は実際には効率的な資源配分を妨げるおそれがある。それは土地の私的所有に限ったことではない。同質な商品を除けば、どの資産でも私的所有が効率的な資源配分を妨げる可能性がある。ビジネス機器、自動車、美術品、家具、航空機、知的財産を考えてみてほしい。どれも金額は小さくない。現代の経済には私有財産がたくさん存在するので、独占やこの後で述べる独占に関連する問題が引き起こす資源配分の失敗によって、生産が年25％以上押し下げられている可能性があることが、実証研究で明らかになっている。アメリカだけで1年に何兆ドルも失われている計算だ。[7]

このように、急進主義者のラディカルな改革が生み出した資本主義システムは、土地と労働の自由な流れを妨げていた制約を緩め、土地と労働が最も有効に使われるようにしたかのように見えたが、制約がすべて取り払われたわけではなかった。独占力が進歩の道筋に立ちふさがっていたのである。

中央計画、企業計画

独占問題に対する二つのアプローチ

社会主義の批評家の中には、こうした資本主義の「不合理」は、国有化と中央計画を通じて解消できると考えている人もいた。なるほど、政府がすべての土地を所有し、すべての市民を雇用すれば、土地を改良して最も有効に活用するように直接命じることができる。政府が善良であり、見識ある専門家によって運営されるのであれば、独占問題は起こりえない。土地から他人を追い出す権利は私人にはないからだ。こうした中央計画方式のアプローチは、カール・マルクスの思想と密接に結びついているが、マルクスは結局、中央計画制は濫用しようと思えばいくらでもできるとして、これに反対するようになった。[8]

ところが、計画が社会主義のユートピアをつくるという夢の重要な要素であったのと同じように、資本主義にとっても重要な意味を持つようになった。地主や小企業の経営者などの地権者が経済価値の高いプロジェクトを阻むようになったことに対して苛立ちを募らせていたのは、社会批評家だけではない。大勢の経済学者が指摘してきたように、大規模な事業を創造するにはさまざまな未確定要素を着実に確定させていく必要があり、そうした要素の一つひとつを地域独占者がコントロールしている。[9] 企業家はことあるごとに独占問題に悩まされた。工場を大きくしようとすれば、地主が高額を要求する。鉄道を建設しようとすれば、何千人もの地元の政治家が無理難題をふっかけてくる。石油や石炭、部品の小さな供給企業はどこも、延々と交渉を続けて時間を浪費するか、大企業を食い物にしようとする。

ノーベル賞経済学者のロナルド・コースは、この苛立ちを「市場の取引コスト」と呼んだ。[10] コースの説明によれば、こうした混乱を避けるために、実業家は大企業をつくって工場や土地などの資産を所有し、交渉をし続けなくても企業のトップが号令をかけて目標を達成させられるようにするために大勢の労働者を雇った。19世紀から20世紀初めにかけて、企業はビジネスの風景を一気に塗り替えていった。一例をあげると、スタンダード・オイルは石油生産を支配するようになり、鉄道も大企業が運営するようになった。

だが、企業はやがて限界にぶつかった。大きくなりすぎて身動きがとれなくなり、活力が衰えていったのだ。レストランチェーンが店舗をどんどん増やすうちに料理の質が落ちていくようなものである。企業経営者はえてして現地の状況や新しい機会に疎かったし、市場に新たに参入してくる後発企業の脅威にもさらされ続けた。第4章で論じるように、企業はいくつかの独占問題は克服したものの、同時に、莫大な富と力を蓄積したことで、賃金を抑えたり、価格を引き上げたり、経済の発展を遅らせたりできるようになって、政治的、社会的な反発を引き起こすことにもなった。このように、企業計画は経済で重要な役割を果たし、さまざまな地域独占の問題を克服するのに役立ったが、経済を組織する主要な手段として市場に取って代わることはなかった。

所有権のない市場

競争的共同所有

このため、私有財産が生み出す独占力の問題を懸念していた政治経済学者は、中央計画に代わる選択肢を模索し続けた。その一つが、政府が土地やその他の「自然からの恵み」を所有するが、競争的に管理されるようにする、というものだった。「人工資本」（人間がつくり出した役に立つもの）は私的に所有されたままで、それを創造する人が報酬を得ることになる。

政府は、その土地を生産的に活用する可能性がいちばん高いと思われる人に土地を貸し、いまの借り手よりも高い使用料を支払ってもいいと考えている人が見つかったら、貸借契約を解消できる。この仕組みでは、人々は土地を借りるが、所有はしない。土地の私有財産制は廃止される。

このアイデアは、競争的共同所有と呼ばれるようになり、20世紀の経済思想を形づくった立役者の多くにとって核となる教義になった。「限界革命」として知られる経済思想の大きな前進をもたらした近代経済学の3人の父（ウィリアム・スタンレー・ジェヴォンズ、レオン・ワルラス、カール・メンガー）のうちの2人は、私有財産制を深く疑っていた。ジェヴォンズは「財産とは、独占の別名にすぎない」と述べている。[11] ワルラスは、社会経済に関する論文にこう記している。「土地は個人の所有物であると断じることは、土地が社会にとって最も有益な形で使われなくなり、自由競争の恩恵を受けられなくなるということだ」[12]。土地は国家が所有して、その土地が生み出す超過利潤は「社会的配当」として、直接、あるいは公共財の提供を通じた形のいずれかの方法で公共に還元するべきだと、ワルラスは考えた[13]。ワルラスがめざしたのは、「個人の土地所有と独占」を終わらせて「封建制度……の……根源」を「抑える」ことだった[14]。

ワルラスは、自分のアプローチは社会主義の一つの形態であるとし、「総合的社会主義」と呼んだ。ところが、中央計画については、計画者自身が独占的な封建領主になるおそれがあるとして、これを敵視した。土地は競争を通じて社会が管理するようにし、その土地が生み出す収益は社会が享受するようにしたいと考えていたのである。社会主義にこのような多種多様なアイデアがあることが物語るように、「社会」は資源をさまざまな方法で管理することができる。19世紀後半には、「社会主義」という言葉はかなり漠然としていて、いつも中央計画と結びついているわけではなかった。社会主義者が合意していたのは、次の一点だけである。伝統的な私有財産制とその所有権の不平等が、繁栄、幸福、政治的秩序を大きく脅かしている。

ヘンリー・ジョージの「土地税」と「モノポリー」ゲーム

先に述べたヘンリー・ジョージは、独占問題を解決する方法を提唱した。そのアイデアはおそらく経済学者の間で最も傑出したものだろう。共同所有を達成するうえで、国有化よりも「もっと単純で、もっと容易で、もっと穏やかな方法」とは、「公共の用途のために地代を租税として徴収することである」と、ジョージは説いた[15]。

ジョージの土地税は、今日の固定資産税とは違っていた。固定資産税は一般に税率が1〜2％と低いが、土地と家屋を合わせた評価額がベースになり、評価額は政府の鑑定士が査定して決めるのがふつうである。一方、ジョージの土地税は税率がはるかに高い。土地を占有するために支払わなければいけない地代の100％になる。ただし、土地の上に建てられている構造物の価値には課税されない。鑑定人は、最近売却された近隣の空き地の事例に基づいて、家屋の価値のうち、家屋の下にある改良されていない土地から生じている部分がどれだけあるか（つまり、家屋が解体された場合にその土地にどれだけの価値があるか）を判定する。この土地の価値はすべて税金で没収されるが、土地の上にある構造物が超過価値を生み出せば、その分は住宅所有者のものになる。

そうした「地代」に100％課税されると、所有者は土地の上に建てたものの価値はすべて享受できるが、土地そのものの価値については、その全額を政府に払わなければいけなくなり、土地を借りた人とまったく同じことになる。「土地の独占はもう割に合わなくなる。いまは価格が高くて他の人が締め出されている何百万エーカーもの土地が放棄されるか、わずかな金額で売却されるだろう[16]」。政府が土地の所有に課税すれば、自分の土地を生産的に使うことができる人はそうするので税金を払うことができるが、土地税がなかったら土地を遊ばせて安閑としていたであろう人たちは、土地を売却して、税金を逃れようとする。

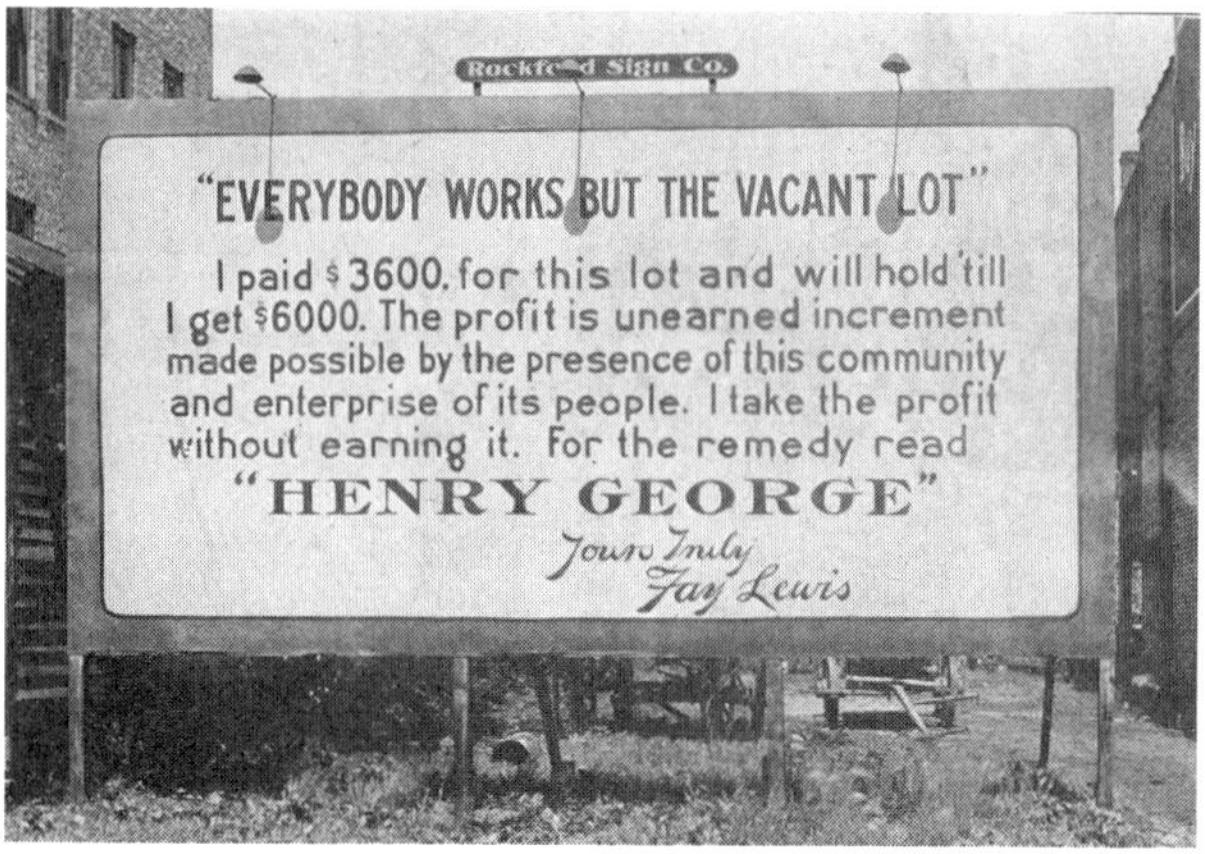

図1.1　ヘンリー・ジョージのアイデアを宣伝する看板
「万民は労働するが、この空き地は労働しない」私は3600ドルでこの土地を買った。6000ドルになったら売る。この利益は不労増価であり、この共同体と、共同体の住民がつくった企業の存在があるから得られるものである。私は働かずにこの利益を手に入れる。こんな状況を改善する方法を知りたかったら、「ヘンリー・ジョージ」を読め。フェイ・ルイス
The New York Public Library, https://digitalcollections.nypl.org/items/510d47de-036a-a3d9-e040-e00a18064a99.

ジョージの提案はたちまち大衆の心をとらえた（図1・1参照）。ボードゲームの歴史で最も有名なものといえる「モノポリー」は、「地主ゲーム」と呼ばれたゲームが原型になっている。ジョージのアイデアを大衆に教えるために、エリザベス・マギーが1904年に考案した。いまはおなじみのルールでは、プレイヤーは土地を独占して、他のプレイヤーを破産に追い込み、ゲームから脱落させようとする。ところが、オリジナルはルールが違っていた（イーベイでフォコーポリー・プレス版を買うことができる）。地代に税金をかけて（土地の上に建てられて

いる家屋には課税されない)、それが公共工事の財源になるので、プレイヤーは公共会社と鉄道をタダで利用できるし、いまは「GO」と呼ばれているところを通過すると社会的配当を受け取り、サラリーが増える。[17] こうしたルールがあるため、1人のプレイヤーが独占を達成することはできず、誰かが自分の土地を開発すると、すべてのプレイヤーがその恩恵にあずかれる。

1933年には、アメリカの哲学者、ジョン・デューイが、ジョージの『進歩と貧困』は「政治経済に関して書かれたそれ以外のほぼすべての本を合わせた販売部数を上回った」と推測している。[18] 著名な政治家や思想家の中にはジョージ主義者が大勢いた。貴族階級のウィンストン・チャーチル、ラディカルな進歩主義者のデューイ、シオニズム運動を起こしたテオドール・ヘルツルらがそうである。

ジョージ主義の欠陥

だが、ジョージ主義には深刻な欠陥があった。構造物の下にある土地の価値に100%課税されて没収されるなら、所有者は土地に投資することはおろか、手入れをするインセンティブすらなくなってしまう。これは投資非効率という問題だ。当時、土地の投資非効率は問題とされていなかった。土地を保守管理する必要はない、土地に価値を付け加えることができるのは、家屋のような地上構造物だけだと考えられていたからだ。しかし、こうした前提は環境に与える損害を無視していた。生態学者のギャレット・ハーディンは後年になって、単独の所有者がいない土地は往々にして過放牧に陥り、浸食され、汚染されると考察した。これはハーディンが「共有地の悲劇」と呼ぶ状況である。[19] 鉱山からとれる金属、油井からとれる石油など、枯渇する可能性がある天然資源では、それ以上に大きな問題にぶつかった。土地に１００％課税されると、そうした資源の所有者はできるだけ早く石油や鉱石をとりだそうとするので、資源が浪費されてしまう。

くわえて、ジョージの提案が実現していたら、行政にとっては悪夢になっていただろう。ジョージは自然の賜物である土地と、土地の上に建っているか、土地を使用しているあらゆるもの（ジョージのいう「人工資本」）とを区別し、前者には課税すべきだが、後者には課税すべきではないとした。この線引きはたぶんに人為的なものだった。工場は鉱山からとられた金属で建てられており、工場は一度建てられると、土地とまったく同じように独占されやすい。また、工場は簡単に動かせないし、工場が地域の発展を後押しするかもしれない。そうなれば土地の価値は上がる。そのため、土地から生まれる価値とその上に建っている構造物の価値を区別するのは至難の業だ。

この点を、エンパイア・ステート・ビルを例に考えてみよう。このビルの下にある土地の純粋な価値はどうなのだろう。隣接する土地の価値と比較して推定することもできる。しかし、ビルそのものが周辺地域の土地に価値を与えている。ビルがなくなれば、周囲の土地の価値はほぼ間違いなく変わるはずである。土地と建物、場合によっては周辺地域は互いに強く結びついているので、それぞれの価値を別々に算定するのは難しい。他の地域もそうだろう。純粋に物理的な立地条件よりも、建造物の外観やイメージ、建物や通り、公園、小道との関係性といった、それ以外のさまざまな要素によって決まる部分のほうが大きい。

「社会主義」の魂をめぐる闘争

中国とロシアの革命

ジョージのアイデアが支持された20世紀初めは、社会が混乱し、知的運動が広まった時期にあたる。格差が広がり、産業界の緊張が高まる中で、豊かな国の社会構造が揺らいでいた。ドイツ社会民主党、イギリス労働党が台頭し、アメリカでは進歩主義運動が起こり、労働インターナショナル・フランス支部が躍進した。植民地は帝国の支配の下で疲弊していった。二度の世界大戦を経験して社会秩序に疑問が投げかけられ、数多くの国の政府が不安定になった。１９３０年代になると、史上初となる正真正銘の世界恐慌が起こり、伝統的な自由放任型の資本主義に対する信頼が崩れた。

そして革命が勃発する。１９１１年、孫文率いる中国の国家主義勢力が清朝を倒した。孫文は外国の支配を受けない新しい共和政府の樹立をめざす。孫文の思想はさまざまな理念を踏まえていたが、著書の『三民主義』ではジョージの哲学が経済学的な支柱になっていた。「ヘンリー・ジョージ……の教えが……われわれの改革計画の基礎になる」と記されている。[20] だが、中国は軍閥が割拠する分裂状態となり、統一政府を樹立することは叶わなかった。

ロシアでは、ウラジーミル・レーニンが孫文の失敗から学び、不満分子を徹底的に封じ込めた。中央計画制という初期のマルクス主義者の夢、フランス革命の熱、官僚的企業の台頭が大きな刺激となった。レーニンは強権を振るって、強力な政府をつくり、ロシアの領土を支配しただけでなく、革命も他国に輸出した。その一つが中国で、毛沢東の中国共産党がロシアの支援を得て、孫文の国民党内の反共勢力を継承していた蒋介石を打倒した。蒋介石は台湾に逃れた。そして、この時点で世界は資本主義陣営と共産主義陣営に二分されていた。国家主義革命を支えたジョージ主義の思想は、反共独裁下で埋もれていった。その後まもなく、二つの主要な経済システムが覇権を争うようになった。それが、西側の資本主義（規制、再分配、独占禁止法によって穏当化された資本主義）と、ソビエト連邦とその同盟国の共産主義型国家計画制である。

資本主義が勝利を収めたいまとなっては、なぜ中央計画制に魅力を感じたのか、想像するのも難しいが、大恐慌期はもちろん、第二次世界大戦後しばらくしても、資本主義は守勢にあった。1942年には、保守派経済学者の大家、ヨーゼフ・シュンペーターが、社会主義はやがて資本主義に取って代わると予言した[21]。シュンペーターによれば、資本主義経済に見られる経済活動のほとんどは、企業の中で行われる。そして、企業は官僚組織にすぎず、中央の「経営陣」が労働者に命令を出す。そうして、産業を一つ、あるいは二つの巨大企業が支配し、こうした企業が独占力を濫用しないように政府が規制をかけるようになる。これは社会主義の中央計画制とほとんど変わらない結果である。

数多くの経済学者が、大企業の成功と戦時計画制の成果に触発されてさらに踏み込み、ソ連型システムを受け入れた。極端な例の一つが、オスカー・ランゲだった。ランゲはポーランド人経済学者で、１９３０年代、40年代にシカゴ大学で教えていた。ソ連占領下のポーランドに渡航した後、アメリカの市民権を捨て、ソ連と同盟関係にあるポーランド共産主義政府の駐米大使になった。その後20年にわたり、ポーランド政府で要職を歴任する。本書の「エピローグ」で、ランゲが中央計画を支持する理由をさらに詳しく論じる。[22]

中央計画制の欠点

その中で、限界革命の3人目の立役者、カール・メンガーの門下生であるルードヴィヒ・フォン・ミーゼスとフリードリヒ・ハイエクは、中央計画制の欠点を指摘した。中央計画の立案者には、最適な配分を決定するための情報と分析能力がない。[23]人の評価というのは私的な情報である。市場の真髄は、価格システムを通じてこの情報を消費者から生産者に伝える能力にある。これに対し、中央計画制では大規模な資源配分の失敗が生まれ、誰もほしがらないものが生産される。それがソ連のような現実世界の社会主義経済の特徴だった。[24]さらに、経済が中央集権化したことで、政治的濫用が生まれる道が開かれた。ハイエクはこれを「隷属への道」という印象的な言葉で表現している。[25]

中央計画制の恐ろしさを目の当たりにした西側の自由主義者は、資本主義は、たとえ限界があるとしても、経済を組織する優れた方法だと考えるようになった。独占を防ぐには、非常に重要な産業で反トラスト法をつくり（第4章を参照）、規制を導入し、国有化を制限することが最も効果的だった。アメリカでは、政府は電力事業などの「自然独占」に価格規制をし、ヨーロッパでは、大規模な公益企業や大企業は政府が所有することが多かった。戦後の好景気にわく中で、私有財産に関する根本的な問題は影が薄くなっていった。

私的な交渉と独占問題

独占問題が深い凍結状態に陥っていたのは、コースが1960年に発表し、いまでは古典になっている論文「社会的費用の問題」が誤って解釈されていたからだった。コースによれば、取引（つまり交渉）コストが低ければ、所有権がどう配分されようと、効率性には影響を与えない。交渉を通じて、最も価値の低い用途から最も価値の高い用途へと財が譲渡される[26]。あるオフィスビルで、静かな医者のオフィスと、大きな音がする音楽教師のオフィスが、薄い壁をはさんで隣り合わせになっているところを想像してみてほしい。医者は音に悩まされていて、音楽教師には出ていってもらうか、防音壁を設置してほしいと思っている。ある法的なルールの下では、音楽教師には好きなだけ大きな音を出す権利が認められる。別のルールの下では、医者には騒音がない環境で静かに暮らす権利が認められる。

コースの議論に照らすと、理想的な条件下では、最終的に両者が合意する騒音の水準は同じになる。一方のシナリオでは、医者は音楽教師にお金を払ってもう少し静かにするようにしてもらい、もう一方のシナリオでは、音楽教師は医者にお金を払って、ある程度の音は受け入れるようにしてもらう。交渉が完全であれば、法律では騒音の水準は決まらず、誰が誰にお金を払うかという点にだけ影響を及ぼす。

コースの主張は一般に考えられているよりも複雑なものだったのだが、資本主義の熱烈な擁護者は細かい部分を無視した。[27] その1人がシカゴ大学のノーベル賞経済学者、ジョージ・スティグラーである。1966年版『価格の理論』で、所有権が強力で明確に定義されていれば、私的な交渉によって、常に効率的な結果がもたらされるという単純すぎる考え方を正当化するものとして「コースの定理」を提唱した。この誤った解釈は、独占問題を想定しておらず、私有財産は投資効率性を高める優れた制度であることを暗に示している。[28] 主流派の経済学者の大半は、いまでも交渉によって独占問題はなくなると想定している。

設計によって競争を促進する

ヴィックリーが提示したオークションという制度

しかし、すべての思想家がスティグラーに追随したわけではなかった。ヴィックリーは独占問題を認識して、共同所有というジョージのビジョンに敬意を払い、独自の解決策としてオークションという理想の制度を提示した。想像の世界での架空のオークションを「序文」で取り上げた。すべての財産――あらゆる工場、住宅、自動車が共同で所有されていて、お金を払ってそれを使う権利が絶えずオークションにかけられる。（レンタル料の形で）いちばん高い値をつけた市民は、別の市民がそれよりも高い入札価格をつけるまで、その財を保有する。どの工場、どの住宅、どの自動車も、現時点での最高入札価格が開示され、その金額が、現在の保有者がその資産を使うために政府に支払うことに同意した賃借料になる。これよりも高い価格を入札すれば、誰でもそれを使う権利を主張できる。賃借料として徴収したお金は、公共財の財源に使われ（第2章を参照）、社会的配当として分配される。ヴィックリーはこのユートピア的なビジョンを直接描いてはいないが、彼のアイデアと結びつく部分があまりにも多いので、ヴィックリーが死の直前まで実現したいと願っていた壮大なビジョンの一部だったのではないかという気がしている。そこで、本書ではこれを「ヴィックリー・コモンズ」と呼ぶことにする。

　斬新な概念のほとんどは、最初は現実離れしているように見えるものだ。いまから10年前には、アパートをオンラインで見知らぬ人にお金を取って貸すなど、考えられないようなことだった。すでにみなさんの頭には、「ヴィックリー・コモンズができると日常生活が混乱してしまう」という反論が浮かんでいるに違いない。この点については、この章の後のほうで取り上げる。だが、心にとめておいてほしいことがある。ヴィックリーのアイデアは、私たちが毎日訪れるウェブやフェイスブックのページに広告枠を割り当てるのにすでに使われている。数秒ごとに、ヴィックリーが提案したオークションデザインを通じて、そのときにいちばん高い値をつけている人に枠が与えられているのだ。[29]

政府もオークションを使っている。コースは連邦通信委員会（ＦＣＣ）を説得して、放送用電波の周波数帯の利用権を与えたり、政府が決めた価格で売却したりするのではなく、オークションにかけるようにさせた。[30] これに対応して、経済学者のロバート・ウィルソン、ポール・ミルグロム、プレストン・マカフィーがヴィックリーの研究を発展させて、周波数帯を売却するためのオークションを設計した。[31] しかし、この設計は独占問題を一時的に解消したにすぎなかった。電波オークションは頻繁に行われるわけではなかったので、オークションの勝者は周波数帯を何年も、場合によっては何十年も保有し続けることができた。何年も前に利用権を競り落とした会社は、いまでは利用権を最も高く評価している所有者ではないかもしれない。新しい会社がその帯域を買いたいと思っても、帯域の保有者がとんでもなく高い金額を要求してくるかもしれない。以下に述べるように、そのとおりのことが実際に起きている。

ヴィックリーの後継者の筆頭にあげられるロジャー・マイヤーソン（このトピックに関する自身の研究でノーベル賞を受賞）とマーク・サタースウェイトは、ヴィックリーのアイデアを使って、財産の独占性に関するジェヴォンズとワルラスの洞察を深く掘り下げた。[32] ２人は、単純すぎるコースの解釈が成り立つのは、買い手が売り手よりも資産を高く評価していることを、買い手と売り手の両方が確信しているという例外的なケースだけであることを数学的に示した。それ以外の状況では、交渉によって独占問題を克服し、それをいちばんよい形で利用する（いちばん高く評価する）人のところに資産が移動し続けるようにする方法はない。この研究によって、なぜ電波市場では周波数帯が新しい用途になかなか再配分されないのか、そしてなぜ、インターネット広告枠のオークションのほうがはるかにうまくいっているのか、その理由に一部説明がついた。独占問題を解決して、配分効率性を生み出すには、使用のための正当なオークションを継続的に行うしかない。

オークションの問題点とその解決策

しかし、オークションを継続的に行うと、問題が起きる可能性もある。それは投資効率性の問題だ。自分が保有しているものがいつ他人に取り上げられてしまうかもしれず、入札の売上金も受け取れないことを保有者がわかっていたら、財産を手入れして改良しようとは思わなくなるだろう。こんな状況では、自宅を荒れるに任せてしまうかもしれない。ジョージの土地税案と同じで、ヴィックリー・コモンズは人々に投資を促すインセンティブをもたらさない。

この問題に対応するものとして、投資を促進するインセンティブが配分効率性よりも重要になる私有財産権（ジョージのいう「人工資本」）と、配分効率性が投資効率性よりも重要になる共有財産（ジョージのいう「土地」であり、使用はオークションを通じて分配される）を使うことが考えられる。実際に、アメリカの現行の所有権制度がそれに似ていなくもない。私有財産制は広く浸透しているが、政府は国土の大部分をはじめとする莫大な資源を所有して、それを賃貸したり、無償で使用させたりしており、電波のようにオークションにかけるときもある。しかし、あらゆる財産をこのような極端な型に押し込めては、資源の無駄遣いになる。投資効率性の面からも、配分効率性の面からも、きまって非常に非効率な結果になってしまうからだ。大半の種類の財産には投資がプラスになる。また、大半の種類の財産は、耐用期間に人の手から人の手に移っていくし、そうなるべきである。

もっとよいアプローチは、求められる投資効率性と配分効率性のバランスをとる道を見つけることである。このアプローチを「部分共同所有」と呼ぶことにする。これは共同所有と伝統的な私的所有の中間にある形態だ。部分共同所有にすれば、一つの財産制度の中で配分効率性と投資効率性が最適化される。共同所有によって独占力が生まれるのを阻止できる一方、私的所有によって投資が促されるからだ。1980年代後半、経済学者のピーター・クラムトン、ロバート・ギボンズ、ポール・クレンペラーが財産権を共有する方法を提示し、イリヤ・シーガルとマイケル・ウィンストンがこれに重要な改良を加えた。[33]

会社の所有権を決める入札システム

いま、あるスタートアップ企業の2人の創業者が大げんかし、袂を分かつことになったとしよう。パートナーシップがすんなり解消されることはまずない。各パートナーがパートナーシップを解消することに同意しなければいけないが、誰の持ち分を多くするべきか、あるいはパートナーシップの価値をどう評価するかできまって意見が対立するので、話し合いは行き詰まってしまう。まさに独占問題の別バージョンだ。クラムトンらの提案（法学の世界では「テキサス・シュートアウト」とも呼ばれている）では、各当事者が会社の価値を評価して入札し、高い価格を入札したほうが落札者となる。落札者は、両当事者の平均価格で相手の持ち分を買い取らなければいけない。

この仕組みがいちばんうまく機能するのは、各パートナーの持ち分が、そのパートナーが最終的に会社の最善の所有者になる確率とぴったり一致しているときだ[34]。この場合、両当事者がそれぞれの評価額を正直に入札することが自分の利益になる。どうしてそうなるのか、考えてみよう。

パートナーAは、パートナーシップの60％を、パートナーBは40％を所有しているとする。ふたりは、テキサス・シュートアウトを使って、どちらが単独の所有者になるか決めることで合意する。そして、それぞれ評価額を入札する。高い価格をつけたほうがパートナーシップを手に入れて、パートナーシップの価値は二つの入札価格を平均して算出される。その後、勝者は敗者の持ち分をその価値に基づいて買い取らなければいけない。そのため、Aが落札すると、AはBの40％の持ち分を手に入れるが、二つの入札額の平均の40％をBに支払わなければいけない。各パートナーの持ち分は、それぞれが最終的に会社の最善の所有者になる確率に比例しているという前提なので、それぞれが自分の評価額を正直に入札していれば、Aが勝つ確率は60％、Bが勝つ確率は40％となる。

今度は、Aが自分の本当の評価額よりも入札額を高くするとしよう。およそ60％の確率でAが落札すると、Bから買い取らなければいけない40％の持ち分に対する支払額は増える。このように、Aがどれだけ入札額を上げようと、Aの支払額は入札額の平均の24％に等しくなる（60％×40％）。一方、およそ40％の確率でAが負けると、BがAの60％の持ち分に対して支払わなければいけない金額が増えるので、入札額の平均の24％に相当する利益を手にする。二つの数字が打ち消し合うのは偶然ではない。このことから、Aが入札額を上げるインセンティブがまったくないことがはっきりとわかる。入札額を下げることについても同じである。

反対に、Aには二つの理由から正直に入札するインセンティブが働く。一つには、Aが入札額を自分の本当の評価額よりも高くすると、Bの入札額がAの本当の評価額を上回るが、Aの新しい入札額を下回る可能性があり、その場合には、Aが会社を買うことになって、自分の本当の評価額よりも高い金額を支払わなければいけなくなる。これはAにとっては悪い知らせになる。一方、Aが入札額を自分の本当の評価額よりも低くすると、Bの入札額がAの本当の評価額を下回るが、Aの入札額を上回る可能性がある。この場合には、Bが落札するが、Aに対して支払う金額はAにとっての会社の価値よりも少なくなる。Aにとっては、これも悪い知らせになるのだ！

つまり、Aが入札額を上げると、Aが落札して、自分がつり上げた高い金額を支払う確率が上がるが、入札額を下げると、Aが負けて、受け取る金額が少なくなる確率が上がる。こうした力を考え合わせると、Aには自分の評価額を正直に入札するインセンティブが非常に強く働くことになるし、Bにもこれに似たロジックが当てはまる。

両者の持ち分はそれぞれが勝つ確率とぴったり一致していないとしても、所有権が共有されているときには、それぞれが入札額を自分の評価額よりも高くするインセンティブも、低くするインセンティブも、両方弱くなる。どちらのパートナーも、入札額を上げても下げても、取引で損をするリスクがあることをわかっている。受取額を増やそうとして入札額を上げれば、入札に勝って支払額が増えるリスクがあるし、支払額を減らそうとして入札額を下げれば、自分の持ち分が買いたたかれるリスクがある。

資産に投資するインセンティブ

このシステムにはヴィックリー・コモンズと比べて重要な利点があり、筆者の1人がアンソニー・リー・ジャンとの共同研究でそれを提示した。その利点とは、投資するインセンティブがほとんど変わらないことである。[35] パートナーシップで90％の持ち分を所有している人には、100％の持ち分を所有している人の90％分のインセンティブが働き続ける。その人が入札で勝てば、パートナーシップを所有し続ける（したがって、投資の収益を受け取り続ける）。パートナーシップの価値の10％分だけパートナーに支払えば、この価値を享受する権利を手に入れられる。入札で負けると、パートナーが投資の価値の90％を決済金額として支払う。このように、ヴィックリー・コモンズだと対象の資産に投資するインセンティブは誰にもまったく与えられないが、クラムトンらの仕組みであれば、所有権の割合に比例して投資するインセンティブが全員に与えられる。

パートナーシップとは、人々が自発的にとる共同所有の一つの形態である。そうだとすると、パートナーシップを解消するいちばん効率的な方法を契約で取り決めることができる。そのため、クラムトンらの仕組みは、日常生活の中で私的に保有されている土地などの資産には適用できない。ところが、古代にルーツを持つ、あるシンプルなアイデアを使えば、このロジックを幅広い状況に拡張できるようになる。

価格も税金も、自分で決める

財産の自己申告制度

「リタジー（礼拝式文）」と聞くと、ほとんどの人は宗教的共同体のメンバーが詠唱する言葉のことを思い浮かべる。しかし、もともとは古代アテネで「公共奉仕」を大まかに意味する言葉として使われていたもので、およそ1000人の最富裕層の市民が国家の活動、特に陸軍と海軍の活動費用を負担する責任を指していた。アテネの住人は、どの市民が富裕者だとどうやって判断していたのだろう。デモステネスによると、公共奉仕を課された人が自分よりも富裕だとみなす人を指名して、財産を交換するように申し立てられる「アンチドシス」という制度があった。[36]指名された人は、奉仕の負担を受け入れるか、指名した人と全財産を交換するかのどちらかを選択しなければいけない。このシステムでは、公共奉仕の負担があるにもかかわらず、自分の財産を正直に申告するインセンティブが全員に働く。最富裕層上位1000人よりも貧しいと嘘の申告をして、公共奉仕を免れようとすれば、自分よりも貧しい人と財産を交換しなければいけなくなる。

これは、いまでいう「自己申告」制度が取り入れられた最古の例である。このようなシステムだと、取引や公共事業を行うために、(官僚制組織ではなく)個人が自分の所有物の価値を申告しなければいけないが、同時に、申告額が正しいことをいつでも「証明」できるようにもしておかなければいけない。自己申告制度はいまも使われている。「クレーミング・ステークス」と呼ばれる競馬の種類では、たとえ競争条件をオーバーしているかもしれなくても、どのレースにも馬を出走させられるが、レースに勝ったらその馬を賞金額(「ステークス」)で買ってもいい(「クレーム」)という人が現れたら、その価格で売らなければいけない。[37]そのため、馬の所有者は、非常に速い馬をとても遅い馬が出るレースに出走させないようになる。そうしたレースは賞金額が低いのがふつうだからだ。したがって、速い馬を出走させるのは、その賞金額で馬を手放すだけの価値があるレースだけになる。

アンドラ公国には相互火災保険制度「ラ・クレーマ」があり、個人が自分の財産の評価額を自己申告する。家が全焼したら、所有者には自己申告した金額がこの制度に加わっている他のメンバーから支払われ、保険料は自己申告額に応じて決まる。高額な家の所有者は、共同体の誰か他の人が火事の被害にあった場合には、補償金を高い割合で負担することになる。[38] この負担があるので、自宅の評価額を実際よりも高く申告することはなくなる。

ジョージ主義に基づく土地税を執行するため、中国の孫文は自己申告制度の導入を提案した。[39] 一般には、住宅の所有者は自宅の評価額に一定の税率をかけた金額を固定資産税として支払い、評価額は鑑定評価員と呼ばれる職員が決定する。孫文のシステムだと、個人が自分の土地の価値を自己申告し、その自己申告額に一定の税率をかけて計算した税額を支払うが、国はいつでもその土地を自己申告額で買い取ることができた。孫文を「建国の父」とする蒋介石政権が台湾に逃れたときに、孫文の仕組みが実行に移された。残念ながら、過少申告された土地を買い取る意思や能力は政府にはほとんどなく、この仕組みはほぼ失敗に終わった。[40]

シカゴ大学の経済学者、アーノルド・ハーバーガーは、１９６２年にチリのサンティアゴで講演したとき、腐敗が蔓延するラテンアメリカで固定資産税を執行するという問題を解決する方法として、孫文の仕組みを精緻化したものを提示した。ヴィックリーはベネズエラの財政システムを懸念していたが、鑑定評価員が住宅の所有者から賄賂を受け取って、税負担を最小限にするために評価を過小にすることは日常茶飯事であり、ハーバーガーもこの現状を憂えていた。本人は前例があったことは知らなかったようだが、ハーバーガーが示した解決策には時代を超えたエレガントさがある。

不動産……の評価額……に……課税するのであれば、本当の経済的価値を推定する評価手順を取り入れることが重要になる……。経済学者としての答えは……単純明快である。所有者一人ひとりが……自分の不動産の価値を……公表するようにさせて、その金額を支払ってもいいという入札者が現れたら、それを売ることを義務づけるのである。このシステムは単純で、自己拘束的であり、腐敗する余地がなく、行政コストがほとんどかからないうえ、すでに市場にいる人たちにも、不動産を経済生産性がいちばん高い用途に使うようにするインセンティブが生まれる。[41]

ハーバーガーは政府の歳入を増やす方法としてこの仕組みを設計したが、先に明らかにした独占問題に対するすばらしい解決策を提示している。ハーバーガー税は、後にノーベル賞経済学者のモーリス・アレも提唱しており、評価額を高く申告して資産が購入されないようにするとコストが高くつくので、資産に対して独占力を行使しようとする人を罰するものとなる。[42] 申告額を高くすればするほど、支払わなければいけない税金が増えてしまうからだ。

住宅の価値を評価する

ハーバーガー税はクラムトンらのパートナーシップ制とよく似ている。年間の税率が、対象の資産を売り手よりも高く評価している買い手がたとえば1年以内に現れる確率と同じ水準に設定されるとしよう。アナスタシアは住宅を所有していて、それを気に入っている。しかし、アナよりもその住宅を気に入り、アナの評価額か留保価格よりも高い額を支払ってもいいという人が一定の確率で現れる（この確率のことを「回転率」と呼び、この種の資産が別の人の手に渡る一般的な率を意味するものとする）。税率と回転率がともに30％だとしよう。アナが売却価格を留保価格（つまり、実際の価値）よりも高くする場合、その高い価格で買い手が現れて、利益を得る確率は30％である。したがって、価格を上げたときの利益は0・3ΔPとなる。ΔPは売却価格の増分値である。一方、アナが住宅を保有し続ける限り、アナは30％の税金を支払わなければならず、これをΔPを使って表すと、0・3ΔPを追加的に支払うことになる。このように、留保価格よりも売却価格を高くして得られる利益は、コストによってきれいに相殺される。それで、所有者が留保価格よりも高い価格を設定して売却価格をつり上げるのを防げる。

同時に、アナは自分の留保価格以下で資産を取り上げられないようにしたいとも思う。そのため、実際の評価額よりも低い価格を申告することは、もちろんしない。そうだとすると、アナができることは一つしかない。留保価格とまったく同じ価格を設定して、留保価格よりも高い額を支払ってもいいという買い手が資産を買い取るようにすることだ。これで完全配分効率性が達成される。あらゆる資産が、それを最大限に活用できて、それに投資する人の手に渡る。

税率が回転率を下回ると、所有者はきまって、自分が受け入れてもいいと考える金額よりも高い価格を設定するようになる。[43]税率がゼロだと、所有者は自分がつけたい価格を自由につけられるので、（留保価格よりもはるかに高い）独占価格が設定されることになる。税率が回転率と同じだと、自分の評価額を正直に開示しなければいけない。0％と回転率の中間でも、税負担を嫌ってとても高い価格をつけようとはしなくなるが、評価額を正直に申告するインセンティブは完全には働かない。そこで、自分の評価額と、これなら買い手が支払ってもいいと考えるだろうと期待する独占価格の中間に価格を設定する。税率がゼロから回転率へと上がるにつれて、アナがつける価格は独占価格から本当の評価額へと徐々に下がっていく。

税率を調整して投資を促す

では、投資効率性についてはどうだろう。ジョージのオリジナルの提案が失敗したのは、財産が生み出すレントに没収税を払わなければいけないのなら、誰も財産に投資しなくなるのではないかと懸念されたからだった。一見すると、ハーバーガー税でもこの問題が起こりやすいように思える。いま、所有者にとって10万ドルの価値がある資産があって（話をわかりやすくするために、使うと摩耗する機械のように、この資産は1年しかもたないとする）、7万5０００ドル投資することで所有者にとっての価値を20万ドルまで高められて、将来の買い手候補が見積もる価値も10万ドル上がるとする。回転率が同じ30％だとすると、先に述べたロジックに照らすなら、投資した後に資産の価値は20万ドルであると申告するほうがいい。ところが、そうすると税金が3万ドル増えてしまう（増加分の10万ドルの30％）。そうだとすれば、投資は割に合わない。買い手が現れるかどうかに関係なく、資産の価値は10万ドル上がっているが、このうち3万ドルを政府に支払わなければいけない。投資した額は7万5０００ドルなので、利益を手にするどころか、5０００ドルの損が出る。

しかし、税率を調整することで、投資を促せる。税率がたとえば10％に下がれば、所有者の手元には9万ドルが残る（10万ドルから10％の税金を差し引く）。すると、7万5０００ドルを投資して利益が出るようになる。たとえ投資額を増やしても、それは変わらない。

だが、税率を下げれば投資するインセンティブは強くなるとしても、配分効率性が下がることにもなってしまわないのか。税率が10％だと、留保価格を起点に価格を上げていくと、将来、資産を売却したときに得られる利益は0・3ΔPだけ増え続けるが、税当局に支払わなければいけない金額は0・1ΔPだけしか増えない。そうなると、価格を上げるインセンティブが働くので、資産の評価額が所有者よりも少しだけ高い買い手との取引が成立しなくなる。

配分効率性が下がっても、投資効率性が上がることで相殺されると考える人もいるかもしれない。しかし、ここがキーポイントなのだが、配分効率の低下が相殺されるどころか、配分効率が下がるマイナスの効果よりも投資効率が改善するプラスの効果のほうが大きくなる。税率が徐々に引き下げられて、投資効率性が改善したときの配分効率性の低下幅は、投資効率性の上昇幅よりも小さくなるのだ。なぜなら、売り手が受け入れてもいいと考えている価格を大きく上回る金額を支払ってもいいと買い手が考えている取引が、売り手にとって最も価値のある取引だからである。価格を少し下げても、こうした取引が妨げられることはないので、価格を下げて最初に可能になった取引が最も価値の高い取引になる。実際に、独占力がもたらす社会的損失は独占力の強さに対して二次関数的に増大することを示せる。こうして、マークアップを3分の1減らすと、私的所有が配当効率性に与えるマイナスの影響は$5/9 = (3^2 - 2^2)/(3^2)$ 近く減る。さらに、この例では、投資の歪みもなくなる。

もっと一般的な話をすると、資産に投資して価値を10万ドルまで高められるシナリオをすべて考えた場合、税率が10％のときに投資が行われなくなるのは、9万ドル以上のコストがかかるケースだけである。そんな例はまれであり、投資から生まれる正味価値が小さいので、あまり有効でもない。先に述べたものと同じ理屈で、税率が10％のときに生じる投資の歪みは、税率が30％のときのおよそ9分の1だけになることを証明できる。そうした政策をとれば、投資のコストをわずか9分の1に抑えながら、税率が30％のときに生まれる配分効率性の9分の5を達成できる。[44] さらに、土地に投資して改良する意思も能力も保有者によって違ってくるので、それをいちばん有効に使うことができる人の手に土地が回るようにすれば、投資が促進される可能性もある。

このような二次の構造になっているため、少なくとも税率をとても低くすることが常に最適になる。たとえば、税率が1％だと、投資が歪められることはまずなく、しかも配当効率性を高めるインセンティブを大きく改善させられる。所有者は税金を最小限に抑えようとかなり正確に自己申告するが、土地の価値を高める投資をやめようとは考えない。一般的には、回転率よりも低い水準で、こうした二つの力がバランスする穏当な税率にすることが最適になる。

「共同所有自己申告税（COST）」によって所有権を社会と保有者で共有する

この税金を、富の「共同所有自己申告税（common ownership self-assessed tax＝COST）」と呼ぶことにしよう。富のCOSTは、富（を保有すること）のコストでもある。COSTが適用されると、伝統的な私有財産制のあり方が変わる。それが「共同所有」である。私有財産を構成する権利の束の中でも特に重要になる二つの「柱」は、「使用する権利」と「排除する権利」だ。[45]COSTでは、この二つの権利がどちらも保有者から社会全般に部分的に移る。

最初に使用権について見ていこう。私有財産の一般的なイメージでは、財産を使って得られる利益はすべて所有者のものになる。しかし、COSTの場合は、この使用価値の一部が明らかになり、税金を通じて公共に移転する。税金が高くなればなるほど、移転される使用価値は大きくなる。[46]次に排除権に話を移そう。こちらのほうがはるかに重要なポイントになる。私有財産制では、所有者がみずから売るか手放すまで、財産を持ち続ける。それはつまり、他の人にはその財産を使わせないようにするということである（わずかな例外を除く）。ＣＯＳＴだと、「所有者」には、財産を自己申告額で買うことを申し入れた人を排除する権利は認められない。逆に、その金額を支払えば、誰でも現在の所有者を排除することができる。したがって、申告額が低ければ低いほど、公共が保有する排除権は「所有者」よりも大きくなる。税金が上がると価格は下がるので、ＣＯＳＴを上げると、排除権も公共に徐々に移っていき、申告額を支払える人なら誰でも財産の所有権を主張できる。

ＣＯＳＴとは、社会と保有者で所有権を共有することと概念化できる。保有者は社会から賃借する借り手になる。その財産をより高く評価する使用者が現れると、賃貸借契約は終了し、契約は新しい使用者に自動的に移る。だが、これは中央計画ではない。政府は価格を設定しないし、資源を配分することも、国民に仕事を割り当てることもない。それどころか、後で述べるように、政府の役割はいまよりも限られたものになる。土地を収用する、財産を国有化するなど、裁量的な介入をして、高額要求といった独占に関連する問題を解決する必要がないからだ。歳入を確保するために、歪んだ裁量的な政府税をかける必要もぐっと小さくなる。さらに、あらゆるものの管理がラディカルに分散される。このように、ＣＯＳＴを導入すると、力が徹底的に分散化されると同時に、所有権が部分的に社会に移る。意外かもしれないが、この二つは実はコインの裏表なのである。ＣＯＳＴは中央計画の一形態を生み出すどころか、柔軟性の高い使用市場という新しい種類の市場をつくり出して、恒久的な所有権に基づく古い市場に取って代わるものとなる。

COST運用の七つのポイント

COSTはどのように機能するのか

いま、あなたはガス資源を水圧破砕法を使って開発したいと考えていると想像してみてほしい。カナディアンロッキーの奥にある広大な土地がよさそうだ。携帯電話でアプリを開き、条件を入力する。希望する土地の広さ、事前調査で明らかになっている生産性が最も高そうな地点、道路までの近さ、地形的な特徴。するとすぐ、あなたが興味を持っている地域の地図が表示され、どの場所がどれだけ条件に合っているかが数字で示される。レビューサイトでレストランを探すようなものだ。アプリ上では、それぞれの土地の詳細な衛星画像や地理的な特徴を見ることもできる。地図を指で丸く囲むと、この地域を現時点で保有している人に支払うことになる総額が表示される。そうして理想的な土地が見つかる。土地は4筆で構成されていて、現時点で4人が保有している。アプリのボタンをクリックして、お金を自分の銀行口座から現在の保有者の口座に移す。1週間後、あなたは調査チームを現地に送り込む。

章の冒頭のビネットとこのシナリオを読めば、COSTが実際にどう機能するか、感覚としてわかってもらえるだろう。[47] すべての個人と企業が、所有物を一つひとつオンラインアプリの台帳に記載し、それぞれの評価額を入力するか、購入価格や中古品価格のデータベースに基づくデフォルトの評価額を受け入れて、過去1年間の時間平均価格をもとに毎年税金を支払うことになる。借り手はいつでも評価額を変更できる。一般的な選好や実績を使って、このプロセスを自動化することも可能だ。

特定の財を取得（「保有」）することに興味がある人は、データベースを検索して、自分が住んでいる地域にある財を見つける。それをバーコードスキャンや画像認識ソフトに読み込ませて、目の前にあるものの価格を表示させる。目的の品物をクリックすると、あなたの銀行口座から預託口座にお金が送られ、その後、資産が引き渡されると、元の保有者の口座に入金される。資産を引き渡さないと窃盗として罰せられる。

このシステムを実際に運用するには、数えきれないほど多くの細部をつめなければいけない。いくつかの重要なポイントを以下にまとめている。[48]

1　保有者が自分の資産を一つにまとめたり、バラバラにしたりすることを選べるようにする。そうすれば、右の靴だけ持っていかれて、使い道のない左の靴が残されるようなことがなくなる。

2　資産の種類によっては、買い手への明け渡しに妥当な猶予期間が与えられ、受け取りと配送にかかるコストは買い手が負担する。住宅のように明け渡すのに高いコストがかかる資産の場合は、保有者がコストを負担して、猶予期間を延長できるようにする。

3　住宅のように購入前に検査が必要な資産については、買い手は、記載されている価格をいったん凍結し、記載価格の数％を保有者に支払ったうえで、資産を検査してから、購入手続きを進めるかどうかを決められるようにする。

4　理想的な形では、回転率に基づいて資産の税率が決まるので、頻繁に回転しそうにない資産（先祖代々の家宝や家族写真、日記）の税率はとても低くなるが、それ以外の資産（流行りのガジェットなど）は税率が高くなる。税率がとても低いときは、少ない税金を支払うことで他の人がそれを取得するのを防げる。典型的な資産では、14年ごとに回転すると想定するのが妥当であり、（以下に述べる他の要因を考え合わせると）年７％の税率を目標とするといいだろう。

5　二重課税を避けるため、保有者は住宅ローンなどの債務のコストを税額控除できるようにする。ただし、保有者の住宅ローンを引き継いでもいいという人が現れたら、控除の対象となっている金額をいつでも支払えるようにしておかなければいけない。したがって、税額を計算する基準となるのは、資産そのものの価値ではなく、保有者にとっての正味価値となる。一例として、20万ドルの住宅を保有していて、住宅ローンが18万ドルある人は、20万ドルの住宅に対してではなく、２万ドルの持ち分に対して課税される。保有者は、いつでも住宅を20万ドルで売れるようにしておかなければいけないが、もしも住宅ローンを肩代わりしてもいいという申し出をする人が現れたら、いつでも18万ドルを支払えるようにもしておかなければいけない（実質的には住宅ローンをリファイナンスすることになる）[49]。それだけの現金を手当てできない（リファイナンスする信用枠がない）保有者は、住宅ローンと住宅を一つにまとめるといい。そうすれば、住宅ローンの肩代わりを申し出る人は住宅も購入しなければならなくなるので、保有者が資産と負債を切り離すことを選ばない限り、（家を売らないのに）リファイナンスを迫られることはなくなる。

6 保守管理が明らかに必要で、それを簡単に監視できる一部の資産については、保有者はその資産を手入れしなければいけない。借家人はアパートを荒らしてはいけないし、公有地の賃借人は公有地を汚染してはいけないし、住宅所有者には通路を除雪する義務があるのと同じことである。メンテナンスがされているかどうかは、検査をするか、埋め込み技術を使って監視することができる。ＣＯＳＴが導入されると投資が行われなくなりやすいが、保有者が画像分析などを使って技術的に確認できる改良をすれば、この投資に対する補助金を受け取れるようにすることで、こうした傾向を相殺できる[50]。

7 このシステムのかじ取りをしやすくするために、さまざまなテクノロジーや制度を組み込む必要がある。デジタル価格設定システムを取り入れれば、別の市民が取得したら新しく買わなければいけないと考えている品目に適切な評価をつけられるようになる。本当に必要な品物があっても一時的にお金が足りないような場合には、住宅ローンのような仕組みをつくって、取引が成立したら金融機関が価値を担保に代金を支払うようにすることもできる。

一税二鳥

本書では、私的に所有されている資産が最も有効に活用されるのを阻む問題をどれも「独占問題」と大まかに呼んでいる。ジョージ、ジェヴォンズ、ワルラスはこの言葉をそのような意味で使ったが、現代の経済学では、独占問題はさまざまな要素に分かれている。われわれはマイヤーソンとサタースウェイトが重視した問題に焦点を当てたが、他の経済学者たちは、資産が最も有効に活用されない別の理由を示している。後で見るように、COSTを導入すれば、すべての問題が一度に軽減される。

「シグナリング」と「保有効果」が消滅する

問題の一つは、経済学者が「シグナリング」や「逆選択」と呼んでいるものだ。この概念に関する研究で、ジョージ・アカロフとA・マイケル・スペンスがノーベル賞を受賞している。[51] 中古車などの資産の保有者はたいてい、その資産の品質を潜在的な買い手よりもよくわかっている。そのため、保有者が高い価格を要求するかもしれない。それは、買い手がその金額を支払ってもいいと考えているだろうと踏んでいるだけでなく、高い価格をつければ、保有者が車を手放したくないと考えていることを伝えるシグナルになるからでもある。この車には高い価値があるに違いないと買い手に思わせる策略だ。そうしたシグナリングは、交渉本の定番の一つである。市場で価格交渉をしたことがある人なら誰でも、この品にはこんなに価値があるんですよと、売り手にとうとうと語られたことがあるだろう。COSTはシグナリングに税金をかけるので、シグナリングの害が最小限に抑えられる。

もう一つ、取引の障害となるのが、ノーベル賞経済学者のリチャード・セイラーが明らかにした「保有効果」である。[52] セイラーは、あるものを買うために支払ってもいいと考える最大の金額は、それを手放すために受け入れてもいいと考える最小の金額よりも低いことを発見した。実際に触ったことも使ったこともなくてもそうなのだ。抽象的なものでさえ、自分の所有物には高い価値を感じるようである。最近の研究の結果として得られた証拠によれば、保有効果とは、人間に備わっている根源的な執着心というよりも、交渉で優位に立つために使うヒューリスティック（無意識に使っている経験則）である。あなたが自分の所有するものを心から大切にしているように見えると、相手はそれを価値のあるものと考えて、高い金額を提示するようになりやすい。保有効果は、取引の経験が豊富な人には現れず、交渉や戦略的な取引がめったに見られない社会でも認められない。[53] 市場社会で求められる複雑な価格設定をこなす時間と能力がない人の特徴であるようだ。保有効果は取引を阻む壁となり、大きなコストを生んでいる。だが、高い価格をつけることがなくなり、財産が「所有する」ものから「借りる」ものになれば、それもなくなる。

借り入れという問題も解決される

借り入れも、資源を取引して有効に活用するのを妨げる障害になる。住宅から工場まで、数多くの資産は、借りるのではなく（少なくとも部分的に）所有していなければ、有効に活用できない。改変や投資をする必要があっても、賃借人はそれが自由にできないからだ。いまは使用されていなくて、集合住宅に改造できる工場がその例になるだろう。だが、現行の私有財産制では、資産を買い取るには高額の費用がかかるので、準備金を厚く積んでおくか、高い借り入れ能力を持っていなければいけない。借り入れの障壁には、信用の欠如、融資がもたらす間違ったインセンティブ、融資関係がもたらすリスクなどがある。低所得者がお金を借りて住宅を買えるようにするために、政府は膨大な資源を投入しており、大勢の人が返済しきれない債務を背負い込んでしまっている。[54]

COSTはこの問題を軽減するものとなる。保有者は将来支払うことになる税金を計算に入れて、将来のCOSTの支払額から割り引くので、資産に設定する価格は劇的に下がる。さらに、資産にかかるCOSTの支払額を最小限にしようとして、価格を引き下げる。われわれが提案する税率だと、資産価格は現在の水準の3分の1から3分の2下がる。サンフランシスコやボストンのように、人気があって人が密集している地域は、ごくふつうの家が60万ドル以上するが、それが20万ドルまで下がる可能性がある。そうなれば借り入れをする必要が減って、必要なお金が手元にない大勢の人たちが、債務を抱え込まなくても事業を立ち上げたり、住宅を（部分）所有したりできるようになる。この効果は、低所得者にとって特に重要になるだろう。

取引の障害が減少する

これ以外にも、怠惰、無能、悪意といった取引を阻む障害があるが、経済学者はこの三つを顧みない傾向がある。私有財産制だと、怠惰な所有者や人嫌いの所有者は、資産を退蔵してしまうものだ。それも、利益を得るためではなく、怠慢によってである。この問題は、封建制度の下で特にはびこっていたように思われる。この時代の地主は、思慮深くもなく、倹約もしないし、勤勉でもなかった。ノーベル賞経済学者のジョン・ヒックスはかつて、「独占の最大の利益は、静かな暮らしを送れることだ」と述べている。[55] ＣＯＳＴの場合、所得を生み出して高い評価額を維持できなければ、もっとうまく使える人に資産を明け渡さなければいけなくなるため、怠惰な独占者は静かな暮らしを送れなくなる。

ＣＯＳＴはこうした取引の障害をすべて小さくするだけでない。いまは交渉問題に対処するために面倒な手順を踏んだり、次善策を見つけたりしなければいけないが、それが全部不要になる。新車の価格をカーディーラーと何度も交渉しなくてもすむようになるし、自動車ローンで食い物にされることも、下取りで買いたたかれることもない。住宅の売買はストレスだらけなので、ほとんどの人は不動産仲介業者や弁護士を雇うが、高額の料金を請求されるのがおちだ。COSTなら、資産の交換が透明になって、流動性が高くなり、少ない資本でできるようになるため、こうした諸々の手間がかからなくなる。

これらを積み上げていくと、トータルの利益はとても大きくなる。筆者の1人がアンソニー・リー・ジャンとともに行った試算では、COSTを使ってマイヤーソンとサタースウェイトが明らかにした問題を軽減するだけで、経済における資産の価値は4%、生産はおよそ1%増える。[56]しかし、先に述べたようにCOSTには他にもプラスの効果があること、そして後述するように、COSTを財源として使うと他の非効率な税金が減ることをすべて考え合わせると、生産は5%増えると、われわれは見込んでいる。経済における資産配分の失敗から生まれる損失の合計は25%と推定されていることを考えれば、この数字は妥当だろう。[57]

公的リースを最適化する

市場と経済の仕組みを根本から変えることになるシステムに、一足飛びに移行するのは軽率だろう。自分が所有しているものを正確に評価する方法がわからない人もいるかもしれない。無知なばかりに価値を過小評価してしまったせいで、大切なものを失ったら、どんな気持ちになるだろう。絶対に売りたくないものに価格をつけようとしたり、そのためのテクノロジーに頼ろうとしたりするだろうか。ＣＯＳＴのせいで自分が所有しているものが突然取り上げられたら、たとえ大金を同時に受け取るとしても、日常生活が送れなくなるのではないか。

ＣＯＳＴには私たちがよく知っている一面もある。ほとんどの人はすでに、強制的に売却されるリスクを知らず知らずのうちにとっている。住宅や車のローンを滞納したら、住宅や自動車に起こりうることなのだ。朝目覚めると、自分の車が差し押さえられて、持っていかれてしまっているかもしれない。何かを借りるときは、レンタル料を滞納したり、地主が地代を引き上げて支払えなくなったりすると、立ち退かされるリスクがつきまとう。保険に入るときは、困難な状況を評価して「自己申告」するものだし、たとえ暗黙のものにすぎないとしても、住宅や車が破壊されたらお金がどれだけ必要になるか判断することが求められる。ジップカー、ウーバー、エアビーアンドビーが体現している共有型経済（シェアリング経済）が広がり、ある商品を「所有」するのではなく、一時的に「保有」すると同時に、その商品を消費して売る（したがって価格を設定する）ことになじむようになっている。しかし、ＣＯＳＴが取り入れられると、生活はラディカルに変わる。だから、まずは限られた公的市場と商業市場でテストしなければいけない。

公的市場へのＣＯＳＴの導入

近い将来にＣＯＳＴを導入するとしたら、適用先としていちばん有望なのが、現時点で政府が保有している資産と、民間の市民や企業に売却またはリースされている、あるいは近くそうされる可能性がある資産である。政府はこうした資産を恒久的に売却したり、一定期間リースしたりするのではなく、COSTベースのライセンス料を含むライセンス契約を結んで、部分売却できるようになる。政府はまず、資産をオークションにかける。落札者は価格を自己申告し、その価格に基づいて税金を支払う。その後は、他の誰でも申告された価格で資産を売却させられるようになる。

放送用電波の周波数帯域を例に考えてみよう。1990年代初め以降、長期の周波数帯域の利用免許が世界中の政府によってオークションにかけられている。[58] しかし、流通市場で独占問題が頭をもたげている。オークションで利用免許を取得した会社が、利用免許をより高く評価している会社に免許をなかなか売却しようとしないのだ。新しい用途で使うには、免許をリパッケージする必要があることが多く、鉄道やショッピングモールを建設するときのような高額要求問題が生まれている。いまでは膨大な量の帯域幅を視聴者数の少ないテレビ放送局が保有しているが、それを無線インターネットで使えるようにすれば、もっと有効に活用できるようになる。

これに対応して、アメリカ議会はFCCが広い帯域幅を買い戻してリパッケージすることを認める法律を可決したが、そうするまでに8年かかっている。その間に、アメリカはイスラエルや韓国、台湾といったテクノロジー先進国に遅れをとるようになった。筆者の1人が、ポール・ミルグロム、アンソニー・リー・ジャンと共同で行った最近の研究で指摘しているように、電波の利用免許を再設計して、COSTベースのライセンス料を組み込めば、この問題が解消されるし、既存のＦＣＣのルールと整合するさまざまな方法でそれを実行できる。[59] このアプローチは「減価型ライセンス」と呼ばれ、新しく使えるようになった３・５ＧＨｚ帯の免許設計に関して聞かれたさまざまな不満に対処するものとなる。現行の計画では地理的範囲が狭く、使用期間が短くなっている。これは柔軟性を最大限に高めるためだったのだが、投資のインセンティブが損なわれるおそれがある。ＣＯＳＴベースの設計にすれば、柔軟性をさらに高められるだけでなく、投資が安定的に増えるようになる。そのため、イノベーションと柔軟性を大切にするハイテク企業の需要にも、５Ｇ無線テクノロジーを導入するために巨額の投資をする必要がある電気通信会社の需要にも応えられるようになる。

ＣＯＳＴはさまざまな公的資産の管理に役立つ

インターネットのドメイン名とアドレスの割り当ても、減価型ライセンスに合っている。現時点では、ドメイン名を購入する人には、年間の維持費を支払い、他の人の商標をあからさまに侵害していない限り、ずっと更新し続ける権利がある。このため、その間に割り当てが著しく歪められてしまい、ドメイン名を不正に獲得して〝身代金〟を要求するサイバースクワッティング（サイバー不法占拠）が横行している。そのドメイン名をどうしても使いたいという人に高額で買い取るように迫る手口だ。[60] たとえば、２０１６年アメリカ大統領選挙期間には、ドメインアドレス「http://www.clintonkaine.com」をクリックすると、空白のページが表示された。クリントン＝ケイン陣営が拒否するような高額での買い取りをサイバースクワッターが要求していたのである。結局、ドメインアドレスはライバル陣営と関係があるグループに売却された。[61] COSTなら、このような知的財産の高額要求問題に対応しやすくなる。特許を買い占めて、多数のテクノロジー企業が拒否するような途方もない高値で売りつけようとする特許荒らしがその一例だ。[62]

これ以外のさまざまな公共資産を管理するときにも、COSTが役に立つ。たとえば、牧場の経営者は政府から放牧権を賃借するが、政府は放牧権の価格をどうやって設定すればいいかわからないことが多い。COSTであれば、牧場主は放牧権をお互いに自己申告額で実質的に「買う」ことになるので、もっと円滑に機能するようになる。鉱業、漁業、農業にかかわるリース権や、天然資源のリース権は、恣意的な価格で販売されることがよくあり、ここでもCOSTを使うことができるだろう。

真の市場経済

COSTの劇的な経済の改善効果

こうした実験が行われると経済価値は増えるが、やがてCOSTが経済全体に広く適用されるようになれば、改善効果ははるかに劇的なものになる。先に述べたように、生産性が低い企業に資源が誤って配分されているため、経済のパフォーマンスは年25%も下がっている。COSTを全面的に導入すれば、社会の富を毎年何兆ドルも増やすことができる。

さらに、歳入が大幅に増える。ＣＯＳＴの最適な税率に近いと思われる年７％前後だと、国民所得はおよそ20％押し上げられる。その半分もあれば、資本や企業、財産、相続にかかる既存の税金をすべてなくすのに十分だろう。こうした税金はきわめて非効率だという点で、経済学者の意見は一致している。また、前述したように投資が促進されると同時に、財政赤字が解消し、負債が大幅に減って、投資がさらに刺激される。

ＣＯＳＴ歳入の残る半分を現在の資本評価額に基づいてアメリカ国民１人当たりに換算すると、約５３００ドルになり、われわれの提案が実現すれば、それが跳ね上がることはほぼ間違いない。資産がより効率的に配分されること、いまは隠れている資本所得が明らかになること、経済成長に火がつくことがその理由である。こうした歳入は、行政サービスや公共財（基礎研究への投資など）、低所得者向けの社会福祉制度の財源として使うことができる。また、ＣＯＳＴが生み出す歳入を社会的配当として国民に均等割で直接還付することも考えられる。いま主要な識者らが喧伝しているユニバーサル・ベーシックインカムに似た制度だ[63]。この形であれば、ＣＯＳＴは富に対する税金をはるかに効果的に徴収する方法にもなる。最近では、一部の経済学者が別の理由でこの点を支持している。その理由とは、売却を強制する権利が買い手に与えられるという形で、自己執行のメカニズムが組み込まれていることである。したがって、政府が監視する機構をつくらなくてすむ。資本所得や富に課税する他の試みでも、同様の機構があるが、効果は出ていない[64]。

COSTはどのように平等化をもたらすか

COSTには平等化を実現する潜在的な力があることを示すために、典型的なアメリカの家庭にどう影響するか、考えてみたい。COSTが生み出す歳入の半分は資本にかかる他の税金を減らすために使われて、資産価値には影響を及ぼさない一方で、残り半分は均等割で国民に還付されると仮定しよう。アメリカ国勢調査によると、世帯主が45〜54歳の4人家族が保有する資産の中央値は、ホームエクイティ〔訳注　住宅の評価額からローンの残高を引いた正味価値〕が約6万ドル、その他の資産が2万5000ドルである。COSTを7%とすると、こうした資産の価値はおおよそ3分の1下がるので、ホームエクイティは4万ドル、その他の資産は1万6666ドルになる。この減少後の価値を基準にすると、他の（既存の）資本税の減税分を差し引き後のCOSTは3%となり、税額は年間およそ1700ドルになる。そして、この家族は年間2万ドル以上の社会的配当を受け取る。そのため、たとえ家族が自分たちの財産に深い愛着を持っていて、市場価格の2倍の評価額をつけたとしても、COSTからネットで1万6600ドルの恩恵を受ける。同じ年齢層の所得分布上位20%の世帯では、純資産の中央値は65万ドルである。先ほどと同じ計算をすると、こうした世帯はおよそ1万9500ドルのCOSTを支払うが、2万ドルの社会的配当を受け取るので、500ドルの恩恵を受けることになる。いちばん打撃を受けるのが富裕層だ。上位1%の世帯の平均資産は1400万ドルである。このグループの世帯は年間約42万ドルのCOSTを支払うことになる。

住宅の資産価値がローン残高を下回っている、クレジットカード債務や学生ローン債務を抱えているなど、家計の状況が厳しい世帯にとっては、COSTはむしろ補助金になるだろう。債務が資産を上回るので、社会的配当を受ける前の段階で、個人資産にかかる税金が差し引きで還付される。実質的に、純負債の3分の1がただちに免除されることになる。

ある家庭が評価額30万ドルの住宅を所有していて、住宅ローンが42万ドル残っているとしよう。前に述べたように、7％のCOSTが資本化されると、資産については将来の税負担が、債務については将来の補助金が価値に反映され、資産と債務の価値は約3分の1下がる。したがって、住宅の価値は20万ドルに、住宅ローン残高は28万ドルに下がる。[65] その後、8万ドルの債務超過分について3％の補助金（2400ドル、この場合も、既存の税金と比べたもの）を受け取るので、それを住宅ローンの返済にあてることができるうえ、年間2万ドルの社会的配当も支払われる。

こうした効果を足し合わせると、COSTを導入することで所得が大きく再分配されるようになる。現在の基準で測定された資本収益率に基づいて推定すると、アメリカの所得のうち資本が占める割合は30％であり、この富の40％を上位1％が保有している。[66] 前に指摘したように、COSTが実現すると、資本収益のおよそ3分の1が再分配されて、上位1％が所得に占める割合は4％ポイント下がる。これは、最近の水準と1970年代の低い水準のほぼ中間になる。

資本主義経済では分配をめぐる対立が生まれるが、その中でも最も根深いものは、富の集中から生じる対立である。資本収益の大半は超富裕層に流れるので、主に資本収益で暮らしている人と、労働によって生活を維持している人との間には大きな隔たりがある。ＣＯＳＴが導入されると、資本収益の大半が大衆のところに流れるようになり、賃金よりも平等に分配される。そうして、資本と労働の対立が解消し、労働所得の差が格差の最大の原因になる。

仏教の最善の教えに従い、公正なコモンウェルスをつくる

個人的に思い入れがあるものが売られないようにする

ＣＯＳＴが実現すると、人間と財産の関係が変わるかもしれない。あるペンを見るとそれをくれた人のことを思い出すので、そのペンを大切にしているという人もいるだろうし、愛車に乗って数々の冒険に出かけたから、自分の車が好きだという人だっているかもしれない。ペンをなくしたり、愛車が事故で壊れたりする可能性がいつだってあることは、誰でもわかっている。私たちはこうしたリスクをいつも許容し、予防策をとってリスクを管理する。ＣＯＳＴの場合、自分の大切なものを強制的に売却させられて失うリスクを最小限にしたければ、簡単にできる。高い価格を設定するのだ。つまり、自分がそれをどれだけ高く評価しているか、その度合いに応じて税金を支払わなければいけない、ということである。赤の他人が中古のペンや古い車に大金を払うとは思えないため、税金がとても高くなることはないだろうが、自分にとっては価値のあるものに税金をかけることを不快に思う人もいるはずだ。

われわれのＣＯＳＴ案は、個人的な思い入れがとても強くて、絶対に売りたくない品があることを考慮した設計になっている。その品の自然回転率が低いと、税率も低いので、売却されないようにするための（税負担という形の）「価格」も低くなる。家宝の価値はほとんど例外なく保有者のほうが赤の他人よりも高いため、実際には家宝を守るのにそれほどコストはかからない。あるいは、家宝などの個人的な財産は、（タックスヘイブンがつくられるのを避けるために）妥当な範囲内で、ＣＯＳＴ制度そのものから除外してもいいだろう。こうしたものの価値の総額はどう考えても大きくないので、ＣＯＳＴ制度に組み込んでも、経済的なインパクトも大きくないはずである。アメリカでは、除外法と呼ばれる法律があり、個人が破産を申請したときに債権者が差し押さえできない個人的な財産が定められている（衣服、聖書、一定量の家具のほか、銃も対象になる）。「家宝」問題は、通常の私有財産制でも、ＣＯＳＴ制度でも、大きな問題になり、現在の法制度はこの問題に配慮して調整されている。除外法の対象となる品目は、ＣＯＳＴからも除外したほうがいいだろう。

モノより経験

ＣＯＳＴが導入されると、繁栄に対する考え方が変わり、もっと健全になる可能性もある。ＣＯＳＴが課されるのはモノであり、人と人のつながりには課税されない。感情のエネルギーをモノよりも人と人とのつながりに向けるようになれば、そのほうがいいのではないだろうか。アメリカやドイツなどでは車を大切にする伝統が薄れてきている。整備のスキルを身につける人が減っているうえ、いまは自動車メーカーが車を機械で大量生産しているので、プロしか修理できなくなっているからだ。このように、手間をかけて愛着を育むプロセスが失われている。また、ジップカーやウーバーのようなサービスへの移行も急速に進んでいる。いまでは車は所有するものよりも、借りるか（ジップカー）相乗りする（ウーバー）ものになっている。リレーライドを使えば、車の所有者は自分が使っていないときに車を貸し出すことができる。まるでCOSTがすでに実施されているかのようだ。数時間しか使わない車に愛着は育たないし、それが誰かの状態を悪くさせている様子もない。自動車は非常に高額な耐久財であり、車マニアでも、1日に1〜2時間以上運転する人はめったにいない。自動車に対するフェティシズム的な愛着は、幸いなことに、過去のものになりつつある。住宅への過剰な愛着がアメリカ経済の雇用と活力を阻む障害になっていることを示唆する経済学的な証拠が増えており、この問題はCOSTを導入することで大きく軽減される。[67]

豊かな国の若者たちは、モノを蓄えるよりも、いろいろな経験をする（特別な旅をする、外食する）ことに時間とエネルギーを投じるようになっている。COSTでは、モノに過剰な愛着を持つことにペナルティが科されると同時に、モノの価格も下がるので、特に低所得層では、いまよりもずっと多様なものを手に入れられるようになる。公立の美術館が個人のコレクションから美術品を買い上げて（ものすごい費用がかかるが）、それまでずっと公開されず、ごく一握りのお金持ちしか見られなかった作品を大衆が鑑賞できるようにするのと同じことである。機会は広がり、活力は高まる一方で、物質的なものへの執着は薄れる。

使ったためしもなく、とりたてて必要でもないものを集めることに、不健全なまでの時間と資源を費やすというのは、いまに始まったことではない。主な宗教（一般的なイメージでは、特に仏教）も、大勢の世俗哲学者たちも、別のところにエネルギーを向けるように人々に説いている。一般の感覚としても、心理学の研究からも、必要以上に財を蓄積しても幸福感は高まらないし、モノを所有するよりも経験するほうが心が満たされるものである。[68] 経済学者でさえ、その輪に加わっている。「物神崇拝」を激しく非難したのはカール・マルクスだけではない。ソースティン・ヴェブレンは1899年に『有閑階級の理論』を発表し、人々がモノを買うのはしばしば「顕示的消費」（自分が他人よりも裕福であることを示すための消費）のためであって、モノが幸福に直接寄与するためではないと論じた。それ以降、経済学の非主流派は、私有財産制の病理が市場システムをむしばんでいると強調するようになっている。[69]

富の分配が社会的信頼を育む

また、COSTによって共同体への愛着が育まれ、市民的関与が促される。どちらも資本主義によって損なわれたときがある。COSTは、いまある富だけでなく、経済の進歩がもたらす富の増加分も、広く分配するものとなる。経済が成長すると、COSTが生み出す歳入が市民に再分配される。会社の利益が増えると、会社の株式を所有している社員が恩恵を受けるのとまったく同じことだ。フリードリヒ・エンゲルスからジョージ・W・ブッシュまで、識者や政治家は、市民が国の資本ストックの一部を、一般には株式市場や住宅を通じて所有すると、政治が安定しやすくなり、資本ストックの価値を高める政策への支持が増えやすくなると論じており、この立場を裏付ける研究もある。[70]

他人の繁栄から全員が恩恵を受ける世界では、社会的信頼が育まれるだろう。社会的信頼は、市場経済と政治協力が円滑に機能するのに欠かせない。[71]富を分かち合うことは、公正に関するさまざまな通念に沿う。資本主義の下で富を創造して対価を得る人が、それを1人だけで生み出すことはめったにない。友人や同僚、隣人、指導者など、富の創造に貢献しながら十分な報酬を得ていない大勢の人たちに助けられているのがふつうだ。COSTが導入されれば、富を生み出した労働に富がきちんと分配されるようになる。

COSTに基づいて社会政策が運営されると、われわれが提案する政治システムを労働者が支持するようになると同時に、見知らぬ人同士が商取引をしやすくなる。社会への貢献が報酬に正しく反映されているという感覚を市民が持てるようにもなる。COSTが実現すると、財産のラディカル・マーケットが生み出される。それは所有よりも使用を重視した市場だ。すると、交換と競争という市場の根本原理が現行の制度をはるかに超えて拡張される。そして、新しいシステムが生まれて経済の関係性が大きく変わる。さらに、格差が減少し、繁栄が拡大して、人類の幸福が大きく向上する。だからラディカル・マーケットなのである。

第2章

ラディカル・デモクラシー

――歩み寄りの精神を育む

ケンタロウのケース

アダチ・ケンタロウは、選挙権を持てる年齢になると同時に、ボイスクレジットを貯め始めた。リベラル派の政府が何年も政権の座にあり、ケンタロウはそれに憤っていた。日本人戦没者をまつる靖国神社が、帝国主義の犠牲になった外国人の追悼施設に転換されたときには怒りを感じた。だが何年もの間、議会選挙や国民投票にボイスクレジットを大量に投じたことは一度もなかった。人生を賭けた信念を実現するために貯めていたのだ。

北海道の湖畔に家族の別荘のコテージがあって、コテージの背後に広がる森で食べ物を探している熊を生まれて初めて目撃した。ケンタロウが小さい頃、熊はよく現れていた。環境保全の取り組みが進んで、熊の数が増えるにつれて、熊は珍しい動物から脅威へと変わった。父親はケンタロウに、熊に出会わないようにする方法、たき火をしたり大声を出したりして熊を威嚇する方法、気づかれないように逃げる方法を教え込んだ。1頭の熊が父親を森の奥に引きずり込むまでは——。

食事をつくり終わってすぐ、日もかなり落ちていたのに、いったい何で森の奥に入っていったのか、ケンタロウには知るよしもない。ケンタロウが父親を見つけたとき、傷だらけの父はただ、母親を助けて、妹の世話をするようにと言い残し、ずっと心の拠り所になってきた仏教の教えの大切さを説いただけだった。父は穏やかで実直な人だったが、ケンタロウの目には、弱々しくて男らしさに欠ける平和主義者に映っていた。戦後の平和な時代が80年続き、日本はそんな男ばかりになっていた。父親のような男には絶対にならない。ケンタロウはそう誓った。

ケンタロウは体を鍛え、家族を養うために毎日働いた。口にこそ出さなかったが、森の中で瀕死の父親を見つけたあの日から、一つのことだけを考えて生きてきた。射撃の腕を磨き、この農村部に生息する熊の数を、自分の力でコントロールするのだと。

ケンタロウはルールを破ったわけではない。アメリカ人、ノルウェー人、スイス人が認められている銃を持つ権利の一部を勝ち取るために、長い年月をかけて根気強く運動を展開し、投票の委任をとりつけていった。ケンタロウがボイスクレジットの委任を集めた結果、ついに農村部での猟銃の個人所有を認めるかどうかを問う国民投票が実施されることになった。40年以上かけて集めた800（800ボイスクレジット）のうち、400を使って、自分にとって何よりも大事なこの問題に、賛成票20票をようやく投じることができた。

投票結果が明らかになると、日本に衝撃が走った。有権者の75％が反対していたにもかかわらず、得票率60％という圧倒的多数で、賛成派が勝ったのだ。平均的な反対派は「反対」に1・5票を投じたが、猟銃の個人所有を支持する人は、驚くことに平均で6・75票を「賛成」に投じた。他の多くの国民投票が52対48の僅差になったのも、どの政党も単独で過半数の議席を獲得していないのも、票の使い方が悪かったのだろう。ケンタロウは報われた気がした。自分の声がようやく届いたのだ。人生を賭けた闘いに勝った。そして、熊を駆逐するときがついにやってきた。もうこれで、自分のように父親を熊に殺される子どもは北海道からいなくなる。

二次の投票（QV）が政治を変える

車や家を買うためにお金を貯めるように、重要な投票権を貯めるなんて、現実離れしているように思える。1人が1票を投じて、多数派が勝つ。私たちはそんな政治システムに慣れている。だが、ケンタロウは1票以上を投じることができる。自分にとってそれほど大切ではない問題に影響力を行使する権利を手放してもいいのであれば、自分にとって大切な問題に、1人1票制度の下でできるよりも大きな影響力を行使できるようになる。ケンタロウは他のすべての人と同じ参加権を持っていて、他のすべての人と同じ率で投票に使うクレジットを累積しているが、自分にとっていちばん大切な問題だけに投票権を使うことを選んでいる。この自由には、重要な条件がついた。ボイスクレジットを使って投票するときは二次関数（平方根関数）に従う、というものだ。1ボイスクレジット（1）で買える票は一つ、4では二つとなり、400では20票しか買えない、というわけである。

この章では、民主主義で使われている伝統的な投票システムの病理を治すためには、投票力を貯める能力と平方根関数という二つの要素が何よりも必要なものであることを示していく。このシステムを「二次の投票」（Quadratic Voting＝QV）と呼ぶことにし、これが政治のラディカル・マーケットを生み出すことを、この章で明らかにする。

民主主義の起源

多数決の危険性

古代ギリシャでは、ファランクス（密集陣形）という陣形がいちばん多く用いられており、その強さはもっぱら数で決まった。大きなほうのファランクスが小さいほうのファランクスに勝つのである。そのため、どの軍の数が多いかを確認すれば、会戦の結果を予言できた。多数派は剣と盾を交えることなく勝利した。[1] これがアテナイの統治機関である民会における多数決原則の起源だとする説がある。民会には、社会的地位や財産の有無に関係なく、すべての成人男性市民が参加した。法律を成立させ、法令を出し、特権を認め、さらに、死刑を含めてオストラシズム〔訳注　市民が投票によって危険人物を国外追放にする制度〕などの制裁を政治指導者に下す権限が民会に与えられていた。民会のメンバーの投票権は、全員1人1票だった。

だが、アテナイ人たちは、多数決原則は危険だということがわかっていた。ペロポネソス戦争中に起きたある有名な出来事では、アルギヌサイ沖の海戦で勝利した後、生存者を救助せず、味方の兵士の遺体も回収しなかったとして、将軍たちが処刑された。民会はその後、嵐のせいで将軍たちは動くことができなかったのだと説き伏せられて、将軍たちを告発した者を処刑した。[2] こうした出来事を目の当たりにして、大勢のギリシャの思想家が民主主義を深く疑うようになった。

民衆の感情は変わりやすく、扇動的な指導者の影響を受けやすい。それに、多数者である貧しい者たちには、豊かな者から貧しい者へと富を再分配させる破壊的な力がある。思想家たちはこうした点を懸念していた。

ペロポネソス戦争でアテナイが負けると、多数者が誤った意思決定をしたことが敗北の一因だとされ、アテナイ人はもっと穏やかな民主主義を導入した。法律を提案する委員会をはじめとする独立した機関の力が大きくなり、民会が成立させているが法律に違反する法令を無効にする権限が、民衆裁判所に与えられた。こうした機関のメンバーはすべて籤《くじ》で選ばれた。この新しいシステムでは、さまざまな集団が何度も多数決を繰り返さなければならず、やがて何を決めるにも圧倒的多数が必要とされるようになった。民主的政府が多数決の原則を制限しようと試みる伝統は、このときに始まった。

混合政体

古代世界で最も成功した取り組みが「混合政体」だろう。混合政体では、さまざまな社会階級（一般には民衆、貴族、世襲君主）が役職を割り当てられて統治に影響を与え、投票の結果を承服できないときはそれを拒否した。たとえばローマ共和国では、元老院は貴族に支配されていたが、一部の重要な役職には平民がつくことになっていた。憲法の定めによって一般市民に発言権が与えられたものの、名家や富裕な市民が優越的な地位にあった。[3] 単純な多数決原則では民衆が数の力を獲得して富裕層の富を奪うことになりかねず、それを防ぐと同時に、富裕層が民衆を搾取するのを阻止する力も民衆に与えることが、混合政体のめざすところだった。このシステムは何世紀も続き、古代世界の統治システムとして最も大きな成功を収めた。しかし、拒否点が数多く存在したために行き詰まることとなった。ジュリアス・シーザーなどの強力な指導者らは、超憲法的な措置をとって問題を解消したが、それが内戦や独裁政治、帝国の誕生へとつながっていった。

それから1000年の間、民主的な制度は後退したが、中世時代にゆっくりと復活した。アングロ・サクソン王たちは自分の国の状況に関して領主に助言を求め、賢人集会と呼ばれる王の諮問会議を召集して報告を受けた。この慣行が後に議会へと発展する。イギリスの初期の制度には、1人1票制度に基づく単純多数決原則は取り入れられなかった。イギリスの庶民院は15世紀に多数決の原則を使い始めたが、イギリスは古典的な混合政体であり、貴族は貴族院を通じて権力を行使できたし、君主の専権事項もあった。実際には、政治的な結果は暗黙の特別多数原則で決定されていた。[4]ローマカトリック教会では、多くの決定は多数決で行うと教会法で定められていたが、法体系が複雑だったため、多数決で負けた少数派が幹部に抗議することが許され、多数派の投票は個人の利害や動機を優先させた不純なものであったり、単純に間違っているなどとする主張がとおれば、少数派の意見が採用された。[5]「正常な判断が下せる者の大多数の賛成が必要」とする基本原則の下で、豊富な経験と高い見識を持つ者など、優れた判断を下せる人物で構成される少数派が、多数派の決定を覆すことができたのである。これは加重投票の一形態であり、後で詳しく論じる。[6]

初期の民主主義は、さまざまな理由からあまり進歩しなかった。統治者は民衆に権力を譲ろうとはしなかった。宗教的、政治的な伝統では君主や貴族が優遇された。また、内戦や外国との戦争の脅威が常にあったため、強力な指導者が必要だった。しかし、民主的な機関そのものに内在する限界も一因となった。その限界は、現代になって露呈することとなる。

民主主義の台頭と限界

民主主義は衆愚政治とされ、その悪評をぬぐい去るには長い時間がかかった。17世紀半ば、トマス・ホッブズは、「自然状態」においては「万人の万人に対する闘争」が果てしなく続くことになり、自然状態の欠陥を克服する世俗的手段は、絶対君主制をおいてほかにないと唱えた。[7] ホッブズは君主制を擁護してはいたが、世俗主義、道具主義を基礎として絶対君主制を正当化するホッブズの主張は、それまでの王権神授説に基づく君主制論とは対照的なもので、これによって王権神授説が否定されることになった。その結果、イギリス国民が国王の権力を制限するように要求する道が開かれ、17世紀末に起きた名誉革命で実際にそうした。この革命では、君主としての権力の範疇を逸脱しているとしてジェームズ2世が王位から追放され、制限君主制や立憲君主制が理想とされるようになった。

ジョン・ロックは名誉革命を擁護し、それが自由民主主義という現代的な概念が確立する後押しをした。国王は、国民の利益を完全ではないながら代表する議会と、権力を分かち合わなければいけなくなった。ロックやヴォルテール、ジャン゠ジャック・ルソーなどの啓蒙主義者は、世俗主権の理論を構築し、主権は国民にあると説いた。こうした思想家の理論はトマス・ジェファーソンに影響を与え、ジェファーソンはアメリカ独立宣言に「政府は人々の間に樹立され、統治される者の同意に基づいて正当な権力を得る」と記した。[8] 啓蒙主義の思想は、フランス革命やイギリスにおける選挙権の劇的な拡大にもつながっていった。

自由主義の思想家たちは、君主の特権を剝奪し、権限を国民の手に委ねるべきだという点では意見が一致していたが、国民がどのように権力を行使するべきかについては説明できないでいた。民主主義を実現するといっても、民主主義とは何を意味するのか。古代世界では衆愚政治が自滅や混沌を招いたが、それを避けるにはどうすればいいのか。

少数者の権利を守ろうとしたアメリカ合衆国憲法

アメリカ合衆国憲法の起草者と初期の解釈者は、民主主義を初めて導入する大規模な実験に踏み出すにあたって、多数決原則がはらむ危険性と向かい合わなければいけなかった。多数者が統治するようにしたかったが、多数者が少数者の権利を侵害するおそれがあった。「多数者が共通の利害関係でまとまれば、少数者の権利が脅かされる」と、ジェームズ・マディソンは指摘する。[9]

そこで、起草者たちは国家政府を三つの機関に分けて、相互に「抑制と均衡（チェック・アンド・バランス）」を保たせるようにした。また、大統領は中間選挙人が選出し、上院議員は州議会が選出するようにして、多数者の投票力を制限した。さらに、さまざまな特別多数決の原則もつくった。[10]条約を批准するには、大統領は上院の出席議員の3分の2以上の賛成を得なければいけない。大統領の拒否権を覆すには、上下両院でそれぞれ3分の2以上の賛成が求められる。[11]憲法を修正するには、特別多数が必要になる。[12]

こうした取り決めは、宗教的な異端者、南部の上流農園主階級、北部の商人、全米の富裕層など、少数者を保護するのに役立った。[13]だが、建国者たちはあらゆる少数者をどんなときも守ろうとしたわけではない。守ろうとしたのは、正当な利益を持っていると彼らが考える者であり、自分の利益を守るために多数者との連合に加わることができない者だった。

少数者の正当な利益が守られなければ、合衆国の存続が脅かされると、建国者たちは心配していた。ほとんどの市民は、同じ考えを持つ少数者の集団に属していると感じるときがある。自分にとってとても重要な利益や選好が他の国民とは違う集団だ。選好の度合いが非常に高くて、政治のプロセスで何度も犠牲になっている人は、反逆や離反に動くインセンティブが強く働く。そうした反逆の脅威はアメリカの歴史の中心にあるテーマとなり、分裂するのではないかというおそれが、起草者の選択の多くに影を落とした。特別多数決の原則が取り入れられたことで、強い選好を持つ少数者の力が制度化され、平和的な政治手段に流れていくようになった。

グリッドロック（膠着状態）

ところが、起草者らは正反対の問題も懸念していた。その問題とは、グリッドロック（膠着状態）である。合衆国憲法ができる前は、各州は連合規約と呼ばれる文書に基づいて運営されていた。国家政府は州の支持がなければ動くことができず、ほとんどの場合は、圧倒的多数か全員一致の賛成が必要だった。政治の世界で、全会一致の原則のように議決の基準が高くなると、財産権が経済的関係にもたらすものと同じ問題が生まれやすくなる（第1章を参照）。不当な譲歩を求めて合意を拒否できるようになり、グリッドロックに陥るか、不公正な結果が生まれるかのどちらかになってしまうことだ。この問題が生じると、政治は麻痺状態に陥り、国際的な地位が低下し、各州の協力関係は崩壊寸前に追い込まれた。独立戦争の最中ですら、国家政府は十分な歳入を確保できなかった。戦争終結後も反乱を抑えられず、商用船を海賊から守るために必要な財源を手当てできなかった。政府の取り組みに対しては、かならずどこかの州が反対するか、多くの場合は分担金を減らしてほしいと訴えた。そのため起草者たちは、多数者による専制と政治の麻痺状態という両極端の間で妥協点を見つけることにした。

その後の歴史が物語るように、南北戦争では多くの血が流れたにもかかわらず、このバランスは長く保たれてきた。しかし、アメリカ人は特別多数決とチェック・アンド・バランスのシステムの限界と格闘し続けている。数多くのヨーロッパの民主主義国が不安定になる中でアメリカは安定を維持したものの、保守多数派による多数者の専制、あるいは保守派が引き起こす政治の麻痺状態が、アメリカ政治史の中心的なテーマになった。人種的、民族的、宗教的な少数者はさまざまな不当な扱いを受けたが、投票で負けるので、法律による救済を受けられなかった。

形を変えたエリート支配

20世紀後半になると、保守派による専制の問題を是正するために連邦裁判所が介入して、代表を議会に送り込む、平等に教育を受けるといった恩恵や資源を享受する権利を少数者に認めた。ある基準では、「切り離され孤立した少数者」（歴史的に政治から排除されていた少数者の集団）に属する人に、そうした人々を標的とした法律や、強い公共的正当性のない法律で制限を課すことはできないとされた。司法上保護される少数者の権利の範囲を裁判所が拡大すると、議会は公民権法を成立させた。これは、多数決原則の問題にアメリカの法律と政治に関する思想がもたらした最大の貢献となる。

しかし、第1章で見た中央計画制度と同じように、権利が司法的に執行されるかどうかは、エリートが尊敬されていて、博愛の心や見識、正統性があるかどうかに大きく左右される。連邦判事は選挙で選出されておらず、国民に対する説明責任がない。だからこそ少数者の権利を前進させることができたのだが、民主主義的な規範が強い国で、不安定な立場に置かれることにもなった。さらに、アフリカ系アメリカ人の選挙権、教育機会などを奪った、明らかに差別的な法律の第一世代を裁判所が無効にした後は、はるかに複雑な法律と向き合うことになった。公益によって強力に正当化されると思われるが、少数者に不当ともいえる扱いを行うことにもなる法律である。身近な例を以下にあげよう。

・職務質問法によって犯罪は減るが、主に少数者の男性の生活がかき乱される。[14]
・土地収用事業では、公園の建設や中心部の活性化を目的として、市が私有財産を、場合によってはその所有者にとっての価値を下回る価格で、強制的に売却させる。
・カリフォルニア州のプロポジション8のような同性婚禁止法は、アメリカ人の大部分が(当時)支持した伝統的な結婚観を強めるが、異性カップルが受けている優遇措置をゲイやレズビアンが受けられなくなる。
・暴力を減少させるために、通常は軍事用に使われるが、猟や民兵の訓練に使われることもある武器を規制する。
・衛生法や薬物禁止法によって、宗教的な少数者集団の宗教儀式が干渉を受ける。

こうした法律についてはさまざまな強い意見があるが、どの法律も同じジレンマを引き起こす。どれも多数者、そしておそらくは社会全体の助けになり(あるいは助けになりそうで)、場合によっては、影響を受ける少数者の一部もその中に含まれることさえある。しかし、少数派に負担を課すことにもなる。負担は不当に見えることがあり、その法律が望ましいものかどうかが問われるほどひどいケースもある。だが、トレードオフはあまりにも複雑で、司法介入が恣意的に見えることもしばしばだ。多くの場合、判事は自分の政策選好を、法律を制定した議会の政策選好とすり替えているように映る。これは民主主義理論でも憲法理論でも正当化されるものではなく、少しだけ形を変えたエリート支配である。

フランス革命と民主主義の利点とパラドックス

自由民主主義の実践ではアメリカがパイオニアとなったが、理論の大部分はヨーロッパで生まれ、特にフランス革命の時代が舞台となった。なかでもフランスの革命主義者の1人、コンドルセ侯爵は、投票の数学的研究の先駆者だった。[15] コンドルセの1785年の古典的な論文「投票の多数による決定の確率についての解析学の応用に関する試論」は、民主主義の利点を説いただけでなく、民主主義がはらむパラドックスも明らかにした。

古代ギリシャでは、大衆が無知であることが懸念されていた。コンドルセの「陪審定理」はその問題に対応しようとしたもので、共同体の全員が共通の利害を持っているが、情報は共有されていない可能性がある状況を扱った。コンドルセによれば、単純に統計学の問題として考えると、何が集合的利益であるかについて人々が正しく判断する可能性は、間違った判断をする可能性よりも高く、したがって、それぞれが個別に意思決定し、投票することが可能であるのなら、規模の大きな集団は少数の支配階級のエリートよりも正しい判断を下すことができるようになる。人数が多ければ、間違った判断が覆されるからだ。陪審定理は、エリートの知見がないので大衆はみずからを統治できないという古代の懸念を鎮めるのにいくらか助けになる。

選好の強さを反映できない投票

しかし、コンドルセは民主主義に潜在的な可能性を見いだしていたが、市民の対立する選好を論理的に反映するような結果（経済的な結果ではなく政治的な結果）を生み出す能力が市場にないことも見抜いていた。なぜそうなるのかを理解するために、3人（アントワーヌ、ベル、シャルル）がルイ16世の身に起こりうる次の三つの結果に投票するように言われているところを想像してみてほしい。（1）斬首される、（2）王位に復権する、（3）民間人として追放される。結果の選好順位はそれぞれ違うとする。アントワーヌはルイ16世が反革命を率いることを何よりも恐れているので、選好順位は斬首、復権、追放となる。王政主義者のベルは、復権、追放、斬首である。シャルルは君主制を憎んでいるが、暴力も嫌いなので、追放、斬首、復権となる。最初に斬首と復権の二つで投票してもらう。アントワーヌもシャルルも復権より斬首を選好しており、そうでないのはベルだけなので、2対1で斬首が勝つ。次に、復権と追放で投票してもらう。アントワーヌとベルは復権のほうを選好し、そうでないのはシャルルだけなので、2対1で復権が勝つ。そして最後に、斬首と追放で考える。ここは2対1で追放が勝つ。しかし、これらを考え合わせると、確定的な結果が出ない。斬首は復権に勝ち、復権は追放に勝つが、追放は斬首に勝つのである。

　これでは誰が勝つべきかがまったくわからなくなってしまう。問題は、アントワーヌ、ベル、シャルルが、三つの提案に対する関心の強さの度合いに基づいて投票できないことである。いまの投票システムでは、情報がきちんと伝わらない。票が伝えられるのは、ある結果を別の結果よりも選好しているということだけで、その人がその結果をどれくらい選好しているかはわからない。三つの結果が3人のそれぞれの幸福にどれだけ影響するかを直接測ることができれば、3人がより幸せになる結果を選べるようになる。一例として、ルイ16世が王位に復権するとアントワーヌ本人が斬首される一方、王が斬首されると、革命が起きて、3人とも、程度の違いはあっても、大きな害を受けるとすると、3人にとっては、ルイ16世を追放することが最善の結果になる。通常の投票システムでは、この結果を選ぶことはできない。

　この議論はその後、ヴィックリーの門下生で、ノーベル賞受賞者で、おそらく20世紀最高の経済学者であろうケネス・アローが、有名な「不可能性定理」で形式化、一般化して、投票者が候補者を選好順にランク付けする投票ルールでは、この種の問題は克服できないことを示した。[16]これに対し、市場取引では、お金をたくさん払うか、少なく払うかによって、財やサービスに対する選好の強さの度合いを伝えるシグナルを送ることが可能である点に注意してほしい。価格システムは効率的な結果を達成できるが、投票では達成されないと、大勢の経済学者が考えている重要な理由がこれである。[17]

コンドルセは、アローの洞察を先取りする形で、解決策はないという結論に至っている。1790年代初めに革命政府の憲法を起草してほしいと依頼されたとき、アメリカの先人たちとほとんど同じように、チェック・アンド・バランスのシステムと特別多数決の原則をさまざまな形で組み込んで、大衆民主主義を抑制し、個人の自由を保護しようとした。[18]コンドルセは陪審定理で多数決の信頼性を示したが、それ以上に投票のパラドックスを懸念していたことは明らかだ。コンドルセの思想とそれに関連するアイデアはヨーロッパ大陸に広まり、19世紀にヨーロッパが民主化する基礎をつくる一助となった。だが、ヨーロッパの民主主義が陥ったパラドックスは、コンドルセが見いだしたパラドックス以上に厄介なものだった。

一つは戦略投票だ。標準の民主的なシステム、特に多数決の原則に基づくアメリカ型のようなシステムでは、投票者は「自分の票を死に票にしたくない」と考えて投票する傾向があるとされる。[19]一例をあげると、アメリカは二大政党制であり、投票者は、たとえ二大政党の予備選挙の勝者を両方嫌っていても、そのどちらかを支持せざるをえないのがふつうである。[20]後で詳しく述べるように、この問題は2016年のアメリカ大統領選挙で特に深刻だったようだ。

多数決がヒトラーによる独裁を招いた

しかし、何よりも憂慮すべき例は、ナチスの台頭である。歴史学者のリチャード・エヴァンズは著書『第三帝国の到来』で、ドイツ国民のうち極右を一度でも強く支持した人は10％にすぎなかったとしている。[21] だがヒトラーは、1930年の選挙で、政治システムは腐敗しており、国民の要求に応えていないとして抗議票を投じた人から、さらに10％の支持を上積みした。ナチ党はドイツ議会における中道右派の主要政党として、主導的な地位を獲得する。1932年の次の選挙では、多数の中流階級のドイツ人が、スターリン主義の赤いテロがドイツに波及するのを防ぐ最後の砦としてナチスに投票したため、ナチスの議席占有率は倍増した。その一方で、ヒトラーを恐れた多数のユダヤ人、少数者、労働者、左派は共産党に投票したので、ヒトラーが負けたら、共産主義者が勝ってしまうという中流階級の不安がますます強まることになった。こうして相互不安、暴力、不信が連鎖する負のスパイラルが加速していき、翌年、ヒトラーは首相に任命され、ナチ党は独裁体制を確立した。

ヒトラーは、民主的な制度を全廃させる前でさえ、反対勢力を弾圧しながら大衆の支持を拡大させていった。どうしてそんなことができたのだろう。ヒトラーは最初に左派と少数者集団の権利を制限する政策をとった。その多くはこうした空気の中で人気を集め、ヒトラーはドイツ主流右派の二つの有力政党と連立を組むことになる。いずれにしても、こうした集団は「少数者」であり、したがって嫌われ者で、危険な存在ですらあった。ところが、より伝統的なドイツの右派は読み違いをしていた。共産主義者と社会主義者が政治の舞台から排除されると、伝統的右派が長く連携してきたカトリック系中道派が次のターゲットにされたのである。[22] それ以降、ヒトラーは伝統的右派を抑圧し、ナチ党内の反対勢力さえも封じ込めた。

それぞれの段階で、ヒトラーは政治機構に残っていた者から有効過半数の支持をとりつけており、粛清は、民主主義の普遍的原理を損なうものだったとしても、「民主的」だったともいえる。これが、政治科学者のリチャード・マッケルヴィが提唱する「多数決循環論」のロジックである。多数者が少数者を搾取し抑圧しないようにチェックする機能がない多数決の原則は、狭い派閥による支配、さらには1人の強権者による独裁体制へと退行しやすい。[23] ドイツのプロテスタント系神学者、マルティン・ニーメラーは、こんな有名な言葉を残している。

彼らが最初に社会主義者を攻撃したとき、私は声をあげなかった。私は社会主義者ではなかったからだ。次に労働組合員を攻撃したとき、私は声をあげなかった。私は労働組合員ではなかったからだ。その後、ユダヤ人を攻撃したとき、私は声をあげなかった。私はユダヤ人ではなかったからだ。そして、彼らが私を攻撃したとき、私のために声をあげる者は、誰ひとりとして残っていなかった。[24]

ヨーロッパ大陸諸国の経験は、少数者や、特定の政策から自分たちの利益が不釣り合いに損なわれる人たちを保護せずに、多数決原則や１人１票制を取り入れることに対して、強く警鐘を鳴らすものとなった。しかし、アメリカと同様、ヨーロッパ人はこうした保護を民主的なシステムに組み込む単純な方法を見つけられなかった。

イギリスの功利主義者たち

大変革が突然起きたヨーロッパ大陸やアメリカと違って、イギリスは段階的な変革をへて、民主化をとげた。名誉革命以降、政治体制は大きく変わり、啓蒙時代には国王に対する議会の優位が確立した。だが、選挙権は40シリングの所得を生んでいる土地を所有する成人男性にしか与えられず、イギリス人の30人に１人に満たなかった[25]。

アメリカ独立に前後して、イギリスの哲学的急進派は選挙権の拡大を推し進め始めた。政治家のウィリアム・ベックフォード、哲学者のジェレミー・ベンサムが創始したこの一派は、「最大多数の最大幸福」を実現する「功利」原理に基づく公共政策を選好した。哲学的急進派の活動によって１８３２年改革法が成立し、有権者数は倍増する。従来の基準に相当する富を保有するすべての男性に選挙権が与えられて、土地所有の要件がなくなったほか、代表性を高めるために議席も再配分された。しかし、急進派は代表性を強化するために闘ったが、それをどこまで追求するべきかについては混乱があり、意見が割れていた。

ベンサムは、代表性が向上すれば政策はみずからが唱える功利原理に近づくはずだと考えたが、

1829年に執筆した「功利主義論」で、先に述べた多数決循環問題を予見し、多数者が優位に立って、少数者から財産を奪うか、場合によっては奴隷にするのではないかと懸念していた。[26] このような結果は、奴隷にする多数者が得るものより、奴隷にされた者が失うもののほうが多いため、最大多数にとっての最大幸福は促進されないと、ベンサムは説いた。

ベンサムのレガシーは、直弟子であるジェームズ・ミルと、ミルの息子、ジョン・スチュアート・ミルに受け継がれた。ミル親子は2人とも選挙権を拡大することを選好したが、普通選挙にすぐに移行することには強い危惧を持っていた。ジェームズは、国家の繁栄に何の利害も持たない社会の構成員が影響力を持ちすぎないようにするために、何らかの財産基準をつくることが必要だと考えていたが、男性の大多数が投票できるようにするべきだとしていた。

ジョン・スチュアートはこれをさらに推し進め、議員として初めて、女性参政権を訴え、最終的に普通選挙制を実現することを主張した。だが、無学な大衆が軽率に政治的な影響力を行使するのではないかと恐れていたこともあって、彼も多数者の専制を懸念していた。一時期、高度な教育を受けている人や対象となる問題に強い関心を持っている人に複数の投票権を与えることを提案したが、優れた知識や高い関心を誰が持っているか判断するのは不可能であり、実際的ではないとして、この提案をすぐに取り下げている。[27] ジョン・スチュアートは、特別な知識と関心を持つ人がより大きな影響力を行使できるようにするさまざまな仕組みを考えた。投票を時間や移動を要する不便で面倒なものにして、強い関心を持つ人だけが投票する権利を行使できるようにすることがその一例である。また、議員の任期を長くして、選挙で選出された部分代表のエリートの独立性を高めることも提案している。だが結局、イギリスで民主主義が進展するにつれて「集団的凡庸」が広がっていくように見える中で、それを避ける適切な解決策を見つけることができず、苛立ちを募らせた。

民主主義を根本から改革する

このように、現代民主主義の創造者たちは新しい政治秩序を築いたが、自分たちがつくったものに不安を感じていた。少数者の権利が守られていない。多数者が専制している。悪しき候補者が逆説的に勝つ。多数決を繰り返すと独裁体制が生まれる。そして、民主主義では見識の高い人の意見が無視される傾向がある。すべては、人々の要求や関心の強さの度合いも、一部の有権者の優れた知見や経験も反映されないという、民主主義の弱点に原因があった。要求も関心もより強い人に資源を割り当て、特別な才能や洞察を示した人に報いるもっとよい方法がある。それが市場である。

公共財に関する集合的決定

政治とは、すべての国民や大規模な集団に影響を与える「財」(経済学者のいう「公共」財や「集合」財）を創造することである。これに対して、「私的財」は伝統的な市場で交換され、個人が自分で消費する。公共財の例には、きれいな空気、国防、公衆衛生がある。私的財は現時点では市場を通じて配分されている。公共財は標準的な市場を使うことができないか、少なくともよい結果を生んでいない。伝説の経済学者でノーベル賞受賞者であるポール・サミュエルソンが、１９５４年に発表した論文「公共支出の純粋理論」で説明したように、標準的な市場は、私的財がそれをいちばん高く評価する人に配分されるように設計されている。[28] その最たる例がオークションである。オークションでは、いちばん高い価格を入札した人が、その財をいちばん高く評価しているとされる。そして、価格システム全体が一種の分散型オークションとして機能している。

だが、公共財のロジックは根本から違う。公共財はそれを最も高く評価している１人の個人に配分されるのではなく、社会の全員が得る利益の総計を最大化するように公共財全体の水準が決定されなければいけない。そうした公共財に関する集合的決定が、ベンサムのいう「最大多数の最大幸福」をもたらすようにするには、あらゆる市民の声を、その財がその市民にとってどれだけ重要であるか、その度合いに比例して反映されるようにするべきである。標準的な市場では、これは達成されない。というのも、最も関心が高い人は、他の誰よりも高い価格を支払おうとするものだからだ。

標準的な市場では、どんな財でも、より多く手に入れるためのコストはそのほしい財の量に比例する。食料がその例だ。ハンバーガーを2倍ほしかったら、お金を2倍払うのがふつうである。そのやり方で公共財に関する決定をしたとしよう。どの市民も、量の変化に比例する価格を支払うことで、汚染排出量を増やしたり減らしたりすることができたとする。もしもこの価格が妥当に高くなければ、大勢の市民がこれに反対し、政策を変更するように要求するだろう。こうした「超過需要」が発生すると、通常の市場では、影響力の価格は競り上がる。その結果、発言力を持てるのは、この問題に(賛成でも、反対でも)最も関心を持っている一握りの市民だけになる。そうした市場では、多数者の専制が、他の誰よりも高い価格を支払ってもいいと考えている、最も動機の強い市民、あるいは最も裕福な市民の専制に置き換わることになる。

現代の政治が生み落とす数多くの病理を説明するものとして、この議論は非常に大きな影響を与えている。経済学者で政治科学者であるマンサー・オルソンは、サミュエルソンのアイデアを基礎として、よく組織化された特殊利益団体という小さな集団は、資金提供、ロビー活動などの政治行動を起こして、公共の利益のためではなく自分たちの利益のために行動するように政府を説き伏せることができると論じた。[29] 大衆の大部分は、銀行規制のような複雑な問題を無視する一方で、政府から利益を得ることができる銀行は、問題をコントロールするロビー組織に資金を提供する。集合的意思決定に冷ややかな経済学者が多いのは、それがいとも簡単に操作できるように見えるからだ。

投票が他者に課すコストを支払う

しかし、全員がそう考えているわけではない。ここで再び、われらがヒーロー、ウィリアム・ヴィックリーが登場する。オークションの原理を政治に適用する際の問題は、オークションそのものにあるのではなく、その原理が誤って解釈されていたことにあると、ヴィックリーは気づいた。これまでに見たように、政治的な決定権を1人の最高額入札者に売却すれば、悲惨な結果になる。なぜなら、公共財が私的財のように扱われるからだ。オークションの背景にある考え方は、対象の財を最高額入札者に配分することではないと、ヴィックリーは説く。そうではなく、自分の行動が他人に課すコストに等しい金額を個々人が支払わなければいけないということだ[30]。私的財の標準的なオークションでは、私が落札すると、この「外部性」によって、別の入札者が財を手に入れられないため、落札した最高額入札者は、落札できなかった第2位の入札者の入札額を支払わなければいけない。しかし、エドワード・クラーク、セオドア・グローヴスが1970年代、ヴィックリーが論文を発表してから10年後に別個に気づいたように、この原理は、私的財の経済的市場だけでなく、公共財を創出する集合的決定を組織する方法も示唆している。

集合的決定をするときには、検討されている公共財から影響を受ける人は、投票したいだけ投票する権利を持っていなければいけないが、その投票が他者に課すコストは全員が支払わなければいけない。お店からトウモロコシを買うとき、その価格は、トウモロコシの次善の社会的使用価値を表している。したがって、それを買うためには、トウモロコシをあなたに配分することで社会が放棄するものを社会に補償しなければいけない。あなたが自分の車を運転していて誰かにぶつかったら、相手に与えたケガ、痛み、苦痛に対して補償をすることが法律で義務づけられている。それと同じように、投票では、集合的決定が行われる国民投票（あるいは他の種類の選挙）で負けた人にあなたが与えた損害を補償しなければいけない。あなたが支払う金額は、あなたの投票によって負けた市民が選好していた別の結果になっていたら、その人たちが獲得していたであろう価値に等しくなる。[31]

では、この仕組みはいったいどうやって機能するとされていたのだろう。ある人が自分の投票（場合によっては複数の投票）によって選挙に影響を与えることで他人にどれだけ損害を与えたかを、どうやって計算するのだろう。数年後、グローヴスが経済学者のジョン・レドヤードと行った共同研究や、それに関連するアーヌンド・ヒランドとリチャード・ゼックハウザーの未発表の論文で、一つの手がかりが示された。[32] 公共財に影響を与える個人が支払うべき金額は、その人が持つ影響力の強さの度合いに比例するのではなく、その2乗に比例するべきだとされたのだ。

環境汚染の限界費用

なぜそうなるのかを理解するために、具体的な例で考えていこう。発電所は低コストの電力を供給することで、町のすべての住民に便益を与えるが、汚染も排出する。発電所の便益は、住民が電力に支払う価格に十分に反映されているものの、汚染によって生じる損害は不確実である。

健康被害が起こる可能性もあるし、悪臭も発生する。健康被害は、汚染が発生する前の住民の健康状態に左右されるし、他の人より悪臭を強く感じる人もいるかもしれない。政府は発電所に対して、汚染量を減らす機械を強制的に設置させる規制を出すことができるが、そうするべきかどうかはわからない。政府は規制を厳格にすることもできる。規制が厳格であればあるほど、汚染量は減るが、電気代は上がる。そうだとすると、人々が汚染のことをどれだけ気にしているかが問題になる。この問題に答えを出すために、政府は国民投票を実施して、どの水準までなら汚染を許容できるかを人々に問うこともできる。

ところが、このアイデアは、多数者の専制を生むことになる。ほとんどの人は汚染のことをそれほど気にしていないだろうから、こうした人々が国民投票で勝つが、少数者の中には、汚染を非常に気にする人たちもいるはずである。この集団には、喘息の患者、高齢者など、健康状態に不安がある人や、自然愛好家、アウトドア派など、自然環境を大切に考えている人、クリーニングや香水製造など、悪臭を遮断する設備をつくる必要に迫られる可能性がある企業の所有者などが入るだろう。町の全員の全体的な幸福、あるいは幸福の総計を考えるのであれば、少数者の選好の強さが、多数者の選好の弱さを上回っているかどうかを判断する方法が必要になる。国民投票は多数決の原則によっているので、その役割は果たせない。

では、町は国民投票は行わずに、野心的な実験をすると想像してみよう。どうするかというと、汚染を追加的に1単位増やすたびにコストが何ドル発生するか（言い換えると、汚染が追加的に

1単位増えるのを避けるために、いくらなら支払ってもいいか）、市民一人ひとりに申告してもらうのだ。大半の市民は、ほとんど気づかないようなわずかな汚染は我慢しようとするだろう。しかし、汚染が増えれば増えるほど、汚染が追加的に1単位増える危険度は増していく。市民には申告書が渡され、汚染が増えるのを止める価値がどれだけあるかを、1ppmから2ppmに増えるとき、2ppmから3ppmに増えるとき、3ppmから4ppmに増えるときというように、順番に記入していく。経済学者はこうした数値を「限界費用表」と呼んでいる。この表に基づいて、市は汚染の価値を測定する。それこそが、この汚染を生み出すことによって生産できる電力の市場価格（コスト差し引き後）である。そして、政府はこの汚染の便益表と、すべての市民が負担する総費用を比較して、最適な基準を決める。最適な基準は、汚染の次の1単位がもたらす便益が、すべての市民が負担する総費用によってちょうど相殺される点になる。

図2・1は、こうした関係を汚染量（単位ppm）の関数として示したものである。[33] 右下がりの線は、汚染を生む経済活動の価値を示している。発電所の能力には限りがあり、町はそれほど大量の電力を必要としていないので、価値は逓減する。そのため、発電量が増えれば増えるほど、正味の価値は下がる。いちばん下の右上がりの線は、ある市民（名前をニルスとする）の限界費用を表している。ニルスはクリーニング店のオーナーなので、汚染から被る損害が不釣り合いに大きい。真ん中の右上がりの線は、ニルス以外の人の限界費用の総計である。いちばん上の右上がりの線は、すべての市民に発生する汚染の限界費用の総計であり、他の二つの右上がりの線を

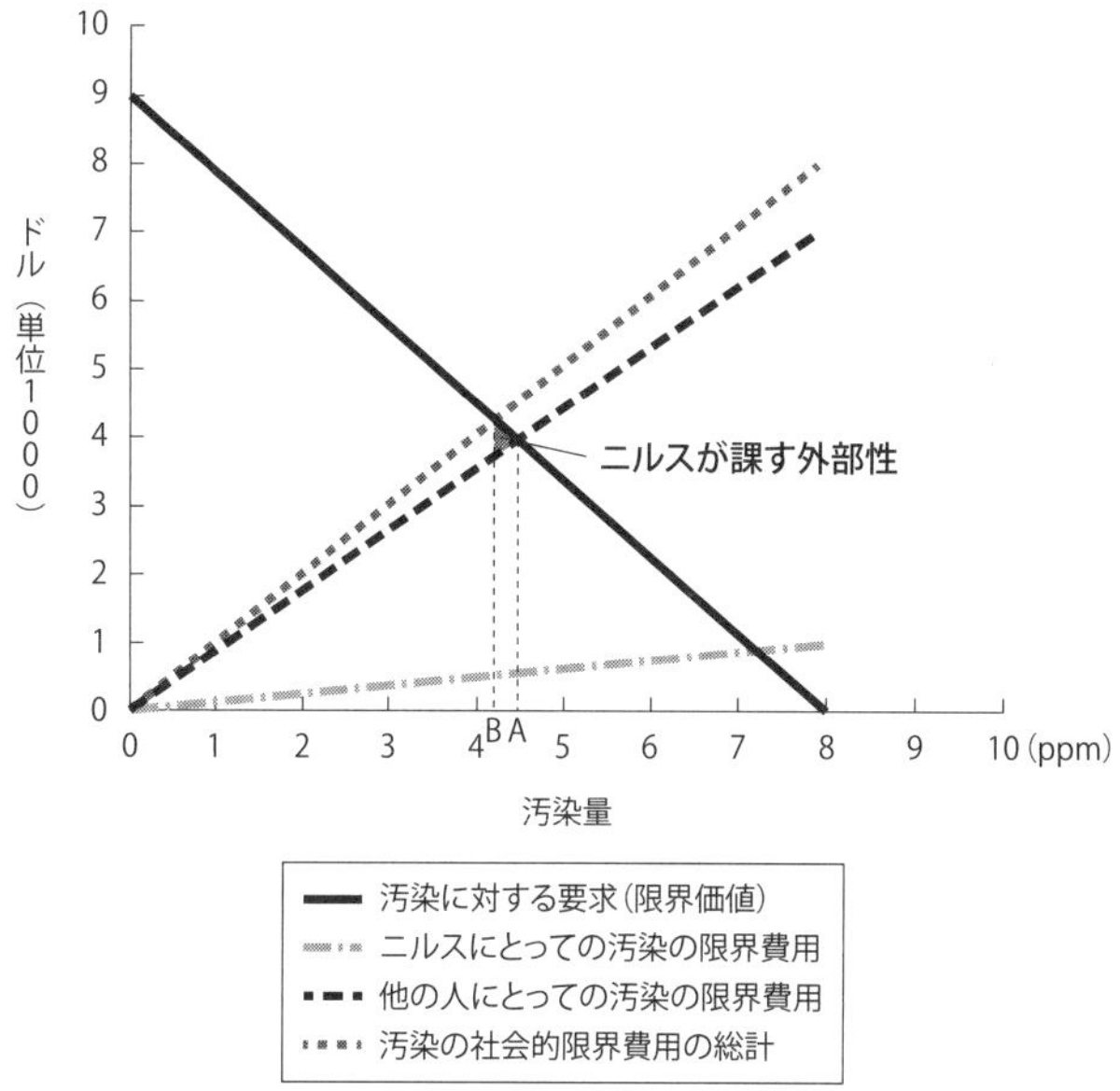

図2.1　汚染の最適水準の決定とニルスが自分の要求の対価として支払うべき額
出所：N. Tideman & F. Plassmann, Public Choice（2017）を改変。https://doi.org/10.1007/s11127-017-0466-4.

垂直方向で合計したものである。

少数者が支払うべき費用の計算

ニルスが町に住んでいなかったら、汚染の最適量は右側の点線で示される点（点A）になる。ニルス以外の人に発生する費用と、汚染の便益が交差するところだ。しかし、一度ニルスが加わると、ニルスが損害を受ける分だけ汚染の費用がわずかに上がり、最適水準は左の点線上の点（点B）まで下がる。

では、大気浄化基準が強化

されてニルスの幸福が考慮されるようにするには、ニルスはいくら支払うべきなのだろう。ヴィックリー、クラーク、グローヴスによれば、ニルスは、自分が求めている汚染の減少が、町に住んでいる他の人たち（電力の最後の追加的な1単位がもたらす正味の便益を受けられない人たち）に課す費用を支払わなければいけない。この追加的にかかる費用は、汚染が点Bではなく点Aで発生していたら、つまり、（他の人たちにとって）その追加的な汚染が電力を1単位増やすために払う価値のある代償となる水準で発生していたら、他の人たちがどれだけの正味の価値を得られていたかを表している。別の言い方をすると、ニルスは汚染が増えすぎると損害を受けるクリーニング店を所有しているので、電力の価格を上げなければいけない。すると、ニルス以外の人が汚染の損害を受ける以上に他の人が便益を受けていたであろう電力の分だけ、電力の使用が減る。ニルスが加わると、この分の電力は使う価値がないものに変わるので、ニルスが加わる前にあったこの電力生産分の正味の便益は消えることになる。したがって、ニルスが汚染を減少させるように要求していなかったら、こうした他の人たちがこの電力から得ていたであろう価値が電力生産の費用を超える分を、ニルスが支払わなければいけない。この量は、図にある影のついた三角形で与えられる。

費用は二次関数的に増加する

三角形なので、全体の面積はBとAの長さの2乗に従って大きくなる。これがいわゆる「二次」

の増加である。そう、第1章で見たのと同じ二次関数だ。この二次の増加をもっとよく理解するために、ニルスはクリーニング店を所有しているだけでなく、重い喘息を患っていて、ニルスの被る損害は（各汚染量において）さきほどよりも2倍高かったと想像してほしい。ニルスがいるときといないときの2本の右上がりの線の差も2倍になる。すると、いうまでもなく、AとBの差が大きくなる（約2倍になったとしよう）。ところが、点Bでの垂直方向の差も2倍になる。三角形の面積は底辺に高さをかけて2で割ったものなので、汚染の損害を2倍申請して、汚染の減少幅が2倍になると、ニルスが負担する費用は4倍になる。これを一般化すると、三角形の高さと底辺の両方が比例的に増えるため、個人が影響力を獲得するために支払う金額は二次のオーダーで増加するということになる。したがって、ニルスが支払わなければいけない金額は、BとAの差に対して二次関数的に変動する。つまり、支払額は、BからAの長さだけに比例するのではなく、2辺の長さがBからAの長さに比例する三角形の面積に比例しなければいけない。

これを次のように見ることもできる。ニルスは汚染の減少量を増やすように求めているので、ニルスの要求は他の人にとっては二つの面で費用を増やすことになる。第一に、ニルスは汚染をもっと減少させるように求めており、他の人は費用を（ニルス以外の全員に）支払ってもいいと考えている電力を消費できなくなるため、他の人に直接損害を与える。そして、第二に、ニルスは便益が逓増する汚染を生み出す経済活動をやめるように求めている。経済活動が少し減少して点Aを下回るときの費用と便益は、ニルス以外の人にとっては完璧にバランスがとれている。だが、汚染が少し減少すると、電力がもっと生産的に使われるようになり始めて、便益が費用を大きく上回るようになる。このように、汚染をもっと減らすように求めることで、ニルスは汚染をより多く軽減させようとしているだけでなく、汚染を軽減する費用を（限界的に）押し上げてもいる。したがって、ニルスが負担する費用は線形的ではなく、二次関数的に増えなければいけない。▶のような三角形を思い描くと、ニルスがもたらす効果がほぼ完璧に表される。汚染が追加的に（水平方向に）減少するたびに、他の人に与える損害は（垂直方向に）「広がる」のである。

ここまで扱ってきたのは、多数者が他の人を犠牲にして自分の利益となる結果を決定するのではなく、すべての人が幸福になる集合的決定を町が行うという、高度に理想化された形である。しかし、人々は本当にそんな複雑な費用表を提出できるのだろうか。そう疑いたくなるのも無理はない。ヴィックリー、クラーク、グローヴスの洞察は、実際の改革にはつながらなかった。経済学者がこうしたアイデアを使って投票システムを設計できるようになるまでには、さらに30年待つことになる。

二次の投票

票数の2乗のボイスクレジットで票を買う

「序文」で述べたように、筆者の1人は、2007年にリオを訪れて、土地集約問題に興味を引かれた。地主たちは、自分の家に絶対に残りたいと考えている少数の所有者に不利益を及ぼすことなく、デベロッパーの提案を受け入れるかどうかをどうやって決めるのだろう。そう考えていたところ、2009年にヴィックリー＝クラーク＝グローヴスのアイデアを実際の投票に適用する解決策を思いついた。[34]

それがどう機能するか見ていくために、この章の冒頭で示した例に戻ってみよう。日本では、銃規制や移民改革など、重要な問題について、ことあるごとに国民投票が行われているとする。市民一人ひとりに「ボイスクレジット」の予算が毎年与えられる。予算はその年の国民投票に使ってもいいし、ケンタロウのように将来使うために貯めておくこともできる。ボイスクレジットを票に転換するには、予算を使って、残高の範囲内で買いたいだけ票を買う。ただし、票を買うには、票数の2乗のボイスクレジットが必要になる。そこで、このシステムを「二次の投票（QV）」と呼ぶことにする。1票を買うには1ボイスクレジットを🗨1と表す。🗨4だと2票（4の平方根）買えて、🗨9だと3票買える、という具合になる。平方根は「ラディカル」（「根」の別の言い方）とも呼ばれる。だから「ラディカル・デモクラシー」なのである。ラディカル・デモクラシーとは、ラディカル・マーケットの一種である。ただし、財が私的なものではなく、公共のものである点が違う。国民投票は、賛成票が反対票を上回る場合に承認される。

では、ケンタロウが投票した銃規制の国民投票を例に考えてみよう。すべての日本人には、この提案に対して賛成または反対の投票をする権利がある。ケンタロウのような農村部の有権者は、銃の個人所有を認める提案を強く支持している。このストーリーだと、ケンタロウは４００を使って20票を買っている。他の農村部の有権者は、81を使って9票買ったり、１２１を使って11票買ったりする。ほとんどの日本人は都市部に住んでおり、銃の所有に反対している。ところが、都市部の有権者の大半には、銃規制よりも優先順位が高い問題が他にある。日本は犯罪率が低いし、改革案は都市部を対象外としているからだ。それで、反対票を投じるために、1を使って1票買うか、4を使って2票買う。そして政府は票を集計する。銃の所有に賛成する票数が反対する票数を上回ると、改革が承認される。このストーリーでは、ケンタロウをはじめとする農村部の投票者の支持の強さの度合いが十分に高く、都市部の住人の弱い反対を上回る。

ただ乗り問題と多数者の専制問題

このシステムなら、選好の強さを投票に反映させられるようになる。現行のシステムには重大な欠陥があって、実質的には「イエス」か「ノー」か「どちらでもない」かの三つの選好しか示せないが、その問題が解消される。すると、二つの重要なことが可能になる。一つは、熱心な少数者が、無関心な多数者に投票で勝てることだ。これによって多数者の専制問題が解消する。そしてもう一つは、投票の結果は、ある小集団の幸福を別の小集団を犠牲にして最大化するのではなく、集団全体の幸福を最大化するものとなることである。

だが、ここで振り返ってほしいことがある。サミュエルソンのルールに照らすと、それを達成するには、どの市民も、その問題をどれだけ気にしているか、関心の強さの度合いに比例して投票しなければいけない。QVはいったいどのようにして、ただ乗り問題を回避しながら、それを実現するのだろう。

標準的な公共財の価格モデルが生む問題を思い出してほしい。あなたが行使する影響力は、あなたが支払う金額と一対一の関係にある。ある問題を最も強く気にしている人は、票をすべて買いたいと思うが、少ししか気にしていない人は1票も買いたいとは思わない。問題は、関心が高い人にとっては票の価格が安すぎるが、関心が低い人にとっては高すぎることだ。これを解決するには、すでにたくさん票を買っている人が次の1票を買うときの価格を、最初の1票を買う人よりも高くするといい。そうすれば、関心がほとんどない人でも少なくとも何票かは買おうと思うようになるだろうし、関心が強い人が票を買い占めないようにもできる。それこそがQVのすることであり、表2・1に投票の総費用と限界費用（次の1票の費用）を示している。

ここで何よりも重要になるポイントは、各票数の総費用ではなく、次の1票を投じる限界費用が投票数に比例して増えることである。表2・1は、投票の限界費用を投票数の関数として示している。それを見るとわかるように、投票の限界費用（厳密にいうと、これに1を足した値）は投票数と常に比例している。[35] 4票投じるときの限界費用（Q7）は、2票投じるとき（Q3）の2倍になり、8票投じるとき（Q15）は4票投じるとき（Q7）の2倍になる。この二次のルー

票数	総費用	限界費用
1	1	1
2	4	3
3	9	5
4	16	7
5	25	9
6	36	11
7	49	13
8	64	15
16	256	31
32	1,024	63

表2.1　票数とQVの費用

ルは、合理的な個人がある問題に対して持っている知識と関心の度合いに比例して票を買うようにできる唯一のルールである。その理由はこれから説明するとおりだ。

　他の条件がすべて同じだとすると、投票によって結果を自分に有利なように変えられることに対するケンタロウの評価が、メイコ（銃を持つ権利に反対）の評価の2倍高いのであれば、ケンタロウはメイコの2倍の費用を限界的に支払う。たとえば、ケンタロウが16票を買い、メイコが8票を買うとする。ケンタロウとメイコが買う票の数は、自分が結果を左右する投票者になる可能性がどれだけ高いかなど、投票する動機付けをケンタロウとメイコに与える理由によって変わる。だとすると、ケンタロウが16票を256で買うとしても（16^2）、ケンタロウがこのプロジェクトに置いている価値が31

の価値と同じだというわけではない。しかし、ケンタロウとメイコが投票しようとする動機付けが、問題に対する関心の強さに比例していると仮定すると、ケンタロウはかならずメイコの2倍投票することになる。

QVであれば、ただ乗り問題と多数者の専制問題のバランスが完璧にとれる。投票のコストの増え方がもっと急で、たとえば投票数の4乗だったなら、強い選好を持つ人の投票が少なくなりすぎて、多数者の部分専制状態に戻ってしまう。投票のコストの増え方がもっと緩やかだったら、強い選好を持つ人の発言力が大きくなりすぎて、部分ただ乗り問題がはびこることになる。

このように、QVを導入すると、共同体は個人（あるいは集団）が問題の計画をどれくらい高く評価しているかはわからないものの、どちらの集団（支持派か反対派）がその計画のためにより多くのボイスクレジットを使ってもいいと考えているかを判断できるようになる。ここでとても重要なポイントになるのは、QVは、票数と関心の強さの両方を重要視するものであることだ。選好が弱い人の大きな集団は、選好が強い人のとても小さな集団に投票で勝つかもしれないが、選好が強い人の集団のほうが少し大きい場合は勝てないこともある。

QVがうまく働かないケース

QVは、最大多数の最大幸福（以下、「最適性」と呼ぶ）を完璧に達成するものではなく、近似的にしかそうしない。この近似の質は、個々人が投票する動機付けと結果を変えることに置く価値が比例する度合いがどれだけ近いかに左右される。完全に合理的かつ利己的な人で、投票の結果のことしか頭にないような場合は、その人が投票する動機になるのは、自分の投票によって結果が変わる可能性があるときだけだ。そのような市民ばかりだとしたときに、ＱＶが最適性を達成するための条件は、市場が完全競争的になる条件と密接な関係がある。[36]

しかし、市民が完全に合理的かつ利己的でないときには、ＱＶはさらに大きな問題にぶつかることになりかねない。自分がいちばん望んでいる結果に影響を与えたいという狭い欲求以外の理由で投票するなら、そうした他の動機が、個人がその問題から影響を受ける度合いとほとんど相関していない範囲においてしか、ＱＶはうまく働かない。たとえば、銃規制案の支持者が、本当はその問題を気にしていないにもかかわらず、社会的動機によって多数の賛成票を投じているとする。このとき、同じような社会的動機によって銃規制案反対派の票も増えなければ、本当は否決されるべきであるのに、銃規制案が通る可能性がある。[37]また、１人１票制とまったく同じように、共謀や、買収による票集め、詐欺からも似たような問題が生じるおそれがある。[38]１人１票制もそうだが、問題が起こらないようにするには、詐欺や濫用に対して厳格に法律を執行すること、圧力や買収、共謀を禁じる社会的規範を守ること、自分の知識に見合って市民としての義務を果たすという意識を育んでいくことが必要になる。

強い関心を持つ少数者が多数者の支配から守られる

QVが提起する問題には、もっと根本的なものがある。どのような価値観や「幸福」を最大化するのか、あるいは最大化すべきなのかだ。すると、本質的な問いを突きつけられる。「最大多数の最大幸福」をどうすれば測定できるのか。どうすればある人の幸福を別の人の幸福と比較できるのか。そうするのは実際的ではないと、大勢の経済学者が指摘している。私たちにできることがあるとしたら、他の人の幸福を損なわずに、ある人の幸福を高められるようにすること（こうした状況は「パレート効率性」と呼ばれる）、そして、全体として共有する幸福の総量が公正に分配されるようにすることだけだという。

市場とまったく同じように、QVはパレート効率性を（近似的に）保証する。公正さと聞いておのずと頭に浮かぶのは、公共財に対する影響力を等しく分け合うことである。影響力や発言力がその発言力の単位で平等に与えられるということだ[39]。すべての人の所得が等しい市場が、私的財を公正に分配する自然モデルであるなら、すべての人の発言力が等しいQVは、集合的決定で公正に選択する自然モデルであるだろう[40]。

QVが導入されると、選好のより強い人が選好の強さに比例して結果に影響を与えられるようになるので、選好の強さが人によってさまざまであるという問題に対処できる。多数者に投票で負ける可能性は残るが、選好の弱い多数者に負けることはなくなる（ただし、多数者の集団が極端に大きい場合は除く）。全員の選好の強さが同じであるときは、多数者は少数者に投票で勝つし、そうであるべきだ。しかし、少数者が十分に強い関心を持っているときは自分たちの利益を多数者の支配から守ることができる。さらに、この章の冒頭で取り上げた民主主義のパラドックスに対処する満足のいく解決策となる。この点については後で再び取り上げる。

QVの実践例

政治のシステムはなかなか変わらない。うまくいく確証がないのにQVを導入したいと思う人がいるわけがない。この問題を克服するために、われわれはQディサイドという会社をつくり（読み方は「キュー・ディサイド」、前身はコレクティブ・ディシジョン・エンジンズ）、QVを商用化して、日常的な目的に使えるようにした。ベンチャー企業を立ち上げたことで、QVをテストして、理解を深め、改良する機会が得られている。こうした調査が土台となって、政治の世界にQVが取り入れられるようになることを願っている。以下にQVの導入例をいくつか紹介しよう。

世論調査とマーケットリサーチ

政治世論調査は、選挙の結果を予測する手段として始まった。勝ち負けを予想する「競馬」型の世論調査はいまも業界の屋台骨になっている。しかし、政治のリーダーたちが政策の優先順位

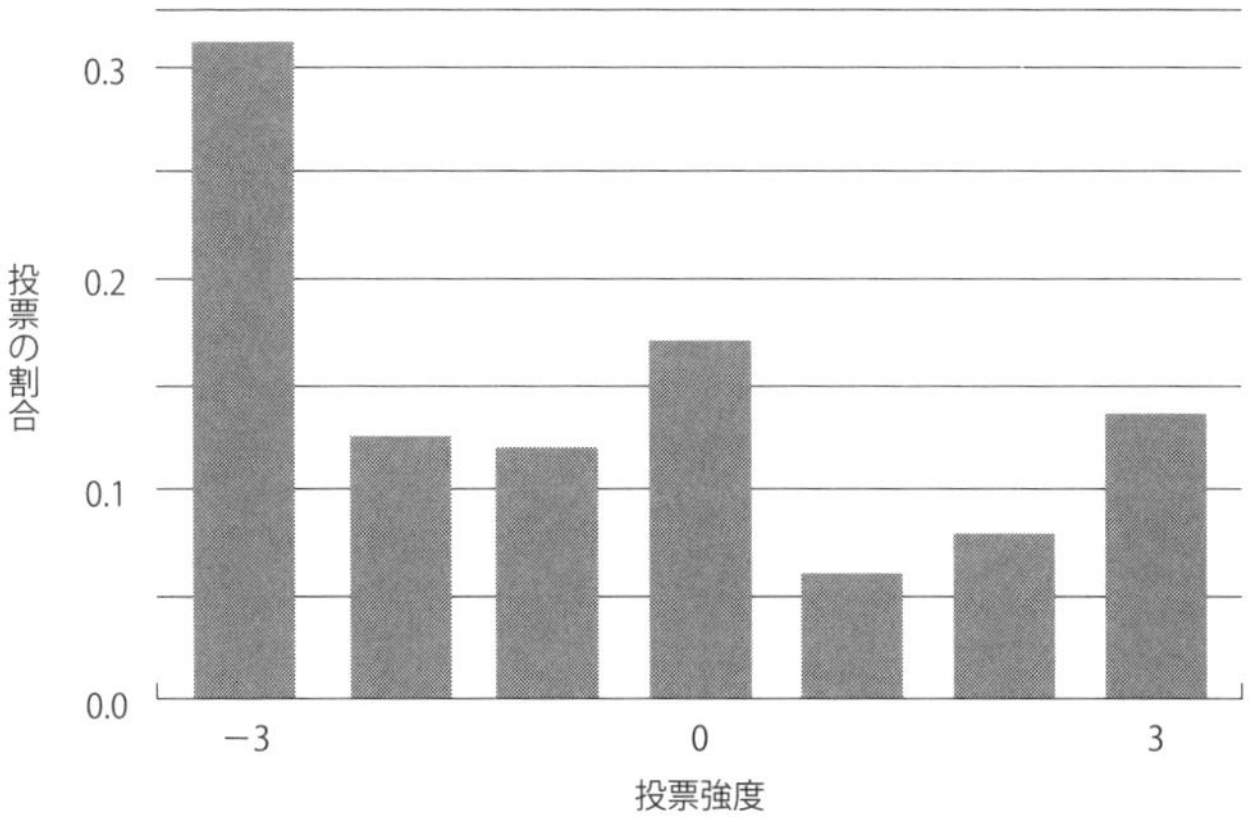

図2.2　アメリカにおける連邦レベルでの中絶禁止措置に関する調査で、「まったく同意できない」から「強く同意する」までの態度表明の頻度
出所：David Quarfoot, Douglas von Kohorn, Kevin Slavin, Rory Sutherland, David Goldstein, & Ellen Konar, Quadratic Voting in the Wild: Real People, Real Votes, 172 *Public Choice* 283 (2017), p. 6を改変。

を決めるときには、大衆の考えやその強さの度合いを測ろうとする各種の意識調査がそれ以上に役に立つ。最も広く使われている手法は、心理学者のレンシス・リッカートが1932年に提唱した「態度測定法」だ。[41]リッカート調査では、さまざまな項目について、「まったくそう思わない」から「強くそう思う」までのスケールか、それに似た尺度で参加者に評価してもらう。参加者はこのスケールの中からどれか一つを選ぶことができる。

当然ながら、実際のリッカート調査では、参加者の回答の大半は両極端に集まる。図2・2に例を示している。「非常に強く反対」はマイナス3点、「非常に強く賛成」は3点とし、より穏やかな意見がその間に並んでいる。回答の分布は、特徴的な「W」型になる。参加者の大部分は両極端に集まり、一部は関心がなく、中間はほとんどいない。W型は選好の真の分布を示すものではないという点では、ほとんどの研究者の意見が一致している。実際には、ベル型の正規曲線になる可能性がいちばん高い。中絶する権利を例にとると、大半の人は真ん中に集まり、絶対に賛成あるいは反対という人は少ない。しかし、リッカート調査は回答者に選好の強さを正直に示すように強制するものではないため、回答者は大げさに言う傾向がある。自分の意見を「声高に主張」し、「少しだけ」ではなく「非常に強く」賛成あるいは反対と答えるのである。アマゾンのレビューでも同じパターンが見受けられる。ほとんどすべての人がある商品を大好き（星五つ）か大嫌い（星一つ）と評価するが、ほとんどの人はその中間だろう。そして、参加者が正確に回答しようとするときでさえ、リッカート調査から明らかになることはまったくといっていいほどない。中絶権に「非常に強く」反対している人は、中絶権を支持するどの候補者にも反対票を投じるつもりなのか。それとも、中絶権はその人が考慮する数多くの要因の一つにすぎないのか。

weDesignソフトウェア

QVはこの問題を解決する手段となる。QVをベースとする世論調査は、回答者に自由に立場を表明させるのではなく、参加者一人ひとりにボイスクレジットの予算を与えて、投票できるさまざまな問題の中からクレジットを使いたいと思う問題に使えるようになる。われわれは、デジ

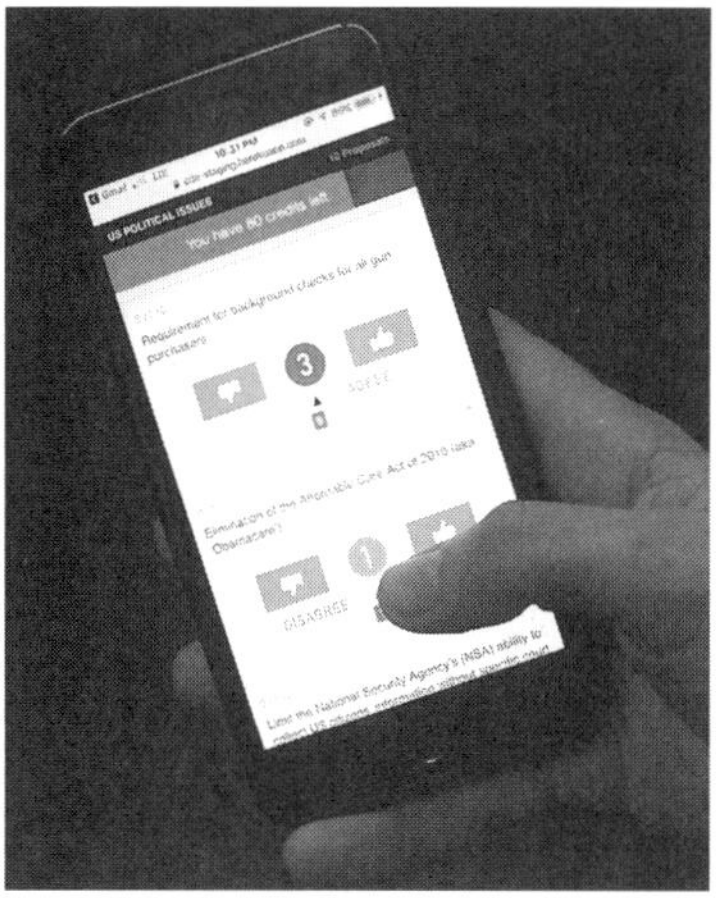

図2.3　iPhoneでQディサイドのweDesignソフトウェアを使って意見を表明しているユーザー。写真: CDE.

タル的に意見を求めるQVとそれに関連する手法の使用について、特許をとっている。図2・3に示しているのは、ソフトウェアのインターフェース「weDesign」だ。Qディサイドの同僚であるケヴィン・スラヴィンらが開発して実装したものである。

参加者は最初にクレジットをプールする。そのクレジットを使って、個々の問題に対する賛成票あるいは反対票を好きな数だけ「買う」ことができる。投票に必要なクレジットの費用は、もちろん二次関数的に増加する。この関係を数学的に記述すると、抽象的で複雑に聞こえるが、実際に使ってみると、ほとんどのユーザーにとってシンプルで直感的に操作できる。意見を表明するにしたがって自分のクレジットが減っていくペースが次第に速くなっていくのが目で見てわかるのだ。数学恐怖症の人でも、問題なく使える。

回答者には、一定の予算を使って、中絶権、医療保険制度、最低賃金など、さまざまな問題で票を買ってもらう。強い関心を持っている問題が一つしかなければ（これはあまりないケースだが）、予算をすべて使って票を買い、一つの問題に対する立場を表明する。数多くの問題に関心があるなら、票をどのように割り振るか決めなければいけない。たとえば中絶権にはとても関心があるが、中絶権にたくさん賛成票を投じるためにクレジットを使い果たして、オバマケアや最低賃金の問題に投じる票を一つも買えなくなってしまうのは困る。

たいていの場合、回答者（特に数学の正式な訓練をあまり受けていない人）はたちまち制約にぶつかる。クレジットを使い切ってしまって、軌道修正しなければいけなくなるのだ。経済学者のセンディル・ムッライナタンと心理学者のエルダー・シャフィールは２０１３年の著作で、この種の「欠乏」に陥ると、回答者の集中力は一気に高まるので、調査に注意深く回答することを示している。[42] 実際に、ユーザーは真剣に取り組んでいるようだ。通常、ＱＶ調査にかける時間は、標準的なリッカート調査にかける時間よりも３割強長い。ただし、ＱＶ調査も、標準的なリッカート調査も、最後まで記入する人の割合は同じくらい低い。ＱＶ調査の回答者は、積極的に参加する傾向もある。自分の選好を反映させようと回答を修正する頻度がずっと高いし、ＱＶ調査を受けると、イライラすることすらある難しいトレードオフを迫られるので、自分の選好をより正確にとらえられるようになり、フィードバックを提供することも多い。

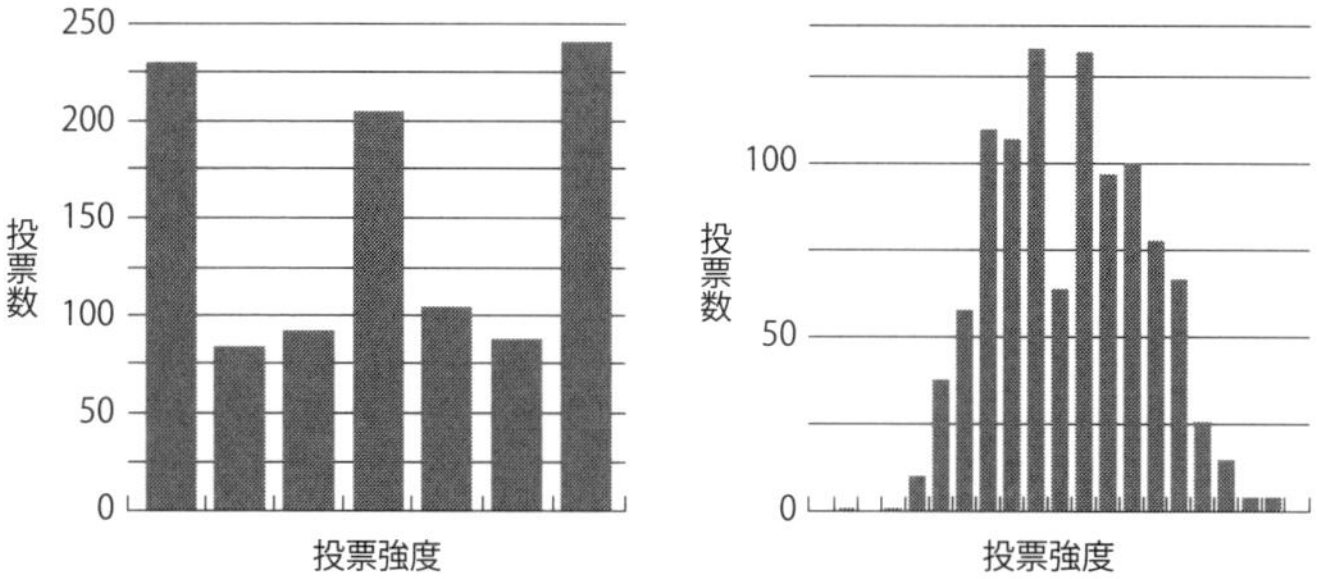

図2.4　標準的なリッカート調査（左）とQV調査（右）におけるオバマケアに関する参加者の意見。2つのグラフの「投票強度」は、オバマケアに対する賛成の度合い（左側）や反対の度合い（右側）を表す。
出所: David Quarfoot, Douglas von Kohorn, Kevin Slavin, Rory Sutherland, David Goldstein, & Ellen Konar, Quadratic Voting in the Wild: Real People, Real Votes, 172 *Public Choice* 283 (2017), p. 6を改変。

QV調査は選好の強さを明らかにする

QVを使えばリッカート調査の問題を解決できるかどうかをテストするため、2016年に、ディサイドのチーフ・データサイエンティストで、現在は数学教育教授を務めるデヴィッド・クァーフットが、数名の共同研究者とともに、全国レベルの代表性を持つ調査を行った。調査には何千人も参加し、グループごとにリッカート、QV、あるいはその両方を割り当てて、同じ質問に答えてもらった[43]。図2・4は、オバマケアを廃止すべきかどうかという問いに対する回答をグラフにしたものである。リッカート調査の結果を左に（特徴的なW型になっている）、QVの結果を右に示している。

ここで注目すべき点が二つある。一つは、QVの結果はほぼベル型の分布になっていることだ。個人の選好の分布はたいていこの形にな

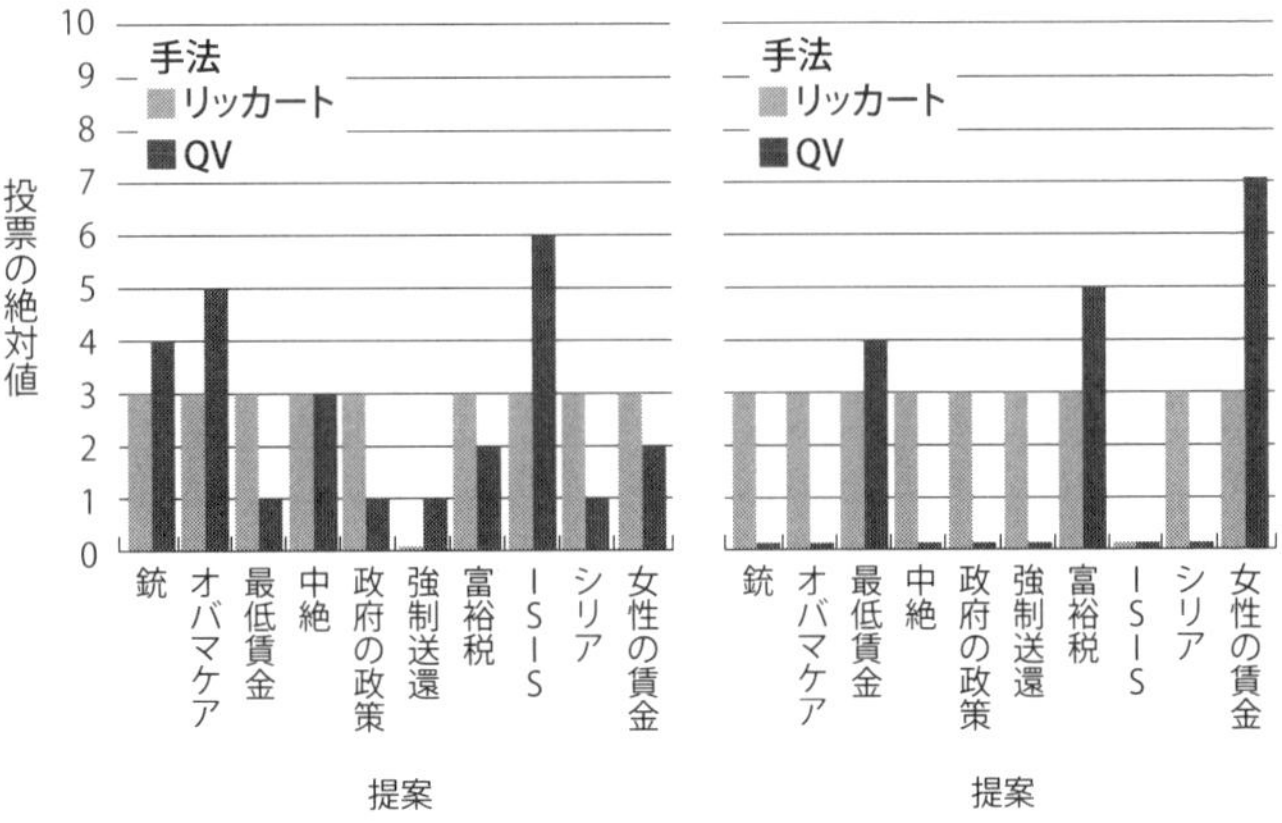

図2.5　リッカート調査でほとんどすべての問題について両極端の回答に投票した2人の参加者のQVでの選好の差
出所: CDE.

る。したがって、リッカート調査が描く作為的なW型の分布よりも国民の選好をはるかに代表しているということができる。[44] もう一つは、リッカート調査では、両極端の回答をすべて、あるいはほぼすべて一つのグループに分類するので、選好の強さの幅がわからなくなってしまうが、QVなら、その段階的な濃淡が明らかになることである。一例として、2016年のアメリカ大統領選挙では、オバマケアの廃止を公約に掲げたことが共和党の勝利を後押ししたが、QVであれば、オバマケアの廃止を選好する強さの度合いが、維持を選好する強さの度合いよりも高いことが明らかになる。

この二つ目のポイントがよく表れているのが、図2・5である。この図は、リッカート調査でほとんどすべての質問項目について最も極端な選好を表明した2人の参加者の投票パターンを示している。質問されたのは公共政策に関する10項目である。リッカート調査だと起こりがちだが、非常に強く気にしていると答えたくなる誘惑に負けて、2人ともほとんどすべての項目について（賛成あるいは反対の）両極の選択肢を選んだ。QVでは、こうしたことは起こりえない。QV調査だと、左の参加者は、幅広い項目にかなり強い関心を持っていたのは確かだが、程度には差があった。ところが、右の投票者が関心を持っていたのは三つの項目だけで、こちらも程度には差があった。このような個人の選好に関する豊富な情報は、リッカート調査ではすべて隠れてしまうが、QVなら明らかになる。クァーフットらは、こうした追加的な詳細から、高い費用がかかる可能性がある行動を起こそうと考えているかどうかが予測できることを示している。彼らの発見は的外れではなく、意味があったということだ。クァーフットらはさまざまな項目について電子メールを送ってほしいかどうか参加者に質問したところ、メール配信を申し込むかどうかは、QVの結果では明らかになったが、リッカート調査の結果ではわからない選好の強さの度合いで予測できることを発見した。QVに関する他の研究でも、QVの投票と国民投票での投票参加意図の間に強い相関があることが示されている。[45]

指導者や政治運動の関係者、政治科学者らは、QVを使って世論を引き出せば、自分たちの仕事にとってきわめて重要な問いにもっと正確な答えを出せるようになるかどうか、調査し始めている。その問いとは、どのようなプラットフォームをつくれば、さまざまな市民が強く持っている意見を尊重しながら、歩み寄りを引き出せるか、というものだ。この先何年かで、QVの実験が進み、QVの実用性が実証されるようになるだろう。

評価システムと社会集団システム

評価システムと社会集団システムは、今日のデジタル経済の燃料だ。評価システムはきわめて重要な信頼のメカニズムである。これがあるから、エアビーアンドビー、VRBO、ウーバー、リフトといった「シェア経済」サービスが消費者に受け入れられるし、サービスの提供者は信用を得る。[46] 評価システムは、アマゾン、グーグル、アップルのapp store、イェルプが提供し、広く使われている検索サービスの核となる役割を果たしている。だが、こうしたシステムが大きく崩れていることを示唆する証拠が増えている。先に述べたように、ほとんどすべてのレビューが星五つに集中し、星一つはほとんどないので、そこから生まれるフィードバックにはバイアスがかかり、統計学者のいう「ノイジー」なもの、つまり、あまり正確ではないものになってしまう。[47] フェイスブック、レディット、ツイッター、インスタグラムといった他のオンライン・プラットフォームは、「いいね」など、限られた形でしか反応できないため、参加者は特定のコンテンツについて熱狂や嫌悪感を示すことができず、限られた情報しか集まらない。

QVの場合は、利用者はボイスクレジットを受け取って、(たとえば、宿泊するたび、車に乗るたび、あるいは投稿するたびに一定数を使って) サービスのシステムに参加することになる。

その後、そのシステムにいる他の人を評価するのにも、クレジットを使うことができる。賛成票・反対票を投じるコストは二次関数的に増えていく。参加者は自分のクレジットを将来のやりとりのために貯めておいてもいいし、いま使いたいという気持ちのほうが強いことに貯めたクレジットを使ってもいい。これはチップシステムと評価システムのいいとこどりであり、熱狂を表明するのにコストがかかることにはなるが、ただ乗りが減るだけでなく、他の参加者がフィードバックを役立てられるようになる。

このシステムの一種が、存在感を増している暗号通貨のイーサリアムをベースに構築された「アカシャ」と呼ばれるソーシャルネットワークによって実行されている。[48] QVは暗号通貨の枠組みと相性がいい。暗号通貨の枠組みには、運営を支える分散管理を可能にするために、公式のガバナンスルールが必要になる。そのため、そうした文脈で社会集団のために使うのにも向いている。しかし、本書を執筆している時点では、正確な状況はわからないし、一般大衆は利用できない。暗号通貨の世界の大部分は謎に包まれている。それでも、この文脈でQVが広く使われるようになれば、規範と価値観がQVの使用に適応する社会環境下でQVがどう機能するかをテストするには、政治世論調査よりも強力な手段になるだろう。

QVの応用範囲を広げる

QVの商業利用はここで終わらない。集合的決定は、私たちの社会や経済に浸透している。企業は株主の集団によって統治されているし、従業員の集団の要求に応えなければならない[49]。住宅用・商業用不動産の多くは管理組合に管理されていて、管理組合では、共同所有者が共同の利害を持つことがらを投票で決める。ブックグループ（読書会）、大規模なマルチプレイヤー・オンライン・ビデオゲームの戦士ギルド、組合、クラブ、レストランを選ぼうとしている友だち、新しい社員を雇おうとしているスタートアップ、研究資金を配分する資金調達者、新商品の開発資金を集めているクラウドファンダー、選挙運動に資金を提供する市民、ミーティングのスケジュールを決めている同僚たち。誰もが頻繁に集合的決定をしなければならず、その決定は全員の行動を拘束する。

ほとんどの人がこのような形で生活を共有している。しかし、集合的決定をする優れたメカニズムがないため、こうした生活の側面は非常にフラストレーションがたまるものであり、多くの人ができることなら避けようとする。今年か来年に建物の屋根を修理するべきかどうかを管理組合の他のメンバーと話し合うのは苦痛であり、そんな思いをしなくてもすむようにするには、簡単ではないが、自分の家を持つしかない。もっとよいメカニズムを発明できて、生活のさまざまな領域で集団で決定をしやすくする既定の方法として使うことができれば、生活の中で共有する部分が広がって、私的な部分が狭くなる。QVは、生活の数多くの領域で集合的な選択に投票できるプラットフォームがベースになっており、その方向へと進む一歩になる。

しかし、本当のゴールは、QVを政治の意思決定に拡張することだ。そんなシステムは、どのようなものになるのだろう。

民主主義を民主的手段で実現する

複数候補・単一当選者選挙制

前に述べたように、多くの1人1票システムでは、2人の候補者のうちまだましなほうを選ばなければいけなくなることがあり、他の有力な候補が勝ったら大変なことになるという不安が循環して、全員が嫌っている候補が勝つ可能性が生まれる。[50]最近の例が、2016年のアメリカ大統領選挙だ。二大政党の最終的な立候補者が2人とも幅広い層から嫌われていたが、両党の他の候補者は大衆から広く支持を得ていた。QVが複数候補選挙に正しく適用されれば、その可能性がなくなる。[51]どの候補者にも賛成票・反対票を好きなだけ投じることができるからだ。ボイスクレジットの総費用は、個々の候補者への投票数の2乗の総計になる。つまり、選挙レベルではなく、候補者レベルで、費用が二次関数的に増加する。

QVはなぜ、戦略投票が生み出す落とし穴にはまらないのだろう。自分の票を「死に票」にしないためには、2人の主要な候補者のうちの1人に投票するしかないという投票者の意識が、戦略投票の背景に働いていることを思い出してほしい。そこで、候補者を支持するためにも支持しないためにも票を投じることができて、複数の候補者に好きなだけ支持票（あるいは不支持票）

を投じられるシステムを提案する。票の価格は二次関数的に変動するので、自分のクレジットを支持する候補者への投票と対立する候補者への不支持票に分けるほうが、支持する候補者だけにクレジットを使うよりもコストが安くすむ。すると、最悪のB候補が当選しないようにするためだけに最低のA候補を支持しようとしている投票者は、B候補に対する不支持をさらに強く表明したいと考えるようにもなる。こうした戦略投票は打ち消し合い、広く嫌われている2人の候補者が沈んでいくので、2人ほど嫌われていない候補者が浮上する。実際のところ、候補者が差し引きでプラスの票を獲得するには、他の大半の候補者よりも高く評価されていなければいけない。[52]

2016年のアメリカの例では、選挙活動中に候補者への選好の強さについてリッカート調査が行われており、それをもとに、QVが導入されていたらどうなっていたかを推測することができる。QV方式だと、リッカート調査で有力とされていた候補者の中では、穏健派とされていた共和党の候補が勝っていた可能性がいちばん高い。[53]最終的に勝利したドナルド・トランプは全候補者の中で最下位になっていた。

だが、特定の結果でなく、このロジック全体を考えるなら、QVを適用できるのは、二肢選択形式の国民投票や、継続して行われる公共財の決定だけではなくなる。ほとんどすべての集合的決定問題で、社会にとって最適な結果を達成するQVの形態が存在する。そのため、QVは完全に民主的なシステムを支える一貫した基礎となる。

代表制民主主義

代表システムの設計は本書の範囲外だが、ここで少し考察をしてみたい。QVを使ったシステムの下で代表者を選ぶ投票には、さまざまな形がありえる。考えられるアプローチはたくさんあるが、その一つとして、アメリカの政治システムに限りなく近いが、選挙がQVを使って行われるシステムを考えてみよう。このQVシステムは、職務レベルで運用される。下院議員であれば選挙区レベル、上院議員であれば州レベル、大統領であれば国レベルである。選挙があるごとに、有権者は自分の予算の範囲内で、すべてのレベルのすべての候補者に対して、支持票を投じるか、不支持票を投じるか、あるいは投票しないことを選べる。そのため、自分がいちばん気にしている政府レベルに票を集中させることができる。地域に根差している人なら地方レベルに、若くてよく引っ越す人なら国レベルに比重が置かれるだろう。QVの背後にある理論は、国民投票と同じように、代表選挙にも当てはまる。QVシステムでは、投票者の幸福の総和を最大化する働きをすると期待される人が代表として選ばれる。それを踏まえて、候補者は有権者の厚生を最大化する立場を選ぶ。多数決原則の下で無党派層の選好に合わせた立場を選ぶようなものだ。

そうであるなら、QVは代表機関そのものに適用できることになる。議員は選出時に一定数のボイスクレジットを受け取り、それを自分の選挙区民にとって非常に重要な問題に割り振る。国民投票型の投票には選好集約問題が存在するが、代表機関もこれと同じ問題に直面する。個々の代表はそれぞれに利害が異なる選挙区民の集団のために働いている。一つの法案がこうした集団に与える影響はそれぞれ違う。大きな影響を受ける集団もあれば、ほとんど受けない集団もある。そうだとすると、再選をめざす代表は、法案を通過させる利害も違ってくる。

いまのシステムだと、政党のリーダーたちは議員を買収し、懐柔し、脅しをかけなければいけない。２００８年金融安定化法は、金融危機に対処するために必要なものだったのだが、最初に下院で否決された。それを受けてさまざまな優遇措置が盛り込まれ、ようやく可決にこぎつけた。レストラン店舗改良投資の減価償却期間を短縮する、太陽光発電設備の税額控除を延長する、映画やテレビ番組の制作会社、プエルトリコとヴァージン諸島のラム酒製造所、競馬場、ウール製品とおもちゃの木の矢の製造業者など、数多くの事業主体に税控除や補助金を認める、といった具合である。だが、こうしたブラックな「サクセスストーリー」の裏には、不正な取引がかならずあり、アメリカに損害を与え、膠着状態が何年も続いている。ＱＶであれば、ある法案に対して、自分の選挙区民がほとんど関心がないという議員は将来投票するためにクレジットを貯めておくだろうが、その法案に選挙区民が強い関心を持っている議員は、賛成あるいは反対の意思を断固として示すだろう。

ＱＶは集合的決定を導くより優れた基盤となるが、１人１票制と同じように、集合的意思決定の基本的なパラダイムであり、単なる投票のシステムという以上に深い意味を持つ。この先、さまざまな制度がＱＶを軸につくられ、多様な形でＱＶが組み込まれていくようになるだろう。それがどのようなものになるか、いまは想像もつかないが、ＱＶには大きな可能性があることはわかってもらえると思う。

QVの通貨としての性質と取引の範囲

QVを調査に使っても、選好の強さを完全に表明することはできない。すべての項目について他の人よりも高い関心を持っている人がいても、それを明らかにする方法がないからだ。政治にそれほど関心がない人もいれば、強い関心がある人もいる。後者の集団は、前者の集団よりも強い影響力を持つために、関心がある他のこと、たとえばお金のことをあきらめてもいいと考えるかもしれない。しかし、QV調査ではそれができない。

この点を、経済的な私的財に当てはめて考えてみよう。取引がたとえば果物の間でだけ可能であるとしたら、全員が好きな果物を手に入れるが、果物をつくっている人は、それを売って他の生活必需品を手に入れるすべがない。分業ができるかどうか、取引の利益を確保できるかどうかは、取引の範囲が拡大されるかどうかに左右される。QVも同じである。ボイスクレジットの採用が広がれば広がるほど、自分の影響力をどうやって、どこで使うかを選択する自由が広がるので、QVがもたらす恩恵は大きくなる。

もちろん、そのような自由にはリスクが伴う。考えなしに財やサービスに大金をつぎ込んで貯金を使い果たしてしまう人がいるのとまったく同じように、クレジットを貯められて、貯めたクレジット（事と次第によっては借りたクレジット）を使えるようにすると、ボイスクレジットを無駄遣いしてしまう人も出てくるかもしれない。しかし全体としては、適切に規制されていれば、ボイスクレジットの使用が広がれば広がるほどよいと、われわれは考えている。

合理的な譲歩へと導くラディカル・マーケット

QVがもたらす経済的利益

QVはどれだけの価値を生み出すのだろう。一般に、政治制度が格差と成長に与える効果を推定するのは、経済制度の効果を推定するよりもずっと難しい。われわれが知る限りでは、それを本格的に試みた研究が一つだけあり、民主主義が成長に与える効果を推定している。それによると、民主主義が国に導入されると、平均して国民所得が20％増えるという。[54] QVが1人1票制度に置き換わるとそれと同じ効果が生まれると期待する理由はないが、これがベンチマークとして妥当だと思われる。すでに明らかにしたように、現行の民主主義はいかにも不完全だ。民主主義はそれが取って代わった平均的なシステムと比べて経済の生産性を高めたが、それと同じように、QVを導入すれば、少なくとも経済については、既存の民主主義より生産性が高まっても不思議ではない。

しかし、QVの経済的利益はそれにとどまらない。公共財の市場は、何世紀もの間進歩してきたにもかかわらず、どうしようもなく不完全だ。QVに関するわれわれの考え方が正しければ、

ＱＶを導入することで公共財の市場が私的財の市場に肩を並べるようになるはずであり、すべての市民にとって、その恩恵は計り知れない。

ＱＶは社会をどのように変えうるか

だが、共同所有自己申告税（ＣＯＳＴ）がそうであるように、ＱＶは私たちの社会を大きく変える強い力を秘めているものの、その効果を計量化するのがきわめて難しいものもある。社会制度と文化的な想像力に与える効果がそうだ。予想外の選挙結果、議会投票の膠着、「司法積極主義」への抗議は、機能不全に陥っている政治を象徴するものとして真っ先に思い浮かぶが、それはいちばん重要なところではないだろう。現在の政治システムにとってそれ以上に重大なのは、二極化であり、キャッチフレーズや陳腐な決まり文句（下手をすればヘイトスピーチ）だらけの政治演説であり、大衆に広がる無力感であり、大衆の認識とずれている厳格な政治的境界であり、政治のエリートに対する怒りであり、国民の信頼の崩壊である。[55]

そうした問題にＱＶが与える影響は間接的なものになり、予測が難しい。それでも、希望を持てる理由はある。ＱＶは、１人１票制よりも豊かに深く自分の考えを表明する力を市民に授けるものだ。市民や政治家は、知識に乏しい無党派層を取り込もうとしたり、不満を抱いている同胞をたきつけようとしたりするのではなく、さまざまな考え方を持つ人たちとかかわろうとするようになる。そうすれば、市民は自分が強い熱意と十分な知識を持っているトピックだけに投票できるようになり、あまりよくわかっていなくて、ステレオタイプや政党帰属意識に従いがちな問題に無理に投票させられることがなくなる。

ＱＶの場合、極端な意見を表明するコストが高くなるので、意見が穏当になり、歩み寄りが促される。予算制約の下で自由が拡大されることで、市民の責任感が高まり、集合的決定をコントロールできるようになる。抗議行動に参加すると、政策の選択にかかわっているという当事者意識が高まることが多いのと同じで、自分たちの声が届くようになっていることを実感できるようになり、自分たちにとって最も重要な問題で勝利を得やすくなると同時に、自分たちが被る損失を受け入れられるようになる。こうした特徴は、市場経済が私的財にもたらす社会的効果によく似ている。計画経済では、市民は配給に反感を持ち、抑圧されていると感じる傾向があるため、計画が放棄されると自由が花開いたものととらえる。１９８０年代、１９９０年代に共産主義が崩壊したときがまさにそうだった。自分のお金を何に使うかを選択する自由があると、人は自分が持っているもの、手放すことを選んだものに尊厳と責任を感じるようになる。そうした市場の精神をベースとする政治文化が育まれれば、政治に尊厳と責任を強く感じるようになるだろう。

ＱＶが共有と協力をもたらす

ＣＯＳＴと同じように、ＱＶがもたらすと考えられる最大の恩恵は非常に思弁的なものである。他の市民との関係が大きく変わることがそうだ。ほとんどの人は都市部に住んでいて、通信ネットワークを介して他の人と相互作用する。つまり、人の幸福はまわりの人と密接に結びついており、まわりの人に影響されるということだ。このように人と人がつながっている大規模な社会では、大勢の人に集団として利益を提供するほうが一人ひとりにそれぞれ提供するより簡単なものだ。情報は大勢の人に簡単に共有される。社会的相互作用を促進するアプリは、一握りの人にしか使われなかったらほとんど価値がない。大勢の人が使う公共交通機関はたいてい自家用の移動手段よりも経済的だ。だが、そうした大規模なサービスは、現時点では独占企業か、機能不全に陥っている公的機関が提供している。こうした提供者たちが失敗することを恐れて、私たちは自分の家、ゲーテッド・コミュニティ、専用サーバー、自家用車という壁の中に閉じこもり、その外側にある公的生活から離れがちになって、無駄が生じている。

１９５０年代という早い時点で、ジョン・ケネス・ガルブレイスはこれを「私的な豊かさ」と「公共の貧しさ」のパラドックスと呼んだ。子どもたちには「立派なテレビが与えられている」が、「学校は生徒の数があまりにも多すぎることが多いし……供給は足りていない[56]」。「家族でエアコンのきいた……自動車に乗って出かけても、どの都市も道路はガタガタなばかりか、ゴミが散乱していて、建物は荒廃しているし、とっくの昔に地下に埋めてしかるべき電柱が並んでいるなど、それはひどいありさまだ」。

ＱＶはそれとは違う道を開き、私的財と公共財の豊かさのバランスがすべてのレベルで整うようになる。市場が私たちにスマートフォンやマットレスを提供するときと同じように、私たち全員が共有する公共財が効率的かつスムーズに提供されるようになる。地域の共同体で、オンラインのソーシャルネットワークで、国の政府の下で、本当の意味で生活を共有し、協力し合う方向へと進む道が開かれる。すると、豊かな公的生活が形成され、社会的関係が自然に発展していく。そうして、私的生活かさまざまなレベルの公的生活かの選択をするときに、集合的機関は無能で腐敗しているから不安だという理由で決めるのではなく、社会的関係をもとに選ぶ世界が実現する。

第3章

移民労働力の市場を創造する

――国際秩序の重心を労働に移す

デルフィーンとファビアンのケース

アミアンの町は、デルフィーンが思い描いていたフランスのイメージとは違っていた。子ども時代を過ごしたハイチでは、どこの家にもテレビがあったわけではない。何日かに1回、夜中に近所のギシギシときしむ掘っ立て小屋に入り込んでは、テレビを観ていた。そこに映し出されるパリのカフェやコートダジュールのシックな生活は、デルフィーンの単調な生活に彩りを加えてくれた。その後、大地震がハイチを襲い、デルフィーンの家族は、他の多くの家族とともに、ポルトープランスに移住しなければいけなくなった。移住先では、テレビは日常の現実から逃避する手段というよりも、大衆の娯楽だった。

デルフィーンの子ども時代は12歳で終わった。仕事はつらく、毎日くたくたになるまで働いた。ポルトープランスは、経済状態が厳しいうえに人口が過密で、飢えへの不安が消えることはなかった。そんな日々にあっても、テレビで目にした光景——タバコを吸う美しい女性や、銃ではなく花束を抱えている男性、そして焼きたてのクロワッサンは、デルフィーンの心に深く刻み込まれた。

デルフィーンがファビオラに出会ったのは、いつものようにゴミの山の中をぬって家に帰る途中のことだった。ファビオラは被災民キャンプの〝女帝〟だった。完璧なフランス語を話し、フランス語を使う中心街のホテルで働くファビオラは、キャンプでは誰からも恐れられる存在だったが、尊敬もされていた。しかし、デルフィーンはファビオラを怖がらなかった。それから毎晩、ファビオラから15分ほどフランス語を教わった。いつかテレビに映る女優のようにフランス語を話せるようになれる。見知らぬ人と完璧な発音で「ボンジュール」とあいさつして、誰からもアフリカ系のフランス人だと思われる日がきっとくる。デルフィーンはそう信じていた。

だから、フランスの労働者募集機関がキャンプにやってきて、自分たちが理解できるフランス語を話せる者がいないかチェックし始めたとき、デルフィーンは自分から名乗り出た。仕事は厳しいし、危険もあると言われたが、これまで耐えてきたつらく苦しい日々と比べれば、何でもないことのように思えた。配給される基礎食料品の代金と小さな部屋の家賃を差し引くと、手元に残るのは年間数千ユーロ程度だと説明を受けた。数千ユーロ？　それはデルフィーンがそれまでの10年間に稼いだお金よりも多かった。

けれど、アミアンはパリではなかった。素朴で美しい町だったが、デルフィーンが大好きなテレビドラマ『美しい人生を！』の登場人物のような人はどこにもいなかった。それに、デルフィーンは絶対にダウンタウンには行かないと心に決めていた。そんなところに行ったら、残してきた母や兄弟にトイレや家を買ってやり、商売を始めさせてやれるだけのお金が一晩で吹き飛んでしまう。町のはずれにある再建された工場が、デルフィーンの生活のほとんどすべてだった。身元引き受け人である寡黙なファビアンが、デルフィーンの他に3人のハイチ人を毎朝、車で工場に送り届けていた。

アミアンにきてハイチ人たちの生活は大きく変わったが、それはファビアンも同じだった。ファビアンはいまは工場の管理者だが、20年近く前に工場が閉鎖されたときに一度解雇されていた。一般的なフランスの賃金水準ではファビアンのような労働者を雇うには人件費が高くなりすぎて、仕事がベトナムに移されたのだ。ファビアンはずっと移民が嫌いで、国民戦線に投票し続けていた。改革派のエマニュエル・マクロン政権が新しい移民政策を導入したとき、ファビアンはきっと大変なことになるだろうと思っていたが、移民の身元引き受け人になって生活の足しにするしかなかった。ハイチ人の身元を引き受けて、自宅の敷地のはしっこに小さな狭い家を建て、毎日夕食を出す費用を差し引いた後で、一家は1万5000ユーロを手にし、給仕の仕事に転職して減った分の所得を何とか埋め合わせられるようになった。デルフィーンたちはファビアンが働くレストランの料理をおいしくするアドバイスまでした。アミアンの名物料理である鴨肉のパテはレストランの代表的なメニューだったが、それにオオバコを使うことでさらりとした甘みが加わり、他の店と差別化できるようになった。

しかし、ファビアンの生活を大きく変えたのは、工場での新しい仕事だった。ハイチ人労働者が新しく供給されて、ファビアンが勤めていた工場を買収していた企業家が工場を再建することを決めたのだ。ファビアンはハイチ人のことをよく知っていたので、管理者の仕事はまさにうってつけだった。工場管理者の仕事は、レストランの仕事よりも安全だし、清潔だし、尊厳も、権限もあり、尊敬される仕事でもあった。イスラム教徒の移民が増えすぎて自分の国の文化が変わってしまっているとファビアンは感じており、移民には反感を持っていた。だが、ハイチ人を工場で管理したり、身元を引き受けたりするうちに、ハイチ人たちに親のような愛情がわいてきて、自分の子どものように思えてきた。ハイチ人労働者はフランスを愛し、感謝の気持ちを忘れず、フランスに溶け込み、学ぼうと懸命に努力した。その姿は、凍りついていたファビアンの心を溶かしていった。

それから10年後、デルフィーンがハイチに戻ることを決めたとき、ファビアンは口では何でもない風を装ったが、内心は寂しくてしかたがなかった。アミアンで働いて、ファビオラがずっと夢見ていたホテルを開けるだけの資金がようやくできると、デルフィーンはカリブ海にフランスをつくろうと決意した。アミアンでは本当にたくさんのことを学んだし、工場に毎日車で送ってくれるファビアンに感謝していたが、フランスは故郷ではなかった。いまビジネスチャンスが広がりつつあるハイチこそ、自分のいるべきところだった。

進まない一般的な技能を持つ労働者の移住

グローバリゼーションが進んで、社会の数多くの側面が大きく変わったが、まったくといっていいほど変わっていない部分も残されている。いま、私たちのまわりには外国の商品がたくさんある。ほとんどのアメリカ人が使っている財・サービスを考えてみよう。衣料品はベトナムでつくられている。不動産の抵当権は中国企業が所有している。贅沢品はヨーロッパから輸入されている。自動車はラテンアメリカでつくられている。外国人観光客が大挙してやってきて、優秀な外国人労働者や移民がスタートアップや銀行や大学で働いている。グローバリゼーションを背景に、外国との貿易、資本フロー、観光、高技能労働者の移住が拡大している。

だが、難民と（アメリカの）不法移民をめぐる論争があるとはいえ、一般的な技能を持つ人たちの移住はほとんど進んでいない。これを「移住のインバランス」と呼ぼう。経済理論の観点からは、この現象は理解しがたい。財、サービス、資本、労働という生産要素のすべてが国境を越えて流れ、それを最も効率的に活用できる場所に移動するようになれば、世界の富は増えると、経済学者は考えている。移住（以下、高技能労働者と観光客の移動ではなく、一般の労働者の移住を指す言葉として使う）は何が違うのだろう。

自由貿易の起源

交易と移住の歴史

農業が始まって以来、モノと道具の長距離の移動は、人類文明の特徴となっている。地中海貿易は、アテナイ、カルタゴ、ローマの発展を支えた。ムハンマドは商人であり、イスラム世界からシルクロードを通じてアジアを結ぶ交易ルートが開かれて、中世を通じて西側世界が文明の灯を守る役割を果たした。[1]

大量移住も古代の特徴だった。数々の大帝国が生まれ、その後、遊牧民族が北アジアの草原地帯の南方、西方、東方から流入し、帝国を破壊した。ゲルマン人、フン人、モンゴル人、テュルク人などが大挙して移動し、しばしば暴力を伴って既成の文明に侵入した。そして、より肥沃で文明化された土地を発見し、それを征服した後に定住したが、次の遊牧民族の波が押し寄せて、攻撃を受けることになった。

15世紀にヨーロッパで外洋海軍国家が誕生すると、この時代は終わりを迎える。この頃には、地球の大部分は、定住型の農業社会が占めるようになっていた。ヨーロッパ人は世界の大半を結ぶ海路と陸路を発見し、文明が弱いか「劣っている」とみなした地域を植民地にした。航海の技能が向上すると、定住地間の貿易、植民地の略奪が拡大する。貿易は国家にとって最大の問題になった。

16世紀、17世紀にヨーロッパで植民地主義と貿易を結びつけた支配的な哲学があった。それが「重商主義」である。重商主義者は、国家はできるだけ外国に財を売り、輸入はできるだけ少なくして、理想としては国際決済通貨の形で資本を蓄積できるようにするべきだと考えていた。富の蓄積を促すために、輸出に補助金を出し、輸入に課税するなど、国家による経済統制を説いている。『ロビンソン・クルーソー』の著者、ダニエル・デフォーをはじめ、一部の重商主義者は、移民が自国の労働者と競合すれば賃金が押し下げられるとして、移民の流入を制限するべきではないと訴えた。[2] それと同じ理由で、移民流出を懸念した。自国の労働者が国外に移住すれば、国の労働力が縮小し、輸出品を生産する能力が下がるからである。[3]

重商主義は、当時の支配階級の利益を反映したものだった。[4] 重商主義政策は庶民に負担を強いたが、国は富を蓄え、支配者はそれを使って軍事的優位を確立し、公の秩序を維持できた。支配者たちにとって自国民は自分が仕える市民ではなく、搾取する資源として見ていた。

18世紀後半、第1章、第2章で取り上げた急進主義の思想家の多くは、新しい貿易理論を発展させた。ベンサム、スミス、デヴィッド・ヒュームは、経済分析の焦点を、富の蓄積がもたらす国家の利益から、繁栄を享受したいという庶民の欲求へと移した。各種の経済的自由（国境を越えて取引する、貸借する、土地などの資本を転用・売却するなど）は、一国の経済が市民に提供できる厚生の総和を最大化するためにきわめて重要なものだった。彼らは市場の恩恵を強く説いて、国際自由貿易を奨励し、独占や、価格統制のような国による国内市場の制限に反対した。当時のラディカル・マーケットは、国境を越えて拡張する市場だった。

移住が重要になる前の世界

自由移住よりも自由貿易

初期の急進主義者たちは自由貿易を熱烈に支持したが、移住についてはほとんど語っていない。[5]これは奇妙に見えるかもしれない。自由移住と自由貿易のロジックは同じである。経済の開放が進むと、ほぼ全員の富が増える、というものだ。こうした思想家の中には、財だけでなく人の自由移動も支持すると、付随的に言及する者もいた。たとえば、スミスもデヴィッド・リカードも、労働者が自由に地方から都市部に移動したり、職業間を移動したりすることを支持するだけでなく、それと同じことは国境間にもいえるはずだとさらりと述べている。また、アイデアが自由に移動することが重要だとも強く訴えていた。だが、彼らの考えの中では、自由貿易が自由移住よりも圧倒的に重要だった。

移住よりも貿易が重視される理由の一つは、18世紀、19世紀には貿易の利益のほうが移住の利益よりもずっと大事だったことだ。さまざまな国が相対的な盛衰を繰り返すなか、大衆の生活水準が国によって違う状態が続くようになったのは、19世紀後半になってからだった。中国とイギリスなど、格差が非常に大きい例ですら、差は3倍程度でしかなかったが、それが1950年代には10倍に拡大した。[6]

格差を測定するには、所得が平等に分配されていたら、平均的な個人の所得が何％増えるかを割り出すのが自然だろう。[7] たとえば、いまここに2人がいて、一方の所得は100万ドル、もう一方の所得は1000ドルだとしよう。2人の所得を均衡させると、前者の所得は50万500ドルへと、50％近く下がる。後者の所得は50万500ドルに増える。実に500倍、率にすると5万％の増加である。このように、2人の所得を均衡化すると、所得は平均で2万4975％弱と、大幅に増えることになる。[8] これに対し、全員が等しい所得を得ている社会では、この格差の尺度はゼロになる。数値が高ければ高いほど、社会の格差は大きくなる。

国家間と国内の格差の推移

図3・1に、1820年から2011年までの格差の推移を、世界全体、国同士、国内のそれ

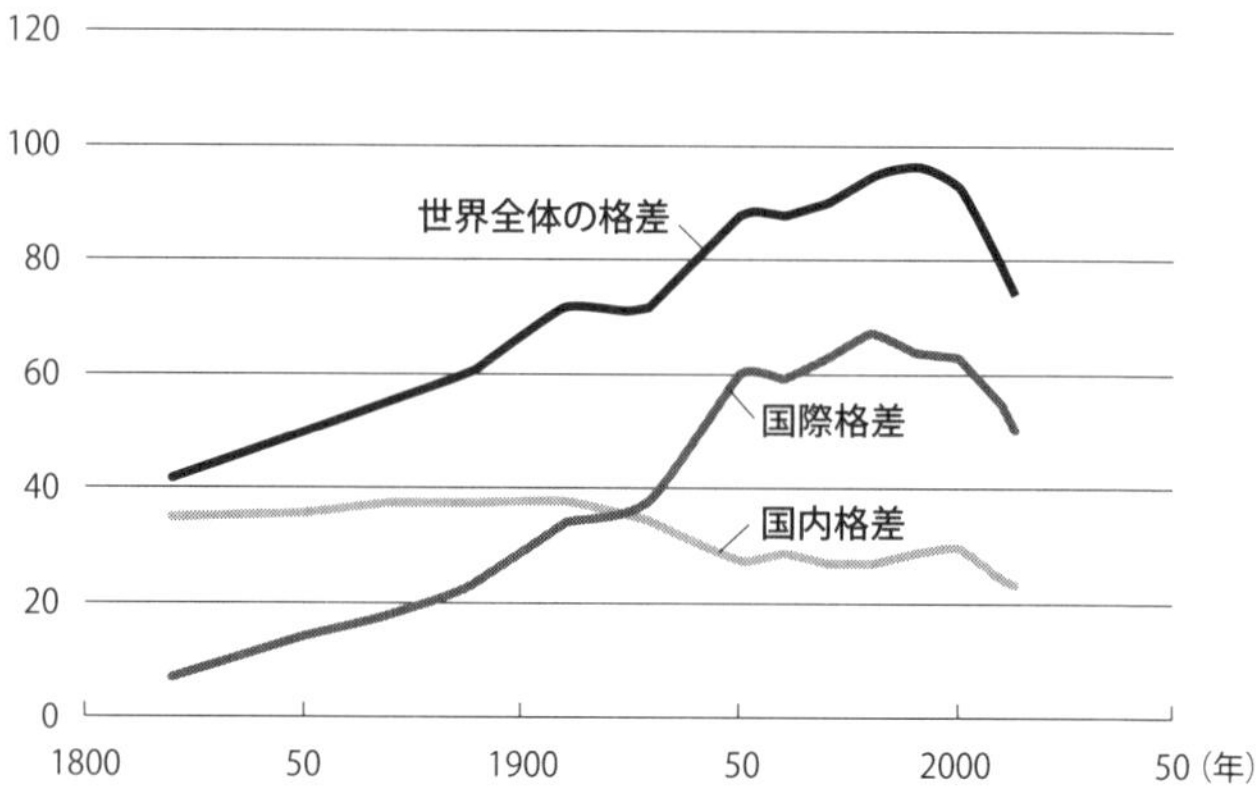

図3.1　1820～2011年の世界的な格差の推移、世界全体の格差（黒）とそれを国際要素（濃いグレー）と国内要素（薄いグレー）に分解した格差
出所：この系列は、François Bourguignon and Christian Morrisson, Inequality Among World Citizens: 1820-1992, 92 *American Economic Review* 4（2002）およびBranko Milanovic, Global Inequality of Opportunity: How Much of Our Income Is Determined by Where We Live?, 97 *Review of Econonomics & Statistics* 2（2015）（われわれの依頼をブランコ・ミラノヴィッチが引き受けたもの）の結合データに基づく。

ぞれについて示している。国同士の格差は１８２０年代には約７％だったが、１９８０年には約70％に拡大した。それ以降、この国際格差は、中国とインドの経済が急成長したおかげで、約50％まで下がっている。一方、国内格差の平均は同じ時期に少しずつ変化している。１８２０年は約35％だったが、第一次世界大戦直前に約38％でピークをつけたのち、１９７０年代には27％まで下がった。その後、さらに少し下がり、24％になっている。国内格差の平均が下がったのは、「序章」で明らかにしたように、豊かな国の格差が拡大した分が数多くの貧しい国の国内格差が減少したことで相殺されたからだった。

一連のパターンをまとめると、次のようになる。世界的な格差の全体像を見ると、国同士の格差は、1820年代には世界的な格差の10％強を占めているにすぎず、重要性は相対的に低かったが、20世紀後半になると3分の2以上を占める最大の源泉になり、今日でも、どの尺度を使うかによって変わるものの、60～70％を占めている。[9]

このように、定量的な視点から見るなら、私たちがいま直面している世界は、19世紀の政治経済学者が対峙した世界とは大きく違う。19世紀には、ある国の農民や工場労働者の標準的な生活水準は、他のどの国の農民や工場労働者とも同じであり、全員が貴族の生活水準を大きく下回っていた。私たちの世界では、インドやブラジルの平均的な家庭に生まれた子どもは、アメリカやドイツの家庭に生まれた子どもよりもはるかに貧しい生活を強いられる。しかも、現代の先進国では、平均的な所得を得ている家庭は、貧しい国の最富裕層の家庭と同じ水準の生活を送っている。19世紀には、移住しても大半の人によいことはほとんどなかった。現代では、世界の大半の人にとって、移住は幸福と繁栄を実現するための主要なルートになることもある。

19世紀と20世紀における移住に対する姿勢の変化

だからといって、移住が起きていなかったわけではなく、大規模な移住さえあった。商人や貴族は旅はしていたが、別の国に恒久的に移住することはめったになかった。しかし、外国人と会い、外国語を学び、外国人と結婚した。そうして世界市民主義的な考え方が生まれ、それが今日にいたるまで上流階級と下流階級を分断している。名家も同盟を結ぶために国際結婚し、国王や女王が自国の人間でないばかりか、その国の言葉を上手に話さないことすらあった。

階級社会の最下層では、奴隷はアフリカから連れてこられ、中東諸国やアメリカの植民地に送られた。貧しいヨーロッパ人は、政府に抑圧されるか、財産がないために、いつの日か有産階級の仲間入りをする機会を求めて、未開の植民地に移住した。それと引き換えに、年季契約を結んで渡航費用を前借りし、現地の雇用主の奉公人となって数年間働いて返済した。植民地の大農園での仕事は苛酷だったので、人がなかなか集まらず、農園主が奴隷貿易に手を染める一因となった。

そのような世界では、イギリスの穀物法を廃止するなど、財と資本の市場から貴族の特権をなくすことに力を入れたり、移住の自由を強く主張したりするのではなく、奴隷貿易という自由のない移住を根絶することに焦点を合わせるのは自然な流れだった。

第一に、植民地への移住という、重要ではあるが限られた例外を別にすると（何世紀も前に新世界が発見されて始まった）、移住が自由にできるようになっても、庶民の幸福が大きく高まることはない。ある国から別の国に移ったところで、労働者階級や土地を持たない農民には、何の利益もなかった。第二に、別の国への移住はそれほど制限されておらず、移住が統制されることはまずなかった。移住に対する需要がほとんどなかったうえ、当時の輸送手段は原始的で、リスクが高く、快適ではなかったので、移住する以外に選択肢がないか、大きな野心があるのでなければ移住しようとは思わなかった。[10] そして第三に、国際自由貿易が広がると、非常に重要な国の資源を地主が独占的に支配する状況が崩れ、国の富が大幅に増えて、封建貴族から資本家や労働者に富が分配されるようになったのかもしれない。

移住をめぐる知的論争が本格的に始まったのは、19世紀後半から20世紀初めになってからだった。アメリカでは、ヨーロッパの混乱や飢饉を引き金に移住の大きな波が押し寄せたほか、金が新たに発見されたこと、さらに経済が急速に発展していたことから、ヨーロッパだけでなくアジアからも何百万もの人が集まり、論争が巻き起こった。この頃には、移住に対する経済学者の態度は、国民感情もあって、複雑になっていた。

たとえばカール・マルクスは、イギリスの資本家がアイルランド人の移住を戦略的に活用したことで、国際労働者階級が分断され、社会主義が弱体化したと懸念していた。[11] さまざまな国の急進主義者や進歩主義者も同じ立場をとり、ジョン・スチュアート・ミルやヘンリー・ジョージは、ときに醜悪な人種差別的、優生学的な主張をしている。[12] 20世紀初めになると、移住に対する姿勢が決定的に変わった。大陸や海を渡りやすくなり、さらに国同士の賃金の格差が広がったことで、移住をする経済的なメリットが大幅に高まった。第一次世界大戦後に生まれた難民にとっては特にそうだった。１９１０年代後半、１９２０年代にアメリカは扉を閉ざした。ヨーロッパでは民族主義的な感情がわき上がり、自国の文化的遺産や人種の遺伝子プールを汚染するとして、移民を排除しようとした。

グローバリゼーション

新たな国際秩序

第二次世界大戦が勃発すると、こうした民族主義的な感情はピークに達し、国際秩序を大きく変えることになる。大戦後、西側の指導者らは、繁栄を生み出す国際システムを構築して、経済の混乱と国家主義的な対立が新たな戦争を引き起こすことがないようにしようとした。豊かな国の間では、貿易を開放し、国際レベル、地域レベルの統治機関をつくろうという機運が再び高まった。１９８０年代、１９９０年代以降、こうした国際的な約束が広がり、中国をはじめとするアジア、ラテンアメリカ、アフリカもその輪に加わっていった。しかし、貿易・投資のための機関をつくるためには知的、政治的な資源が大量に投じられたものの、移住はほとんど考慮されなかった。

戦後の経済システムには三つの柱があった。国際貿易、通貨とマクロ経済の安定、そして開発金融だ。三つの柱にはそれぞれを象徴する機関があった。順番に関税及び貿易に関する一般協定（ＧＡＴＴ）、国際通貨基金（ＩＭＦ）、世界銀行である。ＧＡＴＴはすべての加盟国の間で公平な貿易のルールを確立して、網の目のように張りめぐらされた戦前の二国間貿易協定や一方的関税政策を補完することをめざした。GATTは一連の交渉ラウンドをへて徐々に強化され、1990年代初めのウルグアイ・ラウンドで、GATTの役割を受け継ぐ形で世界貿易機関(WTO)を設立することが決まった。

こうした国際協調のつぎはぎ状態は、地域レベルでも同じであり、ヨーロッパの場合、地域機関が強大な力を持つようになった。貿易協定が大陸中を網羅し、それが段々強化されていって、蜘蛛の巣のような経済規制がつくられた。それが欧州連合(EU)の創設へとつながり、その後、EU加盟国の大半で構成される通貨同盟が成立して、ユーロ圏が誕生した。ヨーロッパが一つにまとまって連邦政府構造になることはなかったが、ヨーロッパの統合は、純粋な国際通商秩序を形成するにとどまらず、ヨーロッパの経済・社会政策のさまざまな分野で実質的な統治が確立することになった。

お金は自由に移動するが人は自由に移動できない

この時代には、豊かな国と貧しい国の間で格差が生まれ、それが拡大していくとともに、輸送と情報技術が劇的に進歩したことで、貧しい国の市民はより豊かな国へと移住していった。その流れがとりわけ顕著だったのが、貧しい国と豊かな国が接するところである。アメリカとメキシコを隔てるリオグランデ、東西ヨーロッパ、地中海両岸がその例だ。ヨーロッパでは、戦後復興を促そうと政府は移住を奨励した。アメリカでは、メキシコ人が国境を越えて農業季節労働に従事することを政府が許した。しかし、こうした政策が政治的な反発を招いたため、どれも暫定的で、たいていは抜け道があり、不法移住が黙認された。ドイツの場合、トルコ人労働者がドイツに定住することは認められたが、市民権は与えられなかった。アメリカには合法的な移民プログラムがあったものの、国境が管理されていなかったため、不法移住が横行した。だが、合法、不法を問わず、移住が受け入れ国側の需要を満たす水準に達することはなく、移住したいと考えていてそれが可能な人の供給も十分ではなかった。[13]

ヨーロッパでは、ＥＵ加盟国間の移住が制度化された。市民は職を求めてどの加盟国にも移ることができた。しかし、期待されたほど移住は増えなかった。言葉や文化の壁が立ちはだかっただけでなく、ヨーロッパ諸国の所得格差は世界全体から見ればそれほど大きくなかったので、移住のインセンティブが低下した。移住が起きたのは、たいていポーランドのような賃金水準の低い東ヨーロッパ諸国から、フランス、イギリスなど、賃金水準の高い西ヨーロッパ諸国への移住であり、受け入れ国では政治的な反発が起きた。２０１５年、２０１６年には、戦争で荒廃したシリアなどの中東諸国や南西アジアで大量の難民が生まれた。ヨーロッパはそれを受け入れるしかなく、緊張が一段と高まった。ペルシャ湾岸諸国を含むそれ以外の地域では、後述するように、ゲストワーカー制度がはるかに大きな成功を収めたが、世界全体の移住量は、潜在的な利益と比べると限られた水準にとどまっている。

こうした制度的な動きが組み合わさって、不均衡な国際秩序が生まれている。資本、財、高学歴労働者は国境を越えて急速に移動し、莫大な富を生んでいる一方、低学歴の労働者は自国にとどまる傾向がある。このようなグローバリゼーションの弱点は「反グローバリズム」の活動家によってずっと以前から認識されているが、厳密な経済学用語で表現されているわけではかならずしもない。[14]左派のラテンアメリカのジャーナリスト、エドゥアルド・ガレアーノの言葉を以下に引用する。「グローバリゼーションと『国際主義』を混同してはいけない……。人が自由に移動することと、お金が自由に移動することは違う。それは……メキシコとアメリカの国境を見るとわかる。お金と財のフローに関する限り、そこに国境は存在しないも同然だ。だが……人がそれを越えようとするときには、まるでベルリンの壁のごとく立ちはだかる」[15]。グローバリゼーション推進派は、一般市民よりも資本に焦点を合わせたため、厚生の利益が広く共有されるようにすることができなかった。

移住を阻む壁

移住の自由化がもたらす利益

財の国際貿易をさらに開放しても、そこから得られる経済的利益はわずかだというのが大方の見方である。世界銀行や著名な貿易経済学者の研究によると、財の国際貿易に関して残っている障壁をすべて取り除いても、世界生産は0・3～4・1％ほどしか増えないとされる。国際投資については、いまある論文の中の最も楽観的な推計で、資本の移動を妨げる障壁を取り除いたときの所得の増加幅は１・７％である。[16] 国際資本市場の自由化は行きすぎていると、大勢の人が考えている。ＩＭＦの３人のトップエコノミストは先頃、すでに実現している自由化でさえ、経済にもたらす利益は限られているばかりか、格差と不安定性を生み出していると指摘した。[17]

その一方で、移住を自由化してもたらされる利益は劇的に拡大している。輸送コストが急激に下がり、移住を阻む自然な障壁は、潜在的な利益に比べれば微々たるものになっている。逆に、移住がもたらす潜在的な経済的利益は爆発的に増えている。アメリカに移住した典型的なメキシコ人移民だと、年収は約４０００ドルから約１万４０００ドルに増える。しかもメキシコは世界全体で見ればとても豊かな国だ。貧しい国からヨーロッパに移住して得られる潜在的な利益は、特に言葉の壁が低いとき（ハイチとフランスの場合など）は、その10倍にもなり、移民１人当たりで何万ドルにもなるだろう。

極端だが、とても参考になる例を使って説明しよう。いま、豊かな国のクラブである経済協力開発機構（ＯＥＣＤ）の加盟国が大量の移民を受け入れて、現在は13億人の人口が２倍になったと想像してみてほしい。世界全体の人口のおよそ2割がＯＥＣＤに移動したことになる。また、移民１人当たり平均で所得が１万１０００ドル増えたとする。すると、地球上のすべての人の所得が平均で２２００ドルほど増える。１人当たりの世界所得は約１万１０００ドルなので、世界所得はおよそ20％増える計算だ。過去の経験が何かの参考になるとすれば、貧しい国にとどまる人の所得も同じくらい劇的に増加する。ほとんどの移民は所得の大部分を母国に送金するからだ。[18]貿易とはまったく対照的に、こうした利益をうまく生かし、分かち合うことができれば、世界全体の幸福が大きく変わる可能性がある。[19]

いまのまま移住を拡大していいのか

国境の開放がもたらすもの

こうしたデータを知っている一部の学者は、国境を開放することが道徳的に受け入れられる唯一の対応策だと断じている。国が移住を無制限に認めれば、資本が枯渇している国の貧しい労働者は、アメリカのような豊かな国に移住し、賃金はぐっと高くなる。移住が急増すると、豊かな国の労働者の賃金は下がるものの、世界全体の幸福は高まる。

このようなアイデアは突飛に聞こえるかもしれないが、そんなことはない。アメリカの国境は建国以来の歴史の半分以上にわたって開かれており、理論が予測するとおりの効果を生んだ。移民は賃金が上昇し、アメリカ人は移民がもたらす恩恵を享受する。移民たちは鉄道や運河の建設を支え、鉱山や農場や工場で働いた。移住が社会にもたらす問題は、市民抗争が頻発するなど、深刻なものが多かったが、対処できるものであり、アメリカは長期にわたって繁栄した。しかし今日では、国境の開放は、経済的にも、政治的にも、現実的ではない。

ウォルフガング・ストルパーと（第2章に登場した）ポール・サミュエルソンは、1941年に発表された有名な論文「保護と実質賃金」の中で、財や労働の国際取引が、さまざまな国のさまざまな人の所得にどのような影響を与えるかを調べた。[20] 2国間の貿易では、両国の富の総和がかならず増えるが、再分配に重要な影響を及ぼす可能性がある。貿易が行われると、ある国に相対的に豊富な生産要素の価格は上昇し、相対的に供給が希少な生産要素の価格は下落する傾向がある。豊かな国は当然ながら、貧しい国と比べて労働よりも資本のほうが相対的に豊富に存在する。したがって、貿易と移住は、豊かな国の資本家と貧しい国の労働者の双方に利益をもたらし、豊かな国の労働者と貧しい国の資本家に損失をもたらすはずである。

ストルパー＝サミュエルソン定理のロジックは、経済学者の間で広く受け入れられているが、労働者のカテゴリーは多種多様であり、労働者のうちどこまでが移住から損失を被ったり利益を得たりするのかとなると、問題はもっと複雑になる。移住が起きると、移民と同じような背景を持つ自国労働者の賃金が下がることを示す有意な証拠がある。たとえば、メキシコ、中央アメリカからアメリカへの不法移住が発生すると、低学歴で語学力のない自国労働者が損失を被りがちである。[21] ところが、労働市場全般に与える効果については、見方が分かれる。自国労働者は全体としては損失を被るが、損失の程度はごく限られるとする学者もいる。[22] その一方で、影響はごくわずかであるか、場合によっては大半の労働者が利益を得る可能性さえあるとする意見もある。自国労働者が生産する財を移民が買うようになったり、はしごのいちばん下にある仕事についている一部の自国労働者がより給料のいい監督職に押し上げられたりするからだ。[23]

こうした効果は小さくてまだら模様であり、移住が移民本人と移民の雇用者にもたらす大きな利益と比べればかすんでしまう。[24]さらに、移住の財政構造が壁となって、政府を通じてそうした利益を分かち合うことができず、自国労働者に負担を強いることになる可能性さえある。この取り決めがどのようなものか、なぜそうなったのかは、アメリカとヨーロッパで違いがある。

アメリカの場合

アメリカでは、課税制度の累進性が限られていて、登録されていない大量の移民は実質的に課税の対象から除外されている。アメリカは労働所得と資本所得に対する税率が低いので、高技能、高学歴の合法的な移民は、アメリカの税制度の純貢献者ではあるが、財政システムを通じて自国労働者に直接貢献するほど大きくはない。大勢の移民が事業を起こして雇用機会を生んでいる。[25]しかし、雇用機会があるのは高成長の起業家セクターであり、繁栄する大都市圏に集中しているため、アメリカの大半の労働者が住んでいる場所からは離れている。こうしたことを考え合わせると、高技能者の移住から大きな恩恵を直接受ける自国労働者はほとんどいないだろう。

大半の低技能移民は、正式なルートで仕事についていない。彼らは税金をほとんど支払わない傾向がある。しかも、こうした移民の大半は貧しい国の出身で、貧しい家族を母国に残しているので、稼ぎの大部分を母国である貧しい国に送金する。そのため、所得水準が同じ自国労働者よりも所得が地域経済に還流しにくい。このように、移民が国庫に貢献するといっても、移民と移民の雇用主が移住から得る利益に比べればごくわずかにすぎず、それどころか、国の財政にとって小幅の純負担となる可能性があることを示唆する研究結果もある。[26] イギリスの状況はアメリカと似ており、東ヨーロッパからきた低技能の移民が、アメリカの国境の南側からきた移民に置き換わるが、数は少ないし、恩恵も小さい。[27]

ヨーロッパの場合

アメリカとは対照的に、イギリス以外のヨーロッパ諸国は、資本と労働に対する課税の累進性が高く、移民の成功がもたらす恩恵が社会全般に広く行き渡る。ところが、こうした税制度になっていること、ヨーロッパ大陸にはいまでは世界のトップレベルの大学がなくなっていること、そして、起業家精神がアメリカほど育っていないことから、高技能移民はヨーロッパよりもアメリカに渡るようになっている。

技能分布の最下層では、ヨーロッパへの大量の不法移住が起きるようになったのは比較的最近の出来事で、わずか数年前、シリア内戦に端を発した移民危機に遡る。合法的な低技能移住者の大多数は東ヨーロッパからのものだ。ヨーロッパにいる低技能の非ヨーロッパ人の大半は、旧植民地の出身か、経済的な理由よりも主に人道的な理由で受け入れられた難民かのいずれかである。こうした移民は、アメリカに渡った移民よりもはるかに貧しい傾向がある。さらに、ヨーロッパ大陸諸国は社会給付、補助、公共サービスがアメリカよりも寛大だ。移民は一般に社会保障を受ける権利が等しく与えられているため、アメリカと違って、ヨーロッパでは低技能の移民は公共財政に大きな負担となっている。

ヨーロッパでは公共サービスの財源が不足しており、それが緊張を高める要因になっている。多くのヨーロッパ人が、移民が社会サービスを圧迫しているのではないかと漠然と感じているだけでなく、社会サービスをめぐって移民と競合する現実を目の当たりにもしている。ヨーロッパ大陸諸国の多くは歴史的に見て同質性が高い。移民は肌の色や宗教的な慣習ですぐにそれとわかるので、視覚的にも強い印象を与える。要するに、移民を受け入れたことで公共サービスや低迷する経済の負担が増しているというイメージは、ある程度までヨーロッパの労働者が直面している現実でもある。

移民が非常に多い地域に住んでいる自国民のほうが移住に強く反対すると考えるかもしれないが、社会科学の証拠はまちまちである。移住への反対が特に強いのは、移民がほとんど住んでいない、経済が低迷している農村部であることが多い[28]。そうした地域の労働者にしてみれば、移住によって経済が活性化するのは他の共同体であり、自分たちは恩恵を受けない。活力に満ちた都市は、移住から社会や文化の面で付随的な利益を得る。食べ物の種類が増えて、都会での暮らしに彩りが加わる。あるいは、他の文化に触れて、キャリアの機会が拡大することもある。しかし、農村部には何もない。それどころか、こうした流れから置き去りにされて、中央の文化からますます隔絶され、周縁に追いやられている。

移民に対する反発の広がり

では、これまでの議論をまとめてみよう。移住は、移民自身と母国にいる家族、雇用主と資本家、そして、移住先で仕事を見つけ、暮らしに溶け込んでいる高技能労働者にとっては非常に大きなメリットがあるが、豊かな国の労働者にはほとんど恩恵をもたらさず、むしろ負担を強いる。豊かな国の労働者は、貿易や自動化の潮流からも、金融の集中化の進行からも、すでに取り残されている。人間には部族主義的な本能が自然に備わっており、移民排斥主義の政治家がそれを刺激したこともあって、移民に対して政治的な反発が広がっている。大半の市民の利益にならない移民政策を多数者が支持するとは思えない。アメリカでは、政府をコントロールし、移住を支持したエリートが、移民法の執行を猶予する措置を強行したが、そうしたためにポピュリズムの巻き返しを招くことになった。[29] この意味では、「アメリカ第一」「フランスは私たちの家だ」といったスローガンは、多くの人にとっては不快なものだが、政治の現実の避けられない一面を切り取っている。

ビザをオークションにかける？

ＯＥＣＤ加盟国への移住の大半は、雇用したいと思っている高技能労働者のビザを申請できる政府の官僚か民間の雇用主にコントロールされている。それとは別に、移住システムにはもう一つ別の部分があり、市民の近親者の移住（特にアメリカ）と自民族系の人の移住（特にヨーロッパ諸国）が認められている。こうしたシステムはかなりの程度までトップダウン的で国家の統制下にあるか、雇用主のような密接な経済的利害関係者がコントロールしている。そのため、最も大きな恩恵を受けるのが雇用主と移民であっても、ほとんど驚かない。つまり、移住システムは現代の経済や民主主義と同じ問題を抱えている。その問題とは、システムが不公正であることと、多くの場合、恣意的な政府の裁量に任されていることである。

オークションをベースとした移住システム

第１章、第２章で、オークションがそうしたシステムに置き換わるシンプルな枠組みになることを見てきたが、実際に運用するときには考慮しなければいけないことも多い。同じことは移住にもいえる。ノーベル賞経済学者のゲーリー・ベッカーは、２０１０年に示唆に富む講義を行い、オークションをベースとする移住のシンプルなシステムを提案した。移住に定員を設けて、その国に入る権利をオークションにかけるというのである。[30] このラディカル・マーケットがもたらす歳入は、公共財や、国民に一律に支払われる社会的配当の財源として使うことができる。第1章で見た財産の共同所有制と同じである。

第1章、第2章で最も純粋な形のオークションを使ったアイデアを取り上げたが、それと同様に、この仕組みにはいくつもの限界があり、この点については後述していく。しかし、ここで注目すべきは、現行の移住システムが抱える数々の欠点に直接対処するものであることだ。

第一に、移住がもたらす利益の大部分が、企業ではなく、一般市民に行き渡るようになる。これは平等化につながるだろう。第二に、その結果として、移住に対する政治的反発が和らぐ。第三に、政府の官僚が果たす役割が大幅に減り、それに代わって、自分たちに開かれている経済的な可能性をいちばんよく理解している移民の知識が生かされるようになる。最近の一連の経済研究から、移民の個人能力を官僚が判断し、その結果を主な審査基準として採用する移住システム（「ポイント制」と呼ばれるもので、高学歴の移民などが優遇される）は失敗しがちであることが明らかになっている。[31] 雇用主がビザを申請するシステムはポイント制よりもうまくいきそうに思えるが、前に述べたように、利益は主に雇用主に配分される。オークション制であれば、この二つの落とし穴を避けられる。

移民が平等をもたらす

オークション制を導入すると、かなり大きな額の歳入を確保できて、豊かな国の一般市民の生活水準を高めながら、移民にも非常に大きな利益を与えられるようになる。いま、OECD諸国が十分な量の移住を受け入れて、人口が3分の1増えたとしよう。また、平均的な移民のビザの入札額は年間6000ドルだとする。現在のきわめて非効率なシステムでアメリカに渡ったメキシコ人の不法移民でさえ、年間1万1000ドル以上の利益を得ていることを考えれば、この額は妥当だろう。OECD諸国の1人当たりの平均GDPは3万5000ドルなので、この提案が取り入れられれば、典型的なOECD加盟国の一般市民の国民所得はおよそ6%押し上げられる。これは過去5年間の1人当たり実質所得の伸び率に匹敵する水準だ。

この成長から得られる利益が全市民に等しく分配されると想像してほしい。この利益は上位1%の所得層のところにはごくわずかしか行かないため、上位1%の人が獲得する所得の割合は実質的に6%下がる。これで格差が約1%ポイント減少することになり、アメリカで格差が最も深刻だった20世紀半ばの水準から8分の1回復する。アメリカの4人世帯の所得の中央値は約5万ドルである。このシステムだとそうした世帯は約8000ドルを受け取ることになるので、所得は約15%増える。この増加率は、こうした世帯に関する1970年代以降のインフレ調整後の所得の伸び率とほぼ同じである。

移民にもたらされる利益は、それ以上に劇的なものになる。大半の移民は典型的な年間所得が数千ドル以下の国から来ることを考えると、移民によっては、所得が5000ドル増えれば（1万1000ドルの利益から6000ドルの入札額を差し引いた額）、所得が何倍にも増える可能性がある。このシナリオの下では、1ドルの利益のうち、約半分がOECD諸国のところに回り、約半分が移民と移民が送金する相手のところに回る。OECD諸国は世界所得の半分を占めるため、グローバル経済もおよそ6～7％成長する。

ただし、いちばん単純な形のオークション・システムには、いくつか欠点がある。いうまでもなく、移住はお金だけの問題ではない。現地のコミュニティの文化になじめるか、犯罪を起こしたり、ビザの有効期間を守らなかったりする可能性はあるか、雇用主と受け入れ国の市民が移民を歓迎しているかという要素はどれも、移民の社会的価値を決めるうえできわめて重要になる。純粋なオークションでは、こうした要因は無視される。それに、移住に対する政治的な支持を維持するうえでも、お金だけが重要なわけではない。移民と自国民が個人レベルで文化的、社会的、経済的に相互作用を深めることがカギになる。単純なオークションでは、それが難しい。しかし、このオークションや既存の移民法の重要な特徴から着想を得て、解決策を引き出すことができる。

ビザを民主化する

「個人間ビザ制度（ＶＩＰ）」

アメリカにはＨ１‐Ｂプログラムがあり、雇用主が移民労働者の「身元引き受け人」になる。グーグルは、労働者のビザを取得することで、ソフトウェア・エンジニアを他国（インドなど）から雇うことができる。ビザの発行枠が決められているなど、さまざまな制限はあるが、Ｈ１‐Ｂビザをとると、労働者はアメリカに３年間滞在でき、その後、さらに最大３年間の更新が可能となる。家族呼び寄せ政策がとられているため、家族もビザの身元引き受け人になることができる。われわれが提案するのは、「個人間ビザ制度（Visas Between Individuals Program）」、略称「ＶＩＰ」というものだ。ＶＩＰはこのシステムを拡張したもので、一般市民が誰でも移住労働者の身元を引き受けられるようになるが、状況の違いに合わせて調整が加えられる。有効期間も３年間（更新期間を含めると最長６年間）ではなく、無期限になる。身元を引き受けられる移民は常時１人だけにする。そうすることで、章の冒頭のビネットのように一時的な移民労働者を交代で受け入れることもできるし、恒久的な移民１人を生涯にわたって引き受けることもできる。

最大の違いは、もちろん、身元引き受け人が雇用主や家族である必要がなくなることだ。グーグルが移民労働者の身元を引き受けるときには、オフィスを与え、（たぶん）コミュニティに家を見つけて定住する手助けをする。労働者はプログラムのコードを書くことで、グーグルの収益に貢献し、グーグルはその黒字分から労働者に報酬を支払う。経験豊富な官僚も雇って、膨大な事務処理や移住当局との交渉にあたらせる。さらに、求めているスキルを持つ外国人労働者を探して、評価もする。グーグルの職場では多文化が共生しており、人種や民族や国籍ではなく、能力で評価される。そうした環境の中で、労働者は力を発揮する。

身元引き受け人のシナリオ

これに対し、オハイオ州アクロンに住む建設作業員のアンソニーは、最近、解雇された。高卒で、貯金は少なく、先行きは厳しい。外国人に会ったことはあまりない。最近、中東人のグループが近所に移住してきてレストランを開いたが、そこの料理はあまり好きではなく、中東人たちのことをよく思ってはいない（それでも、彼らが地元に活気をもたらしていること、彼らの多くはアンソニーならやらない仕事をしてくれていることは理解している）。アンソニーは国務省が新しいプログラムを提供していることを知る。移民労働者の身元引き受け人になると報酬がもらえるらしい。アンソニーは興味を持ったが、それにはどんなメリットがあるのだろう。グーグルと違って、労働者にオフィスを提供することはできないし、労働者がアンソニーのために収益を生んでくれるわけでもない。

アンソニーは、国務省と契約している会社が運営しているウェブサイトにアクセスし、こんな人なら身元を引き受けてもいいと思っている労働者のタイプを入力する。英語は必須。20代で、建設業界で働いた経験があり、犯罪歴や健康上の問題がない人を希望した。求人情報を見ていたら、アクロンの郊外で数件の新しい建設プロジェクトが計画されていることを知った。その一つで外国人労働者が働けたらいい。もしもそれがうまくいかなかったら、便利屋ビジネスを始めて、その労働者を従業員として使ってもいい。すると、ビシャールというネパール人男性が候補者として紹介される。ビシャールはアラブ首長国連邦（UAE）でゲストワーカーとして働いたことがあり、そこで英語がうまくなった。アンソニーはネット上でビシャールと面談し、自分のプランを伝える。そして、ビシャールがアメリカで1年間、1万2000ドルの報酬でアンソニーの下で働くことで、2人は合意する（もしもビシャールが運よくアメリカで仕事を見つけられたとしたら、たぶんネパールでの稼ぎの実に5倍になる）。アンソニーは自分の貯金を使ってビシャールのために航空券を買うことになる。ビシャールはアンソニーの家の空いている部屋に住むことで合意する。

もちろん、この先の出来事については、楽観的なストーリーを語ることができるし、この章の冒頭のビネットはそうしたストーリーの一つだが、物語はすべてハッピーエンドで終わるはずだという幻想は抱いていない。ハッピーなストーリーはこうだ。ビシャールはアメリカにやってくる。荷物は背中にしょった服ぐらいだ。しかし、アメリカ人にはまず想像もつかないような苛酷な経験をしているビシャールは、移民労働者として成功する。最初の1カ月は近所で便利屋として働く。アンソニーは作業料金を時間当たりわずか10ドルに設定するので、ビシャールにその月の報酬1000ドル払うと、アンソニーの手元にはほとんど何も残らない。その後、ビシャールは建設の仕事を見つける。ビシャールはUAEの建設業界で優れた技能を身につけており、建設会社はそれを高く評価して、残り11カ月の間に合計で2万ドルを支払う。アンソニーは差額の8000ドルを徴収する。やがてアンソニーとビシャールは心をかよわすようになり、2人は友人同士のような関係になる。ビシャールは家事を手伝い、アンソニーはネパール料理を好きになる。

もちろん、いつもこうなるわけではない。ビシャールが仕事を見つけられなければどうなるだろう。ビシャールが病気になって入院しなければいけなくなることだってある。犯罪を起こすかもしれないし、失踪するかもしれない（アメリカの別の場所にいって、不法に働くのだ）。そういった場合にはアンソニーが責任を負うようにして、身元引き受け人が自国に貢献しそうにない移民をふるいにかけて排除するインセンティブが十分に働くようにする必要がある。この種のルールは、現在の移住システムにもある。たとえば、家族呼び寄せプログラムの身元引き受け人は、自活できない移民を金銭面で支援しなければいけない。

VIP制度に必要とされる法律の整備

VIP制度の場合、アンソニーは、ビシャールがアメリカに来る前に、ビシャールの基本的な健康保険を手配しておくことが求められる（ただし、保険料はビシャールの稼ぎから差し引かれる）。ビシャールが仕事を見つけられなかったら、アメリカに滞在する限り、アンソニーはビシャールを支援しなければならない。ビシャールは福祉給付は受けられない。ビシャールが犯罪を起こした場合には、服役後に強制送還され、アンソニーにも罰金が科される。ビシャールが失踪したら、アンソニーも罰金を支払う。罰金を高額にする必要はないだろうが、抑止効果を持つ水準にしなければならない。アンソニーとビシャールがうまくやっていけないこともあるかもしれない。その場合には、アンソニーがビシャールの住む場所を見つけて、家賃を払えばいいだろう。あるいは、ビシャールがアメリカで1年働いたのちにネパールに戻ることで話をつけてもいい。さらに、合意の上で、アンソニーがビシャールに別の身元引き受け人（通りの先に住むネパール人家族など）を見つけることもできるだろう。

このシステムを機能させるには、さらに二つほど法律に調整を加えなければいけない。第一に、移民労働者が最低賃金未満の賃金で働くことを認めなければならない。現行の法律では、連邦最低賃金で働く労働者の年収はおよそ1万5000ドルになる。ちなみに、ネパールの平均年間所得は1000ドル以下であり、典型的なネパール人だと500ドルに近くなる。ハイチの生活水準も同じようなものだ。連邦最低賃金を移民労働者に適用すると、VIPの下で得られるはずの非常に大きな恩恵を受けられなくなってしまう。ただし、職場の安全性に関するものなど、労働者を保護するためのそれ以外のルールはすべて移民労働者に適用する。

第二に、移民法の執行を強化する必要がある。ビシャールが地下経済に潜れば逮捕されて強制送還される可能性をかなり高くしておかなければいけない。既存の不法移民は、市民権を取得する道を開く1回限りの恩赦、身元引き受け人の選定、強制送還といった措置を組み合わせて、新しいシステムに適合させなければいけないだろう。今後発生する不法移民に対しては執行をより厳格にして、新しく生まれている大きな合法的移民階級とその身元引き受け人の双方の権利を損なわないようにしなければならない。どんな法改革も、執行されなければ効果を生み出さない。しかし、VIP制が実施されれば、アメリカに入国することを強く望んでいる移民が身元引き受け人を見つけやすくなり、不法入国するリスクを避けられるようになるので、現行のシステムよりも移民法を執行しやすくなるだろう。

このシステムには大勢の人が反対するのではないか。移民はいつでも自由に帰国できるのだが、年季契約の奉公のようなものだと不快に感じる読者もいるだろう。あるいは、搾取的だとしか思えないかもしれない。だが、われわれの提案は、広く受け入れられている既存のプログラムと一貫性がある。

H1-Bプログラムとの比較

H1-Bビザ制度を例に考えてみよう。H1-Bは、熟練労働者がアメリカに移住する主要なルートになる。雇用主は、対象となる労働者がさまざまな基準を満たしており、一定水準の賃金を受け取る予定であることを保証して、身元引き受け人になる。アメリカに到着した労働者は、その雇用主の下で働かなければいけない。雇用主が労働者を解雇すると、（一部の例外を除いて）労働者は本国に戻らなければいけない。H1−Bプログラムとわれわれが提案するプログラムの大きな違いは、われわれの提案では一般人が身元引き受け人になれることである。H1−Bプログラムは論争を呼んでいない。外国人労働者は、アメリカ人が受けられるものと同じ保健法、安全法、労働法、雇用法で守られるうえ、雇用主から不当な扱いを受けたら本国に戻ることができるので、搾取のリスクを最小限に抑えられる。

オペア制度という先例

一般市民と比べたら、雇用主、わけてもグーグルのような大企業の雇用主のほうが、外国人労働者を手厚く支援し、少なくとも搾取することなく、官僚的に対応するのではないかと考える人もいるかもしれない。一般の人がはたして外国人労働者を「管理」できるのだろうか。答えは「イエス」だ。既存の制度には、われわれが提案しているプログラムにさらに近いものがある。J−1ビザ制度では、アメリカ人がオペア（1〜2年間、住み込みで育児や家事を手伝いながら現地の言葉や文化を学ぶプログラムの参加者で、たいていは若い女性）の身元引き受け人になることができる。J−1ビザ制度はもともと文化交流を目的としてつくられたものだが、実質的に低賃金のベビーシッターを雇うために使うことを議会が認めている。このプログラムはとても人気がある。ここで注目すべき点は、ふつうのアメリカ人が仲介機関（民間の会社）を通じて雇用主、身元引き受け人になることだ。仲介機関はアメリカ人の身元引き受け人と外国人労働者のマッチングを手助けし、オペアに研修を行い、入国後は労働環境や家庭の状況を監視する。そして、そのすべてを国務省が規制し、監督する。

オペア制度は、名目上は文化交流プログラムだが、事実上はわれわれが提案するゲストワーカー制度と同じものだ。ただし、オペア制度はわれわれが必要と考えている以上に厳しく規制されている。オペアは搾取されているという批判もあるが、濫用を実証している研究はいまのところ見当たらない。[32]

オペア制度は、VIP制度が実際にはどう機能するかを考える手がかりにもなる。仲介機関は使いやすいウェブサイトをつくり、家庭とオペアのマッチングを可能にしている。受け入れ先の家庭は、オペアが運転免許を持っているか、語学力（通常は英語）がどれくらいあるか、出身国はどこか、どんな経歴を持っているか、何に関心があるか、などについて、希望を登録できる。オペアの応募者も、希望する条件を登録する。その後、仲介機関が条件に合う数名の応募者のプロフィールを家族に送る。プロフィールには応募者の背景、関心事、スキルなど、詳細な情報が記されている。受け入れ先の家庭は、応募者の一部、または全員と面接できるし、断ることもできる。断られた場合は、仲介機関は別の応募者たちのプロフィールを送る。面接はスカイプで行われる。

採用が決まると、応募者は1週間の研修を受け、アメリカの家事や育児のやり方について学び、受け入れ先の家族に送り出される。仲介機関は定期的に受け入れ先の家庭にスタッフを送り、オペアと家族の様子をチェックする。特に重要なのは、当事者に別々に聞き取り調査することだ。どちらか一方、あるいは双方が不満を感じていたら、仲介機関は別の受け入れ先を探すので、オペアは本国に戻らずにすむ。

ＶＩＰ制度では、移民の身元を引き受ける権利が主に個人に与えられるが、移民の入国を規制する権利を共同体に与えることもできる。ＶＩＰ制度を住人が利用するときに限定的な制約を設けることを各地域に認めるべきだ。いってみればゾーニング規制のようなものである。開放性を高くして、制限をまったく、あるいはほとんど課さないようにすると同時に、移民労働者を呼び込むために快適な環境を提供しようとする共同体もあるだろう。こうした共同体は、活気があって多様な文化が共生する公的生活をめざすものと思われる。その一方で、同質性を重視し、税金やゾーニングを使って移民の流入を制限することを選ぶ共同体もあるはずだ。その場合には、より開かれた都市が提供する機会を求めて、自国民が共同体間を移動することになる。だとすれば、ある共同体を「経済特区」として、そこでパイロット実験をするのが自然だろう。停滞している地域を活性化する手段としてこのプログラムを使い、共同体全体を混乱させることなく、どのような長所と短所があるかを調査するのである。

政府でなく個人と共同体が受け入れを判断する

ＶＩＰ制度は、ベッカーのビザ・オークションがもたらす利益をほぼすべて達成するだけでなく、最大の短所にも対処する。ベッカーのオークションは個人や共同体ではなく政府が運営する。特定の種類の移民が定住先の共同体の社会や文化に害をもたらす可能性があるかどうかに関係なく、いちばん高い金額を提示する移民が集まる。ＶＩＰの場合は、共同体の規制の下で、自国民に裁量が与えられる。個人や共同体はお金のことを気にするので、移民が受け入れ先に支払わなければいけない価格の水準は、オークションの価格の水準とほとんど同じものになるだろう、しかし、他人の下で働いたり、他人に仕事を提供したりしたことがある人なら誰でもわかるだろうが、そうした関係がうまくいくかどうかは、お金だけで決まるわけではない。ＶＩＰ制度では、個人と共同体が最終的に判断することになり、どの移民の入国を認めるかを決めるときに、他の要因も反映させられるようになる。

これもベッカーのオークションとは違う点だが、ＶＩＰ制度だと、自国民と移民が個人的にコンタクトし、移住を成功させる責任は自国民が負う。こうしたお互いに利益のある交流が生まれれば、受け入れ側と移民の間にある種の建設的な関係が築かれるようになるだろう。もちろんすべてがそううまくいくとは限らないが、これは移民に対する政治的な反発を和らげるのに必要なことである。ＶＩＰ制度の場合、共同体が自分たちの文化的生活の特性を決められるようになる。急速な変化を上から押しつけられていると感じると、否定的な反応が起こりかねないが、そうした事態を避けられる。

制度面での支援

このように、ＶＩＰ制度には既存の移住システムやオークションにまさる強力な利点があるが、欠点もある。アンソニーが忙しすぎて、移民労働者の世話や管理をできなかったり、地元経済に関する知識がなかったりして、ＶＩＰ制度をうまく活用できないおそれもある。これを「コンピテンス問題」と呼ぼう。

また、アンソニーがビシャールを不当に扱ったり、搾取したりすることもあるかもしれない。ビシャールにはいつでも本国に戻る権利が認められているが、その権利を行使したいとは思わないだろう。極限の状況であっても、それは変わらない。本国の家族はビシャールからの送金に頼っている、あるいは、ビシャールがそもそもネパールを去ったのは犯罪と腐敗から逃れるためだったと想像してみてほしい。ビシャールはネパールに戻るまでアメリカで耐え抜くだろうから、濫用を受けやすくなってしまう。アンソニーはビシャールの足元を見て、違法に賃金を払わず、十分な食事や部屋を与えないばかりか、犯罪行為を強要するかもしれない。これを「搾取問題」と呼ぼう。

コンピテンス問題のようなことは、市場経済のほとんどすべての側面に現れる。私たちは、年金や住宅ローン、クレジットカード、求職など、複雑な経済的関係を管理しなければならない。

個人がこうした障害を乗り越える手助けをするために何十もの機関が生まれている。勉強をして専門家になる人もいれば、個人向けのサービスを提供したり支援をしたりする市場を利用する人もいる。審査を手助けするために生まれたオンライン・プラットフォームを使う人だっている。最悪のケースでは、身元引き受け人になることをやめる人もいるだろう。しかし、ほとんどの人がＶＩＰ制度の利用を支援する機関を使うのではないか。

搾取はそれ以上に深刻な問題である。労働搾取を目的とした人身取引を防止する法律によって、雇用主が強制労働させることは禁止されている。ＶＩＰ制度には、前述した最低賃金を除いて、こうした法律を最大限に適用するべきだ。

ここで覚えておいてほしいのは、ＶＩＰ制度の構造だと、現行の移住システムと比べて搾取のリスクが強力に抑えられるということである。雇用の選択肢が限られていたり、不法移民として働いていて法律の保護を受けられなかったりすると、労働者は特に搾取されやすい。潜在的な雇用主が競争しなければいけなくなると、労働者は成功しやすくなる。この競争こそが、ＶＩＰが促すものだ。現時点では、ビザの身元引き受け人になれるのは一握りの強大な企業だけである。ＶＩＰであれば、すべての市民が身元引き受け人になれる。ＶＩＰ制度を採用する国が増えて、移民労働者の身元を引き受ける市民が増えるほど、移民の選択肢は広がる。

VIPは機能できるのか

移住の利益を共有する

われわれが提案する移住システムの再構築はラディカルなものだ。これは労働のラディカル・マーケットとなる。市場を実現するためには大衆の支持をとりつけなければいけないが、それははたして可能なのだろうか。市場を維持していくことはできるのだろうか。

UAE、カタール、クウェート、バーレーン、オマーン、サウジアラビア〔湾岸協力会議（GCC）加盟国〕の移住システムはしばしば批判されるが、そこから興味深い話が浮かび上がってくる。アメリカでは自国民と外国生まれの住民の比率がおよそ9対1だが、UAEではこの比率が逆になる。[33] バーレーンとオマーンは自国民1人がおよそ1人の移民を受け入れている。サウジアラビアはGCC諸国の中で自国民1人当たりの移民の数がいちばん少なく、自国民2人に移民1人という割合になる。

これほど多くの外国人人口を抱えながら成功しているのは、GCC諸国だけではない。シンガポールは自国民と外国生まれの住民の比率が3対2である。オーストラリアとニュージーランドは自国民2人でおよそ1人の外国生まれの住民を受け入れている。カナダのトロントなど、繁栄し成功している一部の都市では、外国生まれの住民の割合が50％と、GCCと同じ水準にある。

だが、移民がはるかに少ないＯＥＣＤ諸国と違って、移民人口が多く、どの国でも大半の移民が低技能の労働者であるにもかかわらず、これらの国のうち、市民の間で移民に対する大きな反発が起きている国はない（オーストラリアは例外といえるだろう）。

こうした国の移住システムは、移住の利益を自国民が広く分かち合うように設計されており、地理的に集中している資本家、起業家、高技能労働者の小さな集団が独り占めすることがない。移住の利益が共有されていても、自国民１人が移住から得る利益の総和は、閉じられているＯＥＣＤ諸国よりもずっと多い。なぜなら、移住の量がＯＥＣＤ諸国と比べて非常に多いからである。相違点は他にもたくさんある。

ＧＣＣ諸国では、移民労働者には公民権がほとんどなく、政府が厳格に管理しており、規模の大きい家事労働者以外は、自国民から隔離された地区に居住している。ところが、公的に所有されている富はかなり平等に分配されており、大半の自国民はその恩恵を受けている。また、移民の社会的組織を国がしっかりと管理して、犯罪や暴動を未然に防いでいる。さらに、ＶＩＰ制度と同じように、自国民は自分たちの利益になる仕事をする移民の身元引き受け人になることができる。そのため、移住の規模は大きいが、政治的な支持は強く、長年にわたって持続している。

もちろん、こうしたシステムには大きなコストがあり、移民労働者の権利はないがしろにされている。いずれにしても、ＧＣＣ諸国は君主制で、多くは伝統的なイスラム法を厳格に守っている。一部の国では、移民のパスポートが雇用主に没収されていて出国することができず、自国民が移民を搾取している例もある。こうした理由から、ＧＣＣ諸国はＯＥＣＤ諸国のモデルにはならない。だが、シンガポールは移住の水準がＧＣＣに近いながら、移民の権利が侵害されているという懸念がはるかに少ない。

われわれはこうした国のシステムを模倣したいとは思っていないが、重要な教訓となるため、ここで取り上げている。移住に対する政治的な反発は避けられないものではない。たとえ閉ざされた社会であっても、その利益が目に見える形で広く分配されていれば、移住は政治的な支持を得ることができるのである。

市民レベルの国際協調

移民が利益をもたらす

アメリカには約2億5000万人の成人がいる。理屈としては、ＶＩＰ制度の下で毎年2億5000万人の移民の身元を引き受けられる計算だ。実際には、多くの人、特に高齢者、仕事が忙しい人、学生は、この機会を使わないと思われる。そこで、1億人が移民労働者の身元引き受け人になると想像してほしい。いまアメリカには、外国で生まれた人が約4500万人いる。そのうち約1300万人は合法的な滞在者で、1100万人は不法入国者である。ＶＩＰ制度が現行の移民労働者ビザに置き換われば、移民労働力は1億人へと、劇的に増える。それでも、社会を混乱させたり、公共サービスに負担を強いたりすることはない。アメリカの自国民と外国生まれの人の比率は、非常に閉鎖的なＧＣＣ諸国の比率さえも下回るままになる。

このプログラムを使う人は、社会の特徴を示す一つの代表例になるのではないだろうか。すでに見たように、上位中間層はＪ－１プログラムを使ってオペアの身元引き受け人になっている。われわれの狙いは、身元引き受けの金銭的な利益に魅力を感じる労働者階級を取り込むことにある。低所得者は、低技能移民労働者の身元を引き受けて、費用差し引き後で６０００ドルを稼ぐことができるので、低所得者の暮らし向きは大きく上向く。これに対し、中間層や富裕層はそうした機会に魅力を感じないだろう。

そこがこのプログラムの肝である。アンソニーのようなふつうの人が移住から金銭的な利益を得ると同時に、外国人の人間性や彼らのニーズについて何かを学べば、移住に対する反発は減るだろう。深刻な社会問題が起こらず、このプログラムが浸透すれば、移民の数はやがて大きく増えると考えられる。

移民が増えると一部の仕事で賃金が下がる可能性があることは確かだ。この意味では、われわれの提案は、国境を開けという提案や、ビザの発行枠を増やせという提案と大差ない。重要な違いは、われわれの提案では、賃金が抑制されて損失を被るかもしれない人の多くが、ＶＩＰ制度に身元引き受け人として参加すれば利益も得られることである。移住の利益はいまよりも公正に分配されるようになり、移住に対する政治的な反発は小さくなる。

さらに、移住が大幅に増えると、いまのOECD諸国では経済的に見合わなくなっている活動が復活する可能性がある。GCC諸国の事例や章の冒頭のビネットがそれを例証している。移民労働力が豊富にあれば、外国に移転していた工場が国内に戻ることができて、自国民に新しい仕事が生まれる。これはオーストラリアの政党の代表であるニック・ゼノフォンがここ何年か主張していることだ。現在の移住の規模は小さく、移民が賃金を押し下げるという不安の多くはまったく正当なものである。GCC諸国は移住の規模がはるかに大きい。移民の賃金はとても低く、移民労働力が非常に豊富なため、移民は自国民を雇うことが明らかに経済的に見合わない活動（家事、低技能製造業など）に従事している。そうした活動はたいてい規模が十分に大きいので、自国民の雇用主や監督者が必要になり、自国民に直接利益になるばかりか、雇用までがもたらされることも多い。まさに章の冒頭のビネットにあるとおりだ。

VIPは労働者の対立をなくす公正な制度

ある意味では、大規模な移住の効果は、20世紀半ばに女性が労働力に加わったときの効果と同じようなものになるだろう。この点については、経済学者のマイケル・クレメンスが『国家の壁』（近刊）で指摘している。[34]そう、女性が職場で男性と競争するようになると、配置転換が起こり、怒りの声があがった。しかし、ほとんどの男性は、父親、夫、兄弟、息子として、女性と近い関係にあったので、仕事上の損失よりも、女性の機会が広がることから得られる利益のほうが大きく、競争が増大することを受け入れた。同時に、女性差別は根強かったが、仕事で女性の存在感が高まると、ステレオタイプや父権主義も崩れ始めた。

同じように、われわれの提案では、身元引き受け人と移民が経済的な運命をともにすることになるため、発展途上国の労働者と先進国の労働者の対立が徐々に消えていき、双方が利益を得るようになる。ＶＩＰ制度なら、家庭という非常に私的な領域にある既存のヒエラルキーに直接影響することがないので、女性が労働力に加わったときよりも、受け入れ国の労働者のアイデンティティが崩れにくい。

ＶＩＰがより公正な制度であることは、現在の取り決めと比べるとよくわかる。Ｈ１-Ｂプログラムの場合、現実問題として、移民労働者の身元を引き受けられるのは、グーグルのような大規模で洗練された雇用主だけだ。どうして彼らだけがこの利益を享受するのか。一般の人たちはなぜ恩恵を受けられないのか。それはまるで、裕福な女性たちは政府によって仕事をすることが許されているが、貧しい女性は「それが身のためだ」として仕事をすることを止められているようなものだ。

グーグルはＶＩＰ制度を利用して、社員らにプログラマーの身元を引き受けさせて、グーグルと契約させようとするのではないかと心配する人もいるかもしれない。しかし今度は、身元引き受け人は仲介者になるので、利益の分け前を手にすることになる。グーグルのオフィスがプログラマーを求めていることをアンソニーが聞き及べば、プログラマーを探せばいい。そうすればアンソニーは移民労働者の身元を引き受けて利益を得られるし、移民労働者と地元経済にとっても利益になる。

では、どんな人がやってくるのだろう。いちばん可能性が高いのは、ビシャールのような未熟練労働者と、先のグーグルの例のような熟練労働者である。違法経済はいま、低技能労働者が多数を占めている。イチゴ摘み、ベビーシッター、植木屋、食肉処理施設の労働者たちがそうだ。VIP制度が取り入れられると、こうした仕事に法的な基盤が与えられると同時に、剰余利益の一部が雇用主から自国労働者の懐に回る。VIP制度では、熟練移民は他の移民とまったく同じように扱われる。熟練移民が稼ぐ所得は未熟練移民のそれをはるかに上回るので、その分け前を得ようと、身元引き受けをめぐって激しい競争が起きる。また、他の移民の身元引き受け人になる権利を生涯放棄するのと引き換えに、恒久的な市民権の身元引き受け人になれるような設計もされるかもしれない。そうなれば、熟練移民は恒久的な市民権を取得することや身元引き受け人の所得の取り分を減らすことについて、身元引き受け人と交渉できるようにもなるだろう。

VIP制度が格差を助長しない四つの理由

最も重要な懸念は、VIP制度を取り入れると移民受け入れ国の格差が広がることにならないか、という点だろう。受け入れ国の中間層と労働階級は利益を手にするが、新しく生まれた（アメリカ人の基準で見て）非常に貧しい移民労働者が新しい下層階級となる。これは自由主義の規範の下では受け入れられそうにない。

しかし、この結論は認められない。理由は四つある。第一に、最も重要な理由として、そうした移住は格差を生み出すものではないことをはっきりと認識しておかなければいけない（むしろ格差を減らすことになる）。いまは国境に隠れて見えにくくなっている格差が目に見えるようになるだけのことだ。これはよいことだといえるだろう。極度の貧困を豊かな国の人たちの視界からも意識からも追い出してしまうグローバルなシステムがあらわになって、穏当になり始めるからだ。

第二に、格差が存在することを認識し、身近な問題としてとらえるようになることで、分断のプロセスに大きく歯止めがかかるだろう。ＶＩＰ制度による移住は短期になると思われる。外国人は富と技能を獲得することをめざして自発的に入国し、その後、よりよい暮らしを送れる本国に帰っていくので、新しい階級を構成する外国人は絶えず入れ替わることになる。移住に関する社会学、経済学の研究から得られた証拠によれば、移民に選択ができるときには、ほとんどの人が恒久的な移住よりも短期の循環型移住で働くことを選ぶ。[35] ＧＣＣ諸国の経験はこのパターンと強く一致しており、移民労働者の波が行ったり来たりを繰り返している。この選択肢が消えて初めて、恒久的に移住しようとする人がほとんどだ。階級が分断されていると、下層に生まれついた人々は、その地位から一生抜け出すことができないものだが、この種の循環型移住であれば、階級社会によく見られるこうした病理が生まれることはない。

第三に、アメリカ国内の格差は拡大するかもしれないが（外国人労働者は富の水準が低いため）、アメリカの自国民の間の格差も、世界全体の格差も減少する。これはもちろん、ＧＣＣ諸国の教訓である。ビシャールの年間所得は5倍に、あるいはそれ以上に増える。本国にいる家族に送金するし、本国に戻るときには、十分な資本を蓄えられているほか、英語力が上がるなど、十分なスキルも身についていて、事業を始めたり、給与水準の高い仕事につくための訓練を受けられたりするようになっているだろう。アメリカの国境が開かれていた時代には、ヨーロッパからアメリカに渡ってきた大勢の移民労働者が本国に戻って、まさにそうした。このプロセスが機能して、世界全体の格差が減っていけば、移住する必要性が減って、世界各地の労働者の賃金が上がる方向へと少しずつ進んでいくことにもなる。

第四に、アメリカではすでに低賃金労働者という下層階級ができていることを認める必要がある。彼らは不法入国者だ。アメリカ人はこの階級を何十年も搾取しており、その間、産業にとって重要な役割を果たしていたため、アメリカ政府は何十年も黙認してきた。われわれのアプローチは、この地下経済を地上に引き上げ、規制と監視ができるようにするものだ。すると、もっと経済合理性が働くようになって、アメリカ経済の需要と外国人労働者の利益がうまく合致するようになる。そして、その利益は資本家に流れず、すべての市民が分かち合うようになる。

こうした懸念がどのような意味を持つか、どこまで広がるかは、移民の多さによって変わってくる。われわれは市民のおよそ3分の1だけが制度に参加することを選ぶと想定しているが、もしも大半の市民がそうしたら、移住によって受け入れ先国の人口が2倍近く増えることになる。しかし、ＶＩＰ制度には自己調整作用がある。移民が増えるにつれて、自国民にもたらされる利益は減るので、移民の身元を引き受けることを選ぶ自国民は減っていく。

移民に対する反感を共感に変える

ＶＩＰ制度が複数の国で採用されれば、巨大で流動性の高い移民労働者の国際市場が生まれる。とてつもなく大きな利益が、途上国の最貧困層と、取り残され、疎外されている先進国の怒れる労働者階級の両方に流れるだろう。深刻な政治対立の中心となっているのが、先進国の労働者階級である。外国人が先進国を循環的に移動することで、現地の人たちが金銭的な利益を得るだけでなく、異なる文化に対する共感と理解も深めるようになると期待するのはおかしなことではない。外国人への嫌悪が減れば、国際協調にプラスに働くはずである。

だからといって、不安がないわけではない。ＶＩＰ制度の下では、移民労働者はおのずと従属的な立場に置かれることになる。移民労働者への態度は、少なくとも短期的には、お互いを尊重し、対等な関係を意識したものにはなりそうにない。逆に、章の冒頭のビネットのように、身元引き受け人が移民を子ども扱いして、まるで親のように振る舞うこともあるだろう。

こうした結果は、本当の意味での平等とはほど遠いものの、いまの時点では望みうる最善のものだ。文化的に洗練されたエリートの多くは、この種の不平等な関係にきっと異議を唱えるだろうが、彼らこそ移民との関係性を見つめ直すべきである。われわれの経験からいうと、豊かな都市に住んでいて、苦境にある移民に共感していると考えている人のほとんどは、共感しているという相手の言語も、文化も、夢も、価値観も、ほとんど、あるいはまったく知らない。こうした移民が提供する安価なサービスから大きな恩恵を受けているが、移民が置かれている貧困状態と向き合うことはめったにない。国際エリートたちの連帯意識はうわべだけのものなのだ。しかし、豊かな国で大勢の一般市民が移民にむきだしの敵意をぶつけていることを考えれば、それよりはましだ。

このように、ＶＩＰ制度は世界の最貧困層が置かれている窮状を広く知らせて、機会を手にする道を大きく開き、豊かな国々の無関心と嫌悪を（最悪の場合でも）善意に変える。さまざまな場所で本当の意味での共感が生まれるのではないか。現在のシステムにはびこる偽善と比べれば、これは道徳的な進歩である。より公正な国際秩序を築く現実的な道筋は、これ以外にはないだろう。

第4章

機関投資家による支配を解く
——企業支配のラディカル・マーケット

オブロモフのケース

「失礼いたします。午後3時になりました。お時間です」

オブロモフはソファから体を起こし、ぼうっとする頭であたりを見回した。電極キャップを頭皮から外すと、目の焦点が定まり、自分のオフィスが見えてきた。サーフェシングはまだまだだな。静かな牧草地と濁った小川を思い返して、ため息をついた。音はもう一つだが、美術部門はよくやってくれた。

「ハヤールさんがお見えです」。スピーカーフォンの音声がせっつくように告げた。「少し苛立っていらっしゃるようです。ずっとお待ちでしたので」。

ハヤール？　一瞬、思考が止まったが、その後、心拍数が上がった。あの、ハ、ハ、ハ、ハヤール？

ハヤールとは、もう10年も会っていなかった。オブロモフがいまあるのは、ハヤールのおかげだった。大学院を19歳で辞めて、定型のコーディングの仕事についたときには、周囲の誰もが驚いた。オブロモフは天才ではあったが、ジョブズやザッカーバーグではなかった。夢を形にするよりも、夢をひたすら追っていた。だから、ソムニオコード開発の先駆者の1人だったものの、彼の研究が大きな実を結ぶとは誰も考えていなかった。

ハヤールは違った。ビデオゲーマーならリアルな夢を見たいはずだと考えたのもハヤールだった。ユーザーは自分で操作しているという感覚、いわゆる行為主体性を手放したがらないだろうと他の誰もが考えたが、そもそも行為主体性なんて幻想じゃないか。オブロモフにグーグルを辞めるように説得したのはハヤールだったし、スリープスケープスに全財産をつぎ込んで、広告塔としてオブロモフを神童ＣＥＯに祭り上げたのもハヤールだった。ハヤールはオブロモフがわかっていないことをわかっていた。なぜ、ベンチャーキャピタリストと何度も何度も会わなければいけないのか。なぜ、年間３００日も出張してまで、部門責任者と面会しなければいけないのか。なぜ、ＴＥＤトークでプレゼンする必要があるのか。驚くことに、このハイテクCEOの定石がすべてうまくいった。ゼロから始まったスリープスケープスは、5年でフォーチュン100社に選ばれるまでになった。オブロモフはトランプセンターでビリオネア・オブ・ザ・イヤーとして表彰された。そうして会社は機関投資家の目にとまった。

しかし、楽しくはなかった。オブロモフはもうろうとした頭で振り返った。エンジェル投資家との会合に遅刻したときには、窓の向こうからハヤールが石を投げつけてきたこともあった。そのときの傷跡がいまも腕に残っている。「オレがカネを出したから、いまのおまえがあるんだ」。何年も同じことを言われ続けた。大声でどなりつけ、わめきちらし、ののしる。何度も何度も。思い出すと耳が痛くなった。けれど、だからここまでこられたことも事実だった。二度にわたる経営危機。投資家の怒号。訴訟。離婚。何件かの不正行為はハヤールが落とし前をつけてくれた。ハヤールはオブロモフを守りながら、オブロモフを駆り立て続けた。

そんな日々は突然終わった。オブロモフはハヤールに対してずっと不満を持っていたが、ある日、オブロモフの法律顧問にこう訊かれた。どうしてハヤールにわざわざ電話を返すのですか。その瞬間、オブロモフはすべて理解した。もちろん、ハヤールはもう会社の所有者ではなかった。ハヤールが「所有者」ではなくなったのはずいぶん前のことだった。ハヤールの持ち分は1%以下に希薄化していた（それでも何十億ドルもの価値があったが）。ならば誰が会社を所有していたのか。オブロモフは株主上位5位までを機関投資家が占めていることは知っていたが、その大株主から話を聞いたことは一度もなかった。ときおり法律顧問に漠然とした法的なことがらについて話をしてきたので、オブロモフも状況は理解していたが、本当にそれだけだった。

ハヤールは、二つの競合会社、ドリームランドとソムニアクが「敵」だと強く訴えていた。この2社が新商品を出したら、新商品を出さなければいけなかったし、この2社が値下げしたら、こちらも値下げしなければいけなかった。オブロモフが夜遅くまで仕事をし続けたのはそのためだ。オブロモフはハヤールと何度も話し合った。ソムニアクのポルノゲームはレベルが高いが、ビデオゲーム、テレビ、映画に取って代わった巨大な市場で3社が棲み分ける余地はある。ソムニアクにポルノ、教育、ニューエイジを与えて、ドリームランドには強みである冒険とロマンスをやらせて、残りを自分たちがもらう。「だめだ、だめだ、だめだ」。ハヤールは叫びだした。額には血管が浮き出ている。ハヤールは激怒するといつもそうなるのだが、それを何度目にしたことか。「おまえは何もわかってない。食うか食われるかなんだよ」。

しかし、わかっていないのはハヤールのほうだった。オブロモフはハヤールの電話に出なくなり、ハヤールは取締役を解任された。オブロモフは「チーフ・ニューロマンサー」を名乗るようになって、日々の業務運営は、誰だったか、名前を思い出せない補佐役に任せた。

そうしてオブロモフは眠った。午後はいつも、朝もときどき。価格を下げる必要はなくなった。開発はもっとゆっくりできるようになった。ハイテク・メディアに邪魔されることもなくなった。それで十分だったし、いままでよりもずっとよくなった。スリープスケープスは教育とロマンスを譲り渡したが、収益性は下がるどころか、逆に上がった。

ちょっと待てよ。ようやく目がさめたオブロモフは冷たいすきま風が刺した。オブロモフは財務のことにはとんと疎かったが、司法省が機関投資家を強制的に解体させようとしていることは耳にしていた。残っているのは、いまではフィデリティだけになっていた。フィデリティはハヤールを復帰させた。「新しい夜明けだ」。ハヤールは報道陣に語った。「スリープスケープスは再び勝つ」。

オブロモフは言った。「いまいないって伝えてくれ」。

世界を支配する機関投資家

ブラックロック、バンガード、フィデリティ、ステート・ストリート。ほとんどの人はこうした会社の名前を聞いたことがあるかもしれないが、何をしているのか知っている人はごく一部だろう。老後の資金を貯める口座か何かだったような、という程度ではないか。こうした会社は、「資産運用会社」や「機関投資家」などと、よくわからない名前で呼ばれている。目立たない存在であり、金融専門誌以外で取り上げられることはまずないが、世界で最も影響力を持っている会社だ。ファンドマネジャーは1人で数兆ドルの資産を運用しており、機関投資家全体でアメリカ株式市場の時価総額の5分の1以上を支配している。つまり、自立した会社だと考えられている有名企業を支配しているということだ。JPモルガンも、ユナイテッド航空も、ベライゾンも、グーグルもそうである。経済協力開発機構（OECD）によると、機関投資家全体でアメリカ株式市場の約4分の1を保有している。他の主要な国の株式市場も、機関投資家に支配されている。

このような資産運用会社は、レーダーで探知できない低空飛行を続けながら、ローマ帝国をおそらく例外として、世界の歴史で例を見ない強大な金融力を行使している。いったいどうやってそうしているのだろう。このような投資家の大きな特徴は、投資先が〝分散〟されていること、そして、その多くはどちらかといえば〝受け身《パッシブ》〟であることだ。そのため投資は「退屈」なものになる。分散投資とは、どこか一つの会社や同じような会社の一つのグループに投資するのではなく、幅広い業種の会社の株式を保有することである。パッシブ運用とは、株式を頻繁に売り買いしないで、大半を長く持ち続けることだ。厳密にいえば労働者などの一般市民が保有している資産を運用することも多い。バンガードは低コストのインデックスファンドの先駆者として高く評価されている。そのおかげで労働者は老後資金の貯蓄を分散させて、投資先の判断を誤る危険をおかさなくてすむようになったのだから、それは当然のことだ。こうした特徴から、機関投資家は経済を導くうえでは積極的な役割を果たしていないという印象を持たれている。

だが、経済学の研究によれば、機関投資家の分散投資は、幅広い業種に害を及ぼしている。消費者には値上がりをもたらし、投資とイノベーションを減少させているばかりか、賃金を押し下げるおそれもある。

われわれの知る限りでは、この結果は機関投資家の運用担当者が周到に共謀した結果ではない。逆に、機関投資家業界は高い志の下に生まれている。競争を回復するための解決策も驚くべきものだ。機関投資家の企業支配を弱めるのではなく、強めるのである。ただし、業界全体に対する支配力ではなく、個々の会社に対する支配力になる。

千の顔を持つ独占者

巨大企業による独占

「独占」という言葉を初めて使ったのはアリストテレスで、数学者、哲学者であるミレトスのタレスとの議論の中で生まれたものである。タレスはオリーブの収穫前に圧搾機をすべて借り受けて市場を独占し、哲学が実生活に役立つことを示してみせた[1]。だが、近世における独占の最大の源泉は、この種の個人の試みではなく、国家だった。国家は強い結びつきがある個人やグループにさまざまな事業を独占させた。アダム・スミスとその同時代人は、こうした法的な取り決めが独占の最大の源泉だと見ていた。アメリカ独立運動には、イギリス東インド会社による茶貿易の独占支配との闘争という一面もあった。

スミスの時代には、大半の事業は規模が小さく、資本は地元の銀行や一族に頼っていた。運河の建設のような大規模な事業や計画になると必要となる資本が大きいので、政府が引き受けたり、とりまとめたりするのがふつうだった。しかし、第1章で見たように、テクノロジーが進化し、法律が発展したことで、起業家が十分な規模を持つ事業体をつくって、巨大な産業プロジェクトを引き受けられるようになった。こうした企業の資本を確保するために、起業家は株式と債券を不特定多数の投資家に販売し、何年もかけて返済していった。

このような大規模な資本プールが発展すると、経済学者は企業が競争を制限するのではないかと懸念するようになった。株式会社には特権が与えられ、所有権が保護されているため、国家から他に支援がなくても独占を達成できるようになるからだ。19世紀には、アントワーヌ・オーギュスタン・クールノーが数学的手法を用いた先駆的な経済分析を行って、取引を阻害し、生産を減少させて、より高い価格を設定できるようにする独占のインセンティブを研究した。技師で経済学者のジュール・デュピュイは、第1章と第2章で何度も登場した二次の三角形を使って、独占支配がもたらす社会的な損失、いわゆる「死荷重」を例証した。独占者が不当に高い価格を課すと、財の価値は独占価格より低いが、生産コストより高いと考えている人は、その財を買うことをあきらめてしまう。こうした思想家たちは、第1章で登場した経済学の大家、レオン・ワルラスに影響を与えることになる。[2] ワルラスは、私的独占が（土地の私的所有とともに）自由市場の活動を妨げる最大の障害であり、格差を生み出す主要な原因であると見ており、1890年代に次のように記している。「アメリカで、富豪が莫大な財産をどこから得ているのか、その源泉を探すと……競争のない事業を運営していることに行き着く」[3]。

フランス人経済学者たちが説くまでもなく、独占は危険であることをアメリカ人たちはわかっていた。19世紀には巨大な企業が一気に現れた。19世紀最後の30年ほどのことだ。巨大企業は、輸送、エネルギー、製造、金融という主要産業をことごとく支配した。こうした企業はたいてい買収を重ねて巨大化していった。一つの会社が別の会社を買っていったということである。ロックフェラーのスタンダード・オイルは、ロックフェラーと数人の共同経営者が運営するパートナーシップとして始まった。その後、競合企業を次々に買収していく。州法が定める制限を回避するため、各社を別個の企業とし、それを一つの全米規模のトラストが所有する形にした。トラストが全社の方針を決めて、一つの会社として行動させるようにするのである。他の主だったトラストには、USスチール、アメリカン・タバコ・カンパニーがあった。多数の会社の規模があまりにも大きくなったため、競争はほとんどなくなった。

トラストは金融力と政治力を持つようになり、一般大衆や識者、政治家は懸念を抱いた。そうして、F・スコット・フィッツジェラルドの小説に描かれたように、金ぴか時代に経済的、政治的格差を生み出す原因の一つになる。スタンダード・オイルは当時の風刺画に、8本の足で市場と州議会をからめとるタコとして描かれた（図4・1を参照）。そして1890年、議会はシャーマン法を可決し、（特に）「取引を制限する結合」を禁じた[4]。

図4.1　複雑でわかりにくい財務構造をとった「泥棒男爵」による政治力、経済力の蓄積が、アメリカで反トラスト法が制定される契機となった。
出所：Udo J. Keppler, Next! (1904), http://www.loc.gov/pictures/item/2001695241/.

反トラスト法

シャーマン法の執行は当初は遅々として進まなかったが、やがて、当時花開きつつあった進歩主義運動の強力なツールになった。その先頭に立ったのがヘンリー・ジョージであり、[5] ワルラスと同じ主張を展開した。[6] 進歩主義を初めて採用した偉大な大統領であるセオドア・ローズヴェルトは、トラストをつぶすと公約した。ローズヴェルトの功績は伝説化して誇張されているが、ローズヴェルト政権が多数の企業に対して反トラスト法違反で訴訟手続きをとったのは事実である。しかしその根底には、あるジレンマが横たわっていた。トラストは市場の競争に損害を与え、自社の財・サービスに不当に高い価格を設定できるようになったが、規模が巨大だったので、生産の固定費をより多くの消費者に分散させることもできた。そのため、価格が下がっただけでなく、経済学者のいう「垂直統合」を実現して、土地と地域の独占企業を買収し、地域独占が解消されたのである。このように、大企業をただなくすというのは、けっして理にかなわない。だが、反トラスト法は、規模の経済を生まない競合企業同士の「水平」結合を違法にすることで、多少なりとも貢献した。ウィリアム・タフト政権はローズヴェルトのさらに上を行く数の反トラスト訴訟を起こした。そして1911年、同政権はロックフェラーの〝タコ〟を解体した。[7]

ウッドロー・ウィルソン大統領の下では、さらに二つの反トラスト法が成立した。1914年クレイトン法は、本質的に反競争性があると認められるある種の行為を防止し、競争を減らす可能性がある合併や資産購入を直接禁止することで、反トラスト法を強化した。また、同じ年にできた連邦取引委員会（FTC）法の下で、新しい行政機関が設立された。FTCには、競争を規制する権限が与えられ、禁止規定の執行に関して司法省反トラスト局と共同管轄権を持つことになった。[8]

「赤の女王」現象

しかし、新しい介入を打ち出しても、結合企業の市場支配力は高まり続けた。法学者のアイナー・アルハウゲが実証したように、この時期に企業結合は増加した。その企業結合が原因だと多くの人が指摘した所得格差も拡大している。[9] 大恐慌が発生し、フランクリン・ローズヴェルトがニューディール政策を掲げてようやく、私的独占を禁止する行動主義的な反トラスト規制政策がとられるようになった。規制当局と裁判所は、企業が経済力を拡大させるために使う手段を洗い出して阻止する姿勢を強めた。議会もその輪に加わった。クレイトン法は当初、企業が他社の株式を取得するのを禁止して結合を止めようとするものだった。すると企業は、他社の株式を買うのではなく、保有する資産を買うことで、このルールを迂回する手を考え出した。

この問題にはさまざまな呼び方があるが、われわれが気に入っているのは、生物学に由来する名前である。ここでは「赤の女王」現象と呼ぶことにしよう。赤の女王とはルイス・キャロルの小説『鏡の国のアリス』に登場する人物で、女王はアリスにこう告げる。「よいか、ここでは、同じところにとどまっていたければ、全力で走り続けなければいけないのだ[10]」。物語の中のアリスとまったく同じように、独占が再生産されないようにするためだけに、規制当局は「キャッチアップ」し続けなければならない。企業が使う回避策を察知し、損失を確認し、新しい法律や規制をつくって、それを止めるのだ。1950年、議会はクレイトン法を修正して、資産の購入も規制対象に含めるようにした[11]。

この行動主義を理由に、アメリカの反トラスト法は国際的なモデルになった。まずイギリスがこれを取り入れると、ヨーロッパ大陸が続いて、世界各国に広がっていった[12]。ところがアメリカ当局は、世界の称賛を勝ち取ったまさにそのとき、赤の女王の踏み車を降りた。資本市場は独占力を維持するために姿を変えていき、反トラスト当局はそれに追いついていけなくなった。この流れは1970年代に始まり、1980年代以降はどんどん加速していった。そのような状況になった理由を解き明かすには、20世紀にアメリカの企業形態と統治がどう進化していったか、検証しなければいけない。

頭のないタコ

誰が株式会社を所有し、支配するのか

20世紀には、大企業を運営する法的形態として、公開株式会社が標準になっていった。株式会社の大きな利点は、株式と債券が一般に取引所で売買されることである。ある企業が次のスタンダード・オイルやグーグルになると思ったら、取引所で株式を買うことができる。その後、経営に問題があることがわかったら、その株式をさっと売ることもできる。こうして所有権は流動化した。所有権の持ち分が株式という具体的な形になり、公開取引所で売買されるようになると、所有持ち分を売るのが容易になった。われわれが第1章ですべての資産を活用するために生み出そうとしたのが、まさにこの流動性である。

だが、所有権が流動化して公開取引所で売買されるようになると、あるパラドックスを生むことにもなった。そのパラドックスとは、アドルフ・バーリとガーディナー・ミーンズが1932年の先駆的な著作『近代株式会社と私有財産』で指摘したものである。株式会社が登場したこと

で、起業家は何百万人もの株主をアメリカや世界中から呼び込んで、莫大な資本を調達し、鉄道や製鋼所などの巨大プロジェクトを実現させる資金を確保できるようになった。株式の所有者は株式会社の利益に対する権利を与えられ、株式の配当か、会社を解散して債務を弁済した後の清算金かのいずれかの形で分配を受けることができた。ところが、少なくとも原理上では、株式会社の取締役を雇って、会社を「支配」するともされていた。雇われた取締役は最高経営責任者（CEO）などの経営者を任命、監視し、経営者は日々の会社運営に責任を負った。また、株主は合併などの重要な会社の意思決定に議決権も行使した。

しかし、バーリとミーンズが指摘したように、株式会社の「所有権」は、ふつうの財産の所有権とは大きく違っていた。自動車を所有していたなら、（車を運転し駐車することで）それを支配すると同時に、（それを賃貸するか売ると）他人に使用させて利益を得る権利も持つ。大企業の場合は、所有者が何百万人も存在する。いったい誰が会社を支配するのだろう。ここで問題は、第2章のトピックである投票に戻る。あなたがグーグル株を3株持っていたら、投票したいだけ投票することができるが、あなたの投票が違いを生むことはないだろう。それに、グーグルがどう運営されているか、そもそも大きな注意を払うこともないだろうから、十分な情報に基づいて投票権を行使することができない。いままでは、会社の経営状態に注意を払わなくても市場で値上がり益を手にできることだけが、株式を所有するメリットだと考えている人がほとんどである。

それでは、誰が株式会社を支配しているのだろう。一般には経営者である。取締役は、CEO

などの経営者が株主の利益のために行動するように監視するものとされているが、そもそもCEOが取締役を任命している場合、取締役はCEOに恩義があるのがふつうである。それに取締役はたいてい部外者であり、CEOが株主の利益のために行動するようにさせるために必要な時間も、インセンティブも、情報もない。

反トラスト対策と企業統治という対立する規制

所有と支配が分離していると、経済学者のいう「エージェンシーコスト」が発生する。エージェント（この場合はCEO）は、プリンシパル（株主の集合体）の利益のために行動するとは限らない。エージェントは会社を利用して私腹を肥やそうとするかもしれないし（自分の報酬を不当に高くする、会社にジェット機を買わせて自分が乗れるようにするなど）、手を抜いて何もしないかもしれない。株式市場が発展して、投資家は流動性を確保する力を手に入れたが、その代償として支配権を失うことになった。これがエージェンシーコストである。

どうすれば経営者が株主の利益のために行動するようにさせられるのだろう。企業買収の市場（別の企業や投資家集団が、業績が低迷している企業を買って、CEOを解雇する市場）があると、CEOがクビになるのを恐れて利益を最大化させるようになるため、重要な役割を果たすと経済学者は考えているが、いまある議論の大半では、企業報酬と企業経営構造に重点が置かれている。CEOには株式で報酬を支払うべきであり、そうすれば株価が上がると報いられ、株価が下がると罰せられる。取締役会は独立性を高くしておくべきである。株主は投票する機会を十分に与えられるべきである、という具合だ。政府は企業がこうした「ベストプラクティス」を導入するように後押ししているが、バーリとミーンズが提起した根本的な問題は一つも解決されていない。

問題をもっと大きくとらえると、私的所有を中心とする経済（1人の個人が工場や農場を所有する形態）から、資本市場を通じて株主資本が国民に広く分散される現代的なシステムへと移行したことで、三つの大きな変化が起きたといえる。事業などのプロジェクトの資本を調達することがはるかに容易になった。しかし、買収を通じて産業が集中化することもはるかに容易になった結果、独占価格が設定され、賃金が抑えられ、政治が腐敗するようになった。さらに、経営者が株主の利益のためではなく、自分の利益のために企業を運営することも可能になっている。政府はこれに対して反トラスト対策と企業統治をことあるごとに強化してきたが、二つの規制は対立していると考える理由がある。この矛盾は何年も水面下にあったものの、機関投資家が台頭したことで表面化している。

楽な資本主義

投資先を分散させることによるリスク回避

株主資本主義のロジックに照らすと、投資家は最小限の労力で最大限の安定したリターンを得たいと考えていることになる。1950年代から、経済学者はこうした原理に基づく金融理論を発展させ、やがて「ポートフォリオ理論」と呼ばれるようになった。[13] 平均的な投資家にとって、多種多様な会社の株式を買って、経済全体の動きを模倣するほうが、どの会社の経営が優れているかを推測して銘柄を選別するよりも理にかなっている。これが、ポートフォリオ理論の最大の知見である。投資家が一つの銘柄だけを買って持ち続けると、経営陣が無能だった、背任をしたなど、その銘柄に固有の理由で株価が下がるリスクを抱えることになる。投資先を経済全体に広く分散させれば、銘柄固有のリスクを避けることができる。

理論はさらに発展していき、こうした結論が補強されていった。いわゆる効率的資本市場仮説では、「割安」な株式を選別しようとしても無駄であるとされた。プロの運用者がそれを先に見つけるので、一般の投資家が見つける頃には株価は上がっているだろう。そうだとすれば、銘柄を選別したところでそもそも何の意味もないことになる。素人の投資家なら間違いなくそうだ。[14] また、「行動ファイナンス」理論によれば、一般投資家はしばしば不合理に行動するとされる。[15] この理論を要約するとこうなる。投資家は投資を広く分散して、「市場に勝てる」と主張する不誠実な運用担当者に支払う手数料をできるだけ少なくしろ——。

それを最も割安に実行する方法は、株価指数に連動する低コストのミューチュアルファンド(特にインデックスファンド)に投資することである。ミューチュアルファンドとは、株式で運用されるポートフォリオであり、特定の業種（エネルギーなど）や戦略（成長株など）に投資する。

インデックスファンド（ミューチュアルファンドの一種）は、対象とする株価指数（S&P500種など）を完全に模倣し、指数を構成する銘柄を同じ比率で組み入れたポートフォリオである。1970年代からそうしたファンドに対する需要が旺盛になった。それは、政府がさまざまな改革を打ち出して、年金貯蓄が株式市場にシフトしたためでもあり、政府が金融理論に説得されて、低コストの分散型ファンドに貯蓄を投じるよう投資家に促したためでもある。やがて、こうしたファンドを支配していた機関投資家が主要な株式会社の最大の所有者になり、したがって（少なくとも理屈の上では）最大の支配者になった。

機関投資家とは誰か

それはさておくとして、機関投資家とは誰のことなのだろう。機関投資家には、ミューチュアルファンドとインデックスファンドを運用する会社や資産運用会社など、顧客に代わって株式を買って保有する会社が含まれる。大手機関投資家の名前はすでにあげている。バンガード、ブラックロック、ステート・ストリート、フィデリティだ。インデックスファンドの運用はかなり機械的なので、コストが低い。いまでは機関投資家が提供するファンドの4分の1弱をインデックスファンドが占めていると思われる。[16]

図4・2は、アメリカ公開株式市場における機関投資家の支配率の推移を示している。機関投資家の支配率は劇的に上昇している。1980年には約4%だったが、2008年の大不況前後

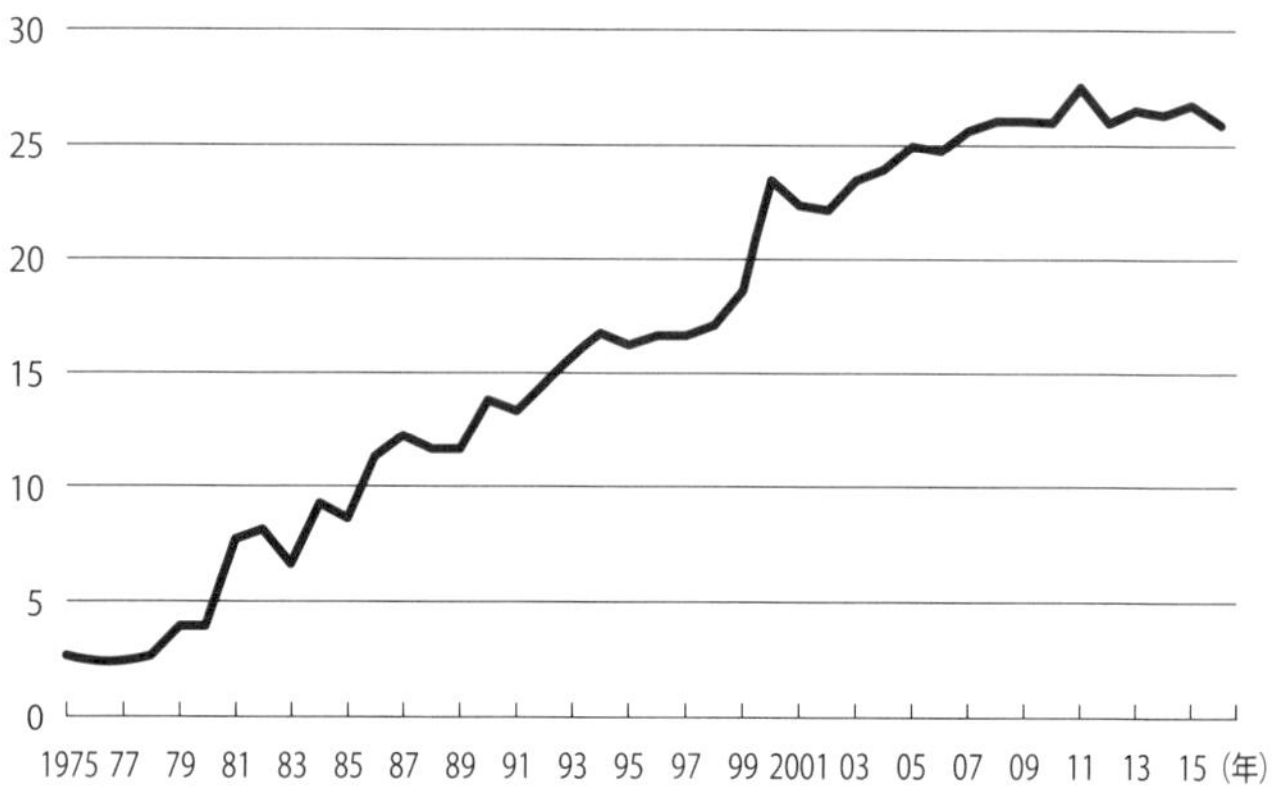

図4.2　1975年以降のミューチュアルファンドとインデックスファンドによる資産保有の推移
一連のデータは、アメリカ投資信託協会の*Institutional Investor Fact Book* 2016年版および世界銀行の世界開発指標のデータを使って作成した。2000年以降は、アメリカ株式市場の機関投資家の持ち分を、非ワールドエクイティファンド資産の総額とハイブリッドファンド資産の半分の総計として計算しており、2000〜2015年の期間の機関資産総額の約40%を占める。2000年以前の*Fact Book*は総資産額のみ報告されている。逆外挿するために、こうした資産の40%がアメリカ株式だと想定している。その後、世界開発指標にあるアメリカ上場企業の時価総額で除している。

は26%で推移している。26%といっても市場全体から見れば少数派だが、主要な公開株式会社の持ち分の大半が、そうした会社の統治に役割を果たす能力を持たない個人の家計に広く分散しているのである。[17]

個人とはきわめて対照的に、機関投資家の重みは増している。1980年代後半以降、ブラックロック、フィデリティ、バンガード、ステート・ストリートは絶対ベースで大きくなっているだけでなく、主要なアメリカ企業の大株主にもなっている。[18]典型的

JPモルガン・チェース	%	バンク・オブ・アメリカ	%	シティグループ	%
ブラックロック	6.4	バークシャー・ハサウェイ*	6.9	ブラックロック	6.1
バンガード	4.7	ブラックロック	5.3	バンガード	4.5
ステート・ストリート	4.5	バンガード	4.5	ステート・ストリート	4.2
フィデリティ	2.7	ステート・ストリート	4.3	フィデリティ	3.6
ウェリントン	2.5	フィデリティ	2.1	キャピタル・ワールド・インベスターズ	2.4

ウェルズ・ファーゴ	%	USバンク	%	PNCバンク	%
バークシャー・ハサウェイ	8.8	ブラックロック	7.4	ウェリントン	8.0
ブラックロック	5.4	バンガード	4.5	ブラックロック	4.7
バンガード	4.5	フィデリティ	4.4	バンガード	4.6
ステート・ストリート	4.0	ステート・ストリート	4.4	ステート・ストリート	4.6
フィデリティ	3.5	バークシャー・ハサウェイ	4.3	バロウ・ハンレイ	4.0

表4.1　アメリカ6大銀行の株主上位5位
出所: José Azar, Sahil Raina, & Martin C. Schmalz, Ultimate Ownership and Bank Competition (unpublished manuscript, July 23, 2016), https://papers.ssrn.com/sol3/papers.cfm?abstract_id=2710252.
* 投票権のないワラント

な例として、アメリカ銀行業界の状況を表4・1にまとめている。この傾向はアメリカだけのものではない。カナダ、デンマーク、フランス、スウェーデンなどでも保有率は同じように高い。[19]

こうした機関が成長すると、投資先の企業の上位所有者になった。1990年代になると、バーリ＝ミーンズ型株式会社の分散された株主には市場規律を働かせることはできないが、機関投資家ならそれができるかもしれないと、学者たちは考え始めた。[20] たとえば、バンガードはデルタ航空の株式の6％以上を保有して、単独の筆頭株主になっている。過半数持ち分にはほど遠いにもかかわらず、バンガードが電話するとデルタのCEOが応じるのは、バンガードがデルタの筆頭株主だからだ。

さらに、ほとんどの機関投資家（バンガードは除く）は、銘柄を選別して運用するファンドを数多く提供しており、投資先の企業が機関投資家の助言に従わなければ株式を売るという脅しになる。企業統治で機関投資家が実際にはどのような役割を果たしているかについては、いまも論争が続いている。しかし、機関投資家の台頭が意味する非常に重要な点が見落とされている。機関投資家が所有する企業の支配権を握っているのだとしたら、この支配権をいいようにも悪いようにも使えるのだ。

トラストのように振る舞う機関投資家

表4・1をもう一度考えてみよう。この表はアメリカ銀行業界の株式所有構造を示している。[21] こうした銀行の株式の上位所有者は、まるで判で捺したかのように、機関投資家の同じグループだ。ブラックロックはJPモルガンの筆頭株主で、持ち株比率は6・4％である。また、シティグループ、USバンクの筆頭株主で、バンク・オブ・アメリカ、ウェルズ・ファーゴ、PNCバンクの第2位株主でもある。バンガードはJPモルガン、シティグループ、USバンクの第2位株主、バンク・オブ・アメリカ、ウェルズ・ファーゴ、PNCバンクの第3位株主だ。他の大半

の市場も同様である。ブラックロック、バンガード、ステート・ストリートを合わせると、アメリカの全公開会社の40％以上、S&P500種の公開会社の90％近くで、単独の筆頭株主になる。[22]アメリカの公開会社のうち、同業他社の大量の株式を同時に保有している機関投資家が株式を保有している会社の割合は、1980年には10％に満たなかったが、2010年には約60％になり、それ以降、増え続けている。[23]

反トラスト法の執行では赤の女王問題が繰り返されてきたが、機関投資家はその最新の事例である。伝統的な反トラスト法の執行は、一つの企業が市場全体を独占しないようにすることを目的としていた。しかし機関投資家は、特定の市場を支配する大手企業の持ち分をつなぎ合わせることで投資家がルールに触れないようにしており、しかもそれを経済全体でしている。なるほど機関投資家は1世紀前のトラストがしていたように振る舞うが、トラストと比べると実態をとらえにくく、透明性も低い。そのうえ、一つのセクターだけでなく、経済全体で競争を排除する潜在的な力を持っていながら、水面下で静かに動くのだから、機関投資家の支配はことさら厄介である。

このように、反トラスト法の執行は、経済力集中の最新の形態に適応できていない。経済学者はさまざまな理由から、こうした所有のパターンが悪影響をもたらすのではないかと長く懸念していた。そして2012年になって、若き経済学者、ジョゼ・アザールがこのパズルを組み上げた。[24]

インデックス運用のどこが悪いのか

市場集中の度合いは何によって決まるのか

では、機関投資家の分散投資のいったい何がそんなに問題になるのだろう。アザールの考察のロジックを理解するには、反トラスト法の根底にある競争の基本理論に立ち戻る必要がある。

その理論によれば、競争があると企業は何とかして顧客を満足させようと努力し、その過程で価格が下がり、質が上がる。いま、アメリカ市場で自動車を製造している企業はゼネラルモーターズ（GM）とフォードの2社だけで、それぞれが市場を半分ずつ分け合っているとしよう。GMはフォードの市場シェアを切り崩して、自社の利益を増やしたい。自動車の価格を下げれば、そうできる。GMが価格を下げなかったらフォードから車を買っていたかもしれない人がGMに乗り換えて、値下げから利益を得る。GMにとって問題となるのは、車の価格を下げると、値下げをしなくてもいずれは売れていたであろう車から得られる利益も減ってしまうことだ。

そのため、フォードが市場から姿を消して、GM1社しか存在しない独占状態になれば、顧客がフォードに乗り換えることを恐れる必要がないので、GMは価格を上げて、生産を減らす。逆に、何百社もの自動車メーカーが競合していたら、GMは顧客が他社に流れないように、価格を思い切って下げなければいけなくなる。そこでGMは生産コストをカバーするぎりぎりの価格を設定する。これが競争価格である。最初の仮定のように、市場が2社だけに支配されているケース（複占）では、2社は緩やかに競争して、独占者が設定する価格よりも低いが、競争価格よりも高い水準に価格を下げる。これが経済学者の見方である。企業の数が増えるにつれて、競争は激しくなるので、価格は下がり、生産量は増える。

市場に何社が存在するか、別の言い方をすれば「市場集中」の度合いは、何によって決まるのだろう。一つの例として、ある企業が大きく成長し、市場で最も効率の高い企業になって、競争に勝つことがある。そうしたケースでは、市場集中は法的に容認されるし、場合によっては奨励されることさえある。その企業は効率性を高めたことを報いられるべきだ。反トラスト法は一般に、1社が競争相手を買収した結果として市場集中が進むことを警戒する。タレスが競合するオリーブオイル生産者の圧搾機を買い占めた例がそうだ。しかし、現実の世界では、物事はそんなに単純ではない。ここでもう一度、自動車メーカーが何十社も存在していて、そのうちの2社、フォードとGMが合併することを決めると想像してみてほしい。この場合は、合併が競争に与える効果は小さいだろう。なぜなら、非常に多くの競合企業が存在するからだ。さらに、フォードとGMが合併すると、重複する製造施設を整理できるようになるので、より効率的な会社が生まれるかもしれない。このように、合併を評価する際には、市場支配力の効果（消費者にとってはマイナスに働く）と規模の経済性（生産者と消費者にとってプラスに働く）のバランスを比較衡量しなければならない。

アメリカ政府は、法的根拠に基づいて合併に異議を申して立てることが多い。合併を考えている企業に指針を与えるために、二つの主要な反トラスト機関である司法省とFTCが水平的合併ガイドラインを公表し、市場集中度の数値基準、審査・介入の対象になる可能性がある合併の性質を定めている。[25] 筆者の1人は直近のガイドラインの草案作成に携わった。[26]

機関投資家が価格競争を阻止する

一連のガイドラインの背景にある分析は、企業はそれぞれ独立して所有され競争しているという前提に立っている。しかし、すでに見たように、ほとんどの企業は独立して所有されていない。実際には、ライバル企業の株式を大量に保有している機関投資家に支配されている。どうしてこのことが重要なのかを理解するために、まず、単独の株主がフォードの株式の100％とGMの株式の100％を所有していると想像してみてほしい。しかし、フォードが価格を下げるときは、フォードがGMから市場シェアを奪おうとしている。しかし、株主は2社とも所有しているので、フォードがGMに勝っても利益は得られないし、値下げは確実に損失となる。そのため、株主はフォードとGMのCEOに価格競争（あるいはコストがかさむ品質競争やイノベーション競争）はしないように命じ、2社が合併したかのように行動するように指示するだろう。

現実の機関投資家は会社の5～10％しか所有していないが、このロジックは同じように当てはまる。いま、バンガードがGMとフォードの筆頭株主で、ブラックロックが第2位株主だとしよう。持ち株比率は、バンガードがそれぞれ７％、ブラックロックがそれぞれ６％である。値下げすると利益が減るので、どちらもＧＭとフォードが価格競争をしないことを望んでいる。持ち株比率が１００％だろうと、７％だろうと、６％だろうと、０・01％だろうと関係ない。全員が価格競争を阻止する方針で合意する。そうなると、ＧＭとフォードのＣＥＯは競争することを拒絶するのだろうか。答えは、機関投資家が実際にＣＥＯに影響力を行使できるかどうかで変わる。行使できると考える理由はいくつかある。

・機関投資家はＣＥＯに対して、会社が価格を上げるか投資を減らせば、利益が増えると戦略的に助言するかもしれない。最近のある調査では、まさにこの種の行動が観察されている。共通の株主がとても多く、集中化が進んでいる産業では、企業は生産能力やイノベーションに投資しなくなっているのだ[27]。各社のＣＥＯは投資家がライバル企業のＣＥＯに話をするとわかっているので、ライバル企業も値上げするだろうと考え、暗黙の共謀が成立しやすくなる。さらに、ＣＥＯが投資家の助言に従わないと、投資家はＣＥＯの報酬や取締役の選任に反対票を投じて、ＣＥＯを罰することができる。

・機関投資家は、投資家向けの収支報告など、主要企業の最高財務責任者（ＣＦＯ）と投資家のやりとりでおのずと優位に立つ。「投資家を満足させ続ける」ことはＣＦＯの責務である。ＣＦＯが競争的な方針を示すとそうした主要な投資家が冷ややかな反応をみせて、反競争的な方針を示すと高く評価されたなら、ＣＦＯは社内の反競争勢力に引き入れられやすい。

・ＣＥＯがライバルと競争しないようにするインセンティブパッケージを機関投資家が設計したり強化したりする可能性がある。ＣＥＯのパフォーマンスを判断する基準となるのは、競争相手と比べた相対評価か絶対評価である。相対評価の場合、絶対的な利益水準に関係なく、たとえばライバルから市場シェアを奪うことで、高い評価を得られる。絶対評価の場合は、ライバルから市場シェアを奪っても、それによって利益の絶対額が増えなければ評価されないので、競争は緩やかになる。最近の調査では、共通の株主が多いと、相対的な報酬が大幅に下がることがわかっている。共通の株主が多い企業ほど、積極的な競争を体系的に抑制する報酬体系になっている。[28]

・積極的な競争に関心を持つ行動主義投資家による買収提案があっても、機関投資家はそれを阻止することができる。[29]

・それ以上に間接的だが、かなり有害だと思われるやり方として、機関投資家は表面的には「企業寄り」あるいは「株主寄り」に見えるが、競争を減らす傾向もある業務標準や慣行、理念を広めることができる。よい企業統治を促進するふりをして、「無駄を削る」取り組みを進めることがその例である。投資と人員を減らして、株主のリターンを増やしたり、現金を蓄積したりするようにさせるのだ。また、規制の緩和、法人税の引き下げなど、概ね「企業寄り」の政策を求めて、企業がロビー活動を展開するように促すこともある。これは偶然の一致だろうが、機関投資家が台頭した時期と、企業の支配的な「イデオロギー」が、投資とイノベーションを重視するものから、縮小、ロビー活動、コスト削減を選好するものへとシフトした時期はぴったり重なる。[30] こうした取り組みは競争を後退させることになり、結果的に機関投資家の利益が増える可能性がある。

一方で、CEOは自分が経営する企業の株式を大量に保有していることが多い。そのため、価格競争にかかわるなと指示されても、それを受け入れようとはしないだろう。投資家は（理屈の上では）CEOを解雇したり、報酬を減らしたりできるので、こうしたCEOが投資家の利益をまったく無視できるとは考えにくいが、この対立がどのような結果をもたらすかという問題は、経験から実証できる。

航空業界と銀行業界の競争のケース

その傍証が、アザール、マーティン・シュマルツらの共同研究によって示されている。一例が航空業界である。[31] 航空会社間の競争を路線ベース（ニューヨーク－シカゴ間、ロサンゼルス－ヒューストン間など）で検証した結果、機関投資家が航空会社の株式を大量に保有しているときは、そうした航空会社が競争している路線のほうが、航空会社が競争していない路線よりも航空券の価格が高いことが明らかになっている。全体として、機関投資家の反競争的な力が働き、航空券の価格は3～5％高くなっている。この調査では、機関投資家2社の合併を巧みに分析して、合併が影響を与えると予想されるまさにその路線で反競争的な傾向がことさら顕著に認められることが突き止められている。これは、機関投資家があまりにも深く関与しているため、個々の路線の価格にまで影響を与えられることを示唆するものだ。

銀行業界を検証したもう一つの研究も、同様の結論に行き着いている。それによると、銀行が提供する金融商品の価格や条件を予測する指標としては、機関投資家が重複している度合いのほうが、標準的な市場集中度の指標よりもはるかに優れているという。[32] 地域市場で競争している銀行の株式を機関投資家が大量に保有しているときには、当座預金口座の金利は低くなる。そして、この問題はますます深刻になっている。また別の研究によれば、建設、製造、金融、サービスの分野では、ある基準で見ると、機関投資家の水平的株式保有は1993年から2014年の間に600％増加した。[33] これらの産業では、競争は時間がたつにつれて減少し、価格は競争がもっと激しかったら設定されていたであろう水準よりも高くなると考えるべきである。

機関投資家の支配が賃金を下げる

機関投資家の支配が広まると、価格が上昇するだけではない。賃金が下がる可能性もある。企業は消費者をめぐって競争するのとまったく同じように、労働者をめぐって競争する。企業が共謀して価格を上げ、生産を減らすように、労働者をめぐって市場で共謀する企業も、賃金を引き下げ、労働者を解雇して、失業を増やすだろう。そうすれば、賃金を低く抑えられて、労働者を搾取できるからだ。この現象は「買い手独占」(monopsony) と呼ばれる。売り手独占 (monopoly) の逆である。そう聞くと、賃金の停滞がすぐに思い浮かぶ。「序章」で論じたように大半の労働者の賃金は伸び悩んでおり、市場支配力の増大と賃金の伸び悩みとの間には密接な関連があることが、最近の研究で示されている。[34]

さらに、企業が政治的な活動で協調すれば、自己の利益をはかり、公共の利益になる規制や税金を阻止するロビー活動の効果がいっそう高まる。政治科学者のジェイコブ・ハッカー、ポール・ピアソンは、機関投資の増加がこの現象と関連していることを実証している。[35] 機関投資と分散投資の論理を突き詰めると、すべての資本が、消費者と労働者から最大限の富を吸い上げるために使われることになる。

競争を回復する

機関投資家による株式の所有を制限する

単純だがラディカルな改革を打ち出せば、このディストピアの到来を防ぐことができる。機関投資家が同じ業界内で多くの企業の株式を保有することを禁止すると同時に、業界が異なる多くの企業の株式を保有することは認めるのである。ブラックロックは（たとえば）ユナイテッド航空の株式を好きなだけ保有するが、デルタ航空、サウスウエスト航空など、他の航空会社の株式はいっさい保有しない。そして、ペプシの株式も好きなだけ保有するが、コカ・コーラとドクターペッパーの株式はいっさい保有しない。さらに、JPモルガンの株式は好きなだけ保有するが、シティグループなど、他の銀行の株式はいっさい保有しない。ブラックロックの規模が大きいままであれば、章の冒頭のビネットのように、さまざまな市場で投資先企業の大量の株式、10～20％か、それ以上を保有することになるだろう。

　また、機関投資家が大きくなりすぎない限り、業界間だけでなく、同じ業界内でも、多くの企業の株式を保有することも認める。われわれはこの提案をフィオーナ・スコット・モートン（司法省反トラスト局のチーフエコノミスト）と共同研究しており、より詳細に試算した結果に基づくと、基準を１％とするのが妥当だと思われる。[36]つまり、機関投資家はたとえばユナイテッドの株式の１％、デルタの株式の１％、サウスウエストの株式の１％、他のすべての航空会社の株式の１％を保有できるし、ペプシ、コカ・コーラ、ドクターペッパーの株式を１％ずつ保有できるし、すべての銀行の株式を１％ずつ保有できる、という具合である。この仕組みの下では、機関投資家はトレードオフを突きつけられる。業界内でも業界間でも、投資を小さくかつ完全に分散させることもできるし、業界内ではなく業界間だけで、投資を大きくかつ部分的に分散させることもできる。さらに、純粋に受動的であることを選択した投資家（コーポレートガバナンス活動にいっさい関与しない投資家）は規制の対象から外れる。

われわれのアプローチは、簡潔なルールにまとめることができる。

寡占状態で1社以上の実質支配企業の株式を保有し、コーポレートガバナンスにかかわっている投資家は、市場の1％以上を所有することはできない。

このルールが実際に運用されるようになるかは微妙である（「寡占」と「実質支配企業」をどう定義するかなどの課題がある）。なかでも特に問題となるのは、複数の市場で事業を運営している企業にどう対応するかだ。関心がある読者は、われわれが同時に行った研究を参考にしてほしい。[37] しかし、本書の目的上、ルールを明確にしなければいけない。

また、われわれの提案が正当なものである理由も、もう明確だろう。機関投資家は所有企業間の競争を減少させると思われるため、集中化が進んだ単一の産業内のライバルである複数の企業を所有することを認めるべきではない。ただし、機関投資家が小規模であるか受動的である場合は例外とする。だが、われわれの方針は競争以外の問題にも影響する。今度は、他の分野にどのような影響が及ぶか、考えていきたい。

コーポレートガバナンスを改善する

われわれの提案が実現すれば、競争が回復するだけでなく、コーポレートガバナンスも大きく改善される。機関投資家が支配する現在のシステムの下では、コーポレートガバナンスが損なわれると識者は指摘している。法学者のロナルド・ギルソンとジェフリー・ゴードンは、次のように述べる。

> 仲介機関は「相対的な成果」で競争し報酬を得るので、経営成果の不足に対処しうる株主行動主義に関与するインセンティブはほとんどない。そうした活動を行えば、（その機関の）絶対的な成果を改善することができるが、相対的な成果は改善されない。[38]

言い換えると、こういうことである。ある大手投資家がX社の成果を改善するために時間と資源を投じれば、X社の株価は上昇して、X社の全所有者が利益を得る。この大手機関投資家は、X社の株式を含めて、他の大手機関投資家とほぼ同じ株式を所有しているので、金融サービス業界の自社の競争相手との相対ベースでは、何の利得も得ていない。それでも、株式市場全体の規模が大きくなり、分け前が大きくなるという利益は得られるだろう。そうなれば、前に述べたコーポレートガバナンス問題に関与するインセンティブは多少なりとも生まれる。ところが、株式会社がそれぞれ一つの機関投資家にもっぱら支配されている場合に比べると、そうしたインセンティブは大きく下がる。

われわれの提案では、機関投資家の利害を業界内の一つの企業に集中させることで、この問題に対処する。たとえば、GM、フォード、クライスラーの株式を少しずつ保有するのではなく、GMの株式を大量に保有する、ということだ。章の冒頭のビネットにあるように、機関投資家の評判や利益がその企業の業績に左右されるようになるので、機関投資家がこの企業を監視する強いインセンティブが働く。さらに、ミューチュアルファンド間の競争の性質も変わる可能性がある[39]。現時点では、手数料、サービス、そして銘柄を「選別」するというファンドマネジャーの幻の能力が競争の軸になっている[40]。われわれの提案が実行されると、機関投資家が提供するガバナンスの質に競争の焦点が移る。すると、機関投資家が投資先企業を統治してリターンを最大化する説明責任を負うことになり、機関投資家同士の競争がバーリ＝ミーンズ問題の解決に直接役立つような市場になる。

だからといって、コーポレートガバナンスに関する欠陥がないということではない。例外的なケースだとは思うが、一部のインデックスファンドがガバナンスにまったく関与しないことを選択するかもしれず（われわれはこれを認めており、この後でさらに論じる）、そうなるとガバナンスが損なわれかねない。この政策の下では、支配的な力を持つ、大規模で、集中度の高い株主が生まれることになるため、少数株主に不利益が及ぶおそれもある。この課題には他の改革（コーポレートガバナンスへの二次の投票〔QV〕の適用を含む）で対処する必要があるだろう。この政策だと、機関投資家が投資先企業を切り替えるのに時間がかかり、手続きも煩雑になると思われるので、行きすぎた銘柄選別が抑えられるプラスの効果が期待できるが、市場の流動性がいくらか下がることにもなるかもしれない（この点についても、共同所有自己申告税〔COST〕など、われわれが提案する他の政策が問題に対処するのに役立つだろう）。そして最後に、提案を実行する際には、移行期間を設けて、機関投資家が新しい政策を他の規制とともに遵守できるようにする必要があることは言を俟《ま》たない。それでも、われわれの提案がコーポレートガバナンスにもたらす利益は大きく、課題は限られている。

分散投資に及ぼす影響が小さい三つの理由

この戦略に向けられる最大の反論は、投資家が分散投資をする機会が限られてしまう、というものだ。たとえば、一つの機関に投資するときに、その機関のポートフォリオの中に航空会社が1社しかなければ、4社ある場合に比べて、投資を十分に分散させられなくなってしまう。それでも、われわれの提案から得られる利益を考えれば、このコストははるかに小さい。その理由は三つある。

第一に、業界内での分散投資が制限されたとしても、この効果は小さいだろう。金融経済学者の研究から、50銘柄程度をランダムに選んだポートフォリオを組むだけで、市場全体に分散投資した場合に得られる利益の90％が達成されることが明らかになっている[41]。なぜなら、一度数十社の株式を所有すると、別の企業の株式を追加的に所有することから得られる分散化の利益は小さくなるからだ。しかも、われわれの提案では、さまざまな理由から分散化をはるかに進めることができる。一つには、個々の銘柄のリスクを測る指標であるリターンの分散は、業種要因によって説明される部分が大きいので、異なる業界間で分散化するほうがランダムに分散化するよりずっといい。また、この提案が影響を与えるのは、集中化が進んだ寡占産業で株式を保有する場合だけであり、すべての産業に影響するわけではない。[42] さらに、アメリカの機関投資家による株式保有のほとんどは、多数の小さなファンドによるものだ。こうしたファンドの持ち株比率は1％に満たないので、影響を受けない。したがって、われわれの提案の下では、分散投資して得られる利益のほぼすべてがそのまま残ると思われる。一つの機関が提供するファンドだけを保有することを投資家が選んだとしても、それは変わらない。

第二に、この提案が取り入れられたら、分散投資が悪化することになるとする理由はまったくない。貯蓄する人たちが完全な分散投資をしたいのであれば、お金の一部をさまざまな機関投資家に投資すればいいだけのことだ。われわれが提案するルールが個人投資家による直接的な分散投資を妨げることはない。

そして最後に、投資を大規模かつ最大限に分散化したいのであれば、インデックスファンドの例外規定を利用することができる。一定の条件を満たせば、機関投資家は異なる産業間だけでなく、同じ産業内でも、持ち分を保有することが認められる。その条件とは、経営を行っている企業といっさいやりとりしないこと、他の投資家と同じ割合で投票する「ミラー投票」規定に従うこと、インデックス投資など、明確で検証可能な投資戦略に従うこと（インデックス投資は、一部の株式を売って別の株式を買う裁量が投資家に与えられないので、投資家が株式を売却することで企業に罰を与えられない）である。このように、われわれの政策が投資の分散化に及ぼすコストは微々たるものである。

法的な根拠

機関投資家にクレイトン法第7条を適用する

本書で論じる独占問題につながる機関投資のパターンは、法律できわめてはっきりと禁止されている。該当する部分は次のとおりである。

> 株式や……別の人の資産……の全部または一部を、直接的または間接的に、取得した効果として、実質的に競争が減少するか、独占を生み出しやすいと考えられるときには、何人もこれを取得してはならない。[43]

株式会社は「人」として扱われるので、別の株式会社の資産や株式を買うことによって、市場の集中化が十分に進む場合には、株式会社はそうすることができない。しかし、例外も規定されている。

この項は、そうした株式を投資のみを目的として購入しており、投票やその他の方法によって、競争を大幅に減少させるか、減少させようとするために株式を使わない人には適用されない。[44]

この規定は、受動的投資防御規定として知られるようになった。このように、株式を取得することで競争が減少するときには、株式会社は株式を取得できない。ただし、「投資目的」で株式を取得することはできる。こうした規定の間でどうやって折り合いをつけるのだろう。合衆国対デュポン事件でアメリカ最高裁判所は、デュポンによるGM株の大量購入は、クレイトン法第7条に違反するとの判断を下した。[45]「投資のみを目的としている場合であっても、第7条には、いついかなるときでも、株式を使って、競争を大幅に減少させるか、減少させようとする行為と明瞭に規定されている」[46]。つまるところ、問題となるのは、株式を取得することで競争が減少するかしないか、その一点だけである。第7条は、長年にわたって、数々の合併や資産取得を阻止するために使われてきている。しかし、機関投資家に対しては使われていない。

だが、法学者のアルハウゲが指摘するように、第7条を機関投資家に適用する法的な根拠は明らかなように見える。[47] 合併に関して反トラスト法を執行するときと同じで、原告は被告が競争を減少させることを「意図」していたと証明する必要がない。重要なのは、効果である。[48] さらに、いわゆる法律における受動的投資防御措置は、機関投資家には適用されない。なぜなら、どのように銘柄を選択するかに関係なく、株式会社の行動に影響を与えようとして投票し、株式会社とやりとりをするからだ。そして、たとえ株式会社に影響を与える力を持っているだけだとしても、その力を行使するかどうかに関係なく、機関投資家は責任を負うことになる。[49] 規制当局や反トラスト法訴訟の個人の原告は、投資家の株式取得が特定の産業の競争を減少させやすいときは、いつでも機関投資家を訴えることができる。

機関投資家に対して訴訟を起こすことの問題点

機関投資家がクレイトン法に違反していたことが明らかになると、同法の懲罰的賠償（3倍賠償）規定が適用されて、消費者や労働者に引き起こした損害額の3倍の賠償責任を科されるおそれがある。われわれの試算では、損害の総額は少なくとも年間1000億ドルとなり、すぐに何兆ドルにも膨れあがる可能性がある。一つの産業が吹き飛びかねない額だ。

だが、そうした訴訟を直接、無差別に起こすのは、機関投資家の力に対抗する戦略としては有効ではないだろう。その理由はいくつかある。第一に、こうした活動は違法であるかもしれないが、長年にわたって容認されてきた。損害はとんでもなく大きいものの、産業界でごく一般的なものである行動を理由に機関投資家をすべて破産させるというのは気まぐれで不当なのではないか。第二に、違反はあまりにも横行しており、それをめぐる理論はあまりにも流動的であるため、裁判所は外部の助けがなければ、投資家が訴追されることなく法の範囲内で活動できるようにする予測可能な法環境を整えられそうにない。そうなると産業界を必要以上に混乱させることになりかねない。

しかし、何よりも重要なのは、この種の訴訟を起こすのは、金銭面で難しいということだ。反トラスト訴訟は大企業が別の大企業に対して起こすか、消費者団体が弁護団を組んで、1社か少数の企業に対して起こすのがふつうである。一方、機関投資家を訴える法律事務所は、資本をクラスとして訴訟を提起する。機関投資家は実質的に企業経済の大半を支配していることを考えると、法律事務所が機関投資家を相手に訴訟を起こそうとすれば、上場企業に関する仕事をすべて失うリスクを背負うことになる。反トラスト法は大企業とトラストの力を制約するためにつくられたが、機関投資家が経済を支配し、すべての企業が体系的に協調するようになるとは、起草者は想像もしていなかった。

最も有望な道筋は、反トラスト法の執行機関が幅広く執行行動をとると脅しをかけるが、われわれのルールを遵守する機関投資家にはセーフハーバーを設けることだ。その際には、既存の機関を使ってこの新しいルールを施行し、予測可能なビジネス環境を整える。そうしたセーフハーバーは、さまざまな分野でいま現在使われている反トラスト政策の標準的なツールであり、企業が事業戦略を選択するときの指針となっている。

ところが、現時点ではこのアプローチを実現するには明らかな障害がある。反トラスト当局や政府がそうした政策を取り入れようとしたら、それに反発する超強力なロビー活動がすぐさま起こるだろう。そうした動きは機関投資家から始まるが、やがて幅広い投資家クラスへと拡大していく。[50]資本や企業の力から得ている所得が国民の平均よりもはるかに多い人は、機関投資家が自分たちのために稼ぐ独占利益を失うことになる。このグループには所得分布上位10％の世帯の大半が含まれるが、それ以外の人はほとんどいない。[51]

それでも、この取り組みには試みるだけの価値がある。機関投資家の権力を打ち崩して得られる利益は、国民所得の0・5％にも達する可能性がある。しかもこれは製品市場への効果だけを考えたものだ。[52]労働市場にもたらされる効果も同じ程度になるだろう。政治に及ぶ効果ははるかにとらえにくいが、それよりも小さくなることはなさそうだ。これらを足し合わせると、利益は1・5％に増える計算である。この後で示す他の反トラスト提案は、一つひとつを見れば範囲が狭いが、すべてを合わせると少なくともこの1・5％の3分の1になるはずであり、利益は全体で国民所得の2％に達するだろう。格差に与える効果も同じくらい大きいはずだ。われわれは以前、狭い製品市場に与える効果を分析しており、それをもとにして同じように推計すると、われわれの提案が実現すれば、国民所得の約2％が資本の所有者から幅広い層の国民に移転することになるので、所得分布上位1％が所得に占める割合は1％ポイント下がる。[53]すると、格差は

１９７０年代の水準から８分の１ほど回復する。

独占を克服する

労働者に関する買い手独占の問題

この章ではここまで、第１章と同様に、財の売り手の間で支配力が集中する「独占」問題を中心に話を進めてきたが、労働者に関しても大企業が買い手独占の問題を引き起こしているとも指摘した。買い手独占は、工業時代の核となる特徴だった。工業時代には、産業が成長したことで、自分たちが専門とする産業以外では仕事を見つけられない労働者の賃金を、泥棒男爵たちが人為的に低く抑えることができた。反トラスト法を執行する際には売り手独占に焦点が置かれるものだが、買い手独占も少なくともそれと同じくらい大きな問題であることを示唆する経済学的な証拠が増えている。進歩主義時代から、政府は労働組合を支援し、労働者を過重労働、低賃金、安全性の低い労働環境から守るための法律を導入するようになった。この流れはニューディール政策期にピークを迎える。こうした制度は非常に重要な影響を与え、自然買い手独占状態にある産業では特にそうだった（買い手独占を避けようとするのは、むしろ害になる）。

ところが、さまざまな産業で買い手独占力が生じていても、自然に買い手独占の状態になっているわけではなく、反トラスト法は買い手独占状態にならないようにするうえで強力な役割を果たす。反トラスト法がこの問題にどう対処できるかを説明するために、ウエストバージニア州の同じ地域にある二つの鉱山を例に考えてみよう。二つの鉱山の所有者は鉱山を合併させたいと思っている。二つの鉱山を合わせても国の石炭生産の1％に満たないので、ふつうであれば、反トラスト当局が問題にすることはない。逆に、そうした合併は「労働コストを下げる」傾向があるとして前向きな姿勢をとるかもしれない。しかし、この二つの鉱山の所有者は石炭を生産するために使う資源の量を減らして労働コストを下げるのではなく、鉱山が新しく手に入れた労働市場支配力を使って、賃金を人為的に抑制し、失業を増やすことでそうする可能性がいちばん高い。合併する以前は、二つの鉱山は労働者をめぐって競争しなければならず、賃金は押し上げられていた。二つの鉱山が合併した後は、この地域にある鉱山は一つだけになるので、労働者が労働力から脱落するか、一時的労働不能給付を申請する地点まで賃金を引き下げることができ、実質的に社会がこうした労働者の賃金を払うことになる。

労働市場における「再販価格維持」

買い手独占型の共謀は、もっとわかりにくい形をとることもある。典型的な市場で見られる反競争的な行為の有名な例は、「再販価格維持」と呼ばれる。この仕組みでは、たとえば衣料品の供給者は、ある一定の価格よりも安く衣料品を売ってはならないと小売業者に指示する。すると、小売業者は互いに価格で競争しなくてすむことになるので、小売業者の利益は増える。小売利益が増えると、衣料品の供給者はそれに乗じて商品の卸売り価格を引き上げて、自社の利益を増やすことができる。

社会学者のネイサン・ウィルマーズによる最近の研究でも、同じ手口が取り上げられている。ただし、舞台は労働市場である。ウォルマートのような大規模な小売業者は、（たとえば）衣料品の供給者に対して、最低賃金よりも高い賃金を支払ってはならないと指示できる。そうして、すべての労働者の期待賃金が下がり、どの供給者も、きわめて低い賃金を支払いながら、労働市場で競争力を維持できるようになる。すると今度は、供給者のコストが下がり、利益が上がるが、労働者が収入を得る機会が減ることで、労働力から脱落する。供給者の利益が増加すると、ウォルマートはその恩恵を受けて、供給者とよりよい条件で取引できるようになる。ウィルマーズは、この形の買い手独占的行為のようなものが、アメリカの労働市場で体系的に起きているとし、低所得労働者の賃金の伸び率と高所得労働者の賃金の伸び率の差のうち、実に10％がこのことによって説明される可能性があることを示す証拠を提示している。[54] 反トラスト当局は製品市場における生産者の支配力を激しく攻撃しているが、それと同じぐらいの熱意をもってそうした雇用主による支配を防ぐことができるし、そうするべきであるのに、現時点ではそうなっていない。

反トラスト法が執行されない領域

反トラスト法は地方市場でも十分に執行されていない。地方レベルの当局は国の当局（ヨーロッパの場合は地域の当局）ほど強力でもないし、経験も豊富ではないため、地方での資産の蓄積や共謀は容認されることが多い。社会学者のマシュー・デズモンドは、アメリカの都市住宅問題を論じた画期的な著作『強制退去』（２０１６年）の中で、貧困地区の地主は十分な量の住宅を買い上げて、空室を維持し、供給を人為的に抑制することで、家賃をつり上げる大きな力をつけると指摘している。[55] だが、そうした地方レベルではあるが市場を破壊しかねない独占の企てに対して、反トラスト訴訟が起こされた例は、われわれが知る限りではない。

もう一つ、反トラスト法が十分に執行されていない成長分野が、デジタル経済である。デジタル経済での競争は、多くの場合、経営学者のクレイトン・クリステンセンが１９９７年の古典的著作『イノベーションのジレンマ』で明らかにした「破壊」を通じて起こる。新しい企業や商品が市場に参入することで、既存の商品の改良版や廉価版が生み出されるのではなく、市場の性質が変わるのである。[56] 一例として、フェイスブックは現在では（ユーザーの関心度、広告費において）グーグルの最も重要な競争相手になるだろうが、両社の出発点はまったく関係のないビジネスだった（フェイスブックはソーシャルネットワーク、グーグルは検索機能）。反トラスト当局は、定義が明確で測定が容易な既存の市場での競争を警戒してきたので、支配的なテクノロジー企業と破壊者になる可能性を秘めている新興企業との合併はあらかた認めている。グーグルはマッピングのスタートアップ企業、ウェイズ、人工知能開発大手のディープ・マインドの買収を、フェイスブックはインスタグラムとワッツアップの買収を、マイクロソフトはスカイプとリンクトインの買収をそれぞれ認められた。

こうした買収によって、スタートアップ企業の製品が市場に到達する道筋が加速され、喉から手が出るほどほしい資金が供給されることは間違いないが、負の側面もある。経済学者のルイス・カブラルは、こうした合併を「巨人の肩の上に立つ合併」と呼ぶ。新興企業が台頭して既存の産業リーダーのビジネスモデルに挑む可能性をつぶし、リーダー企業がみずからの支配を固めるためにその新興企業を取り込むような合併である。[57] イノベーションと競争が阻害されないようにするために、反トラスト当局は起業家やベンチャーキャピタリストのように考える術を身につける必要がある。たとえそれがきわめて不確実なものだとしても、既存の市場構造の先を見据えて、未来の市場やテクノロジーの可能性に目を向けなければいけない。

そして、反トラスト法が重要な役割を果たすと思われる最後の分野は、政治支配力が過度に集中するのを防ぐことである。ただし、この分野はより問題が多い。大企業が政治的な影響力を持つことに対する不安が、反トラスト法を制定する中心的な動機だった。経済学者のルイジ・ジンガレスは、2012年の著作『人びとのための資本主義』で、反トラスト法は、数社のロビー能力が集中して政治的な影響力の獲得につながる合併を阻止するために使うべきだと、強く訴えている。

反トラスト法の執行は恣意的なものであることが多く、政権与党のライバルを攻撃するために選択的に使われる危険がある。既存の合併の指針には客観的な基準があり、政治的な影響力が過度に高まるリスクを判断する基準がそれに並ぶレベルに達するまでは、そうした権限を政府に付託するべきではないだろう。それでも、この分野は近年以上に注目が集まっており、研究や規制に関する関心が高まっている。

機関投資家による独占を阻止する

競争のない市場は、そもそも市場ではない。一党独裁国家が民主主義国家になりえないのとまったく同じである。投資家は独占を形成してリターンを最大化するので、市場は集中化する危険がつきまとう。そして、それを阻止できるのは政府だけだ。この章では、現代で最も重要な意味を持つ集中化の形態に焦点を合わせてきた。その形態とは、機関投資家の台頭だ。進歩主義の経済学者の精神を受け継いで、こうした投資家の株式保有に厳しい上限を設けるべきである。これがわれわれの提案するラディカルなアプローチだ。このアプローチが取り入れられれば、資本市場が変革され、大量の富が生まれるだけでなく、最貧困層も豊かになるだろう。だが、新しい形の市場集中が起きるとも予想している。別の進歩主義者の言葉をもじっていえば、市場競争の代償として、市場集中に対してはずっと警戒し続けることが求められるのである。[58]

第5章

労働としてのデータ

——デジタル経済への個人の貢献を評価する

ジェイラのケース

フェイスブック「ジェイラさん、どうしてイマニさんはデオンさんの投稿をいつも荒らすのでしょうか」

ジェイラ「今日はちょっと忙しいんだけど、フェイスブック」

フェイスブック「わかっています。ですが今日は荒らし率が2倍なんです。10分時間をくれて、理由を明らかにしてくださったら、15ドルお支払いします」

「わかった。どうなってるの？」

「イマニさんとデオンさんの間に何が起きているのか調べています。以前はたまにやりとりすることがあったのですが、その後はまったくなくなりました。それがいまは、イマニさんがずっとデオンさんの投稿を馬鹿にするような書き込みを繰り返しているんです」

「まあ、別れたらそうなるよね」

「ということは、2人はつきあってたのですか？　そんな投稿はなかったですが」

「そりゃそうでしょ。みんながみんな自分たちの関係を世界に知ってほしいと思ってるわけじゃないし」

「だんだんわかってきました。そうですか、だから2人はあんなことをしてたんですね……」

「ちょっと、それ以上話さないでよ！」

「では、どちらが別れを切り出したんでしょう」

「わかんないの？　デオンがイマニを捨てたの！　だからイマニはデオンをディスる書き込みをしてるわけ。つまりは復讐。『イマニ、おまえがいなかったらオレはダメだ』って思わせたいのよ」

「そういうことですか。それは投稿を読んでわかったのですか？　それともことの顛末をすべてご存じだったのでしょうか？」

「うん、2人とも隠してたけど、投稿とか見てたらこれはひょっとするかなって。それでイマニをヨガに誘って、どうなってるのか聞いてみたの」

「イマニさんとはヨガでプライベートな話をよくするのでしょうか？」

「あれは女子会みたいなもんだから。ヨガをすると心が解放されて、話も弾むのよ」

「なるほど。ありがとう、ジェイラさん。次はそんな力学を自力で読み解けるようになるといいのですが。ジェイラさんに教えられるようになりたいものです。ところで、今日は何か手伝ってほしいことはありませんか？」

「この時間を使っていとこへのプレゼントを探すつもりだったのよ。それを手伝ってもらおうかな」

「ディワリのお祝いですね」

「なんで知っているの？」

「ええ、ディワリは来週で、マリクさんの奥さまはインドの方ですから、お子さんたちがお祝いするのではないかと思いまして」

「そのとおり。だけど、実をいうと、ディワリが何だか知らないし、何を用意すればいいかもわからないし、いまの子どもたちに何が人気なのかもわからなくて」

「お任せください。お子さんたち用にバーチャルリアリティゲーム、ご家族用にパティシエのスイーツなどいかがでしょう。代金は商品分が25ドルと、ギフト選び代行サービス料が2ドルです。年会費100ドルで私のパーソナルアシスタント・サービスに加入することもできます。今年はすでに75ドル使われていますし、期間はまだ半分以上残っていますが」

「確かに加入したほうがよさそうね。会費はカード払いでお願い。でも、明日の朝までにプレゼントが必要なんだけど」

「ご心配なく。明朝までに配送する料金も代金に含まれています。ジェイラさんはいつも9時に起床されていて、明日の9時に予定は入っていませんね。その頃にドローンでスイーツをお届けしてもよろしいでしょうか。ゲームはお子さんたちが持っているヘッドマウントディスプレイのオキュラスにアップしますが、ジェイラさんが到着してからどれくらいたったら表示されるようにしますか」

「それいいわね。じゃあ20分後にしようかな」

「では、そのように手配します。本日はご協力、ありがとうございました」

「こちらこそありがとう。ちょっときつくあたっちゃって、ごめんなさいね」

「どうぞお気になさらず。少し眠られたらどうですか。昨夜も大変だったでしょう」

「うん、そうするわ」

データの生産者としてのユーザー

フェイスブックがあなたの友人関係の詳細を覗き見するだけでなく、あなたに報酬を支払ってそれを手伝わせる――。そんな話を聞いたら、ぞっとすることだろう。だが、一歩下がってまわりを見渡すと、このビジネス慣行は、すでに広く浸透している。グーグルマップを使って旅行の計画を立てられるのはなぜなのか。グーグルは交通パターンを学習しており、その後、それをパッケージにしてサービスとして提供し、相乗りサービスや公共交通のプラットフォームに販売することができる。フェイスブックはどうして、社会的な生活を構築するための「自由」な空間を提供しているのだろう。私たちは個人情報をさらしているので、私たちが買ってもいいと思うかもしれない商品をフェイスブックがマッチングできる。インスタグラムとユーチューブはなぜ、メディアをシェアするこんなに便利な手段を提供しているのか。そこで見られる画像や動画は「機械学習（ＭＬ）」システムにインプットされ、インスタグラムやユーチューブはＭＬシステムを活用して「人工知能（ＡＩ）」サービスを構築し、顔認識から自動動画編集にいたるサービスを顧客に販売している。こうしたプラットフォームがどれくらいあなたのことを知っていて、その知識からどれくらい利益をあげているか意識していないのなら、アカウント設定ページをチェックしてみてほしい。最近ではアカウントの設定が求められることが増えているが、それを見ると個人情報一式が表示されていて、きっと驚くはずだ。

われわれが提示するシナリオと現在の慣行には、チャット機能の向上を除いても、大きな違いがある。われわれが思い描く世界では、フェイスブックは、データをどのように活用し、データの価値に対して金銭的報酬をいくら支払うかを包み隠さず開示している。ユーザーがデータの生産者と販売者として情報経済で重要な役割を担っていることがはっきりと示される。

それがどうして重要なのだろう。ほとんどの人は、データ生産者としての自分たちの労働が、デジタル経済でどれだけ大きな原動力になっているかわかっていない。人々がＡＩのことをどう思っているか、考えてみよう。ＡＩは自律エージェントとして描かれるときがある。それをつくるのは優秀で、おそらくはマッドなプログラマーたちだ。２０１５年の映画『エクス・マキナ』では、世捨て人のような天才プログラマーがみずから考えて動くシステムを開発している。ところが、「バーチャルリアリティの父」ジャロン・ラニアーが２０１３年に刊行した秀逸な著書『未来は誰のものか』[1]で明らかにしているように、現実は違う。この章でわれわれが示すアイデアの多くは、この本から着想を得ている。[2]

タダで収集したデータが莫大な利益をもたらしている

ＭＬシステムは人間が生み出すデータの山を分析するもので、ＡＩはこのＭＬシステムの上で動いている。「プログラマー」は、自分で考えて決定するアルゴリズムは書かない。そのかわり、労働者（つまり、データを生産するユーザーである私たち）と機械（計算能力）との相互作用をデザインして、特定の情報や生産のサービスを生み出す。大きな難題となるのは、大規模なアルゴリズムを設計することではない。関連するデータに合わせて既存のモデルを微調整して、求められるサービスを提供することだ。MLシステムのプログラマーは、近代的な工場の現場監督のようであり、データ労働者を最も生産性の高い販路に振り向けている。

私たちはみな、オンラインでのやりとりでデータを残す。そして、フェイスブック、グーグル、マイクロソフトといったデジタル経済の巨人は、自分たちのプラットフォームを利用してタダでデータを収集する。それが記録的な利益の源泉であり、こうした企業の価値を世界屈指の水準に押し上げている。たとえばフェイスブックが毎年生み出している価値のうち、労働者（プログラマー）に支払っている報酬の割合は約1％にすぎない。なぜなら、労働の残りの部分は私たちからタダで手に入れているからなのだ！　これに対し、ウォルマートは価値の40％を賃金に充てている。[3] データ生産者として人々が果たしている役割は、公正に扱われているわけでも、適正に報酬が与えられているわけでもない。つまり、デジタル経済はあるべき姿からほど遠い。また、データ経済から得られる所得は一握りの裕福な天才に分配されて、一般大衆には行き渡らない。そして、デジタル経済にはますます人間が必要になっているのに、多くの人はAIは大量失業を生むといたずらに恐れている。

「データ労働」の源流

対価なき労働

かつての「女性の労働」やアフリカ系アメリカ人の文化への貢献がそうであるように、データ労働は当たり前のことと受け止められている。女性の場合、育児や家事といった労働は、利他心によって動機付けられた「私的」行為として扱われ、経済の外部に位置づけられてきたため、金銭的な報酬がなく、法的な保護もない[4]。

また、現代アメリカ音楽・ダンスを特徴づける概念の多くは、アフリカ系アメリカ人コミュニティの私的な娯楽慣習から生まれた。『ショウ・ボート』などの映画で描かれるように、この創造性は利益を追求する白人の起業家にたびたび搾取された。アフリカ系アメリカ人の貢献は暇つぶしの遊びだと一笑に付され、報酬がまったく支払われないことも多かった[5]。何かしらの対価を受け取ることができたときでさえ、知的財産権はたいてい無視された。一つには、アフリカ系アメリカ人はアーティストの権利を守る中心的な役割を担っていたアメリカ音楽家協会から1970年代まで締め出されていたからだ。データ労働のストーリーはこうした歴史上の象徴的なケースほど知られていないが、重要性は増している。

インターネットの収益モデル

いまインターネットと呼ばれているものが生まれた頃には、設計者はどの情報を記録し、どの情報を捨てるか選択しなければならなかった。初期の設計は、多くの場合、情報の受領者が提供者に自動的に金銭を支払いやすいテクノロジーをサポートしていた。双方向のリンクが使われていて、一つひとつの情報の来歴がはっきりしていた。[6] ウェブが発展をとげる過程で、政府や企業は、ウェブの価値の向上に貢献したさまざまな個人に収益を配分しようと何度も試みた。フランスでは、インターネットが出現する以前に使われていたミニテル・システムに少額決済のシステムがあったし、[7] 1990年代にアメリカで普及したアメリカ・オンライン（AOL）サービスは、顧客から利用料金を徴収して、その収益でコンテンツを作成し、自社のシンプルな「ウォールドガーデン」型インターフェースの中で利用できるようにした。また、インターネットの一部の設計者が、ジャンクなスパムメールで受信箱があふれないように、電子メールに切手を貼らせるようにしようとしていた時期もある。

だが、最終的にインターネットの主流となったものは、商用プロジェクトや経済プロジェクトとして始まったわけではない。インターネットは政府、軍、学術の各界を結ぶ協働プラットフォームとして出発し、参加者は商業的な動機以外の理由で協働に関心を持っているものとされた。そのため、ティム・バーナーズ＝リーらが開発したハイパーリンクを使用するワールド・ワイド・ウェブのインターフェースは、労働に対するインセンティブと報酬を提供することよりも、参加を阻む障壁を低くすることを重視していた。そうして「情報は自由になりたがっている」が起業家のスローガンになり、活動家の要求事項になった。この言葉は、1960年代のカウンターカルチャーから生まれたシリコンバレーの精神に特に強く訴えた。[8]

1990年代には、急成長するインターネットの商業化にベンチャーキャピタルが資金をつぎ込んだ。当時はまだ、オンラインサービスがビジネスを収益化する方法を確立しておらず、インターネット企業は「まず多くのユーザーを集めて、収益モデルは後から構築する」（「usage, revenues later」の頭文字をとって「URL戦略」と呼ばれる）を旗印に、ユーザーの獲得に躍起になった。ドットコム株バブルの崩壊も一因となったが、マイクロソフトが自社のオペレーティングシステムを相対的に低いコストで提供し、さまざまなハードウェア・プラットフォームとの互換性を持たせて、支配的な地位を確立していたことも、この戦略に影響を与えた。マイクロソフトが莫大な利益をあげられるようになったのは、この戦略が生み出した「ネットワーク効果」のおかげだと広く考えられていた。[9] そのため、ビジネスモデルがはっきりしていなくても、ユーザーベースが急速に拡大しているサービスに大勢のベンチャーキャピタリストが資金を投入するようになった。

グーグルが広告ビジネスに参入した三つの理由

ハイテクバブルが崩壊してこの熱狂が冷めると、グーグルのような新興のハイテク巨人は、ユーザーベースから収益をあげる方法を見つけなければいけなくなった。グーグルのセルゲイ・ブリンとラリー・ペイジは、当初は利用料の徴収と有料購読を考えており、広告ビジネスに参入することは絶対にないとしていた。しかし、いくつかの要因から、方針転換を迫られることになる。[10]

第一に、1990年代後半に無料アクセス期間が長く続いたため、インターネットでは純粋な情報サービスに利用料金を支払うことがめったになく、そうした状況が当たり前になった。その過程で、ユーザーは完全無料サービスというアイデアに強く執着するようになった。そうなると、後でこの慣習を崩すことが難しくなる可能性があった。[11] 実際に、企業家でライターのクリス・アンダーソンが2009年に発表してベストセラーになった著作『フリー――〈無料〉からお金を生みだす新戦略』にあるとおり、オンラインサービスは無料であるべきだという考え方を軸として社会やビジネスが動いていった。[12]

第二に、オンラインで提供されるサービスの多くは、少なくとも最初は不定期で小規模だったので、支払いを管理するために必要になるインフラの整備に投資するのはコストに見合わなかった。1990年代後半から2000年代初めにかけて、数多くのスタートアップ企業が少額決済(マイクロペイメント)システムを開発しようとした。一例として、ユーザビリティ研究の権威、ヤコブ・ニールセンはマイクロペイメントを推進する運動を起こしている。[13] そうした取り組みの一つはやがて決済プラットフォーム「ペイパル」へと発展した。しかし少なくとも初期のペイパルは間接費の負担が大きく、大口の取引にしか使えなかった。「ウェブ2・0」時代にソーシャルネットワークとブログが登場し、多くのやりとりは短く表面的なものになっているため、問題が悪化することになった。決済額があまりにも小さすぎて、ペイパルのようなプラットフォームでは採算がとれなくなっていただろう。

第三に、初期のインターネットは未知の開拓地で、「自由」と引き換えに不便さを受け入れる大勢の若い凄腕のハッカーたちが集う場だった。こうした環境下では、主流の代替策がテクノロジーの進歩に追いつけなかったため、ナップスターのような合法性が疑問視されるサービスが繁栄し、より安全な合法的サービスを追いやることができた。そうして、音楽のように知的所有権が確立されているものでさえ、課金することが難しくなった。

こうした要因が積み重なって、ユーザーが利用料を支払いたがらなくなる環境ができあがり、サービスの提供者は生き残るために別の手段を探すことになった。グーグルはユーザーベースをなんとかして収益化しようと、広告に注力し、バランスシートを安定させた。フェイスブック、ユーチューブなどもグーグルに続いた。

オンライン広告なら、新聞やテレビといった従来型の広告媒体よりも、ユーザーのニーズに合わせて、より細かくターゲットを絞り込んだ広告を展開できる。グーグルはそう考えた。グーグルはユーザーの価値観や嗜好を検索履歴から収集できるため、広告の無駄やノイズを最小限に抑えられる。フェイスブックが提供する私的なエコシステムは、グーグル検索よりもずっと複雑で、これも同じような機能を果たす。フェイスブックはユーザーの詳しい情報を学習するので、特定の層に限定して広告を届けたいと考えている広告主とマッチングさせることができるし、ユーザーが広告キャンペーンを友だちとシェアすると、広告を社会的文脈に置くことができる。何より重要なのは、過去に検討していた商品の購入を促す「リマインダー」を最適なタイミングで表示させられることだが、フェイスブックに心を読まれているようだとユーザーが不気味に感じるときもある。

「思考する」機械をつくるための工場

機械学習（ML）とは何か

「ビッグデータ」、ML、AIに対する関心が爆発的に高まったことで、ユーザーに関するデータは巨大テクノロジー企業の核となる資産だという洞察に注目が集まるようになった。機械学習はAIシステムを構築する「第二世代」のアプローチである。第一世代は1980年代にほぼ姿を消しており、言語やゲームのような、人間の知的なタスクを表現する形式化された論理的ルールをつくることが中心だった。このアプローチはいくつかの大きな成功を収めている。その一つがコンピューター「ディープブルー」で、チェス世界チャンピオンのガルリ・カスパロフを倒した。しかし、商用化の取り組みはほとんど失敗に終わった。その後、1990年代、2000年代初めにかけて、統計と確率予測に基づく新しいアプローチが台頭した。

ＭＬの核となる考え方は、世の中や、世の中を賢く渡っていく人間の心は複雑かつ不確実で、プログラマーがルールを書いて厳密に定式化することはできない、というものだ。ＭＬは、コンピューターが直接実行する指示を通じて知性を特徴づけようとするのではなく、多くの場合、複雑であいまいな統計モデルを訓練するアルゴリズムを組み立てて、借り手の信用力はどうか、写真に猫が含まれているかどうかなど、対象を分類したり結果を予測したりすることを「学習」していく。

人間の脳の構造を模倣する「ニューラルネットワーク」

ＭＬアルゴリズムのいちばん有名な例が「ニューラルネットワーク」である。略してニューラルネットとも呼ばれる。ニューラルネットは、標準的な統計分析をするのではなく、人間の脳の構造を模倣するものだ。一般的な統計手法では、個々の入力変数は、説明しようとしている「出力」変数に対して、どちらかというと単純で独立した効果を持つとされる。背が高い、男性である、甘い物を食べているといったことはどれも、肥満の予測因子としてはある程度お互いに独立していると考えられる。

ニューラルネットワークの作用は違う。入力が直接かつ独立して出力を決定するのではなく、入力変数が複雑に組み合わさって、分析対象の「特徴」を生み出すと考えられている。そして、その特徴が他の特徴を決定し、それが最終的に結果を決定する。このような複雑な関係は、毎日の生活ではよく見られる。コンピューターの画面に赤いピクセルがたくさんあると、画像は真っ赤だと判断するだろう。長い鼻とひらひらした耳を見ると、それが象だと認識するだろう。ところが、この二つが同時に知覚されると、共和党のシンボルを見ているのだと気づく（共和党は赤と象のシルエットで示されることが多い）。ひらひらした耳に赤いピクセルがたくさんあるだけでは、「共和党員」が直接想起されないはずである。ケガをしているなどと認識されるのではないか。

ニューラルネットワークは、「隠れ層」でデータのより抽象的な特徴の存在を学習することで、そうした高度な抽象化を行える。画像にある個々のピクセルの色合いなど、一目見てわかる事実は、「入力層」の「ニューロン」（ノード）の活性化で表現される。このニューロンの入力層は「隠れ層」につながり、より抽象的な特徴が抽出される。この隠れ層にあるニューロンは、そのニューロンに対する入力の加重平均が「活性化の閾値」を超えると活性化する。この活性化では、抽象度と複雑度が若干高い画像の特徴を表現する傾向がある。

より高度な抽象化を行うために、この隠れ層は二つ目の隠れ層につながる。二つ目の隠れ層も同じ特性を持ち、さらに三つ目、四つ目の隠れ層へと接続していく。そして、最後の隠れ層が最終的な「出力層」を生み出し、写真が共和党の選挙活動の素材であるかどうかを予測するなど、問題の最終的な結果を決定する。図５・１は、隠れ層が二つしかない単純なニューラルネットワークの例を示している。

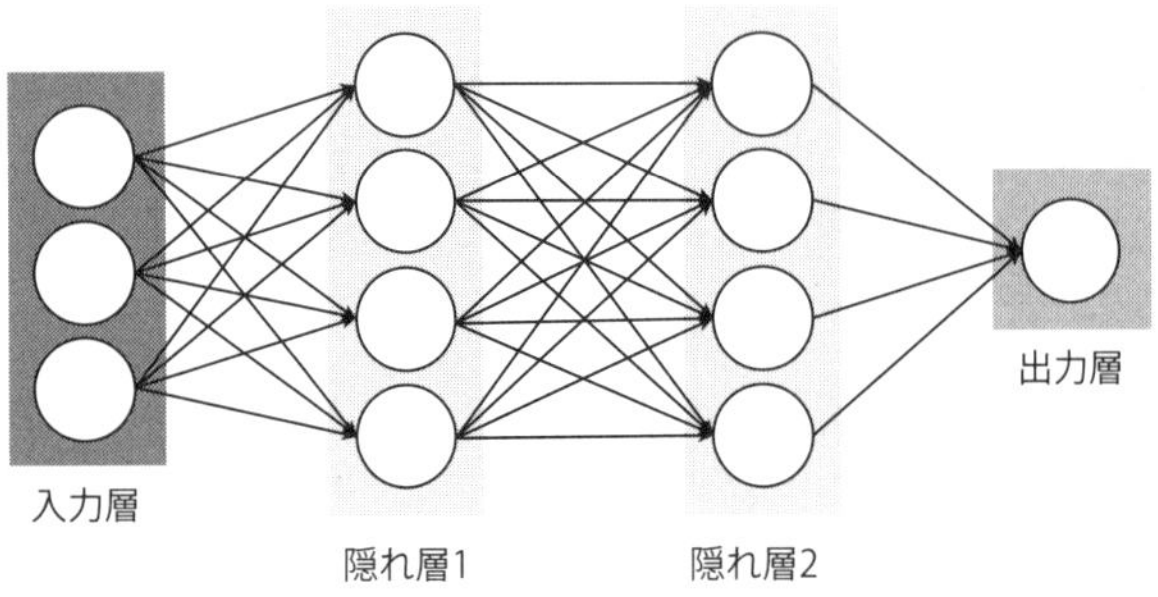

図5.1　ニューラルネットの定型化された例

ニューラルネットは、原理上では、とても幅広い関係をエンコード（コード変換）できる。層の数が多いときは特にそうだ。個々の層は通常は一つ下の層よりも高度な抽象化を行う。図5・2にその例を示そう。左にある入力画像に近い「浅い」層は、画像の相対的に単純な特徴を表現する。いちばん左に典型的な入力画像がある。その右隣にあるのが浅い隠れ層で、このニューロンを活性化させる典型的なパターンが示される。この層は、さまざまな方向をむいた線と色を検知する傾向がある。相対的に単純で具体的なアイデアだ。その右にあるより深い層は、目、耳、鼻など、典型的な顔の要素をエンコードする。いちばん右にあるのが、最も深い層の一つで、出力にいちばん近い。ここでは顔全体が抽象的な形で示される。ニューラルネットワークがこの水準の抽象化に到達してはじめて、どうすれば顔を検知できるかがはっきりする。こうした非常に深い「顔認識」ニューロンが一つ以上発火すると、写真に顔が存在することを伝える。このように、ニューラルネットワークは、だんだん複雑になっていく入力を

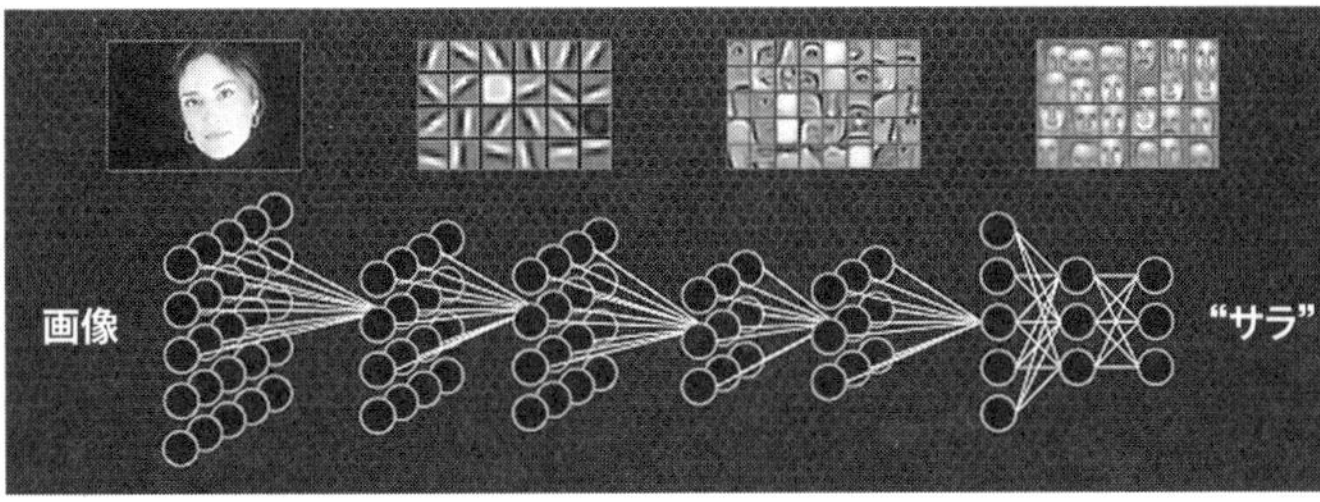

図5.2　顔認識ニューラルネット。層が深いほど抽象化の度合いが高くなる。

さらに複雑な入力へと再処理し、求められている予測に到達するまでそれを繰り返すことによって、驚くべき知性を実現している。

ニューラルネットを動作させる三つの要素

各層での重みの組み合わせは無限にある。ニューラルネットワークは、問題の結果（この場合は顔の存在）を予測するにはどの組み合わせが適しているのか、どうやって学習するのだろう。ニューラルネットをうまく動作させる重要な要素は三つある。一つ目は「データ」だ。ふつうはラベル付けされた膨大なサンプルである。このケースでは、顔を含むか、含まないかでタグ付けされた大量の写真になる。二つ目は「計算能力」。ニューラルネットはたいていサーバーファーム上で動いている。最後の（そして、以下に述べるように、重要度が最も低い）要素は、「監視者」である。ニューラルネットの構造を組み立て、袋小路にはまらないようにし、さまざまな手法を駆使して、迅速かつ効果的に学習できるようにするプログラマーだ。

ニューラルネットは新しいものではない。研究者は少なくとも

1950年代後半から関心は寄せていた。ところが、10年ほど前までは、ニューラルネットトは役に立たないと広くみなされていた。1995年、MLの創始者の1人であるウラジーミル・バプニックは、2005年までは「まともな人ならニューラルネットを使わない」ことに豪華なディナーを賭けている。[14] 層がほとんどない「浅い」ニューラルネットではできることが限られていた。対象の非常に興味深い特性は、そうした単純で浅いネットが検知できるものよりも、はるかに抽象的である。その一方で、より深いネットワークを訓練しようとする試みも、データと計算能力の不足が原因で、何年も失敗していた。

「過学習」という問題

十分なラベル付けされたサンプルがなかったので、存在しうる表現を網羅する空間があまりにも大きくなりすぎて、ニューラルネットでは検索できなかった。そのため、特定の画像の無関係な部分にまで適合して、顔が含まれている画像はすべて、写真に赤いピクセルが三つあるかもしれないといったように、学習しなくてもよい特徴まで学習してしまう。こうした「過学習」、つまり、複雑なモデルを不十分なデータに適合させようとする現象がはらむ問題を、ウェブコミック「xkcd」が見事に描き出しており、図5・3に一部を抜粋している。複雑なルールを使って大統領選挙の結果を予測しようとすると、サンプルが少なすぎて、複雑なルールに適合できないため、ルールはすぐに選挙の重要ではない特徴を「過学習」して、誤った予測をしてしまう。適合させたいルールが複雑であればあるほど（ニューラルネットが深くて全結合であればあるほど）、過学習を避けるために必要なデータは増える。コンピューター科学者や統計学者は、問題（顔を認識する、芸術様式を判別するなど）の過学習を避けるために必要なラベル付けされたデータポイントの数を、問題の「サンプル複雑度」と呼んでいる。[15]

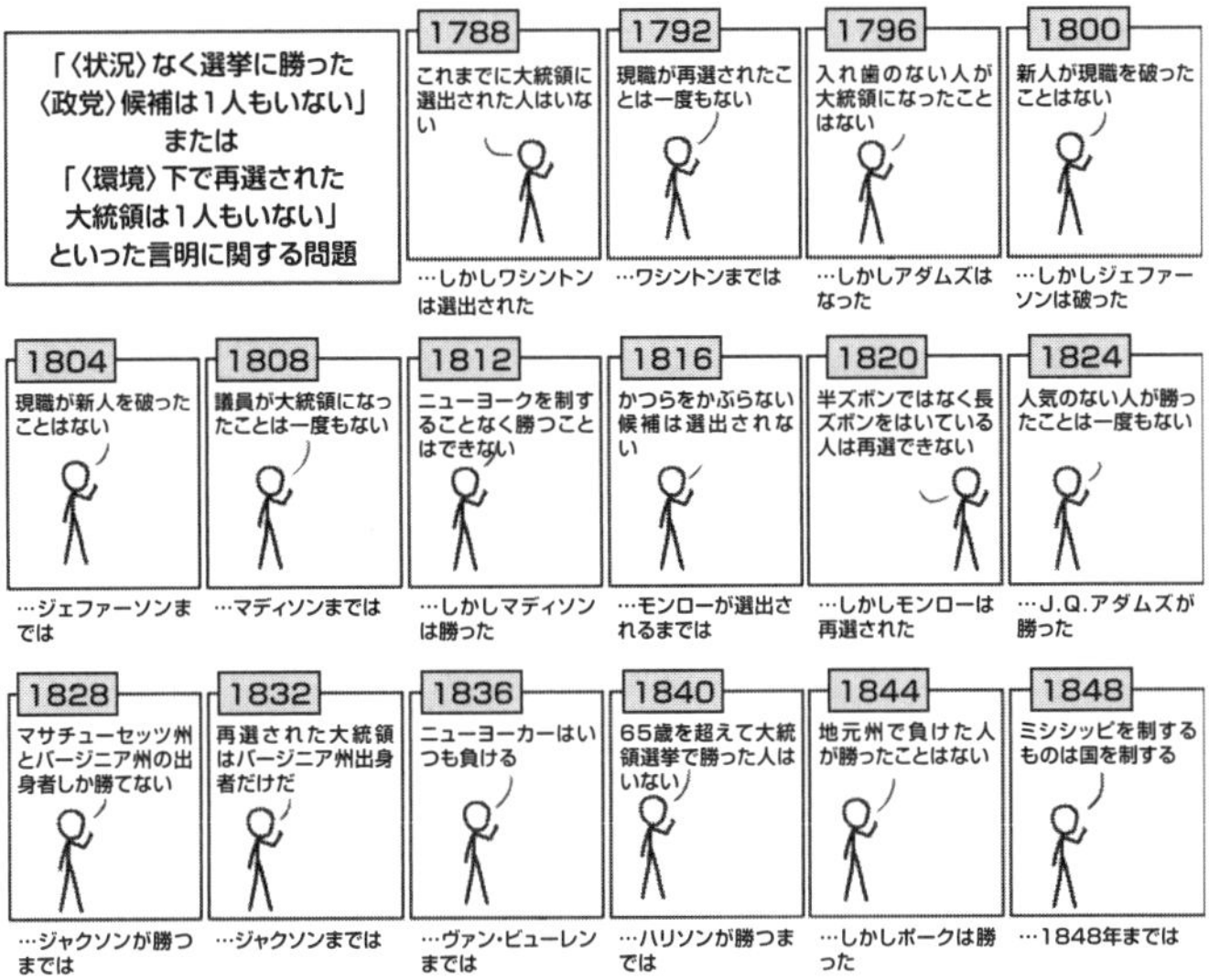

図5.3　大統領選挙を予測する場合に起こる過学習の問題
出所：“Electoral Precedent”（https://xkcd.com/1122/）から抜粋。

必要となる膨大なデータ量と計算量

しかし、ニューラルネットを訓練するには、データだけでは足りない。こうしたデータは保存して処理する必要がある。それ以上に重要なのは、ネットを実際に訓練するには、膨大な量の計算を処理しなければいけないことだ。計算をすべて実行できる十分な量のコンピューターがなければ、観察されたデータがどれだけあっても、ニューラルネットはデータを正しく説明できない。2000年代後半にクラウド上の計算能力と保存能力が劇的に進化したことで、ニューラルネットが訓練できるようになった。ネットワークが深くなり、複雑になるほど、それを訓練するために必要な計算能力と保存能力も大きくなる。ネットワークが働くために必要な計算量と保存量は、「計算複雑度」と呼ばれる。

ニューラルネットを機能させる最後の要素は、プログラミングである。プログラマーはいま、ネットの構造とネットを訓練する手順を微調整する重要な役割をしている。ところが、マイクロソフトが「AIの民主化」と呼ばれる運動を先導しており、こうしたプロセスが自動化されている[16]。ネットの複雑度が増しても、必要とされるプログラマーの数は、データ量や計算量と違って、かならずしも増えるわけではない。基礎研究が増えて、新しいアルゴリズムや訓練のテクニックが提案されれば、影響は大きくなるかもしれないが、実際には、アルゴリズムの進化がもたらす利益はたいていすぐに消え、たちまち模倣される。したがって、ネットが成功するかどうかのカギを握る要素は、データと計算能力になる。

絵が横向きか縦向きかを検知するなど、基礎的な問題を解決できる単純で浅いネットであれば（サンプル量でも計算量でも）複雑度は低いが、特定の個人の顔を認識する、写真の行動を説明する文章を自動で生成するといった、より高度な問題を解決できるより複雑な深いネットの場合は、必要となるデータ量も計算量も、複雑度ははるかに高い。

それが原因でニューラルネットは２０００年代後半までほとんど使われなかったが、２０１０年前後から爆発的に普及し始め、おそらく当時の最もホットなテクノロジーになった。その頃には、データの収集量も、計算の速さと深さも、十分な水準に達して、ユーザーの生活を変えるような応用ができるようになった。そうして、ＭＬを利用したデジタル・パーソナルアシスタントと音声入力サービスが登場する。Ｓｉｒｉ、グーグルアシスタント、コルタナは毎日の生活に欠かせない存在になった。それ以上に野心的な応用も開発されている。仮想・拡張現実、自律走行車、ボタンをクリックするだけで消費者に商品を届けるドローンなどがそうである。

こうしたサービスは「サンプル複雑度」が高いので、ＭＬシステムを訓練するには膨大なデータ量が必要になる。そのため、グーグル、フェイスブックなどが中核のビジネス機能の副産物として収集した膨大なデータセットは、収益と競争優位をもたらす非常に重要な源泉になった。収益モデルを模索する中でやむを得ず無料サービスの提供者としてスタートし、その後、広告プラットフォームになった会社は、今度はデータ収集会社へと姿を変えつつあり、魅力的なサービスと引き換えにユーザーに情報を提供させ、その情報をもとにＭＬを使ってＡＩを訓練している。

セイレーンサーバー

コンテンツに報酬を支払わないプラットフォーム

ジャロン・ラニアーはそうしたプラットフォームを「セイレーンサーバー」と呼ぶ（「セイレーン」とは美しい歌声で船員を誘惑し、船を難破させる海の妖精）。セイレーンサーバーは各種の無料サービスを提供しており、規模の大きさと桁違いのデータにアクセスできることが魅力になっているが、そのビジネスモデルが社会と経済に与える影響を、ラニアーは懸念している。ユーザーにデータの対価を支払わないので、いちばん必要とされているデータを供給するインセンティブが正しく働かないのだ。

一例をあげると、いまフェイスブックには、ユーザーが毎日何百億枚もの新しい写真を次々に投稿している。フェイスブックは写真に自動的にラベル付けし、さらには説明文までつけるMLシステムを開発しており、こうした写真はシステムを訓練する優れた土台になる。だが現時点では、フェイスブックのニーズとユーザーが写真を投稿する理由にはミスマッチがある。ユーザーが写真を投稿するときは、友人たちはその文脈を理解しているはずだと考えているので、写真に付随する情報をほとんど提供しないことが多い。そのためにフェイスブックが受け取るデータは質が低くなってしまう。フェイスブックはユーザーに写真を説明するコメントを書くように仕向けたり、投稿に対する感情を表現させるようにしたりして、役立つラベルを提供するように誘導しようとしている。しかし、フェイスブックが本当に必要としているのは、ユーザーに写真について簡単な質問をして回答を受け取る機能である。

それをユーザーに直接入力してもらえないので、フェイスブックはときおり「クラウドワーカー」を雇って、画像に事後にラベルを付けている。ところが、こうした労働者が、投稿者と同じくらい写真について理解していることはまずない。もしも、MLアルゴリズムがユーザーから集めたデータを利用していることを隠さずに、ユーザーがどのような役割を果たしているかをはっきりと示し、面倒だが価値のある貢献をしたことに対して報酬を支払うようにしたら、MLシステムはもっと優れたデータを獲得できるだろう。章の冒頭のビネットで描かれるもう一つの世界では、顧客やクライアントにより優れたAIサービスが供給されるようになる。

ユーチューブもそうである。公式サイトによると、ユーチューブには1分間に300時間分の動画がアップロードされている。だが、このコンテンツの生産者が受け取る報酬は微々たるものだ。解析はやや複雑だが、典型的なユーチューブのコンテンツ制作者には、1000回の動画再生で約2ドルの収入が入る。ユーチューブの動画の長さは平均で約4分であることから、制作者の収入は、動画再生1分につき約0・05セントということになる。これに対し、ネットフリックスは典型的なユーザーの動画視聴1分あたり約0・5セントを収入として得る。ユーチューブのコンテンツ制作者のおよそ10倍だ。[17] したがって、ネットフリックスが制作しているテレビドラマシリーズ『オレンジ・イズ・ニュー・ブラック』と『ハウス・オブ・カード　野望の階段』が高く評価されているのに対し、ユーチューブの動画は文化的価値があまり認められていないのも、それほど驚くことではない。伝統的な報道媒体とツイッターにも同じことがいえる。こうした対価は、ユーザーが動画を視聴して得る価値と比べたら、どう考えても少ない。人々の時間には、百分の数セント以上の価値がある。ところが、この現象は動画にとどまらない。セイレーンサーバーは、ニュースから音楽にいたるコンテンツの価値を下げ、コンテンツが生み出す価値を制作者に還元せずに独り占めすることで繁栄している。[18]

ＡＩが仕事を奪い、労働分配率を下げる

また、データやオンライン上での創造的な生産には対価が支払われておらず、それが分配や社会に与える影響についても、ラニアーは問題視している。ＡＩシステムが大勢の人間の労働者に置き換わるのではないかという不安が広まっている。大きな議論を呼んだ工学研究によれば、アメリカのすべての仕事の半分近くが今後数十年間に自動化されるかもしれない。[19]本当にそうなるかどうかはわからないが、長期の大量失業が発生する可能性があるのなら、分配と社会に与える負の影響をどう抑えるか考えておくべきだ。自動化のときの経験が物語るように、「ロボットが仕事を奪う」共同体は大きな打撃を受けやすい。それは所得だけの問題ではなく、共同体の住民たちの目的意識も下がってしまう。[20]

テクノロジーが進化すると、残念ながら、離職や配置転換が起こるのは避けられない。これまでも新しい種類の仕事が古い仕事に取って代わってきた。職人は工員に取って代わられ、人間の計算技士は電子コンピューターに取って代わられ、馬車の御者はタクシー運転手に取って代わられた。どの世代でも、既存の財を生産する新しい技術が登場して、新しい仕事が生まれ、新しい商品が誕生し、そのための労働者が必要になった。しかし、ＡＩの場合は違う。どうも人間の生産性が高まるだけではなさそうなのだ。幅広いタスクで人間に完全に置き換わり、人間には別の役割がいっさい与えられない可能性がある。

しかも、経済学のデータに照らすと、こうした不安は的外れとは言い切れない。われわれがラニアーらとともに進めている共同研究プロジェクトの一つによれば、大手ハイテク企業の労働分配率はおよそ5～15％と、原油などの採掘産業を除くどの産業よりも低く、ウォルマートなどのサービスセクターの企業を劇的に下回っている。ウォルマートの労働分配率はおよそ80％だ[21]。労働経済学者は、大きな買い手独占力を持つ強大な企業が台頭して、労働分配率が押し下げられていると指摘する[22]。秘匿性の制限があってデータが大括りすぎるため、こうした変化を部門ごとに厳密に検証することはできないが、これにはハイテク産業が大きな役割を果たしているのではないかと思われる。もしもこうしたＡＩを原動力とする会社が将来、ビジネスモデルが基本的に変わらないまま、経済に占める割合を拡大させたら、労働分配率が現在のおよそ70％から20～30％に劇的に下がる世界へと向かうことになるかもしれない。

「労働としてのデータ」

　これは大きな「もしも」だ。もちろん、テクノロジーの進路を予測するのが難しいことは誰でも知っている。しかし、ラニアーの洞察では、たとえそうなったとしても、ＡＩは実際には人間の労働力に完全に置き換わるわけではない。ＡＩは人間のデータで訓練され、学習している。だとすれば、作業現場や工場とまったく同じように、ＡＩは一般の人間の労働者に非常に重要な役割を提供する。その役割とはデータの供給者であり、これを「労働としてのデータ」と呼ぶことにする。データを労働として認識しないと、ラニアーのいう「フェイク失業」が発生することになりかねない。これは、人間が役に立たないからではなく、人間が価値のある入力を供給しているのに、社会的に価値のある仕事とみなされず、娯楽の副産物として扱われるせいで、仕事が枯渇してしまう状況である。たとえＡＩがいま喧伝されているような水準に達しないとしても、労働としてのデータは収入を補完する重要な機会となり、格差の拡大に苦しむ市民に社会に貢献しているという意識をもたらすだろう。しかし、データに対する人々の態度が変わらない限り、そうはならない。

ダイヤの原石

自然に手に入る資源としてのデータ

ラニアーの見方は悲観的だと感じる読者もいるかもしれない。既存のシステムでは、検索、マップ、デジタルアシスタントなど、インターネットが提供するサービスを利用するのと引き換えに、自分自身に関する大量のデータを開示する。価値のあるサービスという形の現物ではなく、金銭で対価を支払うことが、どうして重要なのだろう。

対価は不要とする立場の急先鋒が、グーグルのチーフエコノミストであるハル・ヴァリアンだ。データはいまでは偏在しており、希少なのは、データを読み解くために必要な優秀な人材と計算能力だとヴァリアンは説く。ＡＩサービスが成功するために必要なのは、セイレーンサーバーがデータを「自然」収集するのを阻む障害をなくすこと、そして、動作とインフラの向上に貢献した優秀なエンジニアや洞察力のある投資家に十分な報酬を与えることである。この見方では、データは労働というよりも資本のような性格がはるかに強い。データは自然に手に入る資源である。パブリックドメイン（自由に使うことができる場所）から収集し、データを所有してしかるべきプログラマー、起業家、ベンチャーキャピタリストが大変な努力をして初めて役立つものになる。[23]

この見方は、アダム・スミスの古典的な「水とダイヤモンド」のパラドックスと関連づけて考えることもできる。水の利用価値はとても高いのに、交換価値はほとんどなく、ダイヤモンドの使い道はこれほど限られているのに、交換価値は非常に大きいというのは矛盾していると、スミスは考えた。この水とダイヤモンドのパラドックスは、19世紀に起きた「限界革命」で解決することになった。ウィリアム・スタンレー・ジェヴォンズ、レオン・ワルラス、カール・メンガーが、財の交換価値は、消費によって得る平均価値ではなく、新たに消費しようとする最後の1単位の財の限界価値によって決まると主張したのである（ジェヴォンズとワルラスは第1章に登場している）。水の平均価値は高いが、水は非常に豊富にあるので限界価値は低い。データは全体として、あるいは平均で見れば非常に大きな価値を持つかもしれないが、限界的には個々のデータにはそれほど価値はない。それがヴァリアンの主張である。

標準的な統計

ＭＬ以前の古典的な統計学におけるデータの伝統的な使用方法に焦点を合わせるなら、ヴァリアンの主張には説得力がある。標準的な統計学では、問題の媒介変数を測定することが目標となる。いちばんシンプルな例をあげるとしたら、人口の何か（たとえば所得）の平均になるだろう。一般的な前提の下で、人口の平均所得を測定すると、個人の追加的な所得の限界価値は、急激に逓減する。なぜなら、個人のデータの数が多くなればなるほど、この平均に関する不確実性が小

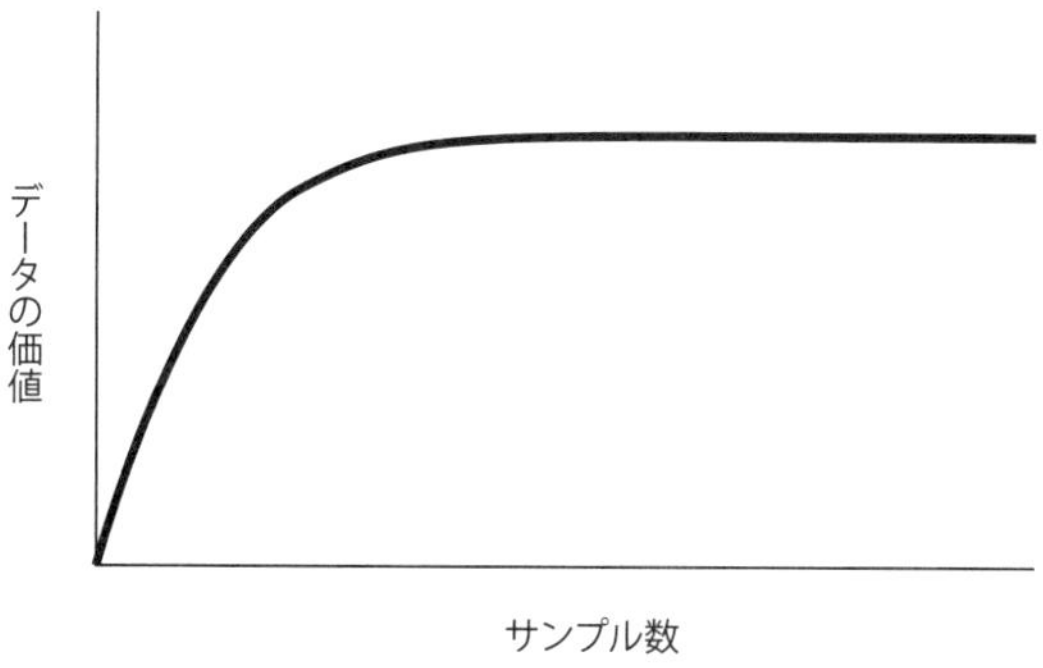

図5.4　標準的な統計推定問題における観察数の関数としてのデータの価値。限界価値は急激に減少する。このグラフを提供してくれたニコル・イモーリカに感謝する。

さくなるからだ。不確実性の限界減少量は、個人の数の1・5乗に比例して少なくなる。この数学的な関係を図5・4に表している。

たとえば、観察された個人が100人しかいないときに、個人のデータが一つ増えることで発生する不確実性の限界減少を1単位とすると、100万人が観察される頃には、データの価値はわずか100万分の1になる。しかも、きわめて厳密な数値を知ったところで、それが役に立つことはまずない。たいていの場合は、大まかな数がわかれば十分である。自分が住む地域で資産運用会社を始めようとしている起業家が知りたいのは、平均所得が10万ドルか20万ドルか、ということであり、20万ドルではなく20万1000ドルであることを知る必要はない。最初に集めたデータは不確実性を減らす効果がより大きいだけではない。そうした最初の減少分（不確実性が非常に大きい状態から、推測の幅がかなり限定された状態になるとき）の価値は、その後に改良を加えたときの価値よりも大きい。そのため、標準的な統計の世界では、データの価値は急速に失われる。標準的な統計には「ビッグデータ」はほとんど役に立たない。スモールデータで事足りる。

機械学習におけるデータの価値

機械学習の世界は、標準的な統計学の世界とは違う。その理由は二つあり、古典的な統計学の観点ではデータの価値がほとんどない理由をひっくり返したかのようだ。第一に、機械学習と標準的な統計のアプローチは、複雑度との関係が違っている。問題が違えば、複雑度が違うので、必要となるデータ量はそれぞれ違うことを思い出してほしい。統計学では、一つの単純な問題を解決することがゴールになる。機械学習の場合は、データが増えると、AIシステムに新しい複雑な物事を教えようとして、解決する問題のサンプル複雑度が上がっていく。

明確に定義された学習タスクの場合、データが限界価値を持つのは、データサイズ（問題のサンプル複雑度に近いもの）の限られた範囲内になる傾向がある。入手できるデータがサンプル複雑度よりも大幅に少ないときには、データが不十分で、学習を始めることさえできない。この規模よりも多いときには、ほとんどの学習はすでに行われており、追加的なデータは、前に述べた収穫逓減にたちまち陥る。

こうしたデータ価値のパターンを図5・5に示している。縦線は機械視覚のある問題のサンプ

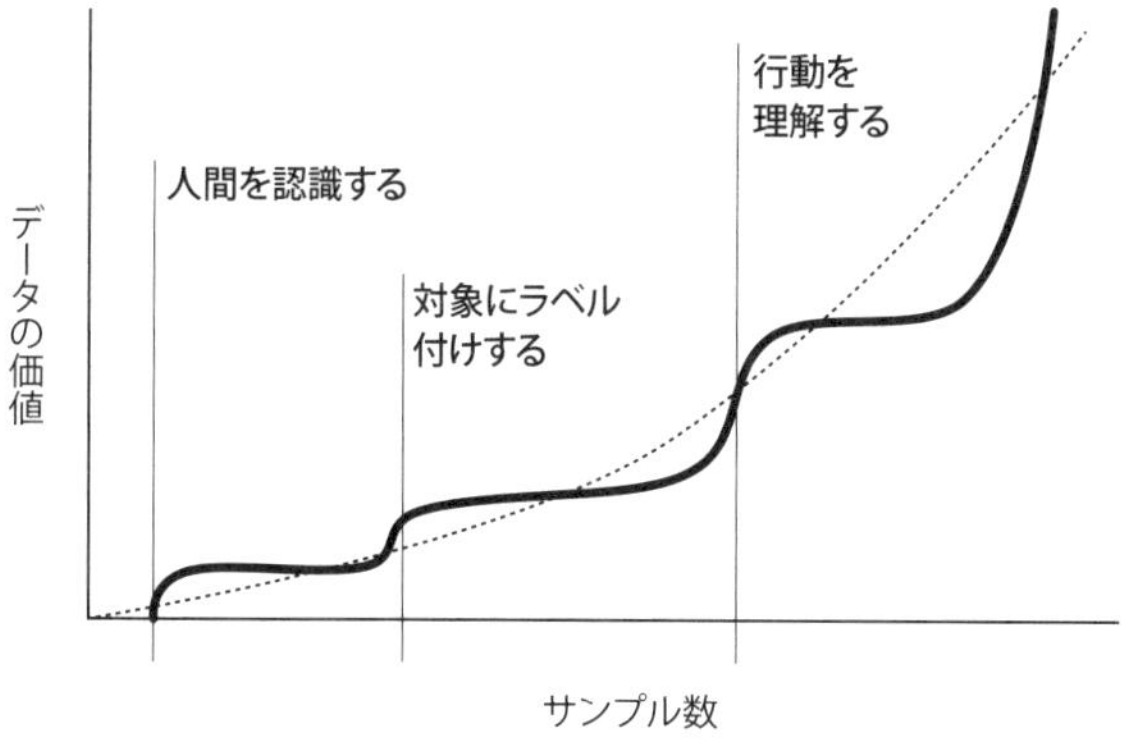

図5.5　典型的なMLドメイン（この場合は機械視覚）における観察数の関数としてのデータの価値。縦線は特定の問題のサンプル複雑度を表す。このグラフを提供してくれたニコル・イモーリカに感謝する。

ル複雑度を表し、右にいくほど問題は複雑になる。ここで注目してほしいのは、曲線の形は、サンプル複雑度点の前後で急上昇した後、少なくともしばらくは、古典的な統計学のところで見たものとほとんど同じになることである。特定のMLタスク（写真の中に人間の顔があるかどうかを認識するなど）を進められる十分なデータ量に達すると、この問題は古典的な統計問題のようになり、追加的なデータの価値は同じような割合で失われていく。この点に達するまでは、それと反対の意味で、データは役に立たない時期が長く続き、その後、データがシステムに何を知る必要があるかを教える段階に達すると、そのごく短い期間には、データが非常に役に立つようになる。

　しかし、このパターンはMLシステムが学習したい与えられたタスクには当てはまるが、図を見ればわかるように、システムが総合的に学習するとなるとまったく別である。どの地点でも、一つか二、三のことを学習するデータレンジにしかいないが、どの地点でも、何かを学んでいる。図でいうと、収集されているデータの3分の1に基づく視覚システム（写真にラベル付けする）は、すでに人間の存在を認識できるようになっており、ラベル付けされた写真を追加しても、ほとんど価値はない。また、写真の中の行動の性質を理解するためのデータはまだ全然足りない。これはあまりにも複雑な問題だ。それでも、こうした二つの複雑度の間で、写真の個々のオブジェクトにラベル付けすることを学習できる。このように、認識問題でも、分析問題でも、追加的なデータはもう役に立たないが、ラベリング問題ではとても役に立つ。この観点からは、限界価値を決定する最大の要因は、与えられたＭＬ問題の統計量ではなく、異なる問題にわたる複雑度分布になる。

古典的な統計学とまったく同じように、データの限界価値を決定する要因には、もう一つ重要なものがある。十分なデータがあれば機械学習が取り組めるようになる個々の問題について、それを解決することがどれだけ重要になるかだ。単純な初期の問題が持つ価値が、後期の問題の価値よりもずっと大きいのであれば、データの価値は逓減していく。しかし、後期の難しい問題のほうが初期の簡単な問題よりも価値が大きければ、利用できるデータが増えるにつれて、データの限界価値は上がるだろう。その古典的な例が音声認識である。音声認識の初期のＭＬシステムは、後期のシステムよりも精度が急速に向上した。ところが、音声認識システムは、非常に精度が高いものを除けば、ほとんど役に立っていない。ユーザーがエラーを修正するのに時間がかかりすぎるからだ。そうだとすると、精度の最後の数％ポイントがシステムの価値を高める効果は、最初の90％の分よりも大きくなるだろう。この最後のギャップが埋まるようになるまで、限界価値は上昇する。

データが増えてもデータの価値は減らない

こうした力学を理解するために、人間の学習とのアナロジーを考えてみよう。このアナロジーは誤解されていることが多い。われわれがここで扱うのは、学習プロセスのアナロジーであって、ＡＩは本当に人間のようだといっているわけではない。あるスキルを習得するときには、学習は最初はほとんど役に立たないが、その後、とても役に立つようになり、その後またほとんど役に立たなくなる。たとえば数学を学習しても、微分積分が十分にわかるようになるまでは、微分積分の理解はほとんど、あるいはまったく前進しないだろう。ありえないほど複雑に思えるはずだ。そして微分積分が何とかわかるようになると、追加的に学習してもたちまち無駄になり、学習は不要になる。しかし、臨界期には、微分積分を習得するうえで学習の価値はきわめて大きい。

数学教育のほとんどの段階で、大なり小なり役に立つスキル（かけ算、三角法、微分積分、確率など）が身についていく。そのスキルを獲得するための学習には価値があるが、他のスキルについてはすぐに役立つわけではない。数学全般を学習する量を増やすと、限界収穫が増えるか減るかは、より複雑なスキルの価値がより単純なスキルの価値よりも大きいか小さいかで決まる。これはさまざまな要因によって左右されるし、関係の方向性がいつもはっきりしているとは限らない。かけ算は幾何学よりも役に立つかもしれないが、そのさらに後に学習する微分積分よりも役に立たないこともある。しかし、労働市場の教育収益率に関する全体的な証拠を見る限り、追加的な修学年数の価値が短期間で消えていくことはない。高等学位を持つ人の収益力が基礎教育を受けた人の収益力を上回る度合いは、基礎教育を受けた人の収益力が基礎教育を受けていない人の収益力を上回る度合いよりも大きい。[24]

　機械学習にも同じようなことがいえるのではないだろうか。データが追加されても、成熟しているサービス（好みの映画を選ぶなど）は改善しないだろうが、その同じデータが、初期段階にある他のサービス（バーチャルリアリティ、音声翻訳）を改善させることになるかもしれない。多くの場合は、複雑で洗練度が高いサービスほど価値が高い。これは図5・5に示されており、後期のサービスから得られる価値は、初期のサービスから得られる価値を上回っている。これが正しければ、データの収穫は、実際には逓減ではなく逓増していると考えられる。データが増えるほど、より複雑で、より価値の高い問題を解決できるようになるからだ。さらに、人間の文化は常に発展しているので、AI／MLはそれに追いつくためにより多くのデータが常に必要になる。たとえAIがやがて「あらゆることを学習」して、データが収穫逓減に陥るとしても、それは個人の知性だけでなく、すべての集合知を模倣できるようになってからであり、その日が訪れるのは遠い先のことでしかないだろう。

テクノロジー封建主義

プラットフォームによるデータの市場価値の独占

そうだとすると、セイレーンサーバーはなぜ、ユーザーに対価を支払って、ベストなサービスを開発できるようにする質の高いデータを提供させるようにしないのだろう。データ生産が労働であるのなら、広範な労働市場の一部としてデータ労働の市場が生まれないのはどうしてなのだろう。

実は、質の高いラベル付きデータの市場が生まれる兆しがわずかながら現れている。大勢の研究者や一部の企業がアマゾンのウェブサービス、メカニカルターク（Mターク）の市場を使って、オンラインワーカーにデータセットのラベリングとクリーニングを依頼したり、社会科学の実験に参加してもらったりして、その対価を支払っている。これはまったく新しいことではない。テレビ視聴率はいまもニールセンが決定しており、一般家庭に少額の報酬を支払って、視聴行動を記録してもらっている。

しかし、このような状況下でのデータの買い手のほとんどは、いま議論しているセイレーンサーバーではないことに注意する必要がある。それはデータに直接アクセスできない中小企業であり、学術研究者であり、金融機関である。こうしたビジネスの多くは見通しが明るい。たとえばワークフュージョンはよく考えられたインセンティブ体系を労働者に提供し、ＡＩを訓練してビジネスプロセスを自動化する手助けをさせている。この先、ＡＩ企業が労働者を雇って、地図や道路の画像にラベルを付けさせて、ラベル付きデータを自律走行車をつくっている会社に売ることになるのだろうか。

だが、こうした市場の総規模は、セイレーンサーバーが使うデータを生産するユーザーの数に比べるとほんのわずかだ。Ｍタークの労働者の数は数万人だが、グーグルやフェイスブックが提供するサービスのユーザーは何十億人もいる。[25] データの巨人たち（グーグル、フェイスブック、マイクロソフトなど）はデータの大半に対価を支払わない。非常に複雑な問題に取り組むために必要な規模のデータを持っている非常に重要なプレイヤーは、こうした市場にはほとんどいない。そのかわり、ユーザーベースから受動的に集めた「無料《フリー》」データに頼っている。もちろん、こうしたデータは実際には無料ではない。セイレーンサーバーはユーザーにサービスを提供し、その見返りとしてデータを受け取っている。

ユーザーはサービスを利用し、会社はユーザーが生み出すデータの利益を独り占めする。この取り決めは斬新に聞こえるかもしれないが、実際にはとても古いものだ。資本主義がおこる以前には、封建的な労働の取り決めが同じように作用していた。領主は、農奴を市場の変動から守り、安全を確保するとともに、農奴が土地を使用して、生きるのに最低限必要な穀物は手元に残す伝統的な権利を保証した。その見返りとして、領主は農奴の農業生産から得た市場収益を独り占めした。それと同じように、今日では、セイレーンサーバーが役に立つ楽しい情報サービスを提供し、それと引き換えに私たちが生み出すデータの市場価値を独占している。そこで、この現代のシステムを「テクノロジー封建主義」と呼ぶことにする。

この取り決めは最適なものとはとてもいえない。抜きんでたスキルや知識を持っているが、ソーシャルメディアはあまり使っていないユーザーは置き去りにされ、オンラインの社会生活やMLシステムに貢献しても、その価値を否定される。貧しいなどの理由で取り残されている人たちもそうだ。反対に、デジタル世界では報酬が支払われないので、データを通じて価値を付加する仕事に特化することが不可能になってしまっている。フェイスブックやグーグルが提供する無料サービスで食べていくことはできない。それに、テクノロジー封建主義は、個人の成長も妨げてしまう。封建主義が教育の獲得や土地を改良するための投資を妨げたのと同じである。こうした環境下でお金を稼ぐことができなければ、デジタル経済に貢献するためのスキルやキャリアを開発する可能性が損なわれる。投資をしてもプラットフォームに搾取されることをテクノロジー農奴はわかっているからだ。デジタル・コミュニティで誰よりも積極的に活動したところで、称賛されて、有名になって、努力を認められるくらいで、そんな漠然としたつてを頼って、オフラインの仕事を見つけるのがせいぜいだ。最悪の場合、どれだけ貢献しようと、他の人と同じデジタルサービスしか受けられない。

データにラベル付けをする仕事

効果的なインセンティブがないとすると、セイレーンサーバーにすれば、ユーザーがこのデータを供給してくれるシンプルで使い勝手のいいサービスを開発するしかない。純粋な封建制度では、データのラベル付けがやりにくかったらどうしようもないし、セイレーンサーバーが提供するサービスをあまり使おうとしない人にデータを供給してもらうことはできない。ユーザーが有用な情報を提供するように促す交流の環境を設計することはできるが（相手とのやりとりに顔文字を使えるようにして、ユーザーが感情ラベルを付けられるようにするなど）、ユーザーが娯楽や消費の中で純粋に遊びとしてタグを供給するのであれば、情報としての詳細さや有用性には限界がある。

セイレーンサーバーもそれはわかっている。セイレーンサーバーの大半は独自のクラウドソーシング・プラットフォームを構築しており、他の手段を通じて集めた巨大なデータセットにラベル付けして、データの価値や信頼性、有用性を高めている。セイレーンサーバーは、「魔法のような」サービスを生み出すのに人間のデータ労働が貢献していることを徹底して隠しており、その仕事を暴露することがインターネット労働の活動家の間で社会運動のようなものになっているほどだと、[26]人類学者のメアリー・グレイ、コンピューター科学者のシド・スーリが近刊『要求水準の高い仕事』で伝えている。[27]たとえば、グーグルは密かに1万人以上の人間の評価者に外注して、自然検索ユーザーのフィードバックが不十分な場合は検索結果の品質に関するフィードバックを収集しているが、この慣行は調査報道で明らかになった。[28] このように、セイレーンサーバーが一般のユーザーの助けを必要としていることは明らかだが、最も自然なチャンネル（自社のサービスと有機的に相互作用している人にフィードバックを求める）を使わずに、この環の外側にいる労働者にわずかな対価を支払うという無駄なことをしており、こうした慣行があること、それが重要であることを大衆の目から隠している。それでいながら、こうした会社は情報をキュレートし、政策研究に資金を提供しているため、メディアや政策議論に圧倒的な影響を及ぼすようになっている。[29]

セイレーンサーバーがユーザーにデータの価値を支払わない理由

労働は余暇になり、仕事は娯楽になる

筆者の1人は、ラニアーらと取り組んでいる共同研究で、セイレーンサーバーがこんな無駄の多いやり方をなぜ黙認しているのか、その理由を説明しようとしている。役に立つアナロジーが、マーク・トウェインの『トム・ソーヤーの冒険』の一節にある。あるときトムはフェンスを白いペンキで塗る仕事を友だちにやらせようとする。最初はお金を払ってやらせようとするが、失敗する。しかしすぐ、楽しんでいるふりをすれば、友だちは自分にもやらせてほしいと言ってくるだけでなく、その特権を手に入れるためにお金を出そうとすることに気づく。ある心理学の広範

な調査が示しているように、社会的な文脈次第では、労働は余暇になり、仕事は娯楽になるのである。[30]

セイレーンサーバーはトムのやり方にならった。通常の業務の過程でユーザーデータを集め始めたところ、ユーザーは自分が楽しむために、セイレーンサーバーにとって金の卵をいそいそと産んでくれていることに気づいた。ソーシャルネットワークのユーザーは、貴重なラベル付き写真を無料で提供して、友だちとつながっている。グーグルはユーチューブに投稿される面白い動画を利用してＭＬ分析を行っている。セイレーンサーバーは広告や、最近ではＡＩサービスを売れるようになって、巨額の利益を手に入れているのに、セイレーンサーバーに貢献して大きな対価を得ているユーザーはごくわずかしかいない。

セイレーンサーバー、とりわけデータ収集大手（フェイスブックとグーグル）が、質や量を改善させるために自発的にデータに対価を支払うようになるとは思えない。基本的な問題は、ユーザーデータをめぐって競争しているセイレーンサーバーが数社しかないことだ。一部のデータに対価を支払い始めれば、競争原理が働いて、いまは無料で受け取っているすべてのデータにたちまち対価を支払わざるを得なくなることを、みんなわかっている。ユーザーに対価を払うと、たとえそうする価値がある非常に限られた文脈であっても、無料のデータを搾取するセイレーンサーバーのビジネスモデルが損なわれる可能性が高い。その理由はいくつかある。

データ労働市場における買い手独占力の問題

第一の、最も基本的な理由は、セイレーンサーバーが市場支配力（経済学でいう「買い手独占力や「寡占」力）を持っているということは、市場が変化して、ユーザーがデータの対価を受け取るようになると、セイレーンサーバーのコストが増大することになるということだ。

データ労働市場において買い手独占力が重要な意味を持つことを最初に明らかにしたのが、グレイ、スーリ、経済学者のサラ・キングスレーによる論文である。[31] それ以降、スーリらによる実証分析が進み、Mタークへのタスクの投稿者はかなりの買い手独占力を持っていることが確認されている。作業を請け負う「ターカー」は好きな時間に好きなタスクを選んで仕事をするので、タスクの投稿者の買い手独占力は、たとえ市場で大きなプレイヤーではなくても、とても大きい。[32]

セイレーンサーバーの買い手独占力は、それとは比べものにならないほど強い。この形態の仕事になりそうなデータのうち、セイレーンサーバーが提供するものは群を抜いて多い。数量化するのは難しいが、すべての価値のあるオンラインデータ、そしてすべてのデジタルデータの大多数が、フェイスブックとグーグルによって収集されている可能性はとても高そうだ。２０１５年には、インターネット検索（ほとんどのブラウジングは検索で始まる）のグーグルのシェアは64％だったし、フェイスブックの15億人のユーザーは平均で毎日50分間、同社のサイトやアプリを使っていた。[33] 市場の非常に大きな部分がこうした巨人に支配されているので、いまは無料のデータであるものの価格が上昇したら、その負担の大部分は巨人たちが背負うことになる。

生産的な仕事のほとんどが、労働者が積極的に探し求めている個別の「クラウドソーシング」ではなく、楽しいオンラインの交流の過程にある仕事である。この点を考えると、ユーザーに価値のあるデータを提供するように求めて、それを生産的に活用できるようにするには、競合する会社は、他社にひけをとらないほど質が高く、ユーザーが入れ込むようなサービスをつくり上げる必要があるだろう。いくつかのスタートアップ企業がこのモデルを採用して、代替的なソーシャルネットワーク（empowrなど）やデータ管理サービス（データクープなど）にユーザーを引き寄せようとしている。しかし、サービスの思想にイデオロギー的な愛着を持っている一握りのユーザーしか呼び込めていない。大半のユーザーは、友だちの大部分が使っていて、より質の高いサービスを提供しているネットワークを選んでいる。

ユーザーからより役に立つデータを引き出すことに成功しているスタートアップが、リキャプチャ（reCAPTCHA）だ。オンラインサービスにアクセスするときにボットではないことを証明するために解くように求められるパズルとして、ほとんどのインターネットユーザーにはおなじみである。リキャプチャがユーザーに示すキャプチャはセキュリティ対策だが、テキストをデジタル化するためのデータソースとして設計されているだけでなく、最近では自動文字認識などのMLをベースとするシステムを訓練するためのデータソースとして設計されるようになっている。ただし、リキャプチャが成功したのは、既存のセイレーンサーバーと提携したからであり、セイレーンサーバーが提供する商品に組み込まれたからであり、金銭的な対価をいっさい支払わなかったからにほかならない。グーグルが2009年にリキャプチャを買収した後（報道によると買収額は300万ドル）、マサチューセッツ州のユーザーが、リキャプチャは無償労働だとしてグーグルを労働法違反で訴えたが、裁判で負けている。[34]

データ労働市場でセイレーンサーバーの競争相手になりそうな企業の大半にとっては、セイレーンサーバーのようにデータを非常に生産的に使うことは難しいだろう。前述したとおり、最高クラスのAIサービスを実現させるには、膨大な計算能力とデータ能力が欠かせない。そんな能力を持っているのは、一握りのデジタル巨人だけだ。もちろん、スタートアップがデータを収集してセイレーンサーバーに売ることもできるだろうが、データに対価を支払うのはこっそりと避けたいという気持ちは、他のルートでデータを集めようという気持ちと同じくらい強いだろう。要するに、セイレーンサーバーは「デジタル・コモンズ」の核となる不動産を占有しているが、そこには一握りのプレイヤーしかいられず、現時点では自発的にこの土地を耕しているテクノロジー農奴に対価を支払うのは、セイレーンサーバーたちの利益に反するのである。

市場の構造、AIテクノロジーの性質はもちろんのこと、ソーシャルメディアの性質も、こうしたサイトの競争耐性がきわめて高い理由になっている。ほとんどのユーザーは、自分の友だちがすべて参加しているソーシャルネットワークにいたいと思っている。このような「ネットワーク効果」があるため、何年もユーザーに補助金を支払えるだけの資金協力を得られない限り、競合企業が市場に参入することが難しくなるおそれがある。それに、金銭の授受を行ってはならないという社会的規範が働いているので、その戦略を成功させるのはいっそう困難になる。また、大勢の社会科学者が、セイレーンサーバーはカジノと同じようなテクニックを使って、コンテンツに依存性を持たせているとも指摘している。[35] こうした要因が合わさって、セイレーンサーバーの力は増し、ユーザーは長い目で見れば自分たちにとって利益にならないかもしれないパターンにしばりつけられてしまっている。

オンラインの娯楽という魔法

第二に、経済学者のローランド・ベナボウと、ノーベル賞受賞者のジャン・ティロールが2003年と2006年にトム・ソーヤー問題のような状況を鋭く分析した結果として明らかになったように、活動に対価を支払うと、内発的な動機付け（娯楽、社会的圧力など）が損なわれやすい。[36] オンラインでのデータ提供に対価が支払われれば、いま自分が娯楽と考えている活動は本当はセイレーンサーバーに利益となる労働であって、その対価を求めるべきだというシグナルをユーザーに送ることになり、娯楽としての価値が下がるだろう。また、ユーザーが社会協働したり社会参加したりする動機が知覚されなくなって、「オンラインコミュニティの一員になる」ことから生まれる社会的な報酬を得られなくなるかもしれない。もっといえば、経済的関係の本質があらわになることでオンラインの娯楽の「魔法がとけて」、コンテンツの粘着度が下がることも考えられる。

デジタルサービスに対する不信感

第三に、メディアがデータ経済について報じているにもかかわらず、企業が自分たちのデータから価値を刈り取っていることに、大半のユーザーはまだ気づいていない。[37] ユーザーに対価を支払って、非常に価値の高いデータをセイレーンサーバーに供給させるようにするためには、サーバー側はラベルやコメントなどのユーザーインプットをつけるようにはっきりと要求しなければいけないだろう。いまの状況の「不気味さ」にユーザーが気づき始めているため、オンラインのやりとりに対する態度に変化が生まれ、セイレーンサーバーにコスト増と混乱をもたらすだけでなく、予測不可能な状況になる可能性がある。フェイスブックがユーザーのニュースフィードの感情値を操作する実験を行ったことが報じられると、社会から反発を受けた。テクノロジーに「不気味」に監視されていることに気づいたユーザーは、デジタルサービスに不信感を抱くようになったり、データの価値を下げるような方法でデジタルサービスを使うようになったりする傾向があることを示唆する研究もある。[38]

高度な技術システムの必要性

そして最後に、「労働としてのデータ」というラニアーのビジョンを実現させるには、多岐にわたる高度な技術システムをつくり上げることが必要になるだろう。さまざまなデジタルシステムのアーキテクチャーを調節して、データの出所と使用を追跡することも求められる。そうすれば、ユーザーが最低でも自分のデータが生み出す平均的な価値に対して報酬を得られるようになるだけでなく、理想をいえば、ときとして生み出される独自の価値についてもある程度までは報酬を手にできる。[39] ＭＬシステムは、自分たちにとって特に価値の高いデータを判断するように設計する必要があるだろう。その後、データのリクエストを一般消費者向けの商品へと導き、そして最後に、そうした商品ができる限り押しつけがましくない形でユーザーに追加のデータを問い合わせるように設計しなければいけない。

この問題にはもう一つ別の側面があり、ユーザーが日常的にインターネット上で取引をすることを気が重く感じるようになる可能性がある。章の冒頭のビネットでは、フェイスブックはジェイラに数分間協力してもらう報酬として15ドルを提示すると考えたが、ジェイラが供給した情報の本当の価値が15セントだったり、０・０１５セントだったりしたらどうするのだろう。パーソナルアドバイザー・システムは、ユーザーの選択を支援し、ときたまあるユーザーフィードバックを受け取りながら、すべての支払いを管理するように構築しなければいけない。そのようなシステムがあったとしても、オンラインのやりとりに対するユーザーの印象や社会的な態度が根本的に変化することは必要になるだろう。

反対に、セイレーンサーバーが受け取っているデータの質と価値を高いものにするもっと効果的な方法を考え出さなければいけない。数年前、マイクロソフトがユーザーにデータの対価を支払う実験をしたところ、ボットが大量に発生して、システムを悪用し、マイクロソフトに価値を提供することなく巨額の報酬が引き出された。ユーザーを追跡するとなると、どうしてもユーザー自身の負担が増すことになるが、そうした方法がなかったら、データに対価を支払うシステムは簡単に悪用されてしまうだろう。

独占状態を打破し、生産的なモデルへとシフトする

いまあげた最後の三つの要因は、データを労働として扱うことは社会的にも望ましくないかもしれない主な理由となる。中期的には、こうした要因よりも利益のほうが大きいだろう。しかし、これらの要因とセイレーンサーバーの買い手独占力、ネットワーク効果、ユーザーの心理を操作することへの関心とを考え合わせると、セイレーンサーバーがまだこの野心的な方針転換を果たしていないことも驚きではない。

その一方で、アマゾン、アップル、マイクロソフトなど、データの保有量に劣るセイレーンサーバーが、競争を可能にするだけの規模と、この非生産的な買い手独占状態を打破するインセンティブの両方を持つようになる可能性がある。いまは「無料」のオンラインサービスに焦点が置かれているが、それに代わるイデオロギーを創造することで、市場を支配しているライバルたちのビジネスモデルを崩し、競争するチャンスを開けるようになるはずだ。ところが、業界の構造が壁となって、民間企業がより生産的なモデルへとみずから単独でシフトすることはありそうにない。変化を引き起こすには、社会と規制による圧力が必要になるだろう。

労働者の闘争

カール・マルクスの主張

ここまで語ってきたストーリーの多くの側面は、現在のテクノロジーや、インターネットを軸に発展した規範の下でのものである。しかし、強力な規模の経済を持つテクノロジーが買い手独占力を生み出すと、労働に十分な報酬が支払われなくなり、経済発展と平等の実現が遅れるという考え方は、新しいものではない。この考え方は経済史の古典的なテーマの一つであり、経済史学者の中でも最も有名なカール・マルクスの中心的な主張である。

マルクスが1867年に発表した『資本論』第1巻の主眼は、封建制度終焉以降、プロレタリア（財産を持たない労働者）の富と幸福が19世紀半ばの時点でほとんど改善していない理由を明らかにすることだった。[40] 資本家が労働者の賃金を労働者が生み出す価値よりも低く抑えて、労働者を「搾取」する傾向を示すのは必然なのだと、マルクスは説いた。こうした労働慣行が、共同研究者であるフリードリヒ・エンゲルスのいう「産業予備軍」（つまりは失業者群）を生み出し、産業予備軍はいっそう悲惨な状態に追い込まれるので、労働者は仕事を失わないようにひたすら働くようになるという。[41]

経済学者のジョン・ローマーが示したように、雇用主が労働者をめぐって競争する場合には、マルクスの結論が成り立つ可能性はきわめて低い。[42] ところが、資本家が賃金を低く抑えるために互いに共謀したり、一方的にそうするだけの十分な力を持っていたりする世界では、それこそが待ち受けている結果である。19世紀後半に活躍したイギリスの急進主義者であるビアトリス・ウェッブ、シドニー・ウェッブ夫妻は、労働者による団体交渉を支持し、団体交渉を通じて労働者が労働力から脱落する水準以上に賃金を引き上げることで、生産がより効率的になると説いた。[43] 第2章で取り上げた20世紀半ばのアメリカ人経済学者、ジョン・ケネス・ガルブレイスは、組合は買い手独占者の力を均衡させるために求められる「拮抗力」として必要な形態だとして、これを歓迎した。[44]

労働組合が果たした役割

この説は後続の経済学者たちの研究によって一部証明されている。経済史学者のロバート・C・アレンは、組合が登場する以前は、工業化の初期にテクノロジーが改良されたにもかかわらず、イギリスの賃金はまったくといっていいほど上がらなかったことを示している。[45] 組合がイギリスの実業家の買い手独占力に対抗するようになると、賃金が急上昇しただけでなく、生産性全体の上昇ペースも急激に加速した。経済学者のデヴィッド・オートー、ダロン・アセモグル、スレシュ・ナイドゥは、労働組合、政府の労働規制、最低賃金などの改革によって買い手独占力が破られたことが、生産性の伸びをさらに加速させる重要な要因になったとしている。[46] 組合は、団体交渉以外にも、20世紀に広がった組み立てライン方式の生産システム「フォーディズム」を支える役割も果たした。仕事を検査し品質を保証するとともに、労働環境が急速に変化する中で求められるスキルを労働者が身につける手助けをした。

他にもたくさんのことが同時に起きていたのは確かであり、歴史的因果関係をたどるのは難しい。組合は数多くの非効率や硬直ももたらしただけでなく、ストライキも起こしたばかりか、組合自身が大きな市場支配力を持つようになっているようでもある。組合は敵視されるようになり、柔軟性を失い、時代遅れになったことで、ここ数十年で衰退している。

データ労働者の組合

だが、たとえ組合が衰退しているとしても、先に述べた状況のいくつかには、組合の成長と成果を後押しした状況との間に重要な類似点がある。前述したように、セイレーンサーバーの買い手独占力は、データ労働者の賃金をゼロに（より厳密にいえば、データ労働者がデジタルサービスを使うことから得るサービスと娯楽の価値に）抑えていると考えられる。そのためにデータの質が下がり、量が減ってデジタル経済の生産性が抑え込まれ、AIテクノロジーから得る利益が偏在する結果を招いているかもしれない。データ労働者個人には交渉力はなく、適正な報酬が支払われなければフェイスブックやグーグルから自分のデータを引き揚げると強く圧力をかけることはできない。

さらに、労働としてのデータから利益を引き出すために、データ労働者には何らかの組織が必要になるだろう。その組織が質の高いデータが確実に提供されるようにし、過重労働をしなくてもデジタルシステムの複雑性に対処できるようにする。団体交渉、品質保証、キャリア開発という三つの役割は、産業化時代に組合が果たした役割にほかならない。

「万国のデータ労働者が団結」して「データ労働運動」に加わるべきときがきているのかもしれない。[47] データ労働市場には驚くべき特徴がある。データ労働市場は国際市場であり、国境や政府の規制による影響をまったくといっていいほど受けないことだ。人々がデータ労働者としての自分たちの役割に目覚めると——いうなれば「階級意識」を獲得すると、組織（組合のようなもの）が生まれて、データ労働者に団体行動に関与する手段を供給するだろう。たとえば、データ労働組合が、データに対する報酬を引き上げると約束して、組合員（データ労働者）を勧誘すると想像してみてほしい。組合がクリティカルマスを獲得すると、フェイスブックやグーグルにアプローチして、「ストライキ」を決行すると圧力をかけることができる（データ労働者はフェイスブックとグーグルのサービスの消費者でもあるので、ストライキは実際にはボイコットでもある）。専門的な細かい部分は複雑になるが、実行できそうなアプローチはいくつも思い浮かべることができる。

シンプルなアプローチとしては、フェイスブックやグーグルが交渉に応じなければ、組合は両社のサービスをその日1日使わないようにするように組合員に呼びかけることがあげられる。

もっと複雑なアプローチをとるのであれば、データ労働を組合が設定するプラットフォームを経由させるようにすると、もしも取引先のインターネット企業が妥当な賃金を支払うことを拒否したときは、データの供給を止めることができる。フェイスブックのユーザーは、組合のプラットフォームを経由してフェイスブックのアカウントにアクセスするので、ストライキ期間中はアカウントを閉鎖するか、アカウントへのアクセスを制限することで、ユーザーが団体行動をとれるようになる。現時点では、インターネットサービスプロバイダーがそうした行動を組織させることができそうだが、反トラスト法違反の疑いをかけられないようにするには労働組合の形をとる必要があるだろう。

このような組合は有効ではないかと思われる。伝統的な組合と違って、労働の停止と消費者のボイコットを組み合わせることができる。なぜなら、前述したように、データ労働者は消費者でもあるからだ。ストライキ期間中、フェイスブックはデータにアクセスできないだけでなく（労働側）、広告収益も失うことになる（消費者側）。自動車労働者がGMやフォードに、生産を止めるだけでなく、車を買うのを拒否することでも圧力をかけられるようなものだ。また、伝統的な組合はストライキ中に何とかして結束を維持しなければいけないが、データ組合は電子的に「ピケ」を張ることができる。そのうえ、デジタル独占を形成させているネットワーク効果そのものが、このシナリオではスト破りに不利に働く。友だち全員が同じ日にフェイスブック・ストライキを決行しているのに、自分だけやめると気まずくなるだろう。

そして最後に、データ労働組合が生まれれば、一握りの強大なセイレーンサーバーがデータを完全に支配している状況が崩れて、デジタル競争が促進されるようになるかもしれない。組合にとっては、データを1カ所に蓄積させるのではなく、数多くのデジタル企業の間で共有させるようにすることが最適になりそうだ。もちろん欠点もある。データ組合は、伝統的な組合と同じように、権限を悪用しないとも限らない。それでも現時点では、ラディカル・マーケットかどうかを問わず、データ労働の市場が存在しないことを考えれば、利益のほうが損失よりも大きいだろう。

データの価格

データ経済への個人の貢献の価値を評価する

しかし、このいずれかが可能になるには、まず、データの価値を定量的に把握する必要がある。測定されていないものに価格をつけることはできないし、あるものが厳密に測定されると、有機的に価格が形成され始めることが多い。ここ10年間で、個人、会社、自動車などのカーボンフットプリントを測定するシステムが開発されている。法的な炭素税が導入されていないにもかかわらず、社会や消費者の圧力がかかっていること、将来、規制が導入される可能性があることなどから、炭素コストを自発的に相殺したり、事業計画の指針として使ったりして、炭素排出に対する説明責任を果たし始める経済主体が増えている。この精神に照らすと、データ経済への個人の貢献の価値を評価する第一歩は、こうした（限界）貢献を測定することだと思われる。[48]コンピューター科学には「アクティブラーニング」という領域があり、データ検索を（おそらくは何らかのコストを課して）最適化して、豊富なアイデアを蓄積し、こうした問題に答えを出す方法が研究されている。

第二に、個人のユーザーが生み出す価値を遡及し追跡するための適切なテクノロジーシステムを構築する必要がある。こうしたシステムは、競合する数々の問題のバランスをとらなければいけない。一方では、どのユーザーがどのデータ貢献に責任を負っているかを測定することを試みるべきである。そうした貢献が不釣り合いに大きいときや、そうした個人が金銭的なインセンティブを受けなければ、特別な貢献につながる独自のデータを供給したり、そのために投資したりしなさそうなときは特にそうだ。価値のある娯楽のクリエイター、コンピューター翻訳を支援できる希少言語の専門家、マルチプレイヤーゲームの相手として高度なプレーができるようにコンピューターに教える手助けができるビデオゲームの達人、コンピューターの鼻を訓練する手助けができるワインマニア。どれも高額の報酬を受けるに値する独自のスキルである。その一方では、フェイスブックの通常の投稿に関する詳細を逐一追跡しようとするのは行きすぎであり、ある種のデータクラスはコモディティ化して、全体的な質の基準を満たすことを条件に「平均価格」を支払うようにするべきだ。これはシステムの負担を減らすためでもあり、データが価値を持つかどうかわからないという余計なリスクをユーザーが負わないようにするためでもある。

第三に、オンラインでやりとりするたびに金銭的価値と手間を秤にかけて、費用便益分析をしなければならない環境を、ユーザーは求めないだろう。ユーザーが自分たちの貢献に気づき、貢献を認められることは大事だし、自分たちが使うサービスのコストが目に見えるようになることは大切だが、デジタルの選択肢の一つひとつについて金銭的価値を熟慮するというのは、ほとんどのユーザーにとって現実的ではない。自分に課される手間と比べてうまみの大きい機会をフィルタリングして勧めるインテリジェント・デジタルアドバイザーの支援を求めるのではないか。ユーザーにとってはそうするだけの価値があるサービスだ。このシステムでは、ユーザーにとって意味をなさない「スパム」が排除され、意味のある機会が提示される。ユーザーはフィードバックを提供できるので、個人の経験を評価したり、さらにはシステムからの問い合わせにコメントや返答をしたりして、システムがユーザーの好みを学習する手助けができるだろう。

デジタル労働市場のための規制インフラ

そして最後に、公正なデジタル労働市場をつくるには、それに適応する新しい規制のインフラが必要になるだろう。最低賃金法や関連する従業員保護策では、ユーザーがさまざまな小さな貢献をして、主たる所得を補完する柔軟性の高い世界にうまく適応できない。政府は、個人のデジタル労働者が自分のデータに対して明確な所有権を持つようにする必要がある。欧州連合（EU）

はすでにその方向へと踏み出し、一般データ保護規則を導入している。また、デジタル労働者が自由に団体を結成し、組合を設立する権利が認められなければいけない。ユーザーに力を与えて、自分たちがデータを供給していることに気づくだけでなく、その利益を主張できるようにもするには、信頼できるエージェントがしかるべきフォーマットのデータにアクセスすることを認める必要があるだろう。デジタル時代における労働としてのデータやそれに関連する柔軟性の高い仕事（ライドシェアサービスのドライバーになる、ホームシェアのホストになるなど）にはどのような規制が適切であるかについて、このように技術的な側面から創造的に考察されるようになったのは最近のことである。しかし、デジタル労働者が柔軟に働ける規制がつくられて、生産的で公正なデジタル労働市場が形成されるようにならない限り、競争が生まれることも、組合の力がうまく機能することもない[49]。

データ労働のラディカル・マーケット

データ労働から得られる所得

インターネットがデータに対する対価を支払い始めたとしよう。すると物事はどう変わるのだろう。最初に理解しておくべきなのは、そうなっても一般大衆がたちまちお金持ちになるわけではない、ということだ。グーグルとフェイスブックの時価総額をアメリカ市民で分け合ったとしても、1人当たり数千ドルにしかならない。世界中の何十億人ものユーザーで分け合えば、もっと少なくなる。われわれが提案するシステムが実現すれば、デジタル経済の効率が上がり、すべての人がより多くの価値を手にするようになるのは確かだ。しかし、最初の数年間には、典型的なユーザーは所得を数百ドル、場合によっては数千ドル補う程度になるだろう。

数年後にデータ労働がどれだけ重要な所得源になるかは、AIがどれだけ重要になるかによって決まる。一部の評論家は、AIによって経済のかなりの部分が自動化されると見ている。もしそうなれば、データ労働はこの先、いまよりもはるかに大きな所得と富の源泉になる。現に、デジタル企業の時価総額の大部分はこの可能性を織り込んだものである。経済の自動化が現実になれば、データ労働は成長して、大勢の人の所得のうち非常に大きな部分を占めるようになるだろう。ところが、AIの応用が限られたものになる可能性もある。この場合には、データ労働が人々の所得を大きく補完することにはならない。

どれくらいの利益を見込めるか、大まかに計算するために、今後20年間で（われわれの提案が実現しないで）データの提供者に対価を支払わないAIが経済の10％を占めるようになると仮定しよう。さらに、人件費の占める割合が、それ以外の経済の分野と同様、3分の2とする。また、労働に適正な対価が支払われると、このセクターの生産が30％拡大するとする。20世紀初めに労働慣行がより公正になったときの生産性の伸びを考えると、この想定はきわめて妥当だと思われる。そうだとすると、われわれの提案が取り入れられれば、経済の規模は3％拡大し、経済の約

9％が資本の所有者から労働の所有者へと移転することになる。第4章でそうした移転の効果について論じたが、それと同じロジックを当てはめると、上位1％の人が所得に占める割合は約3％ポイント下がる。経済全体の規模と比べれば小さいように聞こえるだろうが、4人世帯の所得の中央値は大きく押し上げられ、2万ドル以上増える。これは二度にわたる世界大戦後の30年間に見られた増加幅に相当する高い水準だ。

だが、たとえデータ労働が大勢の人にとって重要な所得源になったとしても、その果実が均等に分配される保証はない。MLにとってきわめて高い価値がある独自の文化的な知識や能力を持っている人もいるだろうし、提供するデータがありきたりすぎて限界価値がそれほどない人もいる。幅広いMLプロセスに少しずつ貢献するデータ労働者もいれば、一つの分野（言語学習や異文化理解など）には大きく貢献するが、それ以外の分野にはほとんど、あるいはまったく貢献しないという人もいるだろう。このように世界が多種多様な機会を提供するようになって、個人がいまよりも範囲が広いニッチ分野に特化できるようになってほしい。そうなれば、さまざまな仕事を楽しんでやることを選ぶ人もでてくるし、一つの仕事を極める人もでてくる。しかし、大きな格差が生まれ、将来、制度を改革して制御しなければいけない状況になることも大いにありえる。

社会に貢献しているという意識

データの対価が支払われるようになると、所得に直接的な影響が及ぶだけでなく、デジタル経済に対する社会の理解も変わるだろう。インターネットサービスの受動的な消費者だと感じていたユーザーが、自分は能動的な生産者であり、価値の創造にかかわっているのだと自覚するようになるかもしれない。ＡＩという言葉は、「集団的知性」など、デジタルシステムの価値の源泉をもっと正確に表す言葉に徐々に置き換わっていくのではないか。ユーザーたちはＳｉｒｉやアレクサの役に立つ知恵を、ロボットからのアドバイスではなく、人間の貢献の集合体として扱うようになるだろう。百科事典を調べたり、フェイスブックのウォール上で洞察を得たりするようなものである。

心理学の観点からいえば、それもありえないことではない。民主主義の下で暮らしている人は、独裁制の下で暮らす人よりも力を与えられていると感じ、政治に積極的に関与しているように見える。しかし、１人の投票が政策の結果にもたらす貢献はとても小さい。アメリカ人が「バイ・アメリカン」運動でアメリカ車を買うときには、自分は同胞の労働の成果を購入しているのだと考えるが、個々のアメリカ人がそうした製品の生産で役割を果たすとしても、ほんのわずかにすぎない。

それでも、多くの点で、データを労働とみなすことがデータ労働者自身にもたらすであろう変化に比べれば、消費者の認識の変化はそれほど重要ではないと思われる。データに対価が支払われるようになれば、社会の一員として役に立っているという意識が高まるかもしれない。経済学者たちは近年、高度な教育を必要とする技術的な仕事に最も高い価値を置く経済では、大部分の人が仕事を見つけられなくなるのではないかと懸念し始めている。最近の研究によれば、ビデオゲームの出現は、若い男性の労働参加率が下がっている重要な原因だとされる。[50] そうした若い男性の一部はインターネットの荒らしやいじめに加担している。ビデオゲームに対する現在の態度を考えると、彼らが社会との間に広く健全な関係を築いているとはとても思えない。

ほとんどの人は社会に貢献することで自尊心を得る。個人のデジタル貢献が社会で適切に評価されるようになれば、ビデオゲームをしている大勢の若い男性たちは、ゲームをする喜びを生産的なスキルに変えることができる。さまざまな生産タスクにゲームの要素を生かす「ゲーミフィケーション」の流れが進んでいることから、データが労働として扱われれば、こうした若い男性たちがゲーマーとしての人生で獲得したスキルで生計を立てられるようになるかもしれない。ゲームの達人たちが抱えている眠ったままの能力は、いまよりもっと敬意を払われてしかるべきであり、それを社会のために生かす取り組みを広げるだけの価値がある。ゲーマーたちは自分の才能をもっと社会にとって価値のあるやり方で磨くようになり、個人の尊厳と政治に対する責任の両方を意識するようになるだろう。

結論

問題を根底まで突き詰める

（文字どおりの意味での）自由放任は、社会主義という高貴な夢が実現する道を開くものである。

――ヘンリー・ジョージ『進歩と貧困』（1879年）

トゥエンのケース

ディン・トゥエンはとうとう自分のオート三輪タクシー「トゥクトゥク」をスクラップ業者のところに持ち込んだ。もう潮時だったのだろう。途中で3回ばかりエンジンが止まり、車を蹴っ飛ばしてエンジンをスタートさせることになった。けれど、車を蹴るたび、トゥエンは胸がはりさけそうになった。なるほど、どのみちトゥクトゥクは買い換えなければいけなかっただろう。この都市にもウェブにも、他の好機が無数にあったのも確かだ。しかし、ハノイの通りをガタガタと進む車輪のリズムは、トゥエンの体に深く刻み込まれていた。そしてそれは、トゥエンの父親の体にも刻まれていたものだった。

だが、トゥエンがそのリズムを感じることは二度とないだろう。彼女の人生を壊した、あの忌々しい機械を1台買うだけの配当小切手はあったけれど、乗り心地はよすぎるし、きれいすぎるし、失われた世界はそこにはみじんもなかった。あの世界を忘れることなんかできない。自分のように、それに耐えられない人たちが何十人、何千人、何百万人といることを、トゥエンは知っていた。彼らには自分の叫びが届くはずである。あの世界なら、きっと。

トゥエンはそれを見つけた。ソーシャルメディアという広場だ。学校で習った英語が役に立った。バーチャルリアリティ・カフェで、舗装された通りでデモをする中で、彼女の人生に再び意味が満ちてきた。ほどなくして、アジアの片隅から現れた孤独な独身の中年女性は、ロボットとアプリを拒み、ビザとボイスクレジットをはねつける者たちの代弁者になった。トゥエンは、故郷の、失われた生活の音だった。

しかし、大きな注目を集めたものの、反応が狭いうえに、運動が嘲笑され、トゥエンは失望した。コンピューターにフォーのつくり方を教えることや、自律走行車をつくる韓国メーカーのどこかの工場でロボットを監視することが、大人になったらやりたかった仕事でもなければ、やるべき仕事でもないのに、なんでみんなわからないんだろう。最初は賛同していた人もいたが、アメリカ市場がくしゃみをしたその瞬間に、トゥエンの家の近所に住む人たちでさえ、彼女の抗議に眉をひそめるようになった。あいつのせいで配当をいっさい受けられなくなったら、いったいどうしてくれるんだと。

そうして、トゥエンはデータと共同所有資本という悪魔に魂を売りたくないという同志を探す旅に出て、ベトナム国内や世界各国を回った。オンラインで同志を見つけ、カナダのウィニペグからウズベキスタンのタシュケントまで、数えきれないほどの場所で勝利集会を開いた。だが、トゥエンの「私たちの世界を守れ」運動はパラドックスに陥った。土地と伝統に根差した筋金入りの地域主義者たちが、ほとんどすべての集会で、自動翻訳とバーチャルリアリティの遠隔地会議システムに頼っていたのである。小規模な運動を超えて結束し、連帯のクリティカルマスを達成したいと考える市民はほとんどいなかった。それでも、トゥエンたちはいくつもの小さな町の地方議会で議席を獲得し、たまたまメンバーが多くて結びつきが強かったシベリアのノヴォシビルスクでは、市長までが誕生した。

しかし、活動の範囲を広げ始めようとすると、自由主義者（豊かな人も貧しい人も）が行く先々で動きを嗅ぎつけて、「世界を守れ」運動の活動家ではとうてい集められないほど大量の票を買い占めた。そうして、運動は娯楽やソーシャルネットワーク、あるいは口だけで行動しない集団のようになっていき、地に足の着いた政治運動ではなくなっていった。

その中で、トゥエンは自分の人生が変わりつつあることに気づいた。数年後、トゥエンは自分が嫌っていた仕事を一度もしなかったにもかかわらず、運転手としてこれまでに稼いだ金額を上回るお金を手にしていた。しかもその大半を生み出したのは、絶対に使わないと心に決めていたものにほかならなかった。トゥエンは世界的なセレブリティになっていた。トゥエンの世界や、大勢の父親たちの世界を再創造したバーチャル空間は何百万回も使われ、何千億ドン（何千万ドル）も稼ぎ出していた。トゥエンは時の人となった。「世界を守れ」運動に世界中が、ときに病的なまでに陶酔し、彼女の一挙手一投足を追い、大衆に伝える価値は、彼女のバーチャル空間が生み出す価値の何倍にも膨らんでいた。トゥエンは瞬く間にベトナムで屈指の女性富豪になった。

トゥエンは裕福になったが、それだけでなく、新しい信念、かつての生活を取り戻すために闘うという信念が、思い描いていた以上に自分の人生に大きな意味を与えていたことにも気づいた。やるべきことは他にないのか。自分がやってきた運動は結局は自己満足だったのではないか。トゥエンはそんな疑問を抱き始めた。そして、自分は偽善者だと考えるようになり、蓄えた財産のほとんどを投じて、テクノロジーに仕事を奪われたベトナム人を支援する慈善団体を設立し、運動を解散した。

その後は、バーチャルリアリティ・テクノロジーの新しい世代が出現するたびにそれを学習し、世界中を回って、21世紀初めの失われた生活を伝える記念館を建設しようとしている仲間に力を貸した。トゥエンはすぐに仕事を奪われた労働者を大勢雇えるようになった。彼らには明確な夢があった。その夢は、トゥエンが政治の表舞台から姿を消したこともあって、洗練された究極の懐古主義、レトロシック・ムーブメントと呼ばれるようになっていた。トゥエンの運動は反逆とみなされていたが、大義は深く根付き、トゥエンのように仕事を奪われた大勢の人を救うとともに、21世紀後半を代表する大きな潮流を生み出した。

浮かび上がる共通のビジョン

これまでの章で示してきた提案はそれぞれ独立しており、別々のものとして評価するべきだ。しかし、一連の提案を考え合わせると、共通するビジョンが浮かび上がり、ジョージの言葉を引用したエピグラフが投げかけるパラドックスを解けるようになる。自由放任とは、すべて市場の競争に任せることだとされる場合が多い。少なくともジョージの時代には、社会主義は、私有財産と私的財による支配を共同所有と公共財に大きく置き換えて、格差を劇的に減らすという「高貴な夢」を実現することをめざした。一般的な議論では、こうしたアイデアは対立し合うものとされているが、われわれの分析が示すように、実際には相互に強化し合う関係にある。この「結論」では、その共通のビジョンを示して、経済、政治、国際問題、社会という四つのトピックを軸に、われわれのアイデアを一つにまとめあげていく。また、一連の提案がすべて採用されると、それぞれの提案を新しい領域に拡張できるようになるかもしれない。この点についても、非常に思弁的、観念的な形で論じている。こうするのは、現時点で提案を新しい領域に拡張することが正しいと考えているからではない。そうすることがわれわれのアプローチの論理と限界を明らかにするのに役立つからであり、さらなる論争が起きてほしいと願っているからである。

経済

制度が経済の進路を左右する

豊かな国が直面している経済の課題に関する懸念は、二つのカテゴリーに分かれる。この二つはたいてい対立し合うものとして扱われる。一つは「テクノロジー楽観主義者」の主張であり、人工知能とバイオテクノロジーを背景にテクノロジーの進歩が加速して、労働者の代替がどんどん拡大し、社会が大きな混乱に陥るとされる。[1] ロボットがウェイターに取って代わり、ドローンが配達員に取って代わる。スパイク・ジョーンズの2013年の映画『her／世界でひとつの彼女』で描かれるように、ロボットが恋人になるかもしれない。しかし、労働者は仕事を奪われることになる。このように、テクノロジー楽観主義者は生産性の伸びについては楽観的だが、雇用については悲観的であり、雇用は減少して、社会の対立を引き起こす大きな要因になると予想している。

「テクノロジー悲観主義者」はそれと反対の立場をとる。[2] 生産性の伸びと経済成長は減速し続けて、生活の水準は停滞するという見方だ。娯楽と通信の分野以外でのテクノロジーの進歩にはたして価値があるのか疑問に思い、人工知能（ＡＩ）が大規模に人間の労働者に置き換わることには懐疑的である。電子化は社会を大きく変えたが、スマートフォンは娯楽を増やしただけである。公衆衛生と抗生物質によって人間の寿命は大幅に延びたが、幹細胞研究の約束はいまも実現されていない。組み立てラインが導入されて生産テクノロジーは根本的に変化したが、３Ｄプリンティングのインパクトはこれまでのところは限られている。このように、テクノロジー悲観主義者は成長については悲観的だが、配置転換や労働市場の変化については、テクノロジー楽観主義者のように強く懸念してはいない。

こうした論争の大部分は、技術的な実行可能性や科学者や技術者による創造的なブレイクスルーに関するものなので、われわれに言えることはほとんどない。だが、この本で示してきた視点は、テクノロジー楽観主義者とも、テクノロジー悲観主義者とも、対照的である。

この論争では、生産性と雇用はトレードオフの関係にあるという前提に立っているが、われわれはそうは考えていない。われわれの経済観の軸にあるのは市場支配力であり、市場支配力は生産性の伸びを遅らせるとともに、雇用も押し下げる。[3] 財産が非常に生産的に使われずに退蔵されれば、失業が発生するだけでなく、経済成長も下がる。買い手独占力は、それが機関投資家の生んだものであろうと、データ経済の自然買い手独占によるものだろうと、人工的失業が引き起こされて、賃金が抑圧され、労働の価値が下がる。貧しい国の労働者が豊かな国で機会を得られなくなると、世界の生産性は下がるし、自動化が加速して、労働機会そのものが減少するかもしれない。雇用が低迷し、生産性の伸びが低くなるのは、テクノロジーの変化によるものではなく、制度の失敗が原因である。

このように、経済、政治、社会の制度が、この先に経済がたどる進路を大きく左右すると、われわれは考えている。産業革命の火付け役として蒸気機関はとても重要な役割を果たしたが、農奴と奴隷に終止符を打った自由主義的改革も、それと同じくらい重要だった。第二次世界大戦後、豊かな国では生産性と雇用水準が高い時期が続き、反トラスト改革、労働運動、福祉国家がこれを補強した。過去30年間にこの成長が貧しい国に広まったのは、新自由主義的改革とグローバリゼーション、そしてもちろん、コンピューターテクノロジーの進歩があったからこそだ。制度を適切に変革すれば、大量失業と低成長に陥る危険を避けられるようになるだろう。制度を変革しなければ、失業も成長も悪化する可能性が高い。[4]

本書で提案された制度

第1章で説明したように、共同所有自己申告税（COST）が取り入れられると、独占力が低下するので、経済の効率が上がる。最も有効に活用されるところに財がすみやかに移動するため、経済成長が上向く。そして、資産の価格が下がり、富裕層は限界的に損失を被って、貧困層は恩恵を受けるため、格差が縮小する。COSTは歳入をより効率的に増やす手段であり、公共財の財源がより低いコストで確保されるとともに、才能が市場で評価されていない人に社会的配当が支払えるようになる。機関投資を制限することも、経済における市場の支配力を抑えるものとなる。

二次の投票（QV）が導入されれば、こうしたプラス効果が拡大する。公共財は原始的なやり方で選択されており、それが経済の非効率を生む大きな原因の一つになっている。現在のシステムでは、一般大衆がもたらす歳入の多くは、特別利益団体へと流れるか、非効率に設計された権利の下で多数者に還流している。いまは公共財に社会の一部分の選好しか反映されていないが、QVが実現すると、政治のシステムが「市場化」されることで、社会全体の選好が反映されやすくなる。

移住と「労働としてのデータ」に関する提案が取り入れられると、不完全雇用が劇的に減少する可能性がある。どちらの提案も、労働市場を拡大させ、労働者に力を与えるものだ。移住に関する提案が実現すれば、豊かな国の受動的な消費者・労働者が起業家に変わり、移民は労働をめぐって競合する存在ではなく、経済機会になる。データに関する提案が実現すれば、デジタル経済における受動的な消費者が、データ労働者に変わり、自分たちが提供するサービスに報酬を求めるようになる。そうして、労働市場は国境を越えて拡大し、デジタルの領域へと広がっていく。

格差の是正と成長率の改善

一連の提案が組み合わされれば、スタグネクオリティにかなり長い期間対処できる。各章で示された推定を結合すると、所得分布上位1％の人が国民所得に占める割合は、20世紀半ばの谷を大きく下回るようになるだろう。また、個人間の格差をもたらす大きな原因である富の格差もなくなるだろう。富が生み出す収益はＣＯＳＴによって概ね均等に分配されるようになるからだ。ラディカル・マーケットの下では、格差が生まれる原因は、個人が生まれもった能力の違いだけになる。

どうしてそうなるのかを理解するために、富にＣＯＳＴを適用して、それを財源に社会的配当を支払うやり方が、テクノロジーの変化にどう対応することになるのか考えてみたい。労働が次第にＡＩに置き換えられていき、人間はわれわれが考えるほどにはデータ労働で重要な役割を果たさなくなる場合には、所得に占める資本の割合は劇的に拡大する。ここでは90％と高い水準に達すると仮定しよう。すると、ＣＯＳＴが生み出す収益は、国民所得の60％に増えて（ＣＯＳＴは資本の割合の3分の2を占めるように設計されている）、すべての市民が豊かな生活を送れるようになる。仮に現在の国民所得の水準であっても、アメリカ人の税金をすべてＣＯＳＴが置き換えるとすると、4人家族に年間にほぼ9万ドルの所得が提供されることになる。しかし、労働が重要な収入源であり続ければ、社会的配当は少なくなり、ほとんどの人が、まだ働きたい、価値のあるデータをＡＩに供給したい、移民労働者の身元を引き受けて所得を補完したいと考えるだろう。上述したように、こうした活動の利益はいまよりも平等に分配されるようになるので、格差は生まれない。

また、停滞の問題に対処することにもなる。全体として（各章の推定を合計すると）グローバル経済の規模は3分の1大きくなる。これだけあれば、終戦直後から1世代にわたって続いた成長率の水準をほぼ回復するには十分だろう。すると、格差が減少するだけでなく、平均世帯の生活水準は2倍になる一方で、上位1％の人の絶対的幸福は3分の1ほどしか減らない。世帯所得の中央値のこの伸び率は、1945〜1975年の黄金時代のそれに匹敵する。もちろん、この水準を上回る成長を続けるには、絶えざるイノベーションを生み出し続けなければいけないが、ここまでに見てきたように、われわれのアイデアとさらなるテクノロジーの進歩とを互いに連携させていけば、世の中をもっとよくすることができるだろう。

COSTを人的資本に適用する

COSTを非常にラディカルに拡張するケースを考えてみよう。つまり、COSTを人的資本に拡張するということだ。人的資本とは、人間が受ける教育や訓練のことである。保有者が一定の労力を投資すると、追加的な利益を得られるという意味では、物的資本（土地、工場など）に少し似ている。しかし、根本的な部分では違いもある。その理由はこの後で明らかになる。

人的資本にCOSTを適用するとどのように機能するかを理解するために、次のような場面を想像してみてほしい。個人が自分の時間の価値を自己申告し、その申告額に基づいて税金を払う。さらに、この賃金を支払ってもいいという雇用主が現れたら、いつでも仕事をすることが求められる。一つの例として、ある外科医が胆嚢の手術を２０００ドルで行うと申告するとしよう。外科医はその金額に基づいて税金を支払うことになり、その金額を提示した人に手術をすることが義務づけられる。税金が課されるので、外科医は自分の時間の価値を過大に評価することがなく、外科医の才能を貧しいコミュニティに生かせるようになる。と同時に、その賃金が提示されたら呼び出しにすぐに対応できるように待機しておかなければいけないので、賃金を過小に設定することもない。

理論上では、人的資本にＣＯＳＴを適用する価値は非常に大きい。実際に、平等の実現と生産性の向上を妨げている、本書で取り上げていない最大の問題に対処するものとなる。それは、非常に有能な人たち（トップクラスの科学者、弁護士、会計士、エンターテイナー、金融の専門家）は独占価格が支払われなければサービスの提供を拒否できることである。これは過去半世紀に格差が拡大した主な原因の一つだが、物的資本にＣＯＳＴを適用しても、この問題には対処できない。他の格差の原因のほとんどが、われわれの他の提案によって対処されれば、この問題が社会の対立をもたらす最も大きな原因になる可能性が高い。遺伝子操作やサイバネティックスの発展によって、人間の能力に投資するという概念の見直しが迫られていることを考えるなら、特にそうだといえる。

さらに、人的資本にＣＯＳＴを適用すると、現時点で労働意欲を阻害する大きな要因の一つが不要となる。その要因とは、所得税だ。ＣＯＳＴの場合は、所得に税金をかけるのではなく、所得を生み出す基礎となる人的資本に税金がかかるようになるため、労働意欲を損なうどころか、逆に高めることになる。そのほうが公正で正当でもある。優れた才能を持っていない人は、非常に優れた才能を持っている人よりも所得が低くなる可能性は残るが、有能な人に課される税金をもとに大きな社会的配当を受け取るので、貧困に陥ることはない。有能な人は、あまり有能ではない人よりもお金持ちになる機会は大きくなるが、そうした才能を活用しなかったら、貧困に陥るリスクを背負う（社会的配当に税金がかかるため）。人的資本にＣＯＳＴを適用すると、強い反感を持たれている高学歴層とあらゆる種類の怠惰な人間にペナルティを科して、一般の労働者の働きが報われるため、政治的に人気を得るかもしれない。

ＣＯＳＴを人的資本に適用することの二つの問題

こうした潜在的な利益があるものの、ＣＯＳＴを人的資本に適用するのは時期尚早である。大きな問題は二つある。一つは、単純にテクノロジーがまだ追いついていないことだ。ＣＯＳＴを人的資本に適用するには、人々が仕事で何を享受していて、何を享受していないか、すべて考慮に入れる必要がでてくる。どれだけ働くか、どこで働くか、誰と働くか、どんな環境で仕事をするかなど、働く人が重要視することはたくさんある。こうしたすべての要因を測定するテクノロジーがないと、ＣＯＳＴでは把握できない。コンピューターに常時モニターされているデータ入力のように、技術的に統合されている労働の形態ならおそらくうまくいくだろうが、確かなことはいえない。

もう一つは、人的資本にＣＯＳＴを適用することが、一種の奴隷契約のように受け止められるかもしれないことである。われわれにいわせると、少なくともＣＯＳＴが正しく設計されていれば、その見方は正しくない。それでも、問題がないわけではない。外科医がある日、自分はもう十分に働いたと、引退することを決めると想像してほしい。ＣＯＳＴ制の下では、外科医は自己評価額を高く設定して、誰も自分のサービスを買わないようにするだろう。そうして、高額の税金を支払って、引退する。だが、そうするのは実際的ではない立場にいる人もいるだろうし、過去にどんな約束をしていようと、これ以上働きたくないという人もいる。設計を微調整すれば、強制的な部分をなくすことができるだろうが、労働に対する社会の考え方がここまでラディカルに変わる準備はまだ整っていない。

才能のある人と才能のない人の自由の格差が改善される

しかし、現在のシステムが強制的ではないと考えるのは間違いだろう。いまのシステムでは、生まれ持った才能、あるいは努力して身につけた才能の市場性がとても高い高学歴のエリートと、経済の劇的な変化に取り残されている人との間には、大きな隔たりがある。才能ある人には魅力的な仕事の選択肢がたくさんあり、ある種の自由を享受している。そうした仕事をすれば、資本をすぐに蓄積できる。年をとったときに、やりたい仕事がなければそれまでの蓄えで生活することもできるし、労働のレベル（パートタイムで働くことにしたり、非営利セクターで、楽しくてやりがいがあるが、賃金が低い仕事をしたりするなど）を選ぶこともできる。しかし、スキルの市場性が低い人は、厳しい選択を迫られる。労働環境が劣悪な低賃金の仕事をするか、路頭に迷うか、生活保護に甘んじるか。だが、才能ある人が潜在的な能力を発揮しないときの社会的資源の損失のほうがはるかに大きく、働かないときのペナルティをもっと厳しくするべきだろう。

人的資本にCOSTを適用すると、才能ある人が社会にとって最も効率的な仕事をしたくないという場合には、税金を支払わなければいけなくなるので、この自由の格差が改善される。税金が妥当な水準であれば、路頭に迷ったり、生活保護を受けたりすることはない。いまの貧しい人たちとまったく同じように、社会の利益のために働くように求める圧力が強くなる一方、同じ理由から、現在の社会で才能に劣る人がさらされている圧力は軽くなる。富にCOSTを適用するなど、市場支配力のチェックに社会が慣れていったり、才能ある人が遺伝子操作を使って、自分の子どもに明らかに不当な優位性を与えるようになったりすれば、才能に対する独占が有害とされるようになるだろう。『侍女の物語』『X-MEN』のようなストーリーの思考実験に照らせば、社会が特異な才能の管理を誤り、奴隷化するか（『侍女の物語』の場合）、完全な自己所有を認めるか（『X-MEN』の場合）すると、うまくいかなくなる可能性が高い。

政治

平等と効率がもたらされ政治と経済が調和する

ＣＯＳＴとＱＶの両方が導入されると、公的生活と私的生活の間に人為的に引かれていた境界が崩れ、政治はラディカルに変化する。ＣＯＳＴが取り入れられると、他人が管理する会社や資産の成功に全員が利害関係を持つようになる。すべての市民が国の富を分かち合うことで、有権者が国の富にかかわる政策の結果に関心を持つようになって、階級を超えて協調する精神が育まれる。同時に、個人間ビザ制度（ＶＩＰ）が取り入れられると、貧しい国から来る移民労働者の利益と、身元を引き受ける豊かな国の市民の利益が一致するようになり、さまざまなポピュリズム運動の核心にある移住やグローバリゼーションをめぐる対立の一部が取り除かれる。

ＱＶが導入されれば、公的な領域に大衆の要求が反映されやすくなるので、公的機関や集団的組織が信用されるようになり、信頼が高まる。すると、政治に対する不満や疎外感が減り、実りある政治的対話が育まれ、政治の行き詰まりが減少し、民主主義に対する大衆の満足感が高まるはずである。現時点では、不平等だが、まあまあ効率的な市場が私的財を支配し、まあまあ平等だが、きわめて非効率な１人１票制が政治を支配している。ラディカル・マーケットが実現すれば、政治にも、経済にも、平等と効率をもたらし、政治と経済がもっと調和するようになる。

独占がもたらす問題を払拭する

反トラストに関する提案も、政治に重要な影響を与え、われわれがめざすより野心的な改革を進めやすくなるだろう。お金や「資本」については、一般には腐敗や選挙献金の問題が懸念されているが、それ以外にも、さまざまな点で政治に損害を与えるおそれがある。産業が高度に集中していると、統一戦線を組んで規制当局に対抗し、改革派を封じ込めることができる。金ぴか時代には、独占がさまざまな点で政治の妨げになった。現に、シャーマン反トラスト法も、進歩主義者たちによる改革も、独占が政治にもたらす危険が経済的なコストと同じくらい大きな動機となった。20世紀半ばになると、アメリカで一つの産業のさまざまな企業のロビイストが激しく争い、それぞれが優位を勝ち取ろうとして、他社の努力を帳消しにしてしまうこともしばしばだった。しかし、１９７０年代後半には、企業は影響力を統合し、一致団結して、税率を引き下げること、利益を押し下げる規制を減らすこと、企業を競争から守る規制を増やすことに取り組んだ。影響力を統合したことで、利益集団がより効果的に政治に影響を与えられるようになり、消費者団体を封じ込めやすくなった。

その影響で士気が下がると、政治に悪影響が及ぶ。経済力が集中すると経済に害が及ぶのと同じである。政治的な無力感が広がって、公的な領域の停滞を招いている。資本の過大な影響力は、よりラディカルなわれわれの提案が成功するのを妨げる最強の障害となるだろう。われわれが提案する反トラスト対策は、資本の集中がもたらす力を弱めるものであり、こうした問題が払拭されるようになるはずだ。

QVに金銭を使うことでもたらされる利益

より思弁的に考えれば、COSTと連動してQVを拡張できる方法を思い描くことができる。COSTを導入し、それが生み出す社会的配当を支払っても、完璧に平等な社会は生まれないが、いま政治の協調を阻んでいる非常に大きな富の格差は縮小する。そうした社会では、QVにクレジットではなく金銭を使うことで、大衆にもたらされる利益はさらに大きくなるだろう。

たとえば、ある町が市民公園をつくるかどうかについて投票を行うと想像してほしい。投票の費用は、1票を投じるのに1ドル、2票を投じるのに4ドル、100票を投じるのに100万ドル、といった具合になる。徴収されたお金はプールに追加され、COSTの収益から支払われる社会的配当の原資に使われる。第2章で説明したQV方式から始めて、このシステムに徐々に移行していけば、富裕層はボイスクレジットを追加で買えるようになり、歳入が最大化されることになる。すると、その歳入を使って社会的配当を引き上げることができる。COSTを導入すると、社会が次第に平等になっていくので、ボイスクレジットを買い増す人は富裕層だけではなくなり、大半のボイスクレジットが支給されずに購入される水準まで価格を引き下げられるようになる。

QVを現金方式にすると、稼ぎが多い人の影響力が大きくなることは避けられない。平等な社会であってもそうである。もちろん、これまでに述べたように、それこそがいまの社会の特徴だ。QVに金銭を使うようにする以外にも、QVそのものを使って、お金が政治に与える影響を小さくすることができる。QVのロジックに従ったルールに沿って、少額の政治献金は国庫補助を受けられるようにし、高額の政治献金には課税するのである。政治活動は献金額の平方根に比例して補助を受けるようにするべきだ。[6]そのようなシステムであれば、富が政治に与える影響力を小さくしながら、表現の自由が守られる。[7]

現金型QVの利点は、公共財に関する選好を非常に厳密に表明できるようになることだろう。公共の意思決定に影響を与える力を得るには、自分のためにお金を使う能力を手放すことになるからだ。また、第2章で提案したQV方式より公正なものにもなる。公的な問題が私的な問題よりも重要である市民が、ボイスクレジットの限られた予算にしばられることなく、自由に意見を表明できるようになる。所得の高い人には架空の平等な社会のシステムよりも大きな力が与えられるが、現実社会のシステムと比べれば力は小さくなる。現実社会では、高所得者は寄付を通じて影響力を行使している。さらに、QV制度では、収益が再分配されるので、金持ちが政治家にお金を支払うのではなく、豊かな人が貧しい人にお金を払って、政治的な影響力を手に入れることになる。

QVを現金方式にすると、数々のタブーが取り払われる。政治とお金の問題もその一つだ。しかし、格差が大きい社会では不評を買うだろう。この点はわれわれも認める。[8]だが、こうしたタブーは、原始的な1人1票制、格差が非常に大きい社会の下で発展した制度を反映したものだ。1人1票制というシステム自体が時代遅れのテクノロジーに依存しているし、格差の問題については、われわれの他の提案が格差の縮小に役立つだろう。現金型QVがもたらす本当の貢献は、公共財の統一された市場をつくり、人々の生活のあらゆる側面にわたって、よりよい結果を生み出すことである。

国際問題

VIPがもたらす利点と課題

第3章で指摘したように、国際秩序の下で不均衡が生まれている。資本は、人的資本と私的財を（ある程度まで）含めて、国境を越えて自由に流れる。しかし、ほとんどの労働者は国の管轄内に居住するし、公共財のほぼすべてが国内で生み出される。国際貿易と資本フローのグローバリゼーションが進んだことで、国際貿易の利益はほとんど尽きているだろう。

これに対し、移住と公共財の提供をともに拡張すれば、世界中の人々の幸福をさらに高めることができる。最初に公共財の提供から説明しよう。先進国は国境の中で公共財を生み出すことではよい結果を出している。環境規制を施行してきれいな空気と水をつくることがその例だ。しかし、それと比べると、国境をまたいで公共財を提供するのは難しい。各国が何十年たっても気候協定で合意できずにいるのはそのためだ。公海での漁業活動を維持するといったように、技術的な問題が少ない課題でさえ、国際協調は頻繁に崩れている。

問題は、各国の国民がたいてい他国の国民や他国のリーダー、ひいては自国のリーダーですら信用していないことである。リーダーが国際協調を進めると、国を外国人に売り渡しているとポピュリストに非難されることも多い。近年、グローバリゼーションに対する反発が噴出している。国際テロ、金融機関の破綻の連鎖、移民危機、貿易紛争を背景に、ポピュリスト集団の台頭に拍車がかかっている。どのようにして国際協調の利益を大きくしながら、国境をまたぐ活動につきものの対立を管理するか。それが現代の最大の問題である。

ＶＩＰを導入すると、経済的な利益に直接貢献し、数多くの国を悩ませている移住をめぐる政治対立を解決できるばかりか、この問題に対処しやすくなる可能性まである。移住が増えると、本国への送金やスキルの向上を通じて、貧しい国の発展に貢献するため、豊かな国と途上国の緊張がゆるむだろう。湾岸協力会議（ＧＣＣ）加盟国と、そこに労働力を送り出している南アジアの国々の政府は、労働規制が整っていないにもかかわらず、友好な関係を築いており、この事例は示唆に富む。ここまでの計算を合わせると、ＶＩＰがすべての豊かな国で取り入れられる場合には、国際格差の減少幅は、１９８０年代から２０００年代にかけて減少した分を上回ることになる。[9] 貧しい国が発展すると、その国の市民は移住しなくなる。と同時に、国境を越えて波及しやすい内戦が起こりにくくなる。さらに、移住を通じて豊かな国が競争的な労働力を確保しやすくなる。すると、仕事をアウトソースする圧力が弱くなって、外国の未熟練労働者を管理するために自国民が必要になり、給料のいい仕事が生まれる可能性さえある。建設作業員の監督、レストランの店長などがその例だ。[10]

労働者の国際移住が増えると、新しい国際統治の課題が生まれる。その課題は、貿易と投資ですでに起きている。自由貿易とは、ただ関税を引き下げるということではない。仲裁機関など、国同士の紛争を解決する統治機関も必要になる。一つの例として、中立的に見える規制が実際には外国からの貿易を阻む効果を生んで、関税とまったく同じように作用していないかどうかが問題になることもある。国際投資についても、紛争を解決する司法機関が必要になっている。ある国が安全衛生法を施行したのは、自分たちの投資を没収するためだと投資家が考えているような場合がそうだ。同様に、移住の流れが非常に大きくなると、移民労働者をどう扱うべきか、国際的な約束に従って扱われてきたかどうかをめぐって紛争が生まれるだろう。各国はこうした問題を認識しており、二国間労働協定を結んで対応しているが、この法体制は初期段階にあり、移住が一般化した場合に生まれる問題は扱えないだろう。

QVが国際協調を促す

国際統治が混沌とした状況にある中で、QVは希望の光になる。国際機関の設計にあたっては、大国は他国が影響力を持つことを認めず、拒否権を要求するのがふつうである一方、小国は影響力が弱まっていることに憤るという問題が繰り返されている。この膠着状態を打開しようと、国際機関はたいてい「公正」な官僚的エリートに力を割り当てるが、こうしたエリートが公正であるとは限らず、ナショナリストの反発を招いている。さらに、拒否権がほとんどすべての場合に存在しており、そのせいで国際機関はすぐに行き詰まってしまう。これまでに説明したように、QVが導入されると、より継続的に発言する権利が与えられ、かつそれを分割して行使できるようになり、行き詰まり状態を打ち破る希望を与えるものとなる。大国にはその力に見合ったクレジットを与える必要があるだろうが、拒否権は与えられない。そうすれば、大国は力に見合った影響力を行使できる一方で、小国は自国にとってきわめて重要な問題に影響力を持つようになる。[11]

　すると、QVのボイスクレジットが共通の通貨になり、貿易、投資、移住、環境など、法体系が異なる領域の間で、各国が影響力を取引するのに使う可能性が開ける。一つの例として、各国に富、人口、軍事力を組み合わせた基準値に比例してクレジットが与えられると想像してみてほしい。もちろん、大きくて、豊かで、力のある国は、国際関係において他の国よりも大きな影響力を行使できることになるが、いまも、近い将来においても、それが世の理であり、現実に即して考える必要がある。QVはこうした力の非対称性を直接なくすものではない（ただし、われわれの他の提案はこの問題を軽減するのに役立つだろう）。しかし、各国が協調することが利益になると思われる問題の領域で、協調が促されるようになるはずだ。

　大国Xは、世界貿易機関（WTO）、国際通貨基金（IMF）、海洋法機構、国連安全保障理事

会の政策の大半を支配し続ける。しかし、小国Yが特定の政策、たとえば沿岸の漁業に強い関心を持っているときには、自国のクレジットを使って、政策に限界的に影響を与えるに十分な票を投じることができる。いまは各国が協調するのにきわめて煩雑な手法がとられている。その代表例である二国間交渉はさまざまな分野の譲歩を多大な労力をかけて結びつけているし（専門用語で「リンケージ」という）、多国籍機関はコンセンサスをとりつけなければいけないが、その必要がなくなる。

視野をさらに広げると、われわれの提案が国内政治にもたらす利益の多くは、国際的な領域に波及していくと考えられる。どのようにして波及していくかを厳密に予測するのは難しいが、いくつかの経路について考えてみたい。

QVが移民と自国民の対立を解消する

QV　大半の国では、移民には政治的な権利がほとんど与えられていない。自由民主主義国家でさえそうである。移民が政治的な権利を得るには、大変な労力と時間をかけて市民にならなければいけないが、多くの国では、とても裕福な人かとても幸運な人を除けば、ほとんど不可能に近い。小さな例外があることはある。たとえば、居住外国人が地元の教育委員選挙に投票できるといったケースである。大勢の人がこの状況を残念に思っている。確かに残念なことなのだろうが、無理もないことでもある。自国の市民たちは、たまたま仕事をすることになった国よりも本

国に忠誠を示す人に政治的影響力を差し出したいとは思わない。投票権とは神聖なものであり、投票権を持つにふさわしいことが証明されている人（あるいは生まれながらにしてその権利を持っている人）だけに与えられるものである。

QVは、「票」を分解して、継続的に発言できるシステムに変えることで、参加者の影響力を大きくしたり小さくしたりできるようになる。これはQVのすばらしい点の一つだ。居住外国人は受け取るクレジットの数を少なくして、わずかな影響力しか行使できないようにし、住んでいる地域に決定的な影響力を持たないようにすることもできる。こうすれば、自分たちがルーツを持たない場所の特徴を決定づけることなく、居住外国人が自分たちにとって非常に大きな利益を守るために政治的発言力を使えるようになる。移住が一般的になったため、人々は自分は複数の国に忠誠心を持っていると考え始めているかもしれない。その場合には、それぞれの国でQVを通じて部分的に影響力を行使する。たとえば、身元引き受け人と移民がお互いの国のボイスクレジットを取引することだってできるだろう。そうした世界では、軍事衝突を回避する圧力が強くなるかもしれない。そして、QVが導入されて、移民が移住先の国で自分たちに関係がある政治決定に影響を与えられるようになれば、労働移住の魅力が高まり、経済的利益がいっそう大きくなるだろう。

COSTによって移民がもたらす利益が広く共有される

COST　資本にCOSTを適用すると、われわれの移住のアイデアを大幅に拡張できるようになるかもしれない。われわれの移住のアイデアはまだ、重要な点で入国が制限されているという前提に立っている。VIPの最大の目標は、移住がもたらす利益が企業や富裕層に集中するのではなく、受け入れ先国全体で広く共有されるようにすることだ。しかし、COSTが導入された社会では、企業と資本にもたらされる利益は、社会的配当を通じて、自動的に広く社会に流れる。すると、どの市民も、企業や土地の価値が高まることに関心を持つようになる。企業や土地の価値を高めるには、無制限の移住を認めることが非常に効果的である。このように、COSTが導入されると、VIP制度の下で認められるビザの発給数が増えることを支持するようになると考えられ、身元の引き受けから得られる直接的な利益だけでなく、キャピタルゲインも得られるようになる。

　くわえて、豊かな国はいま、貧しい国に無償資金協力という形で対外援助をしているが、それに代えて、COSTの歳入の一部を分かち合うことにすべての国が同意すると仮定しよう。そうしたシナリオでは、豊かな国はいつも貧しい国に援助をすることになる。ところが、貧しい国が発展して豊かになると、この移転は相殺され、どちらの方向も支払額は等しくなる。そのため、豊かな国の市民には、貧しい国を発展させるインセンティブが与えられると同時に、貧しい国の市民には、豊かな国の繁栄に過度な反感を抱かなくなる理由が与えられる。この二つの特徴が合わさると、豊かな国の世論は、移住をさらに開放して、貧しい国の発展を支援する方向へと傾くようになる。

COSTを適用すれば、国際貿易が大きな追加的利益を生み出す可能性も復活するかもしれない。COSTはその構造上、資産に対する私的独占力を崩し、市場の働きを深化させる。国際的な取り決めが結ばれて、そうした利益が各国に行き渡る、つまり、アメリカ人がフランス人の資産をそのフランス人が自己申告した額で買ったり、逆にフランス人がアメリカ人の資産を買ったりする権利が与えられるようになれば、国際投資協定が再び利益をもたらすようになる。

社会

市場が他人への信頼感や結束、寛容さをもたらす

過去2世紀の市場は、限界を抱えながらも、経済的進歩を牽引する驚異的なエンジンとなってきた。市場が社会に与えた影響も同じくらい深く、伝統的な共同体や価値観が覆る一方で、多様な生活様式が息づく大都市の成長を後押ししてきた。そうして、さまざまな文明の伝統が融合した食べ物、ファッション、音楽があふれる国際的な消費者文化が生まれている。

だが、資本主義が文化に与えた影響は、よい方向のものばかりではない。市場は、公共の利益には無関心な個人主義者を育てるとする識者もいる。ある理論によれば、伝統的な共同体の住人

は、相手のことをよく知っていて、毎日やりとりしている人に親密さを感じていたが、市場が生まれると、社会的交換の大部分が非人格的な金銭のやりとりに変わってしまうため、そうした親密な関係が崩れるとされる。そのような共同体が拠って立つ道徳的価値が壊れ、人々が個人の野心と利益を追求するようになることから、市場は社会の結束を弱める傾向がある。[12]

さらに、市場は利己心を肯定するので、市場が機能するために必要な信頼が損なわれると指摘する学者もいる。[13] 非人格的な商品市場で競争が起きると、商取引・交渉、市場支配力、他人を犠牲にしても優位を得ようとする争いが結びつく。[14] また、市場では公共財よりも私的財に関心が集まるので、集合行為が敵視されるようになる。

しかし同時に、新しい形の信頼、結束、開かれた文化が市場によって育まれている。市場では、親密な関係がない相手でも、他人と何かを交換して利益を得ることができる。そのため、すべての個人が他人の繁栄に利害を持つことになり、市場がうまく機能しているときには、他人を信頼し、他人に信頼感を抱かせるように行動する理由ができる。[15] この精神が最もはっきり現れているのが、よく機能している都市部である。こうした都市の住人は、大勢の見知らぬ人やほとんど知らない人と生活している。都市活動家のジェイン・ジェイコブズは、都市の住人たちは「お互いに何のつながりがなくても」、お互いに対して「それなりの責任」を負うとしている。結束の固い共同体の深い結びつきは市場に置き換えられたが、「軽い」信頼にはそれにまさる非常に大きな利益があり、多様性が広がって、「街路は見知らぬ人々に対処できる」ようになる。[16] 市場の社会学的精神とは、都市のそれである。

社会の変化を推測するというのは難しいものだが、ラディカル・マーケットは、こうした市場の社会学的な利益を大幅に強化する可能性を秘めていると、われわれは考えている。[17] ＣＯＳＴを導入すると、私有財産制が生み出した障壁が崩れるので、結束が強まるだろう。いまは他人が保有しているあらゆる資産がより簡単に手に入りやすくなり、「自分」の所有物と「他人」の所有物の区別が小さくなる。全員の富が拡大すると、全員が利益を得るようになる。個人間の取引が広がり、交換はお互いの利益になるという意識が育まれ、値切りや押し売り行為をしなくなる。[18] ほとんどの市民は経済システムの中で搾取され、受け身の存在であると感じているが、われわれの経済に関する提案が取り入れられれば、独占の力が弱まるので、そうした意識も弱くなるだろう。

このように、ＱＶは特別な役割を果たすようになる。市場がうまく機能して、私的財と同じように公共財が強力に提供されるようになれば、市場と個人主義の結びつきが弱くなる。市場は公的活動と対立するものとはみなされなくなり、それを通じて公的活動が行われるメカニズムととらえられるようになる。

ラディカル・マーケットが導入されると、社会はもっと寛容にもなる。市場はお互いの利益になる商取引を促進することで、異なる宗教、言語、セクシャリティや背景を持つ人たちに対するステレオタイプを崩し、対立を和らげる強力な力になっている。また、競争が促進されて、有能だが軽蔑されている人たちに対する差別が徐々になくなりつつある。[19] こうした側面で最も大きな進歩が見られるのが、アメリカ、イギリス、スウェーデン（の大都市）など、非常に活発な市場社会であるのは偶然ではない。

QVは差別や偏見をなくす

だが、市場がこの進歩を達成するにはとても長い時間がかかる。私有財産の場合は、嫌いな人には財を売らないようにして、人を差別することができる。政府が分厚い規制をつくっているので、あからさまな差別はできないが、すべてなくすことはできない。それに、規制を守るにはコスト負担が重いことが多く、強い反感を招いている。これに対し、COSTは差別が起きない構造になっている。1人1票制では、支持されていない少数者を多数者が抑圧できている。QVは、そうした少数者がみずからを解放する強力なツールになるだろう。最も根強い偏見の源泉は、国境を越えてやってくる人たちであり、移住が制限されているため、偏見はいまもなくなっていない。移住を促進し、身元引き受け人と移民の利害を一致させることで、この偏見も減る。

資本主義は、過去に生まれた社会と政治の分断を止めたが、新しい分断を生み出している。その大きな原因となっているのが富だ。ラディカル・マーケットは次の段階へと進む一歩となり、富や経済的優位から生まれる偏見をなくす力になる。

よりよい世界をつくるために

われわれはこの章でかなり自由に想像力を働かせてきたが、最後に注意すべき点をいくつかあげて、本書の結びとしたい。一連の提案は、経済理論と思想史を基礎としているが、人間というものは頑なな一方で、ときとして並外れた順応性を示すため、考え抜かれた仕組みをつくっても、なぜかそれを拒絶してしまう。新しい制度に文化的に適応した人間が、いつ新しい制度を批判したり支持したりするようになるか、あるいは、ユートピア的な設計がいつディストピアに変わるのかを予測するのは至難の業だ。

これまでの各章で強調してきたように、われわれの提案は、まず小規模の実験として始めるべきであり、最初から社会全体に革命をもたらすものとして実行するべきではない。QVは、集合的決定をする小規模のグループに使うことができる。COSTはまず、特定の地域内での放牧権のように、既存の土地管理体制に適用できる。移民労働者の身元引き受けは、J-1ビザの延長線上で実行できるだろう。経済特区に発給数を制限してビザを試験的に導入すれば、注意深く監視できるようになる。機関投資の制限は、大口の機関投資家が既存の投資をほとんど引き揚げなくてすむレベルからスタートできる。金融の混乱が小さければ、ネジを締められるだろう。データ労働への対価の支払いは、テクノロジーの発展や社会組織の変化に備えておくだけでいい。環境は整いつつあると思われる。

拡大する個人の主体性と責任

逆に、どのような問題が起きる可能性があるのだろう。一つには、こうした仕組みが取り入れられると人々の負担が増すので、それに対処できなくなるおそれがある。どの仕組みも、何かしらの形で、いまは当たり前とされていたり、気にもとめられていなかったりする活動をもっとよく考えなければいけなくなる。市場が拡張されればそうなるのが自然であり、政府や企業の官僚制度と向き合うときの受け身の姿勢とは大きく違う。自由には責任が伴うとよくいわれる。われわれの提案は自由を拡大するものであり、それと同時に個人の主体性と責任も拡大する。

しかし、責任の重さを恐れてはいけない。いずれにしても、私たちはコンピューターが仲介する時代に生きている。これまでの各章で説明したとおり、意思決定の多くは自動化できる。さらに、制度そのものを設計するときに、人々が制度を使うときの認知的負担を大きくしたり、小さくしたりすることもできる。既存の市場や政府でもこの問題はよくあり、絶えず設計を微調整して、認知的負担を増やしたり減らしたりしている。たとえば、社会保障が導入されたことで、老後資金をいくら貯めればいいか計算する必要がなくなって、大勢の人が大きな悩みから解放された。逆に、確定拠出年金制度に税控除が適用されるようになったことで、加入者は貯蓄と投資に関して複雑きわまりない意思決定をしなければいけなくなった。すると、認知的な負担をなくさずに小さくするオプトアウト・ルールができるなど、数々の創造的な改革が進んだ。[20] われわれにとって最も重要な提案であるＣＯＳＴもＱＶも、設計で複雑度を上げることも下げることもできる。複雑度をどの水準にするのが適正であるかは、実際に経験してみないとわからない。

操作や共謀を防ぐ法律と社会規範が必要となる

反対に、われわれの提案が高度な知識を持つ人たちに操作されるおそれがある。彼らはわれわれの提案を崩す方法を考え出す。ＱＶは、少なくとも理論上では、さまざまな形で行われる高度な共謀に弱く、そうした行為を許さない法体制や社会規範をつくる必要があるだろう。ＣＯＳＴについては、高度な知識を持つ市民が富を隠して、適用を逃れるかもしれない。しかし、巧妙な操作は既存の制度にも蔓延しており、この点を理解しておくことが大切である。株式市場は操作されているし、税制は租税裁定に利用されている。政治資金の規正は巧みにかわされているし、議員選挙区は恣意的に区割りされている。ＱＶとＣＯＳＴのほうが既存の制度よりも操作されやすいと考える理由は見当たらないし、逆に操作されにくいと考える理由はたくさんある。

いまと同じように、戦略的行動を制限する法律と社会規範が必要になる。現在の社会規範は、人々に投票するように促し、法律とともに票の売買などの操作が行われないように作用する。ＱＶの場合は、共謀を防止する法律と規範が求められる。現在の法律では、危険な商品を販売する企業を訴えるインセンティブが人々に与えられる。ＣＯＳＴでは、富裕層から資産を買って儲けるインセンティブが働くので、私的な税執行者が大量に生まれることになる。だが、こうした提案にはどのような脆弱性があり、社会はどう対応するのが適切であるかは、テストして導入してみなければわからない。

提案の一部を実際にテストして、機能しないことが明らかになったとしても、一連の提案の背後にあるラディカルな精神が広く根差すようになることを願っている。われわれはここまで、既得権を崩すことによって、富を増やし、格差をなくす方策について論じてきたが、私たちの社会にはそうした機会が他にもたくさんある。現に、ヴィックリーが示したより穏当なアイデアの多くが何年も前から公的な議題になっている。具体的には、用途地域規制を緩和する、金融教育の軸を負債から株式に移す、道路の渋滞に課税する、などである。しかし、本書の提案を上回るさらに強力なアイデアはまだ生まれていないはずだ。われわれがこの本を書いたのは、いま経済や政治をめぐって繰り返されている論争は、想像力に欠け、古い前提に立つ遺物であることを示すためである。右派と左派の対立は自滅的な行為でしかない。よりよい世界をつくるために、それを超えて進まなければならない。

公正な政策

新しいアイデアを試し、繁栄と進歩をめざす

新しくてラディカルな提案が示されると、疑いの目を向けられるばかりか、嘲笑の的にすらなるものだ。しかし、いま当たり前のものとされている制度のすべて、自由市場も、民主主義も、法の支配も、かつてはラディカルな提案だった。格差が広がり、経済が停滞し、政治が混乱する「スタグネクオリティ」の時代には、使い古されたアイデアに安住してはならない。最大のリスクは静止状態に陥ることである。繁栄と進歩をめざすのであれば、古い真理を疑い、物事を根底まで突き詰め、新しいアイデアを実験することに前向きに取り組まなければいけない。それこそが、本書でわれわれが試みてきたことである。

エピローグ

市場はなくなるのか

こうした市場の過程は……電子工学時代以前の計算装置とみなされるかもしれない。
——オスカー・ランゲ「計算機と市場」（１９６７年）

本書で一貫して主張しているように、ラディカル・マーケットには変革を起こす力がある。しかし、いったいなぜ、市場はこれほどまでに強力なのだろう。このエピローグでは、視点をひっくり返して、こう問うことにする。「市場にはどんな限界があるのだろう」。そうすることで、経済を組織するより効率的な方法に市場がいつ取って代わられるかを考えられるようになる。

市場という奇跡

中央計画制が失敗した理由

第1章で見たように、市場経済を信奉していた大勢の経済学者は、みずからを「社会主義者」とも考えていた。ところが、20世紀初めになると、社会主義は中央計画制と同一視されるようになった。ソ連が経済政策を着想し、正当化するうえでマルクス主義とフランス革命が大きな役割を果たしたことが理由である。第一次世界大戦も中央計画制の追い風となり、軍需生産を拡充するための国の経済統制は、自由放任主義の支持者の想像をはるかに超える大きな成功を収めた。すると、中央計画制を平時にも使うべきかどうかをめぐって激論が起きた。

一般的なイメージでは、中央計画制は働くインセンティブが個人に与えられなかったので成功できなかったとされている。金持ちになれる見通しとはいかなくても、少なくとも賃金が得られる見通しがなければ、誰も朝、ベッドを抜けだそうとはしない。だが、ソ連ではインセンティブが非常に強く、多くの点で、資本主義国よりも強かった。共産主義の下では金持ちになるチャンスは少なかったが、強制収容所（グラーグ）の囚人なら誰でも、「仮病」を使った者がどんな末路をたどるか知っていた。

よく知られている中央計画制反対論には、もう一つ、ノーベル賞受賞者のフリードリヒ・ハイエクが1945年に提示したものがある。資源を効率的に配分するには、人々の好みや生産性を把握する必要があるが、中央計画当局はその情報を得ることができないと、ハイエクは主張した。[1]市場の真髄は、政府の中央計画委員会が関与することなく、すべての人からこの情報を個別に収集して、それを知る必要がある人に供給できることにあった。

これに関連する議論がその数十年ほど前に提起されていた。ハイエクの主張ほど有名ではないが、説得力はこちらのほうが高い。才気あふれる経済学者、ルードヴィヒ・フォン・ミーゼスが、社会主義が直面する根本的な問題は、インセンティブや知識といった抽象的なものではなく、情報と計算だと説いたのだ。[2]ミーゼスが何を言おうとしていたのかを理解するために、レオナルド・リードが1958年に発表したエッセイ『われは鉛筆』で示したたとえ話について考えてみよう。[3]

鉛筆を一からつくるために必要な知識と計画

リードはそこで鉛筆の「一生」について語っている。そんなのわかりきったことだと、最初は思うだろう。しかし、よく考えてみると、鉛筆を一からつくるには、思考と計画を何層にも積み上げていく複雑な作業が必要なことに気づく。木を伐採し、切断し、成形し、表面を平らに削り、磨き上げなければいけない。黒鉛を掘り出し、切り出し、成形しなければいけない。口金（軸木に消しゴムを接合するためにかぶせる環状の部品）は、何十種類もの金属でできた合金であり、その一つひとつの金属を掘り出し、溶かし、混ぜ合わせ、再形成しなければいけない。すべてがそうだ。

だが、何よりも驚くのは、鉛筆の複雑さではない。鉛筆ができあがるまでの製造過程にかかわる人の中に、鉛筆をつくるすべての工程を知っている人が誰もいないことである。伐採作業員が知っているのは、自分の木材に市場があって、価格がつけられているということだけだ。だから、必要な道具を買い、木を切り倒し、木材を売って、生産ラインに送り込む。その木材が鉛筆をつくるために使われていることすら知ることはないだろう。鉛筆工場のオーナーが知っているのは、必要な中間財をどこで買えばいいか、それを組み立てるラインをどうやって動かすか、ということだけだ。鉛筆をつくり上げる知識と計画は、市場取引を行う過程から有機的に生まれるのである。

いま、そうした市場の関係性を中央計画委員会で複製しようとしているとしよう。委員会は、木をどれだけ、いつ伐採するか、生産の各段階で労働者を何人雇うか、どこで、いつ生産し、出荷し、組み立てるかを決定する。しかし、それをうまくやるには、委員会は非常に多くのことをわかっていなければいけない。生産者は、木材を鉛筆の材料として使うよりも価値の高い用途(家を建てる、船をつくる、子どものオモチャをつくるなど)が経済の中にないかどうかなど、それぞれの分野について独自の知識を持っており、それで生計を立てている。中央計画委員会は生産者一人ひとりから専門知識を学ぶ必要がある。こうした情報をすべて吸収し、刻々と変わり続ける各工程の状況を追い続けるために新しい情報を受け取って処理するというのは、たとえ熟練した管理者であっても、能力をはるかに超えている。

中央計画委員会が何らかの方法でこうした情報を無限に吸収できたとしても、その先には、このデータの海を泳ぎ切るという難題が立ちはだかる。個々人の複雑な相互作用は、幅広い社会のプロセスのごく小さな部分を最適化する力となり、価格、需給、市場の生産関係はそこから生まれる。もしも一つの委員会がこのダンス全体を計画しなければいけなかったら、一握りの個人が選択と計画を永遠に繰り返すことになる。どんなに優秀な技術者集団だろうと、そんな緻密な計算をするのは不可能だ。

経済を数学の問題とみなすという誤り

ミーゼスが論文を書いたのは、コンピューター科学という領域が生まれ、情報理論が構築される何十年も前のことであり、こうした直感的なアイデアを形式化する術がなかった。ミーゼスの議論の多くを主流派の経済学者は無視した。主流派の経済学者たちは、視野の狭い数学的なアプローチに傾斜しており、ミーゼスはそれを批判していた。オスカー・ランゲ、フレッド・テイラー、アバ・ラーナーら、ミーゼスに批判的な学者は、市場メカニズムは経済を組織する数多くある方法の一つにすぎない（そして、最も効率的な方法からはほど遠い）と主張した。こうした学者たちは経済を計算的に把握するのではなく、純粋に数学的にとらえており、理論上では、さまざまな財、資源、サービスの需給に関連する（非常に大規模な）方程式系を解くのは難しいことではないと考えていた。

経済の構図を単純化すると、一般大衆は生産者（労働者、資本の供給者など）と消費者という二つの機能を果たしている。消費者としては、さまざまな財やサービスに対して選好がある。チョコレートが好きな人もいれば、バニラが好きな人もいる。一方、生産者としては、才能や能力がそれぞれ違う。数学に強い人もいれば、怒っている顧客に対応するのがうまい人もいる。理屈の上では、人々の選好と才能を見きわめて、それをいちばんうまくできる人に仕事を割り当てると同時に、生産が生み出す価値を人々が本当に望んでいる財・サービスという形で分配すればいい。報酬とペナルティは、人々に自分の選好と才能を明らかにして、やるべきことを確実にやるようにするインセンティブを与えるように決定する必要がある。こうしたことはすべて、数学的に表現して解くことができるはずだ。社会主義の経済学者が経済を数学の問題とみなし、コンピューターがあれば解を得られると考えたのはそのためだ。

だが、計算と情報の複雑度に関する理論がその後にたどった展開を見れば、ミーゼスの洞察が正しかったことがわかる。計算科学者たちが気づいたように、経済を管理するのは大規模な方程式系を解くだけの問題であったとしても、そうした解を見つけるのは、社会主義経済学者が考えていたような簡単なタスクとはほど遠い。統計学者でコンピューター科学者のコズマ・シャリジは、中央計画を鋭く分析し、中央計画委員会が現代経済の「解」を求めるのは絶対に不可能であることを明らかにしている。シャリジは小論「ソ連では、最適化問題を解くとあなたの問題が解決する」で、経済配分問題を解くために必要なコンピューターの計算能力は、経済に流通する商品の数の比例以上に増加すると指摘する。[4] 平たくいうと、大規模な経済では、1台のコンピューターで中央計画を行うのは不可能だ、ということである。

抽象的な数学的関係を具体的に示すものとして、1950年代のソビエトの計画者による推計が例にあげられている。当時、ソビエトの経済力は最盛期にあり、経済計画制の下で約1200万種類の商品が追跡されていた。しかも、モスクワの熟したバナナはレニングラードの熟したバナナと同じものではなく、それをある場所から別の場所に移すことも計画の一部であるのに、推計にはまったく反映されていない。しかし、たとえ商品が1200万種類しかなかったとしても、最も効率的な既知の最適化アルゴリズムを、最も効率的なコンピューターで走らせても、そうした問題を1回解くだけで、およそ1000年かかってしまう。現代のコンピューターでは妥当な「近似」解すら求められないことさえ証明できるのだ。いうまでもなく、計画問題に組み込まれる財、サービス、輸送の選択肢などの要素は、1950年代のソ連よりもはるかに多い。だが市場は、この計算の悪夢を乗り越えるという奇跡を実現してみせる。

並列処理装置としての市場

市場はどのようにプログラムされているのか

しかし、そうだとすると、こんな疑問がわく。この問題を解くことがそれほど難しいのなら、市場はどうしてそれを解くことができるのだろう。この章のエピグラフに引用したランゲの言葉を考えてみたい。[5] 市場とは、政府が執行する一連のルールでしかない。コンピューターのアルゴリズムとそれほど変わらないが、とても複雑なアルゴリズムである。1人の人間が市場を発明したわけではないことは確かだ。だが、市場のルールはよく理解されていて、経済学者たちはそれを実行するように説き続けている。いま、新しい国がつくられて、その国の指導者たちがある西側の経済学者に、経済を創造するにはどうするのがいちばんいいか質問すると想像してみてほしい。この経済学者は、契約や財産法のルールを定めるなど、市場をつくる方法を伝授する（経済学者たちは何十年も前から、発展途上国の政府の会議場やスタートアップのフロアをうろつき回って、まさにそうしている）。経済学者は指導者たちに一種のコンピュータープログラムを供給しているだけなのではないか。そして、それを実行する指導者たちは、一種の中央計画に関与しているのではないか。

市場はどうやって「非常に大規模な方程式系」を解くのか理解するには、「分散コンピューティング」と「並列処理」というカギとなる二つのアイデアを知っておく必要がある。こうしたシステムでは、1台のコンピューターでは実行できない複雑な計算を小さな部分に分割し、地理的に離れた場所に分散している多数のコンピューターが並列して処理できるようになる。分散コンピューティングと並列処理が「クラウドコンピューティング」の発展に大きく貢献したことはよく知られているが、最大の応用分野は見過ごされている。その分野とは、市場経済そのものである。

人間の脳の回路はコンピューターとは違うが、計算科学者の推定では、1人の人間の脳には、これを書いている時点で最も強力なスーパーコンピューター1台のおよそ10倍以上の計算能力があるとされる。[6] したがって、全人類の知能を合わせると、現時点で最強のコンピューターの何百億倍も大きくなる。そうだとすると、「市場」とは、小さいがとてもパワフルなコンピューターで構成された巨大コンピューターだということもできる。それが資源を効率的に配分するとしたら、個々の能力を活用し、組み合わせることで、そうしているのである。

そう考えるなら、市場はどのように「プログラムされて」この結果を達成しているのかと問わなければいけない。経済はさまざまな場所にあるさまざまな資源や人間の能力と、こうした資源に関するデータを伝送するシステムで成り立っている。並列処理の標準的なアプローチでは、ある拠点で画像やパズルなどのローカル情報を抽出して、これをあるプロセッサーに割り当て、こうしたインプットをさらに別のプロセッサー群と階層的に統合していく。では、このイメージを経済に当てはめてみよう。私たちが利用できるコンピューター（人間）の一つを抽出して、その拠点のニーズや資源に関する情報を収集する仕事を割り当てて、使用される資源を節約するために、その全データの圧縮されたサマリーを他のコンピューターに報告する。たとえば、コンピューターを階層的に配置して、各コンピューターが特定の拠点の情報を収集し、ローカルエリアを統合する上位「層」に報告されて、そこからさらに上にある層に送られるような形である。

次のような例を考えてみよう。ある人が農場で働いている。その人は農場を生産的に運営し、家族が幸せに暮らせるようにする責任を負っている。そのため、農場と家族に関する情報を地区の管理者たちに送る。情報は量が少なくて複雑度も低く、大まかなものである。農場を運営するために必要な資源（種、肥料）に精通している管理者もいれば、農場で暮らす人たちが幸せになるために必要な資源（食料や衣料など）に精通している管理者もいる。その後、こうした管理者たちがデータを集計して、次の層に伝える。次の層とは、全国規模の小麦販売業者や、農場で使う製品を供給する業者になるだろう。情報を並列して処理し続けられるように、このチェーンの各レベルで一部の情報を捨てる必要がある。農場の管理者は、舗装の状態がほんの少しだけよい道路を使えば、市場に商品を運びやすくなるとか、ほんの少しだけきれいな水を使うと穀物が守られるとか、あらゆる情報を事細かに伝えることはできない。少なくとも、非常に大きくて重要なニーズを報告して、情報が失われても解決策の効率性がほんの少ししか下がらないことを願うしかない。

この取り決めは、中央計画制を思わせるものがあるが、市場経済にも似ている。人々はそれぞれ生産チェーンの別々の部分に特化して、限られた情報の下で活動するが、情報が一定の形をとるので、それぞれの行動を協調させることができる。地元の経済の状況には通じているが、他のところの状況についてはほとんど知らない。穀物の価格が高くて、トラクターの価格が安いことは知っているが、どうしてそうなっているのかは知らない。トラクターを買ったり、穀物を売ったりするときに、売り手や買い手に自分の人生や農場の状況などを語ることもない。そういうことはいっさいなく、一定の量の穀物を時価で注文したり販売したりするだけだ。

価格という必要最低限の情報

このように、こうした「価格システム」の下では、経済の異なる部分同士のやりとりが大幅に簡素化される。実際に、価格は農家が自分の仕事を効果的に計画するために必要な最低限の情報であることを経済学者が明らかにしている。農場は外部の世界に資源を売って利益を得たり、外部の世界から資源を取り入れたりするが、そうするときの重要なやり方のすべてに価格がついている限り、農家が経済的な意思決定をするのに必要な情報は価格だけになる。経済効率だけを考えるなら、それ以上の情報があっても無駄になってしまうが、折にふれて個人的な関係を育むのも、それはそれでいいかもしれない。逆に、こうした価格がないと、新しいトラクターを買って使うべきか、あるいはもっと人を雇うべきか、判断できないし、次のシーズンにはどれくらい種をまけばいいかもわからない。そうなると、生産量が少なくなりすぎたり、もっと人を雇う、もっと種を買う、さらには消費を増やすなど、もっと有効に使うことができた資源でトラクターを買って無駄にしてしまったりしやすくなる。

この意味では、価格は合理的な経済的意思決定をするための「必要最低限」の情報となる。[7] 分散コンピューティングと同じくらい生産的でありながら、やりとりが少なくてすむシステムはほかにない。

市場は資源を最適に分配する強力なコンピューターである

市場は、分散された人間の計算能力をエレガントに活用する。そうすることで、いまあるコンピューターには太刀打ちできないような方法で資源を配分する。専門家集団による中央計画制は、市場システムに取って代わることはできないというフォン・ミーゼスの見立ては正しかった。しかし、ミーゼスの議論は、市場は「自然」なものであって、経済資源を管理するために人間が創造したプログラムではないことを意味するものと、間違って受け止められた。実際には、市場という制度に自然なものは一つもない。人間が市場を創造するのである。裁判官、立法者、行政官、さらには民間の企業家が、市場を創造し管理する組織をつくり続けている。

市場は強力なコンピューターだが、それが最大幸福を生み出すかどうかは、市場がどうプログラムされているかによって変わる。テクノロジーと経済の発展における現段階では、協調が大きくなりすぎて、モラル・エコノミーでは管理できなくなっており、市場は最大多数の最大幸福を達成するのに適したコンピューターになる。われわれが「ラディカル・マーケット」を提唱するのはそのためだ。そう考えるなら、市場のコードにあるバグを修正して、市場がより多くの富を生み、その富がより公正に分配されるようにすることができる。

市場をコンピューターにたとえると、市場の役割と価値をはっきりと理解できるようになり、われわれが提案する解決策は、市場の範囲を拡張することがベースにあるということが明確になる。富に共同所有自己申告税（ＣＯＳＴ）を適用すると、個人が自分の価値を示す責任が大きくなり、自分が高く評価するものの所有権をもっと強く主張できるようになるため、市場はラディカルに変わる。二次の投票（ＱＶ）は政治の領域でそれと同じことをする。移住に関するアイデアが取り入れられると、どこに住み、どこで働くのがいちばんよいかを個人が決める機会が広がる。反トラストやデータ評価に対する提案が実現すれば、集中化した力が崩れる。すると、個人や小さな企業が競争し、イノベーションを生み出し、合理的な経済選択をして、分散コンピューティングが最適な経済配分を実現できるようになる。しかし、そうであるとしたら、次のような疑問がわく。市場が人間の知力を活用するコンピュータープログラムにすぎないのだとしたら、コンピューターの能力が高まっても、市場はまだ必要になるのだろうか。

市場は時代遅れのコンピューターなのか

市場はシリコンで複製できる

ハイエクの主張に対して、ランゲはこう反論した。「（市場を動かす）連立方程式を電子計算機にかければ、1秒もかからずに解が得られるだろう[8]」。この批判には一面の真理があり、ランゲが1965年に世を去るわずか半年前に、テクノロジー起業家のゴードン・ムーアがそれを見つけていた。

所与のコストで達成できるマイクロチップの集積度と計算能力は、18カ月ごとに2倍になることに、ムーアは気づいた。この「ムーアの法則」は、十分な根拠のある原理ではなく、大まかな外挿だったのだが、概ね当てはまっている。このように計算能力は急速に向上しているので、人間の知能の複雑性を実現できるというコンピューターネットワークの夢は、手の届かないものではなくなっている。近い将来、おそらくは2050年代には、デジタルコンピューターの能力が全人類の知能を超えると、大半のエンジニアが考えている。

この地点に到達すると、計算問題でランゲに対する批判は成り立たなくなる。理論上では、市場はシリコンで複製できる。つまり、私たちがよく知っている、生身の人間が分散並列処理するシステムを代替できるということだ。コンピューターが人間に何を生産するかを伝え、報酬を分配し、必要に応じて制裁を下して、消費するべきものを人々に分配するのである。これで情報を集約する技術的な問題を解決できる。労働者、使用人、恋人としてロボットが台頭しているが、それに対する一般の人々の関心は、ロボットが肉体的、感情的に危害を加えるのではないかという点に集中しており、人間対コンピューターの相互作用というミクロレベルに偏りすぎている。しかし、ロボットが車を運転できるのなら、発注もできるし、荷物を受け取ることもできるし、消費者心理を測定することも、経済運営を計画することも、この活動を経済レベルで協調させることもできる。このマクロレベルでは、不思議なことに、人工知能が社会組織を変革する可能性にはほとんど関心が向けられていない。いま、2人の歩行者の命を救うために1人の乗客の命を犠牲にするようにロボットのドライバーをプログラムするべきかどうかという問題に注目が集まっているが、そうしたシステムが意図したとおりに機能するかどうか、あるいは、集中化された権限がひどく濫用されないかどうかのほうが、それよりもはるかに重要である。

その一方で、目に見えない情報テクノロジーがビジネスプランニングで果たす役割が大きくなっている。いまの経済が主に市場の相互作用で動いていることに変わりはないが、物流、生産スケジュール、流通網、サプライチェーンを自動化する企業が増えている。成功を収めている巨大企業は、規模こそ小さいものの、中央計画者がそうするとランゲが思い描いていたような技術計算をする。ウォルマートは、物流と価格設定を見事に自動化して、世界屈指の時価総額を持つ企業に成長したが、自動化と中央計画化をさらに進めたアマゾンにあっという間に追い越されつつある。ウーバーはさまざまな都市で輸送サービスのフローの大部分を支配している。要するに、巨大企業は、市場経済という海の中で中央計画を実行している島であり、計算力を駆使して莫大な経済価値を生み出しているのである。

コンピューターはあなたを計画できるのか

中央計画者は人々の異なる欲求を推測できない

ソ連は冷戦で敗れこそしたが、技術開発で数多くの偉業をなしとげて、他国を圧倒した。第二次世界大戦の終結から1970年代初めにかけて、ソ連経済は驚異的な高いペースで成長している。[9]

1959年に、アメリカの副大統領だったニクソンとソ連のフルシチョフ首相がアメリカ製キッチンの展示場で討論をしたという有名なエピソードがある。この有名な「キッチン討論」で、ニクソンはロケットや科学の重要な分野ではアメリカはソ連よりも遅れていると認めたが、資本主義が多様な選択肢を提供し、消費者の選好に対応していることを、大勢のソ連市民が知ることになった。ソ連システムは、自動車も、住宅も、食料も、娯楽も、どれも単調で画一的であることは、伝説になるほど有名だった。

中央計画者にとっての問題は、ほとんどの人が自動車、住宅、食料、娯楽を求めていることはわかっており、それを供給することはできるが、最低限のレベルを超えて何が求められているか推測できないことである。メアリーは速い車がほしくて、ジョーは安全な車がほしい。マニュエルはハンドリングを重視していて、ナオミはスポーツの道具を入れる収納スペースがほしい。中央計画者は、こうした何千もの好みをとらえることができずに、全員に同じ車を与えて、ほとんど全員をがっかりさせる。仕事についても同じことが繰り返される。労働条件や仕事の種類に関する選好はいろいろある。中央計画者にはそれが何であるのかがわからず、ほとんど全員が求めているだろうと考えられる最低限の快適性を提供するので、士気が下がり、生産コストが上昇する。消費者（および労働者）の欲求に応えられず、求めるものを供給できず、欲求を満たすイノベーションを起こせなかったことが原因でソ連システムは持続できなくなったと、大勢の経済学者が考えている。

アルゴリズムが人間の欲求を学習する

ところが、第5章でも論じたようにアルゴリズムと計算は進化しており、こうした前提に疑問が投げかけられている。今日では、機械は人間の行動の統計学的なパターンから学習する。この情報を使って、人間がみずから財（と仕事）を選択するのと同じように、あるいはときとして人間よりもうまく、財（と仕事）を分配できるかもしれない。この地点に到達するのははるか先のことだが、そこにいたるまでにたどるかもしれない道筋の輪郭を思い描くことはできる。いま浸透しつつある現象から話を始めよう。その現象とは、既存の市場の行動に基づいておすすめを提示する機械学習ベースのシステムである。ネットフリックスはあなたが好きそうな映画をどうやって推測するのだろう。大まかにいうと、ネットフリックスは、あなたに似た人を見つけるのだ。あなたが見る映画の多くを見ていて、映画の評価があなたの評価に似ている人である。その後、あなたはまだ観ていないが、あなたの隠れたドッペルゲンガーがすでに観て、高い評価をつけている映画をあなたが気に入るだろうと考える。パンドラとスポティファイはおすすめの曲を提案するのに同じようなアプローチをとっている。フェイスブックとアップルのニュースサービスも似た手法を使って、消費したいと思う情報を消費者が見つけるのを手助けする。グーグルは関連するアルゴリズムを使って、あなたの検索クエリだけではなく、あなたについてグーグルが知っているそれ以外のすべてのことにも基づいて最適な情報と商品広告を決定する。アマゾンは三角関数を利用して消費者の好みを分析し、あわせ買いのおすすめ商品を表示する。

中央計画機関は市場の行動に頼ることはできなかった。なにしろ市場はなくなると仮定されているのだから。しかし、人々の行動はもちろん、観察できる範囲の肉体的、心理的な特性から情報を抽出することはできた。そのやり方は、ネットフリックスやアマゾンがいましていることと変わらないのではないか。

機械が診断を下す

その理由を理解するために、最初にもっと身近な例を考えてみよう。ほとんどの先進国の医療制度では、市場の選択肢はまったくないか、大きく制限されている。アメリカでさえそうだ。イギリスのような国民医療制度（ＮＨＳ）の場合、受けたいと思う治療を何でも受けられるわけではなく、そうした治療を受けてしかるべき状況にあるのだと、政府の代理人（医者）を説得しなければいけない。医者は、患者の体の状態を（ややともすると精神の状態を）きわめて入念に検査して、患者の訴えが正しいことを確かめる。アメリカでは、ほとんどの人が健康維持機構（ＨＭＯ）などの医療保険システムを使う。どのシステムを使うかで市場の選択肢があることはあるのだが、実際上は、イギリスの患者と同じ立場にある。アメリカ人が保険を使おうとしたら、医者を説得する必要があり、ほとんどのアメリカ人がそうしなければならない。

近い将来、すべての定型的な医療機能がもっぱら機械によって決定されるようになるかもしれない。いまはこうした機能を医者が担っているが、患者と機械をつなぐ管理インターフェースとなる医療アシスタントが、医者に取って代わるだろう。患者の体と行動に関するデータを検討し、統計学的推定に基づいて、診断が下される。それは、医療処置に関する人々の「選好」は市場環境で行われた選択から導かれず、データから引き出されるということにほかならない。ここでは、人々は「健康」を求めていて、計画者は医療テクノロジーの範囲内でそれを与えるというのが、大前提となる。一般的な意味での患者の「選択」は何の役割も果たさないが、もちろん、望まない処置は拒否することができる。

データから個人の好みを推測する

ネットフリックス／アマゾンの例と、イギリスのNHSを考え合わせると、計画者が別の経済セクターでどう行動するか、想像できるようになる。速い車がほしい人もいれば、安全な車をほしい人もいるし、収納スペースが大きい車がほしい人だっている（車そのものよりも、自動車サービスがほしい人もいるだろう）。旧式のソ連システムでは、計画者が知っているのは、ある人物が職場から遠く離れた、公共交通機関のない地域に住む必要があるかどうかなど、ほんのわずかなことだけだったかもしれない。システムの持続可能性を高めるには、計画者は、速さ、色、ハンドリング、収納スペース、車体の大きさなどについて、消費者の好みを知る必要があり、そうした好みが時間の経過や場所によってどう変わるかを把握しなければいけない。こうした次元での個人の好みを、計画者はどう推定するのだろう。

それには、ネットフリックスやアマゾンと同じように、その人物が世の中に残したデータの痕跡を利用することが必要になる。同じようなデータの痕跡を生み出している人が同じような状況でどう行動しているかに基づいて、嗜好を推定するのである。これは機械学習の領域だ。スマートフォンの痕跡からは、人々がよく運動して、親によく電話をかけ、熱心に写真をとっていることがわかる。ネットフリックスのアカウントの痕跡からは、人々がアニメ映画とラブコメが好きなことがわかる。検索記録の痕跡からは、気候変動対策などのリベラルな政策への関心が高いことがわかり、プリウスが最適だと判断されるが、人々はそんなことを知りもしない。プリウスが玄関先に届けられると、みんな感謝する。祖父母の祖父母たちは、車を買う前に、消費者情報誌を読んで、14種類の車を試乗して、テールフィンの価値をめぐって友だちと議論しなければいけなかったが、もうそんなことをしなくてすむ。選択をせずに、コンピュータープログラムが送ってくる財とサービスを受け入れるだけでいい。

今度は娯楽について考えてみよう。スポティファイとパンドラはすでに、人々の好みに合わせた音楽をストリーミング配信しており、楽曲を個別に選択する必要がなくなっている。このようなサービスが好まれるのは、音楽を購入するかどうかを決めるときの従来の手順がかなり面倒だからだ。好きでもない曲をたくさん聴いて、レビューを読んで、音楽ショップの店員に尋ねるなど、時間がかかって、楽しいとは限らない活動をしなければいけない。しかし、消費の未来と比較すれば、スポティファイは暗黒時代である。いま、視聴者の目の動きを追跡することで、映画のどの部分がどのように訴えたかをアルゴリズムが判断できたとしよう。このようなテクノロジーは、実は、マーケティング目的ですでに使用されている。[10] さらに、こうした目の動きと他の視聴者の目の動きとを相互参照して、他のどの映画に興味を示すかを判断できたとする。そして最後に、推論の信頼性と精度が非常に高いので、視聴者は、最初は疑っていても、やがて全面的に信頼するようになり、人工知能システムが最初に提示する動画をほとんどいつも選択するようになったとする。

コンピューターが市場に取って代わる日まで

こうしたシナリオでは、この視聴者は、映画を観ているときに目をどのように動かすかで自分の将来の消費を「選択」しているのであり、他の視聴者は自分の目の動きを通して、好きそうな映画をアドバイスしているだけだということもできる。しかし、「選択」という言葉は、当該の行動を現象学的に正確に言い表しているとは思えず、メタファーのように感じる。目の動きはほとんど無意識のものであり、選択のように自覚することはめったにない。他の人の視聴活動が特定の人物に特定の映画が配信されることへとつながる経路は、誰にとってもわかりにくい。こうしたプロセスが自動化されると、デジタル計算と分散された人間の知覚が融合されて集団的知性が生み出され、そこから消費のパターンが形成されることになる。中央計画制は経済組織を言い表す言葉として適切ではないかもしれないが、「市場」という言葉も、適切なものとは思えなくなるときがくるだろう。

このようなプロセスは、どんな家を買うか、どんな仕事につくかなど、人生の大きな決断を導くことができるのだろうか。政治的判断や恋愛もそうなるのだろうか。人々は自由になって、もっと有意義な人生を送るようになるのだろうか、それとも、そうする能力を奪われてしまうのだろうか。

長期の未来予測がたいていそうであるように、こうした疑問は、科学的な分析では答えがでない。計算能力があって、自発的に（場合によっては法律によって強制的に）監視を続けるシステムがビッグデータを供給する世界には、ディストピアへの道を開く危険があることは明らかだ。個人や少数のグループにそうしたシステムの運営を任せることはできないだろう。権力を濫用する誘惑があまりにも大きすぎる。しかし、何らかの（ラディカルな）民主的手段や監査可能なアルゴリズム、準分権的な分散コンピューティングに基づいて統治することが可能かどうかは、まったくわからない。テクノロジーがさらに進歩して、コンピューターが人間の知能を超えるようになるかどうか、あるいは、人間の知能のほうが速く進化して、市場を選好する現在の均衡が維持されるのかどうかもはっきりしない。

そうした思索はサイエンスフィクション作家に任せるが、それでもなお、少なくとも数世代の間は、市場――つまりはラディカル・マーケットが、大規模な社会を組織する最も優れた方法であり続けるという確信が揺らぐことはない。

謝辞

経済の生産と発展は、本質的に社会的なプロセスであって、個人的なプロセスではない。それはわれわれが本書で一貫して論じているとおりである。本書のような知的産物も例外ではない。2人が育ってきた社会環境、2人が属してきたさまざまな共同体が、われわれの思想を形づくった。そして、本書がわれわれのめざすとおりのインパクトを与えるには、2人の研究努力よりも時代精神のほうがはるかに重要になるに違いない。しかし、そうした大きな力の中に、この研究に特に貢献してくれた人たちがたくさんいる。

非常に重要な知的影響を与えてくれた人の多くについては、本文中で名前をあげている。本書ではあまり触れていないものの、2人にはそれぞれ個人的なメンターがおり、この場を借りて感謝を伝えたい。グレンにとっては、この非常に大胆なアイデアを追求すれば、研究者としてのキャリアを犠牲にするリスクがあり、出版するのも困難だったのだが、そんな状況の中でゲーリー・ベッカー、特にホセ・シャインクマンが強く背中を押してくれた。メカニズムデザインは社会を大きく変える力になるというアイデアを形づくるうえでは、ジェリー・グリーン、アマルティア・セン、そして特にジャン・ティロールの存在が大きかった。マイクロソフトでの上司であるジェニファー・チェイスは、このプロジェクトを信じて追求するために必要になるプロフェッショナルな空間、学際的な環境、インスピレーションを与えてくれた。エリックはシカゴ大学の同僚にサポートしてもらい、ラッセル・ベイカー奨学金基金には資金面で支援してもらった。グレンはアルフレッド・P・スローン財団のフェローシップを通じて資金面で支援してもらっている。

ソウマヤ・ケインズには特別に感謝しなければならない。彼女がわれわれの多様なアイデアを集約することに強い興味を示してくれたのは、この本を書く一つのきっかけになった。

本書のビジョンを形づくるのに貢献した研究プロジェクトにかかわっている大勢の共著者や共同研究者には本文中で言及しているが、ここに特に名前をあげて感謝を述べたい人がいる。アンソニー・リー・ジャンは、共同所有自己申告税というアイデアをグレンと共同で開発した。スティーヴ・ラリーは二次の投票に関する基本定理をグレンと共同で証明し、ニック・ステファノプロスは、その基本定理に基づく平等主義の選挙法に関する現実的なビジョンをエリックと共同で構築した。フィオーナ・スコット・モートンは、われわれと共同で機関投資家の1%ルールをつくりあげた。そしてジャロン・ラニアーは、労働としてのデータという概念を一つひとつ形にしていく過程で、グレンのパートナーとして貢献してくれている。

エディターのジョー・ジャクソンをはじめ、プリンストン大学出版局の面々の協力を得て、この本を実現することができた。スーザン・ジーン・ミラーはその卓越した手腕で文章を磨き上げてくれた。有能なリサーチアシスタント・チームにも感謝する。グレアム・アビランド、エリオット・レヴモア、ステラ・シャノン、ハナ・サマー、ジル・ロゴスキーは本当にすばらしい仕事をしてくれた。

イェール大学コウルズ財団のラリー・サミュエルソン理事の尽力によって原稿の検討会が開かれ、思考を形づくる助けになった。7人の参加者（イアン・エアーズ、ディルク・ベルゲマン、ジェイコブ・ハッカー、ニコル・イモーリカ、ブランコ・ミラノヴィッチ、ティム・シェンク、マット・ヴァインツィール）からは、きわめて重要なフィードバックをもらった。なかでもティムのおかげで関連する思想史を理解することができたのは大きかった。また、アンナ・ブレンダー、シャルロット・カヴァイエ、パトリック・コリソン、アダム・コックス、リチャード・エスコフ、マリオン・フォルカード、アレックス・ペイサコヴィッチ、グレッグ・ショウ、イタイ・シェール、スティーヴ・スウィッグ、トマソ・ヴァレッティ、スティーヴ・ワイルをはじめ、大勢の友人や同僚からもコメントをもらった。ステフ・ディック、クリス・ミュラーの示唆に富む感想は、推敲に反映させている。ビル・ヴィックリーのアーキビストであるリチャード・アーノットは、ヴィックリーの思想と信念に対する理解を形づくるうえで大きな力となった。ディオニシオ・ゴンザレス、トッド・リッピー、ローラ・ワイルは、本書の美学を突き詰める手助けをしてくれた。マイクロソフトの読書グループ、「ラディカル・エコノミクス」「ソーシャルライフ・オブ・データ」のメンバー、特にニック・クドリー、ダン・グリーン、ジェシー・ウォン、モイラ・バイゲル、ジェームズ・ライトの協力に感謝する。

マイクロソフトのビジネスリーダーであるサティア・ナデラ、ケヴィン・スコット、そして、学術界からはアティフ・ミアン、ケネス・ロゴフの励ましも、この研究の発展になくてはならないものである。

グレンは妻のアリーシャ・ホランドに誰よりも感謝している。本書は最初から最後まで、アリーシャとともにある。アリーシャにしかわからないが、この本は一種のラブレターでもある。グレンがリオに行ってファヴェーラについて考えるきっかけを与えてくれたのも、エピローグのアイデアを発展させるように勧めてくれたのも、アリーシャだった。われわれの研究の大部分を占める都市と移住の精神、そして、その両方をよくしようとする情熱は、アリーシャからもたらされている。グレンとアリーシャの2人のライティンググループの成果で、原稿が見違えるほどすばらしくなった。研究者としてのキャリアを犠牲にするリスクをとって、因習を打破しようとするグレンをアリーシャが支えなかったら、グレンはこの本を書こうとはしていなかっただろう。美学のすばらしさ、大切さをアリーシャが説かなかったら、本を書くなど考えられないことだったに違いない。2人のアイデアと感性が分かちがたく結びついているのだという思いは、日に日に深まっている。孤立して社会性に欠ける未熟な2人が出会い、そんな絆を築いていくことは、けっして簡単でも心地よいものでもない。しかし、社会とまったく同じように、危機に直面したときにラディカルに改革できて、平等、成長、協調を育むことができるパートナーシップだからこそ、長く続くのである。

日本語版解説——過激で根本的な改革の書

「ラディカル」（Radical）という単語は、「過激な・急進的な」という意味と「根本的な・徹底的な」という意味の、二通りで用いられる。本書『ラディカル・マーケット脱・私有財産の世紀』は、まさに両方のラディカルさを体現した「過激かつ根本的な市場改革の書」である。

市場が他の制度——たとえば中央集権的な計画経済——と比べて特に優れているのは、境遇が異なる多様な人々の好みや思惑が交錯するこの複雑な社会において、うまく競争を促すことができる点である。市場はその存在自体がただちに善というわけではなく、あくまで良質な競争をもたらすという機能を果たしてこそ評価されるべきだ。もしもその機能が果たされていないのであれば、市場のルールを作り替える必要がある。今までのルールを前提に市場を礼賛する（＝市場原理主義）のではなく、損なわれた市場の機能を回復するために、過激で根本的なルール改革を目指さなければならない(=市場急進主義)。本書の立場は、このように整理できるだろう。

では、著者たちが提案する過激な改革とは、いったいどのようなものなのか? 本論にあたる第1章から第5章までの各章で、私有財産、投票制度、移民管理、企業統治、データ所有について、現状および現行制度の問題点がそれぞれ整理され、著者たちの独創的な代替案が提示されている。どの章もそれだけで1冊の専門書になってもおかしくないくらい内容が濃く、驚かれた読者も多いに違いない。第3章から第5章では、世界が現在進行形で抱える深刻な社会・経済問題に対する処方箋が示されており、移民、ガバナンス、データ独占などの現代的な問題に関心のある方は必読だ。

本書の中心となる第1章と第2章は、資本主義および民主主義の大前提を揺るがし、思考の大転換を迫るようなラディカルな提案を読者へと突きつける。たとえば、第2章「ラディカル・デモクラシー」では、民主主義の大原則である1人1票というルールに改革のメスが入る。具体的には、ボイスクレジットという(仮想的な)予算を各有権者に与えた上で、それを使って票を買うことを許すという提案だ。これによって、有権者は自分にとってより重要な問題により多くの票を投票することができるようになる。その際に、1票なら1クレジット、2票なら4クレジット、3票なら9クレジット、……という具合に、票数の2乗分のボイスクレジットを支払う仕組みを著者たちは提唱し、「二次の投票」(QV)と名付けている。ここで登場する「2乗する」というルールは、単なる著者たちの思い付き、というわけではもちろんない。現在までに購入した票数と追加的に1票を買い足すために必要なボイスクレジットが比例的な関係になる、という二次関数の性質が鍵を握っているのだ。その上で著者たちは、一定の条件の下で、QVによって公共財の最適供給が実現できることを示している。独創的なアイデアをきちんと先端研究によって補完する、という組み合わせは他の章にも通底する本書の大きな魅力である。

さて、ここからは第1章「財産は独占である」の中身と、その評価について述べたい。本書の中でも最もラディカルなこの章で著者たちが改革の矛先を向けるのは、財産の私的所有に関するルールである。私有財産は本質的に独占的であるため廃止されるべきだ、と彼らは主張する。言うまでもなく、財産権や所有権は資本主義を根本から支える制度のひとつだ。財産を排他的に使用する権利が所有者に認められているからこそ、売買や交換を通じた幅広い取引が可能になる。所有者が変わることによって、財産はより低い評価額の持ち主からより高い評価額の買い手へと渡っていくだろう（配分効率性）。さらに、財産を使って得られる利益が所有者のものになるからこそ、財産を有効活用するインセンティブも生まれる（投資効率性）。

著者たちは、現状の私有財産制度は、投資効率性においては優れているものの配分効率性を大きく損なう仕組みであると警告している。私的所有を認められた所有者は、その財産を「使用する権利」だけでなく、他者による所有を「排除する権利」まで持つため、独占者のように振る舞ってしまうからだ。この「独占問題」によって、経済的な価値を高めるような所有権の移転が阻まれてしまう危険性があるという。一部の地主が土地を手放さない、あるいは売却価格をつり上げようとすることによって、区画整理が必要な新たな事業計画が一向に進まない、といった事態を想定するとわかりやすいだろう。

代案として著者たちが提案するのは、「共同所有自己申告税」（ＣＯＳＴ）という独創的な課税制度だ。ＣＯＳＴは、１．資産評価額の自己申告、２．自己申告額に基づく資産課税、３．財産の共同所有、という三つの要素からなる。具体的には、次のような仕組みとなっている。

１．現在保有している財産の価格を自ら決める。
２．その価格に対して一定の税率分を課税する。
３．より高い価格の買い手が現れた場合には、
３―ｉ．１の金額が現在の所有者に対して支払われ、
３―ii．その買い手へと所有権が自動的に移転する。

仮に税率が10％だった場合に、ＣＯＳＴがどう機能するのかを想像してみよう。あなたが現在所有している土地の価格を１０００万円と申告すると、毎年政府に支払う税金はその10％の１００万円となる。申告額は自分で決めることができるので、たとえば価格を８００万円に引き下げれば、税金は2割も安い80万円で済む。こう考えて、土地の評価額を過小申告したくなるかもしれない。しかし、もし８００万円よりも高い価格を付ける買い手が現れた場合には、土地を手放さ

なければならない点に注意が必要だ。しかもその際に受け取ることができるのは、自分自身が設定した金額、つまり800万円に過ぎない。あなたの本当の土地評価額が1000万円だったとすると、差し引き200万円も損をしてしまうのである。このように、COSTにおいて自己申告額を下げると納税額を減らすことができる一方で、望まない売却を強いられるリスクが増える。このトレードオフによって、財産の所有者に正しい評価額を自己申告するようなインセンティブが芽生える、というのがCOSTの肝である。

実は、COSTのような仕組みの発想自体は、著者たちのオリジナルというわけではない。シカゴ大学の経済学者アーノルド・ハーバーガーが、固定資産税の新たな徴税法として同様の税制を1960年代に提唱しており、彼の名前をとって「ハーバーガー税」とも呼ばれている。またその源流は、19世紀のアメリカの政治経済学者ヘンリー・ジョージの土地税にまで遡ることができる。ただし、適切に設計されCOSTを通じて、所有者にきちんと正直申告のインセンティブを与えることができることや、配分効率性の改善がそれによって損なわれる投資効率性と比べて十分に大きいことなどを示している点は、著者たち（特にグレン・ワイル氏と、別論文での彼の共同研究者）の大きな貢献だ。整理すると、大胆な構想と洗練された最先端の学術研究によって、本書はジョージ主義やハーバーガー税を現代によみがえらせ、土地をはじめとする様々な財産に共同所有への道筋を切り拓いた、といえる。

財産の私的所有は、確かに著者たちが主張するように「独占問題」を引き起こし、現在の所有者よりも高い金額でこの財産を評価する潜在的な買い手に所有権が移転しにくくなる、という配分の非効率性を引き起こす。ただし、この非効率性は悪い面ばかりとは限らないのではないだろうか。非効率性の正の側面として、三つの可能性に思い至ったので書き留めておきたい。一つ目は、予算制約である。ある所有者にとって非常に価値がある財産であっても、租税に必要な現金が足りず、高い金額を申告することができないような状況が当てはまる。私有財産が認められていれば、手元に現金がなくても大切な財産を守ることができるが、COSTはこの「守る権利」を所有者から奪ってしまう。経済格差の解消が大幅に進まない限り、この種の「不幸な売却」を無くすことは難しいのではないだろうか。二つ目は、生産財市場の独占化だ。いま、二つの企業が同じビジネスを行っており、事業継続のためにはお互いが所有している財産――たとえば事業免許――が欠かせないとしよう。ここで、ライバルの免許を獲得すれば自社による一社独占が実現できるため、高い金額で相手の免許を買い占めるインセンティブが生じる。免許の所有権がCOSTを通じて円滑に移転することによって財産市場の独占問題は解消されるものの、その財産を必要とする生産財市場において独占化が進んでしまう危険性があるのだ。三つ目は単純で、思考コストが挙げられる。COSTにおいて申告額をいくらに設定すれば最適なのかは、税率だけでなく、自分の財産に対する他人の購買意欲に左右される。需要が大きければ価格を上げ、小さければ下げるのが所有者にとっては望ましい。つまり、市場の動向をつぶさに観察して、戦略的・合理的な計算をする必要があるのだ。こうした調査や分析は、市井の人々に大きな負担を強いるかもしれない。

最後に、ＣＯＳＴや本書全体に対する監訳者の評価を述べておきたい。現在の資本主義が抱える問題として特に深刻なのは、経済成長の鈍化と格差の拡大が同時並行で起きていることだろう。著者たちが「スタグネクオリティ」と呼ぶ問題である。こうした中で、一部の富裕層に過剰なまでに富が集中する経済格差の問題を見過ごせない、と考える経済学者も増えてきた。ただし、著者たちのように、私有財産という資本主義のルールそのものに疑いの目を向ける主流派経済学者はまだほとんどいない。ポピュリズムや反知性主義が世界中で台頭する中で、専門家として経済の仕組みを根本から考え抜き、しかも過激な具体案を提示した著者たちの知性と勇気を何よりも称えたい。ＣＯＳＴを幅広い財産に適用していくのは、少なくとも短期的には難しいかもしれない。しかし、補完的なルールをうまく組み合わせて、前述したような問題点にうまく対処していけば、実現可能な領域は十分に見つかると期待している。ポズナー氏とワイル氏の卓越したアイデアを更に現実的なものとするためにも、本書が多くの読者に恵まれることを願っている。

さぁ、ラディカルに行こう！

２０１９年10月

安田洋祐（大阪大学大学院経済学研究科准教授）

ブ退官記念論文集』筑摩書房、1969年に収録).

6. *Global Computing Capacity*, AI Impacts (February 16, 2016), http://aiimpacts.org/global-computing-capacity/#easy-footnote-bottom-7.

7. J. S. Jordan, The Competitive Allocation Process Is Informationally Efficient Uniquely, 28 *Journal of Economic Theory* 1 (1982); Noam Nisan & Ilya Segal, The Communication Requirements of Efficient Allocations and Supporting Prices, 129 *Journal of Economic Theory* 192 (2006).

8. Lange, The Computer and the Market, at 157(「計算機と市場」).

9. The Soviet Union: GDP Growth, Nintil (March 26, 2016), https://nintil.com/2016/03/26/the-soviet-union-gdp-growth/.

10. たとえば、視線の動きを分析するモディフェイスのアイトラッキング広告解析システム(http://www.mobilemarketer.com/news/modiface-eye-tracking-app-increases-smashbox-conversions-by-27/447825/)を参照。

らないのかと疑う人もいるだろう。しかし、COSTの税率を最適な水準に設定すれば、個人は自分の所有物の価格を自分が受け入れてもいいと考える水準よりも高く設定することになるので、購入はお互いの利益になることに変わりはない。これが現在のやり方との違いである。資産の価値を非常に過小に申告し、資産を隠したり価値を低く見せかけたりして、強制的に売却させられないようにしようとする人もいるかもしれないが、租税回避行為とまったく同じように、そうした反社会的な戦略に制裁措置をとることもできるし、そうするべきである。本文の後述を参照。

19. Gary Becker, *The Economics of Discrimination* (University of Chicago Press, 2d ed., 2010).

20. Richard H. Thaler & Cass R. Sunstein, *Nudge: Improving Decisions About Health, Wealth, and Happiness* (Penguin, 2009)（邦訳セイラー、サンスティーン共著、遠藤真美訳『実践行動経済学――健康、富、幸福への聡明な選択』日経BP社、2009年）を参照。

エピローグ

1. F. A. Hayek, The Use of Knowledge in Society, 35 *American Economic Review* 519 (1945).

2. Ludwig von Mises, *Economic Calculation in the Socialist Commonwealth* 19–23 (S. Adler trans., Ludwig von Mises Institute, 1990) (1920).

3. Leonard E. Read, I, Pencil (Foundation for Economic Education, 2010) (1958), https://fee.org/media/14940/read-i-pencil.pdf.

4. Cosma Shalizi, In Soviet Union, Optimization Problem Solves You, *Crooked Timber* (May 30, 2012), http://crookedtimber.org/2012/05/30/in-soviet-union-optimization-problem-solves-you/.

5. Oskar Lange, The Computer and the Market, in *Socialism, Capitalism and Economic Growth: Essays Presented to Maurice Dobb* (Cambridge University Press, C. H. Feinstein, ed., 1967)（邦訳ランゲ著、水田洋訳「計算機と市場」フェインステーン編『社会主義・資本主義と経済成長――モーリス・ドッ

Voting in a Political Context, 172 *Public Choice* 223 (2017) を参照。

9. Milanovic, *Global Inequality* (『大不平等』).

10. Margaret E. Peters, *Trading Barriers: Immigration and the Remaking of Globalization* (Princeton University Press, 2017).

11. Eric A. Posner & Alan O. Sykes, Voting Rules in International Organizations, 15 *Chicago Journal of International Law* 195 (2014).

12. Émile Durkheim, *The Division of Labour in Society* (Simon & Schuster 1997; 初版は1893年)(邦訳デュルケーム著、田原音和訳『社会分業論』筑摩書房、2017年).

13. この批判の古典であり、おそらく最も入念に組み立てられているものが、Fred Hirsch, *The Social Limits to Growth* (Harvard University Press, 1976) だが、最近になって、Michael J. Sandel, *What Money Can't Buy: The* Moral *Limits of Markets* (Farrar, Straus and Giroux, 2012)(邦訳サンデル著、鬼澤忍訳『それをお金で買いますか』早川書房、2012年) およびSamuel Bowles, *The Moral Economy: Why Good Incentives Are No Substitute for Good Citizens* (Yale University Press, 2016)(邦訳ボウルズ著、植村博恭、磯谷明徳、遠山弘徳訳『モラル・エコノミー』NTT出版、2017年) で、同じようなテーマが考察されている。

14. A. O. Hirschman, Rival Interpretations of Market Society: Civilizing, Destructive, or Feeble?, 20 *Journal of Economic Literature* 1463 (1982).

15. Durkheim, *The Division of Labour in Society* (『社会分業論』).

16. Jane Jacobs, *The Death and Life of Great American Cities* (Random House, 1961)(邦訳ジェイコブズ著、山形浩生訳『新版 アメリカ大都市の死と生』鹿島出版会、2010年).

17. Marion Fourcade & Kieran Healy, Moral Views of Market Society, 33 *Annual Review of Sociology* 285 (2007) が強調するように、非常に強力な市場観はもともと道徳的に考察されており、経済的に考察されているだけではない。ラディカル・マーケットの構築ではこの道徳観が重要な要素であることに気づく読者がいることを願っている。

18. 個人が自分の所有物を他人に持って行かれることを不安に思うようにはな

2. 最も著名なテクノロジー悲観主義論は、ロバート・J・ゴードンが2016年の著作*The Rise and Fall of American Growth: The U.S. Standard of Living since the Civil War*（Princeton University Press）（高遠裕子、山岡由美訳『アメリカ経済　成長の終焉（上）（下）』日経BP社、2018年）で示したものである。
3. この見方は経済学者の間で徐々に広まっている。市場支配力が大きな意味を持ち、重要性が高まっていることを実証している最近の論文のリストをここで示すことはできないが、網羅的な参考文献については、秀逸なブログhttp://www.promarket.orgを参照してほしい。
4. 大勢の経済学者がこの考え方を軸に経済の歴史を理解しているにもかかわらず、経済の未来に対するこの見方が広まっていないことには驚きを感じるだろう。たとえば、経済学者のダロン・アセモグルが2016年にトゥールーズ・ネットワーク・フォー・インフォメーション・テクノロジーで行った「ITが労働市場に与えるインパクト」と題したプレゼンテーションによれば、19世紀初めのイギリスでラッダイト運動家たちはテクノロジーが労働者の仕事を奪うと恐れたが、その不安が「間違っていた」のは、むき出しの資本主義によって労働の価格が押し上げられたからではなく、労働組合がつくられ、普通教育が導入されるなど、制度がラディカルに変革されて、労働者の経済水準が改善されたからだった。
5. 過去数十年間に見られた企業間の協力による政治力の集中化に関する説明については、Jacob S. Hacker & Paul Pierson, *Winner-Take-All Politics: How Washington Made the Rich Richer－and Turned Its Back on the Middle Class*（Simon & Schuster, 2011）を参照。
6. このようなトレードオフは、現在の解釈の下では合衆国憲法修正第1条に違反するかもしれないが、裁判所は最終的には社会の利益になる政治の変革を受け入れると思われる。
7. Eric A. Posner & Nicholas Stephanopoulos, Quadratic Election Law, 172 *Public Choice* 265 (2017).
8. この問題の詳細な議論については、Ben Laurence & Itai Sher, *Ethical Considerations on Quadratic Voting*, 172 *Public Choice* 195 (2017); Josiah Ober, Equality, Legitimacy, Interests, and Preferences: Historical Notes on Quadratic

46. これは3人がいま進めている研究の課題だが、アセモグルは2016年にマイクロソフトで行ったプレゼンテーションで論じた。Daron Acemoglu, *The Impact of IT on the Labor Market* (September 2016), https://econo mics.mit.edu/files/12118.
47. 筆者の1人は、さまざまな状況でさまざまな共同研究者とデータの限界価値を数量化する研究に取り組んでいる。
48. この研究プロジェクトの最初の論文は、Azevedo et al., 2017, "A/B Testing" だが、データを新商品のテストに使ってアイデアを提案するという狭い側面に限定されている。これはデータ労働の価値の重要な要素の1つではあるが、メインの要素とはほど遠い。2018年に、ワイルはラニアー、イマノル・アリエッタ・イバーラ、ディエゴ・ヒメネス・エルナンデスと共同で、さまざまな機械学習環境でデータの価値を実証的に計算するための汎用性の高いシステムの構築に取り組む予定である。
49. たとえば、Lawrence F. Katz & Alan B. Krueger, The Rise and Nature of Alternative Work Arrangements in the United States, 1995−2015 (National Bureau of Economic Research, Working Paper No. 22667, 2016); Jonathan V. Hall & Alan B. Krueger, An Analysis of the Labor Market for Uber's Driver-Partners in the United States (National Bureau of Economic Research, Working Paper No. 22843, 2016); Gray & Suri, untitled book projectを参照。
50. Mark Aguiar, Mark Bils, Kerwin Kofi Charles, & Erik Hurst, Leisure Luxuries and the Labor Supply of Young Men (NBER Working Paper, 2017).

結論

1. 最近の経済学における最も著名なテクノロジー楽観主義者がエリック・ブリニョルフソンとアンドリュー・マカフィーであり、2014年に *The Second Machine Age: Work, Progress, and Prosperity in a Time of Brilliant Technologies* (W. W. Norton & Company)（村井章子訳『ザ・セカンド・マシン・エイジ』日経BP社、2015年）を発表している。世界的に最も著名なテクノロジー楽観主義者がレイ・カーツワイルで、数々の著作を刊行している。

37. Aaron Smith, *What Internet Users Know about Technology and the Web*, Pew Research Center (November 25, 2014), http://www.pewinternet.org/2014/11/25/web-iq/.
38. Lisa Barnard, The Cost of Creepiness: How Online Behavioral Advertising Affects Consumer Purchase Intention, https://cdr.lib.unc.edu/indexabl econtent/uuid:ceb8622f-1490-4078-ae41-4dc57f24e08b (unpublished PhD dissertation, University of North Carolina at Chapel Hill, 2014); Finn Brunton & Helen Nissenbaum, *Obfuscation: A User's Guide for Privacy and Protest* (MIT Press, 2015).
39. そのための提案については、Lanier, *Who Owns the Future?*; Butler Lampson, *Personal Control of Data*, Microsoft Research (July 13, 2016), https://www.microsoft.com/en-us/research/video/personal-control-of-data/を参照。
40. Karl Marx, *Capital: A Critique of Political Economy* (Ben Fowkes, trans., Penguin Classics, 1992) (1867) (邦訳マルクス著、エンゲルス編、向坂逸郎訳『資本論』岩波書店、1969年他).
41. Friedrich Engels, *The Condition of the Working Class in England* (David McLellan, ed., Oxford University Press, 2009) (1845) (邦訳エンゲルス著、浜林正夫訳『イギリスにおける労働者階級の状態(上)(下)』新日本出版社、2000年).
42. John E. Roemer, *A General Theory of Exploitation and Class* (Harvard University Press, 1982).
43. Beatrice & Sidney Webb, *Industrial Democracy* (Longmans Green and Co., 1897) (邦訳シドニー、ベアトリス・ウェッブ共著、高野岩三郎監訳『産業民主制論』法政大学出版局、1990年).
44. John Kenneth Galbraith, *American Capitalism: The Concept of Countervailing Power* (Houghton Mifflin, 1952) (邦訳ガルブレイス著、新川健三郎訳『アメリカの資本主義』白水社、2016年).
45. Robert C. Allen, Engels' Pause: Technical Change, Capital Accumulation, and Inequality in the British Industrial Revolution, 46 *Explorations in Economic History* 418 (2009).

the 25th International Conference on World Wide Web 1293, 2016), https://www.microsoft.com/en-us/research/wp-content/uploads/2016/07/turker_network1.pdf.

26. Irani & Silberman, Turkopticon; およびMary L. Gray & Siddharth Suri, The Humans Working Behind the AI Curtain, *Harvard Business Review*, January 9, 2017.

27. Mary L. Gray & Siddharth Suri. このプロジェクトは現時点ではタイトルが未定だが、出版社と契約を結んでいる（Houghton Mifflin Harcourt、近刊）。

28. Annalee Newitz, Raters of the World, Unite−The Secret Lives of Google Raters, *Ars Technica* (April 27, 2017), https://arstechnica.com/features/ 2017/04/the-secret-lives-of-google-raters/.

29. 一例として、2017年、グーグルが自社のビジネス慣行に批判的な政策研究者の解雇に関与したとして物議をかもした。

30. この文献の調査内容については、Roland Bénabou & Jean Tirole, Intrinsic and Extrinsic Motivation, 70 *Review of Economic Studies* 489 (2003) を参照。

31. Sara Constance Kingsley et al., Accounting for Market Frictions and Power Asymmetries in Online Labor Markets, 7 *Policy & Internet* 383 (2015).

32. Arindrajit Dube, Jeff Jacobs, Suresh Naidu, & Siddharth Suri, Monopsony in Crowdsourcing Labor Markets (Columbia University Working Paper, 2017).

33. https://www.nytimes.com/2016/05/06/business/facebook-bends-the-rules-of-audience-engagement-to-its-advantage.html?mcubz=0&_r=0.

34. David L. Harris, Massachusetts Woman's Lawsuit Accuses Google of Using Free Labor to Transcribe Books, Newspapers, *Boston Business Journal* (January 23, 2015), https://www.bizjournals.com/boston/blog/techflash/2015/01/massachusetts-womans-lawsuit-accuses-google-of.html.

35. この研究の概説については、Adam Alter, *Irresistible: The Rise of Addictive Technology and the Business of Keeping Us Hooked* (Penguin, 2017) を参照。

36. Bénabou & Tirole, Intrinsic and Extrinsic Motivation; Roland Bénabou & Jean Tirole, Incentives and Prosocial Behavior, 96 *American Economic Review* 1652 (2006).

1998), https://www.nngroup.com/articles/the-case-for-micropayments/.

14. Daniela Hernandez, Facebook's Quest to Build an Artificial Brain Depends on this Guy, *Wired* (2014), https://www.wired.com/2014/08/deep-learning-yann-lecun/.

15. 「複雑度」という言葉は、最悪の場合を考えたときの問題の困難さを指す学術用語として使われることが多い。こうした最悪値はたいてい、典型的な現実世界に応用するときに要求される水準を著しく誇張したものであるという意味で、とても「保守的」である。本来の意味とは若干ずれるが、本書では複雑度を最悪の場合に要求されると考えられるものではなく、実際の典型的あるいは「平均的」なケースで問題を解決するために要求されるものを指す言葉として使う。

16. https://news.microsoft.com/features/democratizing-ai/.

17. ネットフリックスの月額使用料は10ドルであり、ネットフリックスが公表した統計によると、2015年には典型的な加入者は毎日1.5時間視聴していた。

18. Foer, *World Without Mind*.

19. Carl Benedikt Frey & Michael A. Osborne, The Future of Employment: How Susceptible Are Jobs to Computerisation?, 114 *Technological Forecasting & Social Change* 254 (2017).

20. Daron Acemoglu & Pascual Restrepo, *Robots and Jobs: Evidence from US Labor Markets* (National Bureau of Economic Research, Working Paper No. 23285, 2017).

21. Arrieta-Ibarra et al., Should We Treat Data as Labor?

22. David Autor et al., The Fall of the Labor Share and the Rise of Superstar Firms (National Bureau of Economic Research, Working Paper No. 23396, 2017).

23. Julie E. Cohen, The Biopolitical Public Domain: The Legal Construction of the Surveillance Economy, *Philosophy and Technology* (Forthcoming).

24. Colm Harmon, Hessel Oosterbeek, & Ian Walker, The Returns to Education: Microeconomics, 17 *Journal of Economic Surveys* 115 (2003).

25. Ming Yin et al., *The Communication Network Within the Crowd* (Proceedings of

他の研究とほぼ同時に提起された。たとえば、Lilly C. Irani & M. Six Silberman, Turkopticon: Interrupting Worker Invisibility in Amazon Mechanical Turk, *CHI'13 Proceedings of the SIGCHI Conference on Human Factors in Computing Systems* (2013), およびTrebor Scholz, ed., *Digital Labor: The Internet as Playground and Factory* (Routledge, 2013) を参照。

3. Imanol Arrieta-Ibarra, Leonard Goff, Diego Jiménez-Hernández, Jaron Lanier & E. Glen Weyl, Should We Treat Data as Labor? Moving Beyond "Free," *American Economic Association Papers and Proceedings* (Forthcoming).
4. 誇張されている部分はあるが、女性の労働とデータ労働との関連性を見いだそうとする娯楽・芸術に関する研究については、http://wages forfacebook.com/を参照。このアナロジーの学術的分析については、Kylie Jarrett, The Relevance of "Women's Work": Social Reproduction and Immaterial Labor in Digital Media, 15 *Television & New Media* 14 (2014) を参照。
5. Marc Anthony Neal, *What the Music Said: Black Popular Music and Black Public Culture* (Routledge, 1999).
6. Lanier, *Who Owns the Future?*.
7. Julien Mailland & Kevin Driscoll, *Minitel: Welcome to the Internet* (MIT Press, 2017).
8. Franklin Foer, *The World Without Mind: The Existential Threat of Big Tech* (Penguin, 2017).
9. Richard J. Gilbert & Michael L. Katz, *An Economist's Guide to* U.S. v. Microsoft, 15 *Journal of Economic Perspectives* 25 (2001).
10. Sergey Brin & Lawrence Page, *The Anatomy of a Large-Scale Hypertextual Web Search Engine, 30 Computer Network & ISDN Systems* 107 (1998).
11. Richard Thaler, Toward a Positive Theory of Consumer Choice, 1 *Journal of Economic Behavior & Organization* 39 (1980).
12. Chris Anderson, *Free: The Future of a Radical Price* (Hyperion, 2009) (邦訳アンダーソン著、小林弘人監修・解説、高橋則明訳『フリー――〈無料〉からお金を生みだす新戦略』NHK出版、2009年).
13. Jakob Nielsen, *The Case for Micropayments*, Nielsen Norman Group (January 25,

2017), https://papers.ssrn.com/sol3/papers.cfm?abstract_id=2922677を参照。著者らは1つ目の脚注で、ロビー活動や関連する活動に携わる投資会社協会であるインベストメント・カンパニー・インスティテュートから資金提供を受けたとしている。

51. Thomas Piketty, Emmanuel Saez, & Gabriel Zucman, Distributional National Accounts: Methods and Estimates for the United States (National Bureau of Economic Research, Working Paper No. 22945, 2016).
52. Posner et al., Proposal to Limit the Anti-Competitive Power of Institutional Investors.
53. Ibid.
54. Nathan Wilmers, Wage Stagnation and Buyer Power: How Buyer-Supplier Relations Affect U.S. Worker Wages, 1978–2014, *American Sociological Review* (Forthcoming).
55. Matthew Desmond, *Evicted: Poverty and Profit in the American City* (Broadway Books, 2016).
56. Clayton M. Christensen, *The Innovator's Dilemma: When New Technologies Cause Great Firms to Fail* (Harvard Business Review Press, 2016)（邦訳クリステンセン著、玉田俊平太監修、伊豆原弓訳『増補改訂版イノベーションのジレンマ——技術革新が巨大企業を滅ぼすとき』翔泳社、2001年).
57. Luis Cabral, Standing on the Shoulders of Dwarfs: Dominant Firms and Innovation Incentives (2017), http://luiscabral.net/economics/workingpapers/innovation%202017%2007.pdf.
58. パトリック・ヘンリーではなく、トーマス・ジェファーソンでもない。奴隷制度廃止論者のウェンデル・フィリップスが1853年に残した言葉であるようだ。http://www.bartleby.com/73/1073.htmlを参照。

第5章　労働としてのデータ

1. Jaron Lanier, *Who Owns the Future?* (Simon & Schuster, 2013).
2. ラニアーの研究は直接に着想を与えたが、ラニアーが投げかけるテーマは

37. Posner et al., A Proposal to Limit the Anti-Competitive Power of Institutional Investors.
38. Ronald J. Gilson & Jeffrey N. Gordon, Agency Capitalism: Further Implications of Equity Intermediation 7 (Columbia Law and Economics Working Paper No. 461, 2014). Ronald J. Gilson & Jeffrey N. Gordon, The Agency Costs of Agency Capitalism: Activist Investors and the Revaluation of Governance Rights, 113 *Columbia Law Review* 863 (2011) も参照。
39. この段落は思弁的に考察している。この産業は複雑で、流動的であり、ほとんど理解されていない。
40. Ali Hortaçsu & Chad Syverson, Product Differentiation, Search Costs, and Competition in the Mutual Fund Industry: A Case Study of S&P 500 Index Funds, 119 *Quarterly Journal of Economics* 403 (2004); John C. Coates IV & R. Glenn Hubbard, Competition in the Mutual Fund Industry: Evidence and Implications for Policy, 33 *Journal of Corporate Law* 151 (2007) を参照。
41. John Y. Campbell et al., Have Individual Stocks Become More Volatile? An Empirical Exploration of Idiosyncratic Risk, 56 *Journal of Finance* 1 (2001).
42. Karen K. Lewis, Why Do Stocks and Consumption Imply Such Different Gains from International Risk Sharing?, 52 *Journal of International Economics* 1 (2000).
43. 15 U.S.C. §18 (1996).
44. 15 U.S.C. §18 (1996).
45. 353 U.S. 586 (1957).
46. 353 U.S. 586, 597–98 (1957).
47. Elhauge, Horizontal Shareholdingを参照。
48. したがって、一部の読者が指摘しているように、われわれの議論は企業間に意図的な協調があるかどうかに左右されない。
49. Elhauge, Horizontal Shareholding, at 1305–1308.
50. 現に、機関投資家は学術研究に疑問を投げかける論文の少なくとも1件に資金を提供している。Daniel P. O'Brien & Keith Waehrer, The Competitive Effects of Common Ownership: We Know Less than We Think (February 23,

ようには伝えていないことを認めた。Martin Schmalz, Anti-Competitive Effects of Common Ownership (presentation at Columbia Law School, November 3, 2016).

28. Miguel Antón, Florian Ederer, Mireia Giné, & Martin C. Schmalz, Common Ownership, Competition, and Top Management Incentives (Ross School of Business, Paper No. 1328, 2017).
29. Martin C. Schmalz, One Big Reason There's So Little Competition Among U.S. Banks, *Harvard Business Review* (June 13, 2016), https://hbr.org/2016/06/one-big-reason-theres-so-little-competition-among-u-s-banks.
30. 企業社会学者はこのシフトを「金融支配型」または「ポスト・フォーディスト」ビジネスモデルと呼んでいる。この動きの初期の歴史に関する概説については、William Lazonick & Mary O'Sullivan, Maximizing Shareholder Value: A New Ideology for Corporate Governance, 29 *Economics & Society* 13 (2000) を参照。最新の情報については、Engelbert Stock-hammer, Some Stylized Facts on the Finance-Dominated Accumulation Regime, 12 *Competition & Change* 184 (2008) も参照。
31. José Azar, Martin C. Schmalz, & Isabel Tecu, Anti-Competitive Effects of Common Ownership, *Journal of Finance* (Forthcoming) を参照。
32. Azar, Ultimate Ownership and Bank Competition.
33. Antón et al., Common Ownershipを参照。
34. David Autor, David Dorn, Lawrence F. Katz, Christina Patterson, & John Van Reenen, The Fall of the Labor Share and the Rise of Superstar Firms (MIT Working Paper, 2017), https://economics.mit.edu/files/12979; および De Loecker & Eeckhout, The Rise of Market Power.
35. Jacob S. Hacker & Paul Pierson, *Winner-Take-All Politics: How Washington Made the Rich Richer—And Turned Its Back on the Middle Class* (Simon and Schuster, 2011).
36. Eric A. Posner, Fiona M. Scott Morton, & E. Glen Weyl, A Proposal to Limit the Anti-Competitive Power of Institutional Investors, 81 *Antitrust Law Journal* 669 (2017).

Competition (unpublished manuscript, July 23, 2016), https://papers.ssrn.com/sol3/papers.cfm?abstract_id=2710252より。

22. Jan Fichtner, Eelke M. Heemskerk, & Javier Garcia-Bernardo, Hidden Power of the Big Three? Passive Index Funds, Re-Concentration of Corporate Ownership, and New Financial Risk, 19 *Business and Politics* 298 (2017); José Azar, Portfolio Diversification, Market Power, and the Theory of the Firm (IESE Business School, Working Paper No. 1170-E, 2017), https://papers.ssrn.com/sol3/papers.cfm?abstract_id=2811221.
23. Jie He & Jiekun Huang, Product Market Competition in a World of Cross-Ownership: Evidence from Institutional Blockholdings, 30 *Review of Financial Studies* 2674 (2017).
24. アザールは最初に2012年の博士論文でこうした問題を取り上げた。José Azar, A New Look at Oligopoly: Implicit Collusion Through Portfolio Diversification (unpublished PhD dissertation, Princeton University May 2012), http://www.princeton.edu/~smorris/pdfs/PhD/Azar.pdfを参照。その後、この研究を論文にまとめて、José Azar, Portfolio Diversification, Market Power, and the Theory of the Firm (IESE Business School, Working Paper No. 1170-E, 2017), https://papers.ssrn.com/sol3/papers.cfm?abstract_id=2811221や、注21、注31で言及した共同研究を発表している。
25. 主に1996年クレイトン法第7条（15 U.S.C. §18）の法的権限に基づく。
26. U.S. Department of Justice & Federal Trade Commission, Horizontal Merger Guidelines (2010), https://www.ftc.gov/sites/default/files/attachments/merger-review/100819hmg.pdf; Sonia Jaffe & E. Glen Weyl, The First-Order Approach to Merger Analysis, 5 *American Economic Journal: Microeconomics* 188 (2013) を参照。
27. Germán Guitérrez & Thomas Philippon, Investment-less Growth: An Empirical Investigation (National Bureau of Economic Research, Working Paper No. 22897, 2016). また、シュマルツはファンドマネジャーとの会話も報告しており、その中でファンドマネジャーはシュマルツに、運用先の企業に対しては、市場シェアはゼロサムなので別の運用先の企業との競争を強化する

15. Robert J. Shiller, *Irrational Exuberance* (Princeton University Press, 3d ed., 2015)（邦訳シラー著、植草一秀監訳、沢崎冬日訳『投機バブル 根拠なき熱狂——アメリカ株式市場、暴落の必然』ダイヤモンド社、2001年）.
16. 2010年の時点で、機関投資家は11兆5000億ドル相当の普通株を保有していた。また、同年に機関投資家は1兆4000億ドルのインデックスファンドを保有していた。したがってインデックスファンドが占める割合は12％となるが、近年のインデックスファンドの成長を鑑みれば、この数字は25％弱になると思われる。Marshall E. Blume & Donald B. Keim, Institutional Investors and Stock Market Liquidity: Trends and Relationships, 5 (working paper, Wharton School, University of Pennsylvania, 2012), http://finance.wharton.upenn.edu/~keim/research/ChangingInstitutionPreferences_21Aug2012.pdf.
17. Business Insider's Global Macro Monitor, Q3 2012; http://www.businessinsider.com/who-owns-the-us-equity-market-2013-1.
18. Joseph A. McCahery, Zacharias Sautner, & Laura T. Starks, Behind the Scenes: The Corporate Governance Preferences of Institutional Investors, 71 *Journal of Finance* 2905 (2016).
19. OECD Institutional Investor Statistics, 2008–2015. ヨーロッパにおけるより詳細な議論については、José Azar & Martin C. Schmalz, Common Ownership of Competitors Raises Antitrust Concerns, 8 *Journal of European Competition Law & Practice* 329 (2017) も参照。
20. この考え方は1990年代に広まった。たとえば、Bernard S. Black, Agents Watching Agents: The Promise of Institutional Investor Voice, 39 *UCLA Law Review* 811 (1992); Mark J. Roe, A Political Theory of American Corporate Finance, 91 *Columbia Law Review* 10 (1991) を参照。初期の評論については、Edward B. Rock, The Logic and (Uncertain) Significance of Institutional Shareholder Activism, 79 *Georgetown Law Journal*. 445 (1991); John C. Coffee, Jr., The SEC and the Institutional Investor: A Half-Time Report, 15 *Cardozo Law Review* 837 (1994) を参照。
21. José Azar, Sahil Raina, & Martin C. Schmalz, Ultimate Ownership and Bank

学』京都大学学術出版会、2001年).

2. Claude Menard, Three Forms of Resistance to Statistics: Say, Cournot, Walras, 12 *History of Political Economy* 524 (1980).
3. Léon Walras, *Studies in Social Economics* 157 (Jan van Daal & Donald A. Walker, trans., Routledge, 2d ed., 2010) (1896).
4. 15 U.S.C. §§ 1–7 (1890).
5. Ransom E. Noble, Jr., Henry George and the Progressive Movement, 8 *American Journal of Economics & Society* 3 (1949).
6. Renato Crillo, Léon Walras and Social Justice, 43 *American Journal of Economics & Society* 1 (1984).
7. *Standard Oil Co. of N.J. v. United States*, 221 U.S. 1 (1911).
8. 小史については、William E. Kovacic & Carl Shapiro, Antitrust Policy: A Century of Economic and Legal Thinking, 14 *Journal of Economic Perspectives* 43 (2000) を参照。
9. Einer Elhauge, Horizontal Shareholding, 109 *Harvard Law Review* 1267 (2016).
10. Lewis Carroll, *Through the Looking-Glass, and What Alice Found There*, 50 (Henry Altemus, 1897)(邦訳キャロル作、杉田七重訳『鏡の国のアリス』西村書店東京出版編集部、2015年).
11. 15 U.S.C. § 18 (amend. 1950).
12. David Gerber, *Law and Competition in Twentieth-Century Europe: Protecting Prometheus* (Clarendon Press, 2001).
13. 歴史については、Peter L. Bernstein, *Capital Ideas: The Improbable Origins of Modern Wall Street* (Wiley, 1992)(邦訳バーンスタイン著、青山護、山口勝業訳『証券投資の思想革命――ウォール街を変えたノーベル賞経済学者たち 普及版』東洋経済新報社、2006年)を参照。
14. この理論に関する古典的な著作が、Burton G. Malkiel, *A Random Walk Down Wall Street: The Time-Tested Strategy for Successful Investing* (W.W. Norton & Company, 10th ed., 2012)(邦訳マルキール著、井手正介訳『ウォール街のランダム・ウォーカー――株式投資の不滅の真理』日本経済新聞出版社、2016年)である。

Holland, *Forbearance as Redistribution: The Politics of Informal Welfare in Latin America* (Cambridge University Press, 2017) を参照。

30. Gary S. Becker, *The Challenge of Immigration: A Radical Solution* (Institute of Economic Affairs, 2011).
31. 概説については、*The Economist*, Immigration Systems: What's the Point?, July 7th, 2016を参照。
32. 事例データに依拠して濫用例をいくつか報告している研究が数例あるが、問題は、既存の制度がゲストワーカー制度として組み立てられていないことである。Janie A. Chuang, The U.S. Au Pair Program: Labor Exploitation and the Myth of Cultural Exchange, 36 *Harvard Journal of Law and Gender* 269 (2013); Daniel Costa, Guestworker Diplomacy, Economic Policy Institute Briefing Paper No. 317 (July 14, 2011), http://www.epi.org/files/2011/BriefingPaper317.pdfを参照。既存の制度は文化交流プログラムとして組み立てられており、その後、雇用主と移住を手配する民間の仲介機関がコントロールする。濫用はこのミスマッチから生じる。適切に組み立てられたゲストワーカー制度があれば、もっと保護されるようになる。
33. E. Glen Weyl, The Openness-Equality Trade-Off in Global Redistribution, *Economic Journal* (Forthcoming), https://papers.ssrn.com/sol3/papers.cfm?abstract_id=2755304. この節の資料の残りの部分はこの論文の実証研究の結果に基づく。
34. Michael Clemens, *The Walls of Nations* (Columbia University Press, forthcoming).
35. Douglas S. Massey, Jorge Durand, & Nolan J. Malone, *Beyond Smoke and Mirrors: Mexican Immigration in an Era of Economic Integration* (Russell Sage Foundation, 2002).

第4章　機関投資家による支配を解く

1. Aristotle, *Aristotle's Politics* (Carnes Lord, ed. & trans., University of Chicago Press, 2d ed., 2013) (350 BCE) (邦訳アリストテレス著、牛田徳子訳『政治

681 (2012).

19. いうまでもなく、一連の計算はあまりにも大まかであり、そのような大規模な移住がもたらす移住者の賃金の変化など、数多くの要因が無視されている。ところが、経済学者によるきわめて厳密な研究のほとんどすべてで、移住を完全に自由化すると世界全体の幸福が50～150％向上するとされており、論文の標準と比べれば、20％の増加というのは実際にはきわめて穏当なものである。Clemens, Economics and Emigrationを参照。
20. Wolfgang F. Stolper & Paul A. Samuelson, Protection and Real Wages, 9 *Review of Economic Studies* 58 (1941).
21. George J. Borjas, The Labor Demand Curve Is Downward Sloping: Reexamining the Impact of Immigration on the Labor Market, 118 *Quarterly Journal of Economics* 1335 (2003).
22. George J. Borjas, *Issues in the Economics of Immigration* (Princeton University Press, 2001).
23. David Card, Is the New Immigration Really So Bad?, 115 *Economic Journal* F300 (2005); Gianmarco I. P. Ottaviano & Giovanni Peri, Rethinking the Effect of Migration on Wages, 10 *Journal of the European Economic Association* 152 (2012).
24. National Academy of Sciences, Engineering, and Medicine, *The Economic and Fiscal Consequences of Immigration* (National Academies Press, 2016).
25. Dane Stangler & Jason Wiens, The Economic Case for Welcoming Immigrant Entrepreneurs (2015). http://www.kauffman.org/what-we-do/resources/entrepreneurship-policy-digest/the-economic-case-for-welcoming-immigrant-entrepreneurs.
26. National Academy, *Economic and Fiscal Consequences of Immigration.*
27. Christian Dustmann & Tommaso Frattini, The Fiscal Effects of Immigration to the UK (2014), 24 *Economic Journal* F565 (2016).
28. Joel S. Fetzer, *Public Attitudes Toward Immigration in the United States, France and Germany* (Cambridge University Press, 2000).
29. 政策ツールとしての法の不執行に関する体系的な研究については、Alisha

正しいのは、変化が相対的に穏当である場合に限られる。形式的には、平均所得の自然対数と所得の自然対数の平均値の差で表される。

8. 平均対数偏差は連続複利を用いるので、この計算は厳密に正しいわけではない。このケースでは、平均対数偏差は実際には2.76になる。しかしこの近似は、平均対数偏差が何に対応するかについて考えるよい方法である。
9. 思慮に富む概説については、Branko Milanovic, *Global Inequality: A New Approach for the Age of Globalization* (Belknap Press, 2016)(邦訳ミラノヴィッチ著、立木勝訳『大不平等——エレファントカーブが予測する未来』みすず書房、2017年)を参照。
10. Richard J. Evans, *The Pursuit of Power: Europe 1815–1914* (Penguin, 2016).
11. カール・マルクスがシグフリード・メイヤーとアウグスト・フォークトに宛てて書いた手紙(1870年4月9日)。
12. Matthew Annis, Henry George, John Stuart Mill, and Solving the "Knotty Labor Question" (October 26, 2011), https://thechinesequestion.wordpress.com/tag/john-stuart-mill/; Edward Alsworth Ross, *The Old World in the New* (Century Company, 1914).
13. Migration Policy Institute, U.S. Immigrant Population and Share over Time, 1850–Present, http://www.migrationpolicy.org/programs/data-hub/charts/immigrant-population-over-time.
14. Steven Best, *The Global Industrial Complex: Systems of Domination*, ix (Lexington Books, 2011).
15. Niels Boel, Eduardo Galeano: The Open Veins of McWorld, 54 *UNESCO Courier* 4 (2001).
16. Pierre-Olivier Gourinchas & Olivier Jeanne, The Elusive Gains from International Financial Integration, 73 *Review of Economic Studies* 715 (2006).
17. Jonathan D. Ostry, Prakash Loungani, & Davide Furceri, Neoliberalism: Oversold?, 53 *IMF Finance and Development* 38 (2016).
18. John Gibson & David McKenzie, Eight Questions about Brain Drain, 25 *Journal of Economic Perspectives* 107 (2011), およびFrédéric Docquier & Hillel Rapoport, Globalization, Brain Drain, and Development, 50 *Journal of Economic Literature*

55. QVは、市民が政治的な信条を豊かに、きちんとコストをかけて、ただし匿名で表明する方法となり、「ポリティカル・コレクトネス」と、コストがかからないネット上の悪口雑言という2つの足かせが取り払われるようになる可能性もある。
56. John Kenneth Galbraith, *The Affluent Society* 187 (Mariner Books, 1958)（邦訳ガルブレイス著、鈴木哲太郎訳『ゆたかな社会 決定版』岩波書店、2006年).

第3章　移民労働力の市場を創造する

1. 交易史に関する優れた考察については、William J. Bernstein, *A Splendid Exchange: How Trade Shaped the World* (Grove Press, 2009)（邦訳バーンスタイン著、鬼澤忍訳『華麗なる交易——貿易は世界をどう変えたか』日本経済新聞出版社、2010年）を参照。
2. Edgar S. Furniss, *The Position of the Laborer in a System of Nationalism. A Study in the Labor Theories of the Late English Mercantilists* (Houghton Mifflin Company, 1920).
3. マイケル・クレメンスとの議論から多くを学んだ。彼の未発表の研究の一部はわれわれと共同で行っている。Michael Clemens, Economics and Emigration: Trillion Dollar Bills on the Sidewalk?, 25 *Journal of Economic Perspectives* 3 (2011) も参照。
4. Barry Baysinger, Robert B. Eckelund, Jr., & Robert D. Tollison, Mercantilism as a Rent-Seeking Society, in Roger D. Congleton, Arye L. Hillman, & Kai A. Konrad, eds., *40 Years of Research on Rent-Seeking 2: Applications: Rent-Seeking in Practice* (Springer, 2008).
5. Furniss, *Position of the Laborer in a System of Nationalism.*
6. François Bourguignon & Christian Morrisson, Inequality Among World Citizens: 1820–1992, 92 *American Economic Review* 727 (2002).
7. 技術的な話をすると、実際に使われている尺度は連続複利ベースの増加率を用いているので、この尺度は近似でしかない。したがって、この解釈が

Cryptocoins News, January 29, 2017, https://www.cryptocoinsnews.com/can-ethereum-based-akasha-revolutionize-social-networks/.

49. 企業統治への応用に関する他の議論については、Eric A. Posner & E. Glen Weyl, Quadratic Voting as Efficient Corporate Governance, 81 *University of Chicago Law Review* 251 (2014) を参照。

50. より詳細な考察については、Eric A. Posner & E. Glen Weyl, Voting Squared: Quadratic Voting in Democratic Politics, 68 *Vanderbilt Law Review* 441 (2015); Eric A. Posner & Nicholas Stephanopoulos, Quadratic Election Law, 172 *Public Choice* 265 (2017) を参照。

51. コンドルセが考案したルール、スティーヴン・ブラムスが1970年代後半に提唱した認定投票、ウォーレン・スミスの「範囲投票」制など、この可能性を回避できる1人1票制に多少近いシステムがあることに留意すること。Steven J. Brams & Peter C. Fishburn, *Approval Voting* (Birkhauser, 2d ed., 2007); Warren D. Smith, Range Voting (unpublished manuscript, November 28, 2000) を参照。http://rangevoting.org/Warren SmithPages/homepage/rangevote.pdfで閲覧できる。ただし、こうしたシステムにはQVが持つ他のメリットはなく、特に二肢選択国民投票では、多数決原則が取り入れられている。

52. 筆者の1人は、コンピューター科学者のニコル・イモーリカ、カトリーナ・リゲットと共同で、この論理に従うと、妥当な条件下では、QVだと前述した意味で常に最大多数の最大幸福を達成する候補者が選出されることを、形式的に証明する研究を進めている。

53. Michel Balinski & Rida Laraki, Majority Judgment vs Majority Rule, Working Paper (2016). われわれは2人が使ったリッカート調査を用い、スケールのポイントを投票数とした。第2章で論じた極端な値が打ち切られるため、QVの結果の強度が過小評価される可能性がある。この手法だと、平均スコアが差し引きでプラスになるのはケーシック (.12) だけで、以下、サンダース (−.11)、クルーズ (−.22)、クリントン (−.32)、トランプ (−.69) と続く。

54. Daron Acemoglu, Suresh Naidu, Pascual Restrepo, & James A. Robinson, Democracy Does Cause Growth, *Journal of Political Economy* (Forthcoming).

The Theory and Practice of Equality (Harvard University Press, 2000)（邦訳ドゥウォーキン著、小林公、大江洋、高橋秀治、高橋文彦訳『平等とは何か』木鐸社、2002年）を参照。

41. Rensis Likert, A Technique for the Measurement of Attitudes, in *Archives of Philosophy* No. 140, 5–55 (R. S. Woodworth, ed., 1932).
42. Sendhil Mullainathan & Eldar Shafir, *Scarcity: The New Science of Having Less and How It Defines Our Lives* (Picador, 2014)（邦訳ムッライナタン、シャフィール共著、大田直子訳『いつも「時間がない」あなたに——欠乏の行動経済学』早川書房、2015年).
43. David Quarfoot, Douglas von Kohorn, Kevin Slavin, Rory Sutherland, David Goldstein, & Ellen Konar, Quadratic Voting in the Wild: Real People, Real Votes, 172 *Public Choice* 283 (2017).
44. それでもQVの分布には1つ例外がある。0に谷があるのだ。原因はweDesignのソフトウェアの弱点にある。weDesignでは「整数」の票しか投じられない。したがって、強い関心を持っている問題にもう少し投票しようとしても、その問題にすでに何票か投じていて、クレジットが少ししか残っていなかったりすると、そうできなくなってしまう。大半の参加者はとても積極的に取り組むようになるので、クレジットを使い切ろうと思い、本来であれば賛成あるいは反対のいずれかに0～1票を投じていたであろう問題に最後の数票を投じて、結果を動かしてしまう。これも参加者が積極的に取り組んでいることを示すものではあるが、ソフトウェアの更新時にこの「バグ」を修正したいと考えている。
45. Alisha Holland, Square Miles: The Spatial Politics of Mass Infrastructure, American Political Science Association Working Paper, 2017.
46. Liran Einav, Chiara Farronato, & Jonathan Levin, Peer-to-Peer Markets, 8 *Annual Review of Economics* 615 (2016).
47. Chris Nosko & Steven Tadelis, The Limits of Reputation in Platform Markets: An Empirical Analysis and Field Experiment (National Bureau of Economic Research, Working Paper No. 20830, 2015).
48. Andrew Quentson, Can Ethereum-Based Akasha Revolutionize Social Networks?

うである。これは近似がきわめて正確であることを示唆している。実際、幅広いケースを調査した後、一連の分析ではQVの影響で潜在的な幸福が5％以上減少する例を見つけられなかった。1人1票制だと、非常に強い関心を持つ少数者に対する多数者の関心が弱いケースでは、すぐに潜在的な幸福が100％失われてしまう。だからといってQVが完璧だといっているわけではなく、第1章で対処しようとした不完全競争市場は完璧ではないといっているにすぎない。われわれが第1章で資本主義市場を改良しようとしたように、未来のイノベーターたちがQVをさらに改良するに違いない。それでもQVは集合的決定の市場を機能させるための強力な一歩になる。Steven P. Lalley & E. Glen Weyl, Quadratic Voting: How Mechanism Design Can Radicalize Democracy, *American Economic Association Papers and Proceedings* (Forthcoming); Steven P. Lalley & E. Glen Weyl, Nash Equilibria for Quadratic Voting (2017) at https://arxiv.org/abs/1409.0264; Bharat K. Chandar & E. Glen Weyl, Quadratic Voting in Finite Populations (May 21, 2017) at https://ssrn.com/abstract=2571026; E. Glen Weyl, The Robustness of Quadratic Voting, 172 *Public Choice* 75 (2017) を参照。

37. Louis Kaplow & Scott Duke Kominers, Who Will Vote Quadratically? Voter Turnout and Votes Cast Under Quadratic Voting, 172 *Public Choice* 125 (2017).
38. E. Glen Weyl, The Robustness of Quadratic Voting, 172 *Public Choice* 125 (2017).
39. 投票にかけられる問題の内容とその相対的なコストが一部の市民に有利に働いたり不利に働いたりする可能性があり、平等な発言権という概念を定義するうえで重要な意味を持つ微妙な部分がある。Daniel Benjamin, Ori Heffetz, Miles Kimball, & Derek Lougee, The Relationship Between the Normalized Gradient Addition Mechanism and Quadratic Voting, 172 *Public Choice* 233 (2017) を参照。われわれは他の数名の学者と共同でこうした疑問をより深く追求している。
40. ロナルド・ドウォーキンなどの哲学者は、資源を公正に分配する理想的なモデルは、所得が等しく分配される状況を起点とする競争均衡だとしている。たとえば、Ronald Dworkin, What Is Equality? Part II: Equality of Resources, 10 *Philosophy & Public Affairs* 283 (1981); Ronald Dworkin, *Sovereign Virtue:*

Economics and Statistics 387 (1954).

29. Mancur Olson, *The Logic of Collective Action: Public Goods and the Theory of Groups* (Harvard University Press, rev. ed., 1971)（邦訳オルソン著、依田博、森脇俊雅訳『集合行為論――公共財と集団理論』ミネルヴァ書房、1996年).

30. William Vickrey, Counterspeculation, Auctions and Competitive Sealed Tenders, 16 *Journal of Finance* 8 (1961); William Vickrey, Automobile Accidents, Tort Law, Externalities, and Insurance: An Economist's Critique, 33 *Law and Contemporary Problems* 464 (1968) を参照。

31. Edward H. Clarke, Multipart Pricing of Public Goods, 11 *Public Choice* 17 (1971); Theodore Groves, Incentives in Teams, 41 *Econometrica* 617 (1973) を参照。

32. Theodore Groves & John Ledyard, Optimal Allocation of Public Goods: A Solution to the "Free Rider" Problem, 45 *Econometrica* 783 (1977); Aanund Hylland & Richard Zeckhauser, A Mechanism for Selecting Public Goods When Preferences Must Be Elicited (Kennedy School of Government, Harvard University, Discussion Paper 51, 1980).

33. この図に関するより詳細な解説については、Nicolaus Tideman & Florenz Plassmann, Efficient Bilateral Taxation of Externalities, 172 *Public Choice* 109 (2017) を参照。

34. ワイルが2012年に論文「Quadratic Voting Buying」の初稿をオンラインで投稿したわずか数カ月後に、経済学者のジェイコブ・グーレー、ジンジン・ジャンがより具体的なアイデアを別個に発見した。2人の論文は2017年に出版された。Jacob Goeree & Jingjing Zhang, One Man, One Bid, 101 *Games & Economic Behavior* 151 (2017).

35. これは離散化された加工データであり、このモデルの特徴ではない。投票者は投票の限界便益×投票数の利益を得て（MB^*v)、投票数の2乗の費用を支払う（v^2)。限界便益が限界費用に等しいとすると、$v^* = MB/2$。したがって、投票者が投じる票数は限界便益に比例する。この結果は、二次的関係の微分は線形であるという事実から導かれる。

36. ワイルらの数学的研究によれば、この「結果を左右する可能性」は、大半の人の幅広い状況でほとんど同じになり、投票者の数が多いときは特にそ決定の失敗は、既存の制度に固有の特徴に関するものであって（この点については後述する）、アローの定理で扱われるような一般的な可能性に関するものではない。

18. “Sur les assemblées provinciales” in *Oeuvres de Condorcet*, 8:214–216, 268–271, “Ésquisse”in *Oeuvres de Condorcet*, 6:176–177.

19. Gary W. Cox, *Making Votes Count: Strategic Coordination in the World's Electoral Systems*（Cambridge University Press, 1997）を参照。

20. この戦略投票の有名な病理は、デュヴェルジェの法則として知られている。Maurice Duverger, *Political Parties: Their Organization and Activity in Modern States*（Wiley, 1954）（邦訳デュヴェルジェ著、岡野加穂留訳『政党社会学――現代政党の組織と活動』潮出版社、1970年）を参照。

21. Richard J. Evans, *The Coming of the Third Reich*（Penguin, 2004）（邦訳エヴァンズ著、大木毅監修、山本孝二訳『第三帝国の到来（上）（下）』白水社、2018年）.

22. Ivan Ermakoff, *Ruling Oneself Out: A Theory of Collective Abdications*（Duke University Press, 2008）.

23. Richard D. McKelvey, Intransitivities in Multidimensional Voting Models and Some Implications for Agenda Control, 12 *Journal of Economic Theory* 472（1976）を参照。

24. Martin Niemöller, “First They Came”（c. 1945）, American Holocaust Memorial Museum, https://www.ushmm.org/wlc/en/article.php? ModuleId=10007392.

25. Élie Harlévy, *A History of the English People in the Nineteenth Century: The Triumph of Reform: 1830–1841*（E. I. Watkin, trans., Barnes & Noble, 1961）.

26. Jeremy Bentham, Article on Utilitarianism, in *The Collected Works of Jeremy Bentham: Deontology Together with a Table of the Springs of Action and Article on Utilitarianism*（Amnon Goldworth ed., Oxford University Press, 1983; 初版1829年）.

27. John Stuart Mill, *Considerations on Representative Government*（Parker, Son, and Bourn, 1861）（邦訳ミル著、水田洋訳『代議制統治論』岩波書店、1997年）.

28. Paul A. Samuelson, The Pure Theory of Public Expenditure, 36 *Review of*

2009年).

8. アメリカ独立宣言第3段落（1776年)。

9. The Federalist No. 51, at 323 (James Madison) (Clinton Rossiter, ed., 1961)(邦訳ハミルトン、ジェイ、マディソン共著、斎藤眞、中野勝郎訳『ザ・フェデラリスト』岩波書店、1999年).

10. アメリカ合衆国憲法第2条第2節。

11. アメリカ合衆国憲法第1条第7節。

12. アメリカ合衆国憲法第5条。

13. Robert A. Dahl, *How Democratic Is the American Constitution?*, 12–18 (Yale University Press, 2d ed., 2003)（邦訳ダール著、杉田敦訳『アメリカ憲法は民主的か』岩波書店、2014年）を参照。

14. 実際に、こうした法律の犠牲になっている少数者集団の多くの擁護者が、そうした司法介入の正当性には限界があるとしており、犯罪問題に関する投票では直接影響を受ける人により大きな発言権を与えるように求めている。William J. Stuntz, *The Collapse of American Criminal Justice* (Harvard University Press, 2011), および Lisa L. Miller, *The Perils of Federalism: Race, Poverty, and the Politics of Crime Control* (Oxford University Press, 2010).

15. スペイン人数学者・哲学者のラモン・リュイは、コンドルセの後年のアイデアの多くを13世紀に提唱していたが、存命中に原稿が紛失し21世紀初めになって発見されたため、投票理論のその後の発展にはまったくといっていいほど影響を与えなかった。

16. Kenneth Arrow, *Social Choice and Individual Values* (Yale University Press, 1970)（初版1951年）（邦訳アロー著、長名寛明訳『社会的選択と個人的評価 第3版』勁草書房、2013年).

17. 証拠の一例として、理想的な投票システムが存在するかどうか経済学者に質問した最近の調査では、この定理に何度も言及されている。IGM Forum, Primary Voting (March 7, 2016), http://www.igmchicago.org/surveys/primary-voting. しかし、この見方は多少誤解を招くおそれがある。アローの定理は市場配分にも当てはまるし、逆に、市場に関する肯定的な結果は集合的意思決定にも当てはまる（QVがあるため)。私的財市場に関する集合的意思

Perennial, 1999)（邦訳ショア著、森岡孝二監訳『浪費するアメリカ人――なぜ要らないものまで欲しがるか』岩波書店、2000年）がある。

70. Saumitra Jha, Financial Asset Holdings and Political Attitudes: Evidence from Revolutionary England, 130 *Quarterly Journal of Economics* 1485 (2015); Markku Kaustia, Samuli Knüpfer, & Sami Torstila, Stock Ownership and Political Behavior: Evidence from Demutualizations, 62 *Management Science* 945 (2015).

71. Francis Fukuyama, *Trust* (Free Press, 1995)（邦訳フクヤマ著、加藤寛訳『「信」無くば立たず――「歴史の終わり」後、何が繁栄の鍵を握るのか』三笠書房、1996年）; Paola Sapienza, Anna Toldra-Simats, & Luigi Zingales, Understanding Trust, 123 *Economic Journal* 1313 (2013).

第2章　ラディカル・デモクラシー

1. Mogens Herman Hansen, *The Athenian Democracy in the Age of Demosthenes: Structure, Principles, and Ideology* 6 (J. A. Crook, trans., Basil Blackwell, 1999).

2. Xenophon, *Hellenica* bk. 1, ch. 7, §§ 1-35 (Carlton Brownson trans., 1921)（邦訳クセノポン著、根本英世訳『ギリシア史1』京都大学学術出版会、1998年）およびHansen, *Athenian Democracy.*

3. Andrew Lintott, *The Constitution of the Roman Republic* (Oxford University Press, 1999).

4. Goronwy Edwards, Presidential Address, *The Emergence of Majority Rule in the Procedure of the House of Commons*, 15 *Transactions of the Royal Historical Society* 165 (1965) を参照。

5. John Gilbert Heinberg, Theories of Majority Rule, 26 *American Political Science Review* 452, 456 (1932).

6. Melissa Schwartzberg, *Counting the Many: The Origins and Limits of Supermajority Rule* 52-58 (Cambridge University Press, 2013); Heinberg, Theories of Majority Rule, at 456.

7. Thomas Hobbes, *Leviathan* (Penguin Classics, 1986)（初版1651年）（邦訳ホッブズ著、永井道雄、上田邦義訳『リヴァイアサンⅠ、Ⅱ』中央公論新社、

59. Paul Milgrom, E. Glen Weyl, & Anthony Lee Zhang, Redesigning Spectrum Licenses, 40 *Regulation* (2017).
60. Jacqueline D. Lipton, Beyond Cybersquatting: Taking Domain Name Disputes Past Trademark Policy, 40 *Wake Forest Law Review* 1361 (2005).
61. ClintonKaine.comの所有者であるホープ・キングは9万ドルを要求している。CNN Money (July 27, 2016), http://money.cnn.com/2016/07/27/te chnology/clinton-kaine-website/index.html.
62. Lauren Cohen, Umit G. Gurun, & Scott Duke Kominers, The Growing Problem of Patent Trolling, 352 *Science* 521 (2016).
63. このような国民に広く還付できる税金は「ユニバーサル・ベーシックインカム（UBI）」と呼ばれるようになってきているが、この表現には抵抗を感じる。UBIの給付額は一般に最低限の生活を送るために必要な所得にスライドさせるとされており、この所得の定義が明確ではないうえ、いずれにしても、UBIを導入することがわれわれの提案の目的ではない。われわれが提案する社会的配当は、一国の富の自己申告総額に比例して還付されるものであって、最低限の生活を送るために必要な所得を給付するものではない。
64. David P. Hariton, Sorting Out the Tangle of Economic Substance, 52 *Tax Lawyer* 235 (1999); David A. Weisbach, Ten Truths about Tax Shelters (John M. Olin Program in Law and Economics Working Paper No. 122, 2001).
65. 名目元本は減らないことに留意する必要がある。減るのはこの元本に対する持ち分の価値である。
66. Piketty et al., Distributional National Accounts.
67. Tyler Cowen, *The Complacent Class: The Self-Defeating Quest for the American Dream* (St. Martin's Press, 2017).
68. Leaf Van Boven and Thomas Gilovich, To Do or to Have? That Is the Question, 85 *Journal of Personality and Social Psychology* 1193 (2003).
69. この見方が示された最近の例には、Robert H. Frank, *Choosing the Right Pond: Human Behavior and the Quest for Status* (Oxford University Press, 1987), Juliet B. Schor, *The Overspent American: Why We Want What We Don't Need* (Harper

COSTへの関与や恩恵は、大部分が企業の資産を通じて発生するものであることを念頭に置いておくべきである。

48. 詳細については、Eric A. Posner & E. Glen Weyl, Property Is Another Name for Monopoly, 9 *Journal of Legal Analysis* 51 (2017) を参照。

49. これによって流動性がきわめて高い住宅リファイナンス市場が生まれることに留意してほしい。

50. ニヒル・ナイク率いる研究者チームがすでに画像分析を使って不動産の評価を自動化しており、このアイデアは最初は突飛なものに聞こえるかもしれないが、それほど現実離れしたものではない。

51. George A. Akerlof, The Market for "Lemons": Quality, Uncertainty and the Market Mechanism, 84 *Quarterly Journal of Economics* 488 (1970); Michael Spence, Job Market Signaling, 87 *Quarterly Journal of Economics* 355 (1973).

52. Richard Thaler, Toward a Positive Theory of Consumer Choice, 1 *Journal of Economics, Behavior, and Organizations* 39 (1980).

53. John A. List, Neoclassical Theory versus Prospect Theory: Evidence from the Marketplace, 72 *Econometrica* 615 (2004); Coren L. Apicella, Eduardo M. Azevedo, Nicholas A. Christakis, & James H. Fowler, Evolutionary Origins of the Endowment Effect: Evidence from Hunter-Gatherers, 104 *American Economic Review* 1793 (2014).

54. 負債に基づく経済のさまざまな弊害に関する検証、特にマクロ経済学的な視点からの検証については、Atif Mian & Amir Sufi, *House of Debt: How They (and You) Caused the Great Recession and How We Can Stop It from Happening Again* (University of Chicago Press, 2014)(邦訳ミアン、サフィ共著、岩本千晴訳『ハウス・オブ・デット』東洋経済新報社、2015年)を参照。

55. J. R. Hicks, Annual Survey of Economic Theory: The Theory of Monopoly, 3 *Econometrica* 1, 8 (1935).

56. Weyl & Zhang, Depreciating Licenses.

57. Chad Syverson, What Determines Productivity?, 49 *Journal of Economic Literature* 326 (2011).

58. Milgrom, Putting Auction Theory to Work.

Study, 28 *Journal of Law, Economics, and Organizations* 265 (2012).

41. Arnold C. Harberger, Issues of Tax Reform for Latin America, in *Fiscal Policy for Economic Growth in Latin America* (Johns Hopkins University Press, 1965).

42. Maurice Allais, *L'Impôt sur le Capital et la Réforme Monétaire* (Hermann, 1988). 法学者のソール・レヴァーモアが学術界でこの問題への関心が復活するのに一役買った。Saul Levmore, Self-Assessed Valuation Systems for Tort and Other Law, 68 *Virginia Law Review* 771 (1982).

43. この事実は、COSTに対して出されると考えられる2つの反論を抑えるのに役立つ。2つの反論とは、「所有者が自分の所有物に他の人が魅力を感じないようにして、それを取得することに関心を持たないように"妨害工作"をするおそれがある」「収奪目的の部外者が悪意を持って所有物を取得し、所有者に大きな害をもたらすおそれがある」というものだ。ここで注意すべき点は、所有者がいつも自分が受け入れてもいいと考える最低限の価格を設定するのであれば、そのどちらも起こりえないことである。このケースでは所有者は自分の所有物が買い取られて満足するからだ。独占価格を設定するときほどではないものの、利益を得る。したがって、「収奪」は、誰かが突然、あなたの住宅に非常に高い金額を提示する「収奪」の場合とほとんど同じくらい歓迎されるし、妨害工作をすればそんな願ってもない機会が訪れる可能性が下がるので、そうしようとは考えなくなる。収奪の対象になるのは、故意に極端に低い価値を申告して、自分の所有物が絶対に買い取られないように妨害しようとする者だけであり、そうする者はきっといるだろうが、過剰な妨害工作をしようとしても他の人に見つかる可能性が高い。

44. Weyl & Zhang, Depreciating Licenses.

45. Thomas W. Merrill, Property and the Right to Exclude, 77 *Nebraska Law Review* 730 (1998).

46. もちろん、一般の固定資産税や私有財産の使用に関するさまざまな法的制限もそうである。

47. イメージしやすくするために、住宅や自動車といった個人の私的な所有物の例を取り上げているが、ほとんどの資産は企業が所有しているので、

Spectrum Users: Why Did FCC License Auctions Take 67 Years?, 41 *Journal of Law and Economics* 1 (1959).

31. Paul Milgrom, Putting Auction Theory to Work, 108 *Journal of Political Economy* 245 (2000).
32. Roger B. Myerson & Mark Sattherwaite, Efficient Mechanisms for Bilateral Trading, 29 *Journal of Economic Theory* 265 (1983).
33. Peter Cramton, Robert Gibbons, & Paul Klemperer, Dissolving a Partnership Efficiently, 55 *Econometrica* 61 (1987); Ilya Segal & Michael D. Whinston, A Simple Status Quo that Ensures Participation (with Application to Efficient Bargaining), 6 *Theoretical Economics* 109 (2011).
34. 2人のパートナーの持ち分が、それぞれがパートナーシップに投じてきた労力に比例しているのであれば、このケースは自然であるように思うかもしれない。会社を引き継ぐ最善のパートナーは、会社にいちばん労力を投じてきたパートナーである可能性が高いからだ。ところが、各パートナーの持ち分に労力が反映されているだけでなく(「スウェット・エクイティ」)、金銭の投資(「キャッシュ・エクイティ」)も反映されている場合や、会社への関与が時間とともに変化している場合はその限りではない。
35. E. Glen Weyl & Anthony Lee Zhang, Depreciating Licenses (2017), https://ssrn.com/abstract=2744810.
36. Demosthenes, *Against Phaenippus* (c. BCE 359), George C. Bitros & Anastasios D. Karayiannis, *Creative Crisis in Democracy and Economy* 20 (Springer, 2013) で論じられている。
37. Christopher D. Hall, Market Enforced Information Asymmetry: A Study of Claiming Races, 44 *Economic Inquiry* 271 (1986).
38. Antonio Cabrales, Antoni Calvó-Armengol, & Matthew O. Jackson, *La Crema*: A Case Study of Mutual Fire Insurance, 111 *Journal of Political Economics* 425 (2003).
39. Emerson Niou & Guofu Tan, An Analysis of Dr. Sun Yat-sen's Self-Assessment Scheme for Land Taxation, 78 *Public Choice* 103 (1994).
40. Yun-Chien Chang, Self-Assessment of Takings Compensation: An Empirical

http://www.personal.umich.edu/~hoytb/ Bleakley_Ferrie_Farmsize.pdfおよびWard Farnsworth, Do Parties to Nuisance Cases Bargain after Judgment? A Glimpse Inside the Cathedral, 66 *University of Chicago Law Review* 373 (1999)を参照。非常に競争的な環境でも、経済的な証拠によってこうした発見が裏付けられている。Bradley Larsen, The Efficiency of Real-World Bargaining: Evidence from Wholesale Used-Auto Auctions, NBER Working Paper 20431 (2014) を参照。

27. コースが示したかったのは、問題を起こしそうな人物（この例では音楽教師）を規制するのが常に最善であるとは限らず、両当事者間で合意させるほうが合理的な場合もある、ということだった。

28. これは法と経済学の3つの代表的な教科書に認められる。3冊とも私有財産を正当化するものとして投資問題に重点を置いている。私有財産が存在しなかったら、投資の見返りを得られると確信できないので、財産を改良するために投資しないだろう。Steven Shavell, *Foundations of Economic Analysis of Law* 11–19 (Harvard University Press, 2004)（邦訳シャベル著、田中亘、飯田高訳『法と経済学』日本経済新聞出版社、2010年）; Robert Cooter & Thomas Ulen, *Law & Economics* 76–80 (Pearson, 6th ed., 2012)（邦訳クーター、ユーレン共著、太田勝造訳『新版 法と経済学』商事法務研究会、1997年）; Richard A. Posner, *Economic Analysis of Law* 40–42 (Aspen Publishers, 9th ed., 2014) を参照。いずれも独占問題にはさらっとしか触れられていない。高額要求問題とそれに関連する戦略的行動問題が財産の移転を阻む可能性があることは認識されているが、工場汚染のように、財産の使用が大勢の人に影響を及ぼすケースに概ね限定されると考えられている。

29. Benjamin Edelman, Michael Ostrovsky, & Michael Schwarz, Internet Advertising and the Generalized Second-Price Auction: Selling Billions of Dollars' Worth of Keywords, 97 *American Economic Review* 242 (2007); Hal R. Varian, Position Auctions, 25 *International Journal of Industrial Organization* 1163 (2007) を参照。

30. R. H. Coase, The Federal Communications Commission, 2 *Journal of Law and Economics* 1 (1959); Thomas W. Hazlett, Assigning Property Rights to Radio

Brothers, 1942)(邦訳シュンペーター著、大野一訳『資本主義、社会主義、民主主義Ⅰ、Ⅱ』日経BP社、2016年).

22. Oskar Lange & Fred M. Taylor, *On the Economic Theory of Socialism* (Benjamin E. Lippincott, ed., 1938)(邦訳ランゲ、テーラー共著、土屋清訳『計画経済理論――社会主義の経済学説』社会思想研究会出版部、1951年); Abba P. Lerner, *The Economics of Control: Principles of Welfare Economics* (Macmillan, 1944).

23. Ludwig von Mises, *Economic Calculation in the Socialist Commonwealth* (S. Alder trans., Ludwig von Mises Institute, 2012); Friedrich A. Hayek, The Use of Knowledge in Society, 35 *American Economic Review* 519 (1945)(邦訳ハイエク著、嘉治元郎、嘉治佐代訳「社会における知識の利用」『ハイエク全集第3巻――個人主義と経済秩序』西山千明、矢島鈞次監修、春秋社、1990年に収録). 20世紀半ばの論争に関する議論については、Samuel Bowles, *Microeconomics: Behavior, Institutions, and Evolution* 475–476 (Princeton University Press, 2006)(邦訳ボウルズ著、塩沢由典、磯谷明徳、植村博恭訳『制度と進化のミクロ経済学』NTT出版、2013年)も参照。一連の論争はエピローグで再び取り上げる。

24. こうした批判を受けて、後の現代社会主義思想家はさまざまな混合経済関係を提唱するようになる。生産をより民主的な管理下に置く労働者協同組合や、労働者の雇用主への依存を減らす経済的権利の強化がその例である。Samuel Bowles & Herbert Gintis, *Democracy and Capitalism: Property, Community, and the Contradictions of Modern Social Thought* (Basic Books, 1986); Alec Nove, *The Economics of Feasible Socialism Revisited* (Routledge, 2d ed., 1991)を参照。

25. Friedrich Hayek, *The Road to Serfdom* (Routledge, 1944)(邦訳ハイエク著、西山千明訳『隷属への道』春秋社、1992年).

26. ある限定された実証研究によって、特にコースが好んで使った事例では、交渉がきわめて困難になるときがあるという弁護士の直感が正しいことが確認されている。Hoyt Bleakley & Joseph Ferrie, Land Openings on the Georgia Frontier and the Coase Theorem in the Short and Long-Run (2014) at

き起こすそれ以外のさまざまな問題（逆選択、所有効果、信用制約）も、所有権の部分共有で対応できる。したがってこの配分の失敗のかなりの部分はCOSTとそれに関連する改革で対処できるものと思われる。

8. Gareth Stedman Jones, *Karl Marx – Greatness and Illusion* (Belknap Press, 2016).
9. Michael Kremer, *The O-Ring Theory of Economic Development*, 108 *Quarterly Journal of Economics* 551 (1993) で、大規模な事業が独占問題を克服しなければいけない理由が明確に説明されている。
10. R. H. Coase, The Nature of the Firm, 4 *Economica* 386 (1937)（邦訳コース著、宮沢健一訳「企業の本質」『企業・市場・法』東洋経済新報社、1992年に収録）.
11. W. Stanley Jevons, *The Theory of Political Economy* xlvi (Macmillan and Company, 5th ed., 1957)（邦訳ジェヴォンズ著、小泉信三、寺尾琢磨、永田清訳、寺尾琢磨改訳『経済学の理論』日本経済評論社、1981年）.
12. Léon Walras, *Studies in Social Economics* 224–225 (Jan van Daal & Donald A. Walker, trans., Routledge, 2010).
13. 「社会的配当」という言葉が初めて使われたのは、Oskar Lange, The Economic Theory of Socialism, 4 *Review of Economic Studies* 1 (1936) であるようだが、ランゲはこの概念はワルラスによるものだとしている。ランゲの思想については後に詳しく見ていく。
14. Walras, *Studies in Social Economics*, 234.
15. George, *Progress and Poverty*（『進歩と貧困』）, 223.
16. George, *Progress and Poverty*（『進歩と貧困』）, 244.
17. http://landlordsgame.info/.
18. George R. Geiger, *The Philosophy of Henry George. Introduction by John Dewey* xxii (MacMillan Co., 1933).
19. Garrett Hardin, The Tragedy of the Commons, 162 *Science* 1243 (1968).
20. Harold Schiffrin, Sun Yat-sen's Early Land Policy: The Origin and Meaning of "Equalization of Land Rights,"16 *Journal of Asian Studies* 549, 555 (1957).
21. Joseph A. Schumpeter, *Capitalism, Socialism and Democracy* (Harper &

1957年).

31. William Cronon, *Nature's Metropolis: Chicago and the Great West* (W. W. Norton, 1992).

第1章　財産は独占である

1. Hyperloop Tests Magnetic Levitation At 192 mph, NPR Morning Edition, August 4, 2017, http://www.npr.org/2017/08/04/541538743/hyperloop-tests-magnetic-levitation-at-192-mphで閲覧可能。
2. William J. Bernstein, *A Splendid Exchange* (Grove Press, 2008) (邦訳バーンスタイン著、鬼澤忍訳『華麗なる交易——貿易は世界をどう変えたか』日本経済新聞出版社、2010年).
3. Robert C. Allen, Engels' Pause: Technical Change, Capital Accumulation, and Inequality in the British Industrial Revolution, 46 *Explorations in Economic History* 418 (2009).
4. Henry George, *Progress and Poverty* 1-5 (Robert Schalkenbach Foundation, 1997) (邦訳ジョージ著、山嵜義三郎訳『進歩と貧困』日本経済評論社、1991年).
5. Alexander Gray, *The Socialist Tradition: Moses to Lenin* (Longmans, Green, 1947).
6. Philip T. Hoffman, Institutions and Agriculture in Old Regime France, 16 *Policy & Society* 241 (1988).
7. 数字は経済学者のチャド・シヴァーソンのもの。シヴァーソンは、資源が生産性の低い企業に著しく誤って配分された結果、生産が年25%も減少していることを発見した。Chad Syverson, Market Structure and Productivity: A Concrete Example, 112 *Journal of Political Economy* 1181 (2004); Syverson, Product Substitutability and Productivity Dispersion, 86 *Review of Economics and Statistics* 534 (2004); Syverson, What Determines Productivity, 49 *Journal of Economic Literature* 326 (2011). この配分の失敗のすべてが最も単純な形の独占問題によるものではない。しかし、後述するように、配分の失敗を引

22. Adam Smith, *The Wealth of Nations*, Part I, 56 (Collier, 1902)（邦訳スミス著、山岡洋一訳『国富論――国の豊かさの本質と原因についての研究（上）（下）』日本経済新聞出版社、2007年）.
23. この区別は、偉大な社会学者エミール・デュルケームの1893年の著作*The Division of Labour in Society* (Simon & Schuster, 1997)（邦訳デュルケーム著、田原音和訳『社会分業論』筑摩書房、2017年）と深く関連している。
24. 現代のモラル・エコノミー擁護論については、Michael J. Sandel, *What Money Can't Buy: The Moral Limits of Markets* (Farrar, Straus and Giroux, 2012)（邦訳サンデル著、鬼澤忍訳『それをお金で買いますか――市場主義の限界』早川書房、2012年）; Samuel Bowles, *The Moral Economy: Why Good Incentives Are No Substitute for Good Citizens* (Yale University Press, 2016)（邦訳ボウルズ著、植村博恭、磯谷明徳、遠山弘徳訳『モラル・エコノミー――インセンティブか善き市民か』NTT出版、2017年）を参照。
25. ギャレス・ステッドマン・ジョーンズが*Karl Marx: Greatness and Illusion* (Harvard University Press, 2016）で明らかにしたように、マルクスは実際には晩年にこうした理想を放棄しているので、ここではマルクス本人の見解とせず、「マルクス主義」としている。
26. John Stuart Mill, *On Liberty* (John W. Parker and Sons, 1859)（邦訳ミル著、山岡洋一訳『自由論』日経BP社、2011年）.
27. Adam Smith, *The Theory of Moral Sentiments*, 296 (Wells and Lilly, 1817)（邦訳スミス著、村井章子、北川知子訳『道徳感情論』日経BP社、2014年）（傍点筆者）.
28. Smith, *Wealth of Nations*（『国富論』）, 137.
29. 政策立案者と交流があった応用経済学者の大半はこの見解を受け入れたが、実際的な政策議論との接点がほとんどないことが多かった経済理論家はこの見解に疑問を示し続けた。議論については、Anthony B. Atkinson, The Mirrlees Review and the State of Public Economics, 50 *Journal of Economic Literature* 770 (2012）を参照。
30. Joan Robinson, *The Economics of Imperfect Competition* (Palgrave Macmillan, 1932)（邦訳ロビンソン著、加藤泰男訳『不完全競争の経済学』文雅堂書店、

16. ギリシャは辛うじて豊かな国にとどまっている状況にあり、2015年、ギリシャ金融危機の渦中で左派のポピュリズム運動スィリザが政権についたが、その後に政策を穏健化した。

17. Zachary Crockett, Donald Trump Is the Only US President Ever with No Political or Military Experience (updated January 23, 2017), https://www.vox.com/policy-and-politics/2016/11/11/13587532/donald-trump-no-experience.

18. Matt Golder, Far Right Parties in Europe, 19 *Annual Review of Political Science* 477 (2016); Katherine Cramer Walsh, Putting Inequality in Its Place: Rural Consciousness and the Power of Perspective, 106 *American Political Science Review* 517 (2013); David Autor, David Dorn, Gordon Hanson, & Kaveh Majlesi, A Note on the Effect of Rising Trade Exposure on the 2016 Presidential Election (2017), https://gps.ucsd.edu/_files/faculty/hanson/hanson_research_TrumpVote-032017.pdf.

19. Matthew Gentzkow, Jesse M. Shapiro, & Matt Taddy, Measuring Polarization in High-Dimensional Data: Method and Application to Congressional Speech (National Bureau of Economic Research, Working Paper No. 22423, 2016); David Autor, David Dorn, Gordon Hanson, & Kaveh Majlesi, Importing Political Polarization? The Electoral Consequences of Rising Trade Exposure (National Bureau of Economic Research, Working Paper No. 22637, 2016).

20. たとえば、PRRIと*The Atlantic*が選挙後に行った世論調査では、トランプに投票した人の3分の2が、トランプの当選を「アメリカの凋落を止める最後のチャンス」と評し(https://www.prri.org/research/prri-atlantic-poll-post-election-white-working-class/)、ロード・アシュクロフトが行った世論調査では、「イギリスの生活は30年前よりもよくなったか悪くなったか」という質問に対して、ブレグジット支持派は「悪くなった」と答えた人が16%ポイントだった一方、「残留」派は「よくなった」と答えた人が46%ポイントだった(http://lordashcroftpolls.com/2016/06/how-the-united-kingdom-voted-and-why/)。

21. Arlie Hochshild, *Strangers in Their Own Land: Anger and Mourning on the American Right* (New Press, 2016).

Accounts: Methods and Estimates for the United States, *Quarterly Journal of Economics* (Forthcoming).
5. Thomas Piketty & Gabriel Zucman, Capital Is Back: Wealth-Income Ratios in Rich Countries 1700–2010, 129 *Quarterly Journal of Economics* 1255 (2014).
6. Council of Economic Advisers, Benefits of Competition and Indicators of Market Power (April 2016), https://obamawhitehouse.archives.gov/sites/default/files/page/files/20160414_cea_competition_issue_brief.pdf; *The Economist*, In the Shadow of Giants (February 17, 2011), http://www.economist.com/node/18182262.
7. Simcha Barkai, Declining Labor and Capital Shares (2017), http://home.uchicago.edu/~barkai/doc/BarkaiDecliningLaborCapital.pdf.
8. Jan de Loecker & Jan Eeckhout, The Rise of Market Power and Macroeconomic Implications (2017), http://www.janeeckhout.com/wp-content/uploads/RMP.pdf.
9. Chad Syverson, Challenges to Mismeasurement Explanations for the US Productivity Slowdown, 34, *Journal of Economic Perspectives* 165 (2017).
10. OECD, The Future of Productivity (2015), https://www.oecd.org/eco/OECD-2015-The-future-of-productivity-book.pdf.
11. Christine Lagarde, Reinvigorating Productivity Growth (April 3, 2017), https://www.imf.org/en/News/Articles/2017/04/03/sp040317-reinvigora ting-productivity-growth.
12. Stephen Nickell, Luca Nunziata, & Wolfgang Ochel, Unemployment in the OECD since the 1960s. What Do We Know?, 115 *Economic Journal* 1 (2005).
13. Chad Syverson, What Determines Productivity?, 49 *Journal of Economic Literature* 326 (2011).
14. Chang-Tai Hsieh & Peter J. Klenow, Misallocation and Manufacturing TFP in China and India, 124 *Quarterly Journal of Economics* 1403 (2009).
15. Raj Chetty et al., The Fading American Dream: Trends in Absolute Income Mobility Since 1940 (April 24, 2017), http://science.sciencemag.org/content/early/2017/04/21/science.aal4617/tab-pdf.

序文

1. Mason Gaffney, Warm Memories of Bill Vickrey (1996), http://www.wealthandwant.com/auth/Vickrey.html. ガフニーは神はこう答えただろうとしている。「ビルよ、われわれはここでずっとそうしてきている。しかし、天国と同じように地上で私の意志が果たされるよう、民を促してくれていることに感謝する」。
2. Juan Camilo Castillo, Daniel T. Knoepfle, & E. Glen Weyl, Surge Pricing Solves the Wild Goose Chase (2017), https://www.microsoft.com/en-us/research/wp-content/uploads/2017/06/ECabstract.pdf.
3. Janny Scott, After Three Days in the Spotlight, Nobel Prize Winner Is Dead, *New York Times*, October 12, 1996.

序章

1. Francis Fukuyama, *The End of History and the Last Man* (Free Press, 1992)（邦訳フクヤマ著、渡部昇一訳・特別解説『歴史の終わり（上）（中）（下）』三笠書房、1992年）.
2. Marion Fourcade-Gourinchas & Sarah L. Babb, The Rebirth of the Liberal Creed: Paths to Neoliberalism in Four Countries, 108 *American Journal of Sociology* 533 (2002); Fourcade et al., The Superiority of Economists, 29 *Journal of Economic Perspectives* 89 (2015).
3. Marion Fourcade, *Economists and Societies: Discipline and Profession in the United States, Britain, and France, 1890s to 1990s* (Princeton University Press, 2010).
4. Thomas Piketty, Emmanuel Saez, and Gabriel Zucman, Distributional National

——所得　129, 215
——生産性　44
——党　47-48, 91
——分配率　39-40, 316-17
——法　229, 335
労働者
外国人——　199, 224-25, 229-30, 243
高技能——　199-200, 218, 236
工場——　39, 205
低技能——　241
——階級　50, 64, 79, 206-7, 238, 244
→移民も参照
ロシア　48-49, 91-92
ローズヴェルト，セオドア　255-56
ローズヴェルト，フランクリン・D　256
ロック，ジョン　143
ロックフェラー，ジョン・D　254, 256
ロビー活動　158, 273, 275, 286
『ロビンソン・クルーソー』(デフォー)　201
ロボット　316, 351, 354, 358, 402
ローマー，ジョン　340
ローマカトリック教会　141
ローマ共和国　140

【ワ行】

ワッツアップ　290
ワールド・ワイド・ウェブ　301
ワルラス，レオン　36, 61, 85-86, 97, 117, 253, 255, 320
湾岸協力会議(GCC)　235, 373

276
「モノポリー」(ゲーム)　86, 88

【ヤ行】

『有閑階級の理論』(ヴェブレン)　132
輸送　19, 206, 209, 212, 254, 394, 403
ユーチューブ　297, 304, 315–16, 332
ユートピア　83, 96, 383
ユナイテッド航空　251, 276
『要求水準の高い仕事』(グレイ、スーリ)　330
ヨーロッパ　38, 44–45, 62–63, 76, 94, 146, 148, 151, 153–54, 199, 201, 206–7, 209–10, 212, 215–17, 219, 243, 257
世論調査　48, 174–76, 183

【ラ行】

ラテンアメリカ　20, 30, 44, 105, 199, 208, 211
ラーナー，アバ　392
ラニアー，ジャロン　298, 314, 316–19, 331, 337
ランゲ，オスカー　93, 388, 392, 395, 401–2
リオデジャネイロ　19–20, 22, 25–27, 166
リカード，デヴィッド　202
リキャプチャ (reCAPTCHA)　334–35
リッカート，レンシス　175
リッカート調査　175–76, 178–81, 186
リフト　31, 182
流動性　73, 121, 244, 258, 260, 280
リンクトイン　290
ルソー，ジャン゠ジャック　143
冷戦　28, 64, 403
レディット　182
レドヤード，ジョン　160
レーニン，ウラジーミル　92
連合規約　145
連邦通信委員会 (FCC)　97
連邦取引委員会 (FTC)　256
労働
　強制——　234
　——インターナショナル　91
　——環境　230, 287, 342, 367
　——組合　61, 153, 287, 341, 343–45
　——参加率　45, 352
　——市場　59, 66–67, 214, 286, 288–89, 326–27, 333, 335, 343, 347–48, 359, 361

-55, 157, 202
ベンチャーキャピタリスト　247, 291, 302, 319
貿易障壁　49
封建
——貴族　207
——主義　327, 329
——制度　86, 120, 330, 340
——的　52, 76, 328
——領主　76-77, 86
法人税　272
放送用電波　97, 123
「保護と実質賃金」(ストルパーとサミュエルソン)　214
ホッブズ，トマス　142
ポートフォリオ理論　262-63, 280
ポピュリズム　36, 47-49, 218, 368
ポーランド　93, 210

【マ行】

マイクロソフト　35, 290, 299, 302, 312, 328, 338-39
マイクロペイメント　303
マイヤーソン，ロジャー　97, 117, 121
マカフィー，プレストン　97
マギー，エリザベス　88
マクロン，エマニュエル　197
マスク，イーロン　71
マッケルヴィ，リチャード　153
マディソン，ジェームズ　144
マルクス，カール　34, 83, 132, 207, 340-41
マルクス主義　34, 56, 92, 389
ミューチュアルファンド　262-64, 279
『未来は誰のものか?』(ラニアー)　298
ミル，ジェームズ　77, 155
ミル，ジョン・スチュアート　36, 58, 155, 207
ミルグロム，ポール　97, 123
民主主義　36, 50, 63, 138-40, 142-43, 146, 148-49, 151, 153, 156, 174, 185, 187, 190, 219, 292, 351, 368, 376, 387
ミーンズ，ガーディナー　258-59, 261, 265, 279
ムーアの法則　401
ムッライナタン，センディル　178
ムハンマド　200
無料アクセス　303
名誉革命　142-43, 154
メカニカルターク(Mターク)　327-28, 333
メキシコ　50, 209, 211-12, 214
メンガー，カール　85, 93, 320
毛沢東　92
モートン，フィオーナ・スコット

(VIP) も参照
ヒックス，ジョン　120
ビッグデータ　305, 322, 410
ビデオゲーム　184, 249, 346, 352
『人びとのための資本主義』(ルイジ)　291
ヒトラー，アドルフ　152–53
1人1票制　63, 67, 138, 141, 154, 172, 188, 190–91, 368, 372, 382
ヒューム，デヴィッド　202
平等　37, 60, 63, 67, 69, 127, 129, 146, 173, 203, 220, 236, 244, 340, 362, 364, 368, 370–371
費用便益分析　35, 347
ヒランド，アーヌンド　160
ビング　31
貧困　22, 35, 79–80, 242, 244–45, 290, 292, 360, 365
ファランクス　139
フィッツジェラルド，F・スコット　254
フィデリティ　250, 263–65
フィードバック　178, 182–83, 330–31, 338, 347
フェイスブック　31, 67, 97, 182, 290, 293, 297–99, 304–5, 313–15, 328–29, 332–33, 337–38, 342–44, 346, 348, 351, 405
フォード　268–71, 279, 344
フォン・ミーゼス，ルードヴィヒ　93, 390, 392–93, 399
不可能性定理　150
複雑性　343, 401
福祉　62, 126, 227, 360
ブッシュ，ジョージ・W　133
ブラジル　20–22, 205
ブラックロック　250, 263–67, 270–71, 276
フランス　45, 47–49, 59, 148, 195–99, 210, 212, 218, 265, 301
——革命　92, 143, 148, 389
『フリー——〈無料〉からお金を生み出す新戦略』(アンダーソン)　303
フリードマン，ミルトン　19, 28
ブリン，セルゲイ　303
プログラマー　240, 298–99, 306, 309, 312, 319
プロポジション　147
ペイジ，ラリー　303
ペイパル　303–4
ベッカー，ゲーリー　219, 232
ベックフォード，ウィリアム　154
ベトナム　197, 199, 355–56
ベナボウ，ローランド　336
ベライゾン　251
ベルリンの壁　33, 211
ペロポネソス戦争　139–40
ベンサム，ジェレミー　36, 77, 154

ナップスター　304
難民　199, 207, 210, 216
二次の投票（QV）　137–38, 167, 169–74, 176–93, 279, 361, 368, 370–72, 374–77, 381–83, 385, 400
二重課税　115
日本　44–45, 48–49, 135–37, 167–68
ニーメラー，マルティン　153
ニュージーランド　44, 235
ニューディール　257, 287
ニューラルネットワーク　306–9
ニールセン（視聴率調査）　327
ニールセン，ヤコブ　303
ネットフリックス　315, 405, 407
ネットワーク効果　302, 335, 339, 344
ネパール　225–27, 233
年金　188, 233, 263, 384
農場　78, 213, 261, 397–98
農奴　77, 328–29, 335, 360
ノーベル賞　28–29, 31, 84, 95, 97, 106, 117–18, 120, 150, 157, 219, 336, 389

【ハ行】

ハイエク，フリードリヒ　28, 93, 390, 401
陪審定理　148–49, 151
ハイチ　195–99, 212, 227
『ハウス・オブ・カード　野望の階段』（テレビドラマシリーズ）　316
バーチャルリアリティ　295, 298, 326, 354–56
ハッカー，ジェイコブ　275
ハーディン，ギャレット　89–90
パートナーシップ　100, 102–3, 107, 254
バーナーズ＝リー，ティム　301
ハーバーガー，アーノルド　105–8
バプニック，ウラジーミル　310
ハヤール　247–50
バーリ，アドルフ　258–59, 261, 265, 279
パレート効率性　173
バーレーン　235
バンガード　250–51, 263–67, 270–71
バンク・オブ・アメリカ　265–66
パンドラ　405, 408
反トラスト　61, 94, 255–57, 260–61, 267–70, 276, 284–91, 344, 360, 369, 400
ピアソン，ポール　275
ビザ　219, 220, 222, 234, 237–38, 354, 378, 383
→J-1ビザ制度、個人間ビザ制度

——ベース　113-14
——労働　300, 327, 330, 333, 335, 344-45, 348-50, 362, 383
——労働者　299, 342-44, 350-51, 361
無料の——　332-33
労働としての——　318, 337, 343, 348, 361
哲学的急進主義者　36-37, 52, 58, 61, 154
デフォー，ダニエル　201
デモステネス　104
デューイ，ジョン　89
デュピュイ，ジュール　253
デンマーク　59, 265
ドイツ　44, 48-49, 91, 131, 152-53, 205, 210
トウェイン，マーク　331
「投機への対抗措置、オークション、競争的封入入札」（ヴィックリー）　30
同性婚　147
投票
国民——　48, 135, 137, 160-61, 167-68, 181, 186-87
——強度　175, 179
——権　137-39, 155, 259, 265, 377
——システム　138, 150, 166
→戦略投票、二次の投票も参照
独占
売り手——　275, 287
買い手——　275, 287-89, 317, 333, 339-42, 359
——価格　108, 253, 261, 364
——禁止法　92
——問題　40, 76, 81, 83-84, 86, 94-95, 97-98, 100, 106, 117, 123, 282
特別多数　141, 144-45, 151
特別利益集団　64, 361
土地収用　147
土地所有者　72, 74-75
土地税　86-87, 98, 105
ドットコム株バブル　302
『トム・ソーヤーの冒険』（トウェイン）　331
トランプ，ドナルド　48-49, 186, 248
トリクルダウン 44, 47
トルコ　50, 210
奴隷　20, 33, 56, 61, 81, 155, 206, 360, 366-67
泥棒男爵　255, 287

【ナ行】

ナイドゥ，スレシュ　341
ナショナリスト　375
ナチス　152

ただ乗り問題　168–69, 171, 183
タフト，ウィリアム　256
多様性　55–56, 58, 380
タレス（ミレトスの）　252, 269
団体交渉　341, 343
担保　117
チェティ，ラジ　46
知的財産　66, 82, 125, 300
中央計画　56–57, 83, 85–86, 92–94, 112, 146, 389, 392–95, 398–99, 402–5, 409
中国　50, 91–92, 105, 199, 203–4, 208
中絶　67, 175–76, 178, 180
超音速列車　71–72
貯蓄　40, 251, 263, 281, 384
賃金
　最低——　178, 180, 227, 233, 289, 341, 347
　——水準　197, 210
　低——　45, 229, 287, 367
ツイッター　182, 316
ディケンズ，チャールズ　79
ディストピア　55, 275, 383, 410
抵当権　199
ティーパーティー運動　35
ディープブルー　305
テイラー，フレッド　392
ティロール，ジャン　336
テクノロジー　32, 37, 76, 116, 121, 123–25, 253, 290–91, 301, 304–5, 313, 317–18, 337, 340–41, 346, 356, 358, 360, 362–63, 365, 372, 383, 399, 408, 410
　AI ——　335, 342
　医療——　406
　コンピューター——　360
　情報——　402
　生産——　359
　——起業家　401
　——農奴　329, 335
　——悲観主義　359
　——・プラットフォーム　35
　——封建主義　327, 329
　——楽観主義　358–59
　バイオ——　358
　バーチャルリアリティ・——　356
　→人工知能も参照
デジタル経済　67, 69, 182, 290, 299, 329, 342, 349, 351, 361
デズモンド，マシュー　290
データ
　資源としての——　319
　——経済　299, 337, 345–346, 359
　——サイエンティスト　179
　——生産者　298–299
　——の価値　298, 321–25, 330–31, 337, 345

ステュアート，ジェームズ　53
ストルパー，ウォルフガング　214
スパム　301, 347
『素晴らしき哉、人生!』(映画)　53
スペンス，A・マイケル　117
スポティファイ　405, 408
スミス，アダム　28–29, 36, 52, 54, 60, 76–77, 80, 202, 252–53, 320
スラム　20, 22, 27
スーリ，シド　330, 333
生活水準　20, 35, 46, 48, 203, 205, 221, 227, 363
生活保護　367
税金　68, 87–88, 103, 106–7, 109, 111–12, 114–15, 118–19, 121, 123, 126–29, 215, 231, 275, 362–67
税控除　188, 384
生産性　43–45, 52, 78–79, 81, 106, 113, 125, 190, 299, 317, 341–42, 349, 358–60, 364, 390
税制度　215–16
製造業　188, 239
セイラー，リチャード　118
セイレーンサーバー　314, 316, 319, 327–39, 342, 345
世界銀行　22, 208, 211, 264
世界貿易機関 (WTO)　51, 209, 375
ゼックハウザー，リチャード　160
ゼネラルモーターズ (GM)　268–71, 279, 283, 344
選挙　47–49, 61, 124, 135, 143–44, 146–47, 151–52, 154–56, 160, 174, 180, 184–88, 191, 307, 310–11, 369, 376, 385
戦略投票　151, 185–86
ソーシャルメディア　329, 335, 354
ゾーニング　231
ソビエト連邦　33, 56, 92–93, 389, 394, 403–4, 407
「ソ連では、最適化問題を解くとあなたの問題が解決する」(シャリジ)　394
孫文　91–92, 105

【タ行】

第一次世界大戦　204, 207, 389
大恐慌　35, 53, 92, 256
『第三帝国の到来』(エヴァンズ)　152
「態度測定法」(リッカート)　175
第二次世界大戦　47–49, 58, 62, 64, 92, 208, 360
大不況　79, 263
台湾　92, 105, 123
多数派　49, 138–39, 141–42, 146

主権　33, 51, 143
シュマルツ，マーティン　273
シュンペーター，ヨーゼフ　92
蒋介石　92, 105
少数派　51, 141-42, 148, 264
消費者　56, 93, 182, 256, 269, 274-75, 284, 313, 338, 343-45, 351, 361, 393, 403-5, 407
——情報誌　408
——心理　402
——団体　285, 369
——文化　379
『ショウ・ボート』(映画)　300
植民地主義　43, 201
職務質問法　147
ジョージ，ヘンリー　28-31, 36, 61, 79-80, 86-92, 96, 98, 108, 117, 207, 255, 353, 357
女性　50, 56, 59, 63, 73, 155, 180, 196, 229, 239-40, 300, 354, 356
所得税　364
所有
競争的共同——　85
共同——　86, 96, 99, 103, 111, 184, 220, 355, 357
私的——　82, 99, 110, 253, 261
部分共同——　99
ジョーンズ，スパイク　358
シリア　180, 210, 216
シリコンバレー　302, 401
自律走行車　313, 328, 354
シルクロード　200
シンガポール　235, 237
ジンガレス，ルイジ　291
人工知能　290, 297, 358-59, 402, 408
新自由主義　38, 43, 46, 63, 360
新世界　206
清朝　91
人的資本　363-67, 372
進歩主義　28, 89, 91, 207, 255, 287, 292, 369
『進歩と貧困』(ジョージ)　79, 89, 353
心理　132, 175, 178, 331, 339, 351, 402, 405
水平的合併ガイドライン　270
スウェーデン　265, 382
スカイプ　230, 290
スタグネクオリティ　46-47, 63, 66, 361, 387
スタグフレーション　43, 46
スターリン，ヨシフ　152
スタンダード・オイル　84, 254, 258
スティグラー，ジョージ　28, 95
ステート・ストリート　250, 263-65, 267

——支配力　40, 42, 58, 63, 66, 68, 256, 269, 275, 288, 333, 342, 359, 367, 380
——集中　268-70, 274, 292
自由——　33, 43, 58, 63, 253, 387
住宅——　65-66
政治的影響力の——　67
→労働も参照
『侍女の物語』(アトウッド)　55, 367
失業　43, 45, 275, 288, 299, 316, 318, 340, 359-60
ジップカー　122, 131
シティグループ　265-66, 276
私的財　157, 159, 173, 189, 191-92, 193, 357, 368, 372, 380-81
地主　72, 74, 81, 83-84, 88, 120, 122, 167, 207, 290
司法省　250, 256, 270, 276
司法積極主義　191
資本主義　24, 36, 43, 54, 61, 63, 66, 76-79, 82-83, 91-92, 94-95, 128, 132-33, 261, 328, 379, 382, 389, 403
『資本主義と自由』(フリードマン)　19
『資本論』(マルクス)　340
社会集団　50, 182-83
社会主義　47, 80, 83, 86, 91-93, 153, 207, 353, 357, 389-90, 393
社会的配当　26, 86, 89, 96, 126-28, 220, 360, 362, 365, 370, 378
「社会的費用の問題」(コース)　94
社会保障　217, 384
社会民主党　91
ジャクソン，アンドリュー　49, 311
シャフィール，エルダー　178
シャーマン法　254-55, 369
シャリジ，コズマ　393-34
ジャン，アンソニー・リー　102, 121, 123
私有化　76
宗教　51, 53, 56, 67, 103, 132, 142, 144, 147, 217, 381
集合的意思決定　158, 188
私有財産　24, 26, 28-29, 63, 68, 76-78, 80, 82, 85-86, 94-95, 98-99, 111, 119-20, 130, 132, 147, 258, 357, 381-82
自由市場　33, 43, 58, 63, 253, 387
自由主義　19, 33, 61-64, 94, 143, 241, 355, 360
重商主義　201
住宅所有者　66, 87, 116
自由貿易　61-62, 200, 202-3, 207, 374
自由放任　91, 353, 357, 389
銃を持つ権利　51, 137, 170-71

効率的資本市場仮説　262
国際通貨基金（IMF）　48, 208, 375
国際貿易　49, 61, 208, 211, 372, 379
『国富論』（スミス）　60
国民医療制度（NHS）　406-7
国連安全保障理事会　375-76
小作農　80-81
個人間ビザ制度（VIP）　222-23, 226-27, 230-34, 236-45, 368, 372-73, 378
コース，ロナルド　84, 94-95, 97
国家主義　47-50, 91-92, 208
『国家の壁』（クレメンス）　239
コービン，ジェレミー　47-48
『雇用、利子および貨幣の一般理論』（ケインズ）　33
コルタナ　313
混合政体　140-41
コンドルセ侯爵　36, 148-49, 151
コンピューター　59, 73, 305-7, 311-12, 317, 330, 346, 354, 360, 365, 384, 392-97, 399-403, 408-10

【サ行】

サイバースクワッター　125
再販価格維持　288
サウジアラビア　235
サウスウエスト航空　276
サタースウェイト，マーク　97, 117, 121
サミュエルソン，ポール　157-58, 169, 214
産業革命　78-79, 360
サンダース，バーニー　47-48
サンプル複雑度　311, 313, 322-23
『三民主義』（孫文）　91
ジェヴォンズ，ウィリアム・スタンレー　85, 97, 117, 320
ジェファーソン，トマス　143, 311
ジェームズ2世　142
シーガル，イリヤ　99
ジーゲル，ジョシュ　74
自己申告　104, 111, 122-23, 363, 379
シーザー，ジュリアス　141
市場
　株式——　133, 251, 260, 263-64, 278, 385
　公的——　122
　国際——　43, 244, 343
　——急進主義　24
　——経済　54-55, 57, 60, 68, 125, 133, 192, 233, 389, 396, 398, 403
　——原理主義　24, 28

共有地の悲劇　90
ギリシャ　139, 148
キングスレー，サラ　333
銀行業界　265–66, 273–74
『近代株式会社と私有財産』(バーリとミーンズ)　258
金ぴか時代　254, 369
クァーフット，デヴィッド　179, 181
クウェート　235
グーグル　31, 67, 182, 223–24, 229, 240, 247, 251, 258–59, 290, 297, 299, 302–4, 313, 319, 328–30, 332–33, 335, 342–43, 348, 405
――アシスタント　313
クライスラー　279
クラウドソーシング　330, 334
クラーク，エドワード　159, 164, 166
クラムトン，ピーター　99, 100, 103, 107
クリステンセン，クレイトン　290
グリッドロック(膠着状態)　145
グレイ，メアリー　330, 333
クレイトン法　256–57, 283–4
クレメンス，マイケル　239
クレンペラー，ポール　99
グローヴス，セオドア　159–60, 164, 166–67
グローバリゼーション　36–37, 43, 199, 208, 211, 368, 372–73
君主制　142–43, 149, 236
経済協力開発機構(OECD)　212, 219, 221–22, 236, 239, 251
経済成長　45, 62, 78, 126, 358–60
「計算機と市場」(ランゲ)　388
啓蒙主義　143
ケインズ，ジョン・メイナード　33, 43, 46
ゲストワーカー　210, 225, 230
限界費用　160, 162–63, 169–70
顕示的消費　132
公共財　68, 86, 96, 126, 156–60, 169, 173, 186, 191, 194, 217, 219, 357, 360–61, 371–72, 380–81
航空会社　66, 273, 276, 280
「公的支出の純粋理論」(サミュエルソン)　157
公的リース　121
行動主義　257, 272, 278
行動ファイナンス　262
幸福　67, 86, 132, 150, 161, 164, 166, 168, 173, 187, 193, 205–6, 213, 340, 363, 372, 400
最大――　154–55, 157, 173, 399, 400
公民権　63, 146, 236
功利主義　154–55

国際——　42-43, 204, 373
国内——　43, 204
所得——　210, 256
カスパロフ，ガルリ　305
寡占　277, 281, 333
家族呼び寄せプログラム　223, 226
カダップスター　72-73
カタール　235
合併　256, 259, 269-70, 274, 283-84, 288, 290-91
カナダ　44, 48, 235, 265, 355
株式市場　133, 251, 260, 263-64, 278, 385
株主　184, 249, 259-61, 264-67, 270-72, 278-79
カブラル，ルイス　291
ガルブレイス，ジョン・ケネス　193, 341
ガレアーノ，エドゥアルド　211
韓国　44, 48, 123, 354
監視　56, 116, 126, 230, 243, 259-60, 279, 309, 337, 354, 383, 410
関税　208, 374
関税及び貿易に関する一般協定（GATT）　208-9
管理者　197-98, 392, 397
機械学習（ML）　297, 305, 322, 324, 326, 405, 407
起業家　20, 215-16, 236, 253, 259, 291, 300, 302, 319, 321, 361, 401
規制
価格——　94
——緩和　43
銀行——　158
金融——　35
経済——　209
銃——　167-68, 172
貴族　52, 61, 79-81, 89, 140-42, 205-7
ギボンズ，ロバート　99
キャプラ，フランク　53
キャロル，ルイス　257
教育　146-47, 155, 249-50, 325-26, 329, 352, 363, 386
義務——　62
共産主義　57, 92-93, 152-53, 192, 389
『強制退去』（デズモンド）　290
競争
価格——　270-71, 273
完全——　40, 64-66, 172
——価格　269
——的共同所有　85
——優位　313
共同所有自己申告税（COST）　111-13, 116-33, 191, 280, 360, 362-68, 370, 378-79, 381-83, 385, 400

ウォール街占拠運動　35
ヴォルテール　143
ウォルマート　289, 299, 317, 402
ウーバー　31, 122, 131, 182, 403
ウルグアイ・ラウンド　209
エアビーアンドビー　122, 182
エヴァンズ，リチャード　152
『エクス・マキナ』(映画)　298
エスピノーサ，アレハンドロ　71–73
エリート　24, 36, 51–52, 64, 146, 148–49, 156, 191, 218, 244, 366, 375
エンゲルス，フリードリヒ　133, 340
エンパイア・ステート・ビル　90
鉛筆　390–91
オークション　23, 25–28, 30–31, 95–99, 123, 157, 159, 219–20, 222, 232–33
オーストラリア　44, 48–49, 235, 238
オーストリア学派　34
汚染　26, 90, 116, 158, 160–66, 207
オートー，デヴィッド　341
オバマケア　178–80
オプトアウト・ルール　385
オープントラック　72–74
オペア　229–30, 238
オマーン　235
『オレンジ・イズ・ニュー・ブラック』(テレビドラマシリーズ)　316

【カ行】

改革　21, 23, 28, 34–35, 37, 61–62, 64, 77, 80, 82, 91, 156, 166–68, 197, 228, 263, 275, 279, 341, 350, 360, 369, 385, 415
回転率　107–9, 111, 115, 130
海洋法機構　375
顔認識　297, 308–9
価格
　——規制　94
　——競争　270–71, 273
　——システム　93, 150–51, 157, 398
　——統制　202
　市場——　54, 81, 127, 162
　独占——　108, 253, 261, 364
　土地の——　72–73
　入札——　25–26, 96, 100
　留保——　107, 109
『価格の理論』(スティグラー)　95
『鏡の国のアリス』(キャロル)　257
格差
　——の拡大　37–38, 40, 42, 46, 318
　——の縮小　372

アメリカン・タバコ・カンパニー　254
アラブ首長国連邦（UAE）　225
アリストテレス　78, 252
アルゴリズム　298-99, 306, 312, 315, 394-95, 404-5, 408, 410
アルハウゲ，アイナー　256, 283
アレクサ　351
アレン，ロバート・C　341
アロー，ケネス　150-51
暗号通貨　183
アンダーソン，クリス　303
イェルプ　182
イギリス　44, 47-49, 59, 61, 77, 79-80, 141-43, 154, 156, 206-7, 210, 216, 257, 341, 382, 406-7
——東インド会社　252
——労働党　91
イーサリアム　183
イスラエル　123
イスラム教徒　198
イタリア　44, 47-49, 59
イノベーション　76, 124, 252, 270-71, 273, 291, 363, 400, 404
——のジレンマ　290
移民
——改革　167
——政策　197, 218
——排斥主義　36, 218
——法　218, 222
——流出　201
——労働者　223-25, 227, 233-34, 236-38, 240-44, 362, 368, 374, 383
——労働力　69, 239
高技能——　216
低技能——　215-17, 238
不法——　199
インスタグラム　182, 290, 297
インターネット　25, 59, 66, 98, 123-24, 301-4, 319, 330, 333-34, 338, 340, 344, 348, 351-52
インデックスファンド　251, 262-64, 279, 281
インド　50, 204-5, 223, 295
インフレ　20, 43, 46, 221
ヴァリアン，ハル　319-20
ヴィックリー，ウィリアム・スペンサー　29-32, 95-98, 102-3, 105, 150, 159, 164, 166-67, 386
ウィルソン，ウッドロー　256
ウィルソン，ロバート　97
ウィルマーズ，ネイサン　289
ウィンストン，マイケル　99
飢え　35, 81, 196
ウェッブ，シドニー　341
ウェブサイト　224, 230
ヴェブレン，ソースティン　132
ウェルズ・ファーゴ　265-66

【英数字】

1832年改革法　154
2008年金融安定化法　188
2008年の金融危機　35
H1-Bプログラム　223, 228, 240
『her／世界でひとつの彼女』(映画)　358
J-1ビザ制度　229
JPモルガン　251, 265-66, 276
PNCバンク　265-66
Siri　313, 351
TEDトーク　247
USスチール　254
USバンク　265-66
「weDesign」(ソフトウェア)　176-77

【ア行】

赤いテロ　152
「赤の女王」現象　256-57, 267
アカロフ，ジョージ　117
浅いネット　310, 312
アザール，ジョゼ　267-68, 273
アセモグル，ダロン　341
アダチ，ケンタロウ　135-38, 167-68, 170-71
アップル　182, 339, 405
アテネ　103
アトウッド，マーガレット　55
アフリカ　206, 208
アフリカ系アメリカ人　63, 147, 300
アマゾン　176, 182, 327, 339, 402, 405, 407
アメリカ　20-21, 33, 35, 37-41, 44-46, 48-49, 51, 55, 59, 62-63, 77, 79, 82, 89, 91, 93-94, 99, 123, 126-28, 130-31, 137, 144-48, 151, 154, 175, 186-88, 199, 205-7, 209-19, 223, 225-31, 233, 237, 241, 243, 251-52, 254-55, 257-59, 263-68, 270, 281, 283, 289-90, 300-1, 316, 341, 348, 351, 355, 362, 369, 379, 382, 403, 406
——音楽家協会　300
——・オンライン(AOL)　301
——合衆国憲法　143, 145
——合衆国対デュポン事件　283
——合衆国大統領選挙　124, 151, 180, 185
——経済　131
——独立宣言　143

著者・監訳者・訳者紹介

【著者】

エリック・A・ポズナー

ERIC A. POSNER

シカゴ大学ロースクールのカークランド・アンド・エリス特別功労教授。*The Twilight of Human Rights Law*（未訳）、『法と社会規範』（太田勝造監訳、藤岡大助［ほか］訳、木鐸社）など著書多数。シカゴ在住。

E・グレン・ワイル

E. GLEN WEYL

マイクロソフト首席研究員で、イェール大学における経済学と法学の客員上級研究員。ボストン在住。

【監訳者】

安田洋祐（やすだ　ようすけ）

大阪大学大学院経済学研究科准教授。1980年生まれ。東京大学経済学部卒業後、米国プリンストン大学へ留学しPh.D.を取得。政策研究大学院大学助教授を経て、2014年4月から現職。専門はゲーム理論、産業組織論。編著に『学校選択制のデザイン』（NTT出版）、監訳に『レヴィット ミクロ経済学 発展編』（東洋経済新報社）など。学術研究の傍らマスメディアを通した情報発信や、政府での委員活動に取り組んでいる。大阪在住。

【訳者】

遠藤真美（えんどう　まさみ）

翻訳家。主な訳書にティム・ハーフォード『50（フィフティ）いまの経済をつくったモノ』（日本経済新聞出版社）、リチャード・ボールドウィン『世界経済 大いなる収斂』（日本経済新聞出版社）、マーヴィン・キング『錬金術の終わり』（日本経済新聞出版社）、リチャード・セイラー『行動経済学の逆襲』（早川書房）、マーティン・ウルフ『シフト＆ショック』（早川書房）、フェリックス・マーティン『21世紀の貨幣論』（東洋経済新報社）、ジャスティン・フォックス『合理的市場という神話』（東洋経済新報社）などがある。

ラディカル・マーケット　脱・私有財産の世紀
2020年1月2日発行

著　者――エリック・A・ポズナー／E・グレン・ワイル
監訳者――安田洋祐
訳　者――遠藤真美
発行者――駒橋憲一
発行所――東洋経済新報社
〒103-8345　東京都中央区日本橋本石町 1-2-1
電話＝東洋経済コールセンター　03(6386)1040
https://toyokeizai.net/

装　丁…………橋爪朋世
D T P…………アイランドコレクション
印　刷…………東港出版印刷
製　本…………積信堂
編集担当………九法　崇
Printed in Japan　　ISBN 978-4-492-31522-4